本书出版获国家社科基金青年项目"明清山西民间信仰与区域社会研究"（11CZS054）、长治学院历史文化与旅游管理系资助。

太行学人丛书

朱文广 著

庙宇·仪式·群体

上党民间信仰研究

中国社会科学出版社

图书在版编目（CIP）数据

庙宇·仪式·群体：上党民间信仰研究／朱文广著 . —北京：
中国社会科学出版社，2015. 12
ISBN 978 - 7 - 5161 - 7461 - 6

Ⅰ.①庙… Ⅱ.①朱… Ⅲ.①信仰—民间文化—研究—长治市
Ⅳ.①B933

中国版本图书馆 CIP 数据核字（2015）第 309570 号

出 版 人	赵剑英	
责任编辑	宋燕鹏	
特约编辑	石　田	
责任校对	张依婧	
责任印制	李寡寡	

出　　版	中国社会科学出版社	
社　　址	北京鼓楼西大街甲 158 号	
邮　　编	100720	
网　　址	http://www. csspw. cn	
发 行 部	010 - 84083685	
门 市 部	010 - 84029450	
经　　销	新华书店及其他书店	

印　　刷	北京君升印刷有限公司	
装　　订	廊坊市广阳区广增装订厂	
版　　次	2015 年 12 月第 1 版	
印　　次	2015 年 12 月第 1 次印刷	

开　　本	710×1000　1/16	
印　　张	24.5	
插　　页	2	
字　　数	405 千字	
定　　价	86.00 元	

凡购买中国社会科学出版社图书，如有质量问题请与本社营销中心联系调换
电话：010 - 84083683
版权所有　侵权必究

序

文广的书要出版了，想让我给他作序。因为他是我的博士研究生，我对他的研究较为了解，所以就爽快地答应了。

文广自2006年以后一直从事山西上党地区的民间信仰研究，这也是他参与的国家社科基金项目的一部分。在南开大学攻读博士学位期间，他就希望以此做为主攻方向，撰写博士论文。为此，我还亲自来到上党，即现在的晋东南地区进行了调研，发现这一地区存留着大量唐宋元明清直至民国期间的乡村庙宇及碑刻、祭祀文本等。一般而言，民间信仰研究最难的地方就在于缺少历史文献，尤其是来自民众的声音。这些广泛存在的庙宇、碑刻、文本为开展相关研究奠定了较好基础。于是，我就鼓励他以此作为博士论文的选题。本书即在其博士论文的基础上修改而成。

此前及现在海内外都有一批学者在从事民间信仰的研究。文广的硕士生导师贾二强教授就撰写过《唐宋民间信仰》一书。我本人不仅承担有关民间信仰的国际合作、海外合作以及教育部基地重大项目，在海内外出版过一系列相关论著，而且还有一项正在进行中。与20世纪相比，目前有关民间信仰的研究越来越多，呈现出蒸蒸日上的局面。因为成果众多，所以民间信仰研究要创新难度也越来越大。因此，本书在推陈出新方面所做出的努力和贡献值得肯定：

第一，资料丰富。本书选用了大量的庙宇、碑刻、祭祀仪式的图像资料以及弥足珍贵的口述访谈资料。数年间，文广不辞辛劳，深入上党各县，进行了拍照、录音等繁琐的工作。这些资料在以往的民间信仰著作中，已经有所关注，但是或偏重文献资料解读，或单纯强调田野调查，缺乏彼此融合，互为支撑，像文广这样融会贯通，大量运用者却不多见。因此，民间资料的丰富性成为该书的第一个特点，同时也表明文广治学颇为严谨认真。

第二，重视"神道设教"的功能。近年来民间信仰的研究侧重现实功利性，强调信仰在世俗社会的效应。这种观点当然无可厚非，不过有时却过分强调其物质性的一面，即认为信仰源于民众解决生老病死、衣食住行问题的渴望。民间信仰对世俗社会的影响还有其精神效应的一面。文广在前人基础上分层次论述了建庙立祀在维护乡村道德秩序方面的重大作用，提供了新的分析视角。他认为，正是因为乡村社会认为建庙立祀并非迷信，符合中国国情，所以在近代反迷信运动中，信仰活动虽然经受了历史的雨雪风霜，但仍然得以维持，庙宇与学校、村公所和谐共处。这也是以往研究者常常忽略或缺乏阐释的部分。

第三，构建乡村庙宇的发展脉络和布局体系。文广不但再现了乡村庙宇历时性的发展过程，还分析了村落庙宇的等级与功能配合、风水布局原则、祭祀的时间与空间类型。他指出，庙宇是乡村社会中除集市之外的另一个活动中心，它以信仰而非经济目的为主要驱动力；庙宇之间的联系既呈现出同心圆模式，也具有网络状特点；在庙宇结构、祭祀仪式中，道教与佛教在乡村的影响力需要重新探讨。此类观点与学术界互动明显，值得展开更深入的探索。

第四，揭示了迎神赛社与祈雨取水的流程。文广认为，繁复与严格的程序表明了民众的虔诚及其信仰与思维的多样性。在这一部分，他虽然重在描述，但在深描的同时也系统揭示出仪式产生的历史渊源、象征意义，为相关问题的解答创造了条件。

第五，研究了信仰活动中至为关键的组织与群体。信仰离不开人，而乡村信仰活动更离不开不同群体的组织及相互配合。文广阐述了社会组织、官吏、商人、僧道、一般村民在信仰活动中所扮演的角色，重点研究了社首、水官、阴阳、厨师、马匹等多个在信仰活动中作用较为突出的群体。作者指出，这些群体的相互配合保证了信仰活动的顺利举行，分享了各自的权利，有利于世俗社会的稳定。

第六，阐释了信仰活动中的性别内涵。文广指出，虽然男性在信仰活动中占据主导地位，但女性仍能发挥自身作用，两性关系是以和谐而非对抗为主，突破了以往常单纯将女性置于男性强权压迫之下的观点。这对中国乡村社会史的研究具有一定的启发意义。

　　总体上看，本书构建起了一个既有地方特色，又有普适性的乡村信仰图景，探讨了维持、促进、消解民间信仰的各种因素，展示了作者的学术理念和关怀。

　　当然，本书也有需要继续深入探讨的地方：

　　首先，资料丰富性尚需加强。针对上党地区的档案、报刊内容运用较少。虽然民间信仰活动的主体发声者是下层民众，但官方、媒体资料仍是重要的参考系。这部分资料以目前的条件，确实难以大量寻获，期望将来能有新的突破。

　　其次，对个别问题的论述仍稍显粗疏。本书在庙宇亲属关系对世俗社会的具体影响，信仰仪式的理论化分析，厨师、马匹的生存状况，信仰与近代社会的互动，乡村女巫的形象等方面尚有待深入，均需更加丰富与细致的论证。

　　总之，本书是几年来较为优秀的探讨中国民间信仰的著作，希望文广继续努力，取得更多的学术成果。我本人对此亦充满期待。

　　是为序！

侯杰*
2015 年 12 月 2 日于南开大学

＊作者系南开大学历史学院教授、博士生导师。

目录 CONTENTS

引　言

第一节　选题缘起及学术史回顾

一　选题缘起

"研究上层统治思想，仅仅是对中国传统文化涉入了一半。"① 另一半自然指的是基层民众的思想。 "应当注意一般知识、思想和信仰的研究……那些看来平庸的思想，却因为它反复出现，证明了它作为常识的价值。"② 民间信仰活动是反映基层民众思想的一面镜子，研究民间信仰在很大程度上有助于理解中国民众的思想意识。这是本书选题的一个重要缘起。

近代以来，各种现代化因素出于不同的原因开始对其进行攻击，以庙产兴学、禁毁赛会、禁毁神祠、乡村建设运动、新生活运动为代表的反迷信浪潮此起彼伏。在大的政治文化环境下，它不可避免地受到影响。不过，需要注意的是，民间信仰与主流社会的变迁常可相互印证，却非一定合拍，有时还会超然于社会表面急剧的变迁之外。它有自己的发展脉络。在反迷信运动最激烈的民国时期，各地的民间信仰活动仍然不能禁绝。诚然，很多活动受到了限制，但明显的，这只是外力强压的结果而非是民众自觉与主动的行为。只要外在政策放松，民间的各类信仰活动就会重新出现，有时甚至会与政府政策公开对抗。这是本书选题的另外一个缘起。

---

① 马西沙、韩秉方：《中国民间宗教史》，中国社会科学出版社 2004 年版，《序言》第 2 页。
② 葛兆光：《历史、思想史、一般思想史》，《唐研究》第 9 卷，北京大学出版社 2003 年版，第 9 页。

　　现代化的历程在城市与乡村并非是步调一致的演进。涉及乡村社会，这一情况可能更加复杂。侯杰、范丽珠论述了近代中国乡村丰富的信仰活动。① 同时，中国作为地方性知识的信仰状况千差万别，因而区域史研究仍具有可供拓展的空间。这是本书选题的另外两个原因。

　　基于此，本书选择了上党乡村作为研究主要范畴，以近代前后为主要时间断限，以庙宇、祭祀仪式、参与群体为分析对象，探讨民间信仰的实情及演变，并力图把握个中反映的民众思想。

　　将地域划定为上党，主要在于其自然与社会环境的特点。

　　上党之名，较早源于秦设上党郡，其间范围屡加变更，不过总体变化不大，现在主要包括山西省长治、晋城地区，大致涵盖今天的长治、壶关、平顺、屯留、长子、黎城、襄垣、陵川、沁县、阳城、泽州、沁水、沁源、武乡 14 个县及长治市城区与郊区、晋城市城区和郊区，再加潞城、高平两个县级市及部分外延地区。这一地区地形以山地、盆地为主，农业以小米和桑麻为特色，商业则以明清以来晋商的一大势力——泽潞商人为代表。总体看，该地区各行政区划的地理环境及变迁十分相似，成为滋生出相似文化的基础。同时，上党本身又被外围的山脉与其他地区隔开，呈现出明显的地域特征。

　　这同山西的整体情况一致。地理与政治上的相对独立性使山西在跟风而作上并不积极。长期积累下来的丰富文化使得山西人对传统非常重视而少有破坏，如上党的民间信仰活动就相当稳定，并融入社会变迁，体现出与时代对照的重大意义。

　　将范围界定为"乡村"的原因在于总体上看，乡村是中国民间信仰的主要地区。尤其在现代化潮流下，乡村的反应更能代表大多数中国民众的实际情况。

　　将时间断限界定为近代，在于这一时段是中国现代化进程的开始时期。在这样一个转型时期来探讨中国民间信仰，更有一种传统与现代对话的意味。不论民间信仰变还是不变，这一意义都会存在。不过，需要说明的是，民间信仰研究必然涉其源流后续，而且，许多要素有较强的稳定性和连续性。赵世瑜曾指出将明清史和近代史截然分开有割裂历史的联系

---

① 侯杰、范丽珠：《世俗与神圣：中国民众宗教意识》，天津人民出版社 2001 年版。

之嫌①。实际上，民间信仰的研究也存在这样的问题。近代民间信仰的许多现象及发生作用的机制可以上溯至明清甚至更早。如果不交代清楚，就难以知晓其源流。故而，本研究虽以近代为主，但并没有严格按照1840年这一政治史分期，而将其主体上延至清乾嘉年间。因为这个延伸，我们更能看出前后两个时期的异同之处。同时，也有许多内容需要进一步上溯或后延，以体现更长时间内民间信仰的稳定或演变。当然，这不代表民间信仰在近代社会没有发生变化：不变代表着民间信仰的稳定，变化则表明了民间信仰对现代化历程的应对，无论它是主动还是被动。

选择庙宇、仪式、参与群体作为研究切入点在于这是整个乡村信仰活动的核心内容。

第一，庙宇是村民信仰活动的中心。"村之有庙也，犹国之有社稷也。社稷为一国之主，而庙为一村之主。"② "邨之有庙，以为春祈秋报之所"③，"为士民瞻拜之所"④，"为村民祷雨之处"⑤。俗语有云："无庙不成村。""一般来说，对中国任何事情都很难进行可靠的概括，不过，如果还有什么事情的概括比其他的事情可靠一点的话，那就是这个帝国乡村庙宇的普遍性。"⑥

无论个人、家庭还是村落集体、跨村落集体的信仰活动，都和庙宇产生密切联系。村落中最宏伟的建筑就是庙宇。每个村落都会有几座甚至十几座庙宇。大大小小的庙宇彰显了它们在中国人生活中的作用。

第二，祭祀仪式是村民信仰活动的集中表现形式。围绕庙宇，人们进行着烧香拜神、求药祛灾、迎神赛社、祈雨取水等信仰活动。尤其是宏大、严格的集体祭祀活动更体现了民众的信仰热情及思维方式。

第三，建庙立祀体现了信仰活动各参与因素的分工、合作与联系。这既包括信仰活动中不同群体的合作与分工，也包括不同庙宇、不同村落之间的关系，还包括两性之间的分工与和谐，展现出民众信仰生活的丰富性。

① 赵世瑜：《明清史与近代史：一个社会史视角的反思》，《学术月刊》2005年第12期。
② 《重修庙碑记》，宣统二年（1910），沁源县西沟村大庙。
③ 《创修东西角殿碑记》，道光八年（1828），长子县北庄村唐太宗庙。
④ 《重修莺沟口广生圣母庙碑记》，嘉庆五年（1800），黎城县东峪口村圣母庙。
⑤ 《龙王庙起建碑》，嘉庆十四年（1809），沁源县东村。
⑥ ［美］明恩溥著：《中国乡村生活》，午晴、唐军译，时事出版社1998年版，第132页。

第四，建庙立祀阐释了乡村信仰宗教派别与民众思维。这首先是指其宗教派别的混融性及三教关系；其次指特殊环境之下产生的特殊仪式；最后指信仰活动还表现了信仰之外的民众历史观、人物观。

总之，乡村的民间信仰活动以庙宇为基点，以神祇为对象，以祭祀为方式，依靠不同的群体参与而得以展开。上党民间信仰既有浓厚的地方特色，又有普适性，是可行的区域史研究对象。

二 学术史回顾

本研究主要涉及几个方面：建庙立祀的目的、功能；村落庙宇的分布、结构；庙宇与祭祀的功能、宗教派别；现代化进程下民间信仰活动的演变；祭祀活动的流程；信仰活动的组织者与参与者。相关的学术史研究回顾如下：

（一）乡村庙宇的结构、类别特点及其在近代的演变情况

对庙宇的研究分成两类。一类以庙宇为中心，考察其类别、源流演变、神祇信仰、庙宇功能，多属个案，针对某一庙宇、神祇，成果数量庞大，难以一一描述。另外一些学者力图将区域庙宇系统化。此类研究成果较少。韩书瑞集中探讨了寺庙在北京城市生活中扮演的各种角色及其生存方式[1]。滨岛敦俊探讨了明清时期江南农村公共祭祀与社会生活实态[2]。刘扬系统论述了近代东北地区的寺庙文化[3]。

不过，韩书瑞的着眼点在于寺庙对北京城市生活的影响，加之北京的国家中心地位，使该研究与远离统治中心的乡村有着较大区别。滨岛敦俊侧重于江南地区的农村，但在考察庙宇时却将土地神视为一个村落的基础，这同上党的状况并不相同。他也缺乏对庙宇系统、仪式、组织与参与者的分析。

此外，在庙宇的分类、系统及分布特点上，较早的成果是民国李景汉的《定县社会概况调查》，该书统计了定县的神庙类别与数量。[4] 刘扬考察

---

① ［美］韩书瑞：《北京：寺庙与城市生活，1400—1900》，加州大学出版社 2000 年版。

② ［日］滨岛敦俊著，朱海滨译：《明清江南农村社会与民间信仰》，厦门大学出版社 2008 年版。

③ 刘扬：《近代辽宁地域社会视野下的寺庙文化研究》，博士论文，吉林大学，2011 年。

④ 李景汉：《定县社会概况调查》，中国人民大学出版社 1986 年版。

的是近代辽宁寺庙的变迁，庙宇分类以正统的儒释道三教为准，与本研究不同，对民间祭祀的参与者与组织者、仪式流程的探讨也较欠缺。杨庆堃对中国乡村庙宇类型作了探讨，基本思路是建立在庙宇的庞杂性、分散性上。① 侯杰、范丽珠对中国民间庙宇的不同功能进行了探讨②。侯杰、侯亚伟对鸦片战争前后天津庙宇的分布原则与数量进行了探讨③。陈春声对漳林神庙系统进行了探讨，指明了民间神与官方神在历史发展过程中的不同结局。④ 段文艳指出村落庙宇多分布于街道两旁及村外。⑤ 总体看，已有研究对庙宇内部结构、庙宇分布原则、庙宇之间的联盟和竞争关系均甚少涉及。

至于乡村庙宇在近代的演变，费孝通、杜赞奇、杨庆堃等人的观点类似，均认为民国年间是乡村庙宇走向衰落的重要时期。此类观点未充分展示近代乡村庙宇发展的多样性，也未能注意庙宇对现代化运动进行的主动调适。

总之，前人研究解决了乡村庙宇的若干问题，但仍有一些问题未有或较少涉及。

（二）祭祀仪式

首先，大量成果集中探讨了仪式所反映的民间与国家的关系。具有代表性的是王斯福对民间仪式的关注。他将仪式视为民间对官方体制的模仿与改造。⑥ 王铭铭指出庙会仪式是一个虚拟的中华帝国政治模式⑦。高丙中指出国家力量可成为民间仪式兴衰存亡的决定力量⑧。吴效群认为清代

---

① ［美］杨庆堃著：《中国社会中的宗教：宗教的现代社会功能及其历史因素之研究》，范丽珠译，上海人民出版社，2007 年版，第 100 页—106 页。

② 侯杰、范丽珠：《世俗与神圣：中国民众宗教意识》，天津人民出版社2001 年版，第102—106 页。

③ 侯亚伟、侯杰：《鸦片战争前后天津庙宇的空间分布——以〈津门保甲图说〉为中心》，《世界宗教研究》2012 年第 5 期。

④ 陈春声：《信仰空间与社区历史的演变——以樟林的神庙系统为例》，《清史研究》1999 年第 2 期。

⑤ 段文艳：《建构的神圣：近代华北乡村的公共空间与民间信仰》（1895—1945），博士论文，南开大学，2011 年。

⑥ ［英］王斯福著：《帝国的隐喻：中国民间宗教》，赵旭东译，江苏人民出版社 2008 年版。

⑦ 王铭铭：《象征的秩序》，《读书》1998 年第 2 期。

⑧ 高丙中：《民间的仪式与国家的在场》，《北京大学学报》（哲学社会科学版）2001 年第 1 期。

中后期妙峰山碧霞元君信仰秩序与规则的建立是一种帝国制度的模仿。北京下层民众借此发泄对政府压迫的不满，体验占有这些象征符号带来的荣耀和快乐，并在这套制度的建构和操演过程中，表达对平等、自由理念的追求、对美好社会的向往。① 岳永逸指出国家权力对乡村庙会的干涉作用②。刘晓春通过对赣南宁都"夕照寺"与"白石仙"两个信仰仪式的考察，指出民间仪式对国家政治体系的模仿。③ 此类研究，自有其合理之处，但却有将民间仪式预设于官方体制之下的嫌疑。民间仪式确有取自官方仪式的地方，但在很多情况下又并非如此。

其次，庙宇庆典仪式与社区的关系引起了关注。李秀娥通过对鹿港奉天宫南北大总巡活动的研究分析了祭祀仪式在信仰区域划定上的功能④。艾茉莉着重研究了寺庙庆典在反映和塑造地方社区社会经济结构、地方势力表达身份并巩固权力脉络方面的作用⑤。刘志伟考察了天后宫庙会的社区整合功能及集体地域的认同与变化⑥。赵旭东认为范庄龙牌会是一种民族认同的乡间构建⑦。阙岳考察了临潭庙会，指出它背后隐含的是一个地区的社群背景、地域层级关系、资源分配关系以及建立在此基础之上的社会结构形态。⑧ 小田指出庙会仪式实质上是一种社群记忆，起着整合社群内部及协调社群之间关系的作用。⑨ 韩同春研究了京西庄户—千军台幡会这一联村庙会，指出它以信仰为依托，以艺术表演为手段，通过定期的礼

① 吴效群：《建构象征的"紫禁城"——近代北京民间香会妙峰山行香走会主题之一》，《民俗研究》2005年第1期。
② 岳永逸：《传说、庙会与地方社会的互构——对河北C村娘娘庙会的民俗志研究》，《思想战线》2005年第3期。
③ 刘晓春：《区域信仰—仪式中心的变迁》，郭于华《仪式与社会变迁》，社会科学文献出版社2000年版。
④ 李秀娥：《"人—神—地"所建构的信仰场域初探——以鹿港奉天宫的南北大总巡活动为例》，李丰楙、朱荣贵主编《仪式、庙会与社区》，中研院中国文史哲研究所1997年版。
⑤ 艾茉莉：《仪式背景下的空间组织：台湾地区刘香游行制度及其社会意义分析》，林美容主编《信仰、仪式与社会：第三届国际汉学会议论文集》，中研院民族学研究所2003年版。
⑥ 郑振满、陈春声：《民间信仰与社会空间》，福建人民出版社2003年版。
⑦ 赵旭东：《龙牌与中华民族认同的乡村建构——以华北一村落庙会为例》，《广西民族大学学报》2009年第2期。
⑧ 阙岳：《临潭庙会研究》，博士论文，中山大学，2007年。
⑨ 小田：《庙会仪式与社群记忆——以江南一个村落联合体庙会为中心》，《民族艺术》2003年第3期。

仪互换达到村落共同体的文化认同与村际和谐。① 谢国兴研究了台湾的宋江阵，指出它的区域认同及维护治安的功能。② 夏爱军指出赛会加强了宗族自身的凝聚力，还在利用民间信仰的情况下把这种凝聚扩散到整个徽州。③ 侯杰等通过对大义村冰雹会的探讨，指出了民间庙会对和谐村落构建的作用，指出民间信仰既有其稳定特色，又蕴含着和谐的特质。④ 另外，侯杰、李净昉还对天津皇会对城乡互动所起的作用进行了探讨，指出皇会实现了社会各阶层的互动，有助于地方社会秩序的建构与协调。⑤ 赵英霞认为迎神赛社是导致民教冲突的重要原因⑥。艾萍考察了上海地方政府因为禁止民间赛会引起地方秩序混乱而被迫妥协的过程，注意到了民众对官方政策的反抗，给本研究以启发。⑦

再次，对上党相关问题的研究集中在庙宇的祭祀戏曲文物上。一方面是对戏曲碑刻与戏台进行文物考古。冯俊杰、杨太康、曹占梅、车文明、曹飞的研究均属此类。⑧《民俗曲艺》的《山西赛社专辑》也收录了一批相关论文，主要有冯俊杰的《阳城县下交汤王庙祭考论》、延保全的《阳城县泽城村汤帝庙及赛社演剧题记考》、吕文丽的《阳城县屯城村东岳庙及其迎神赛社考》、王福才的《沁水县下格碑村圣王行宫元碑及赛戏考》、曹飞的《沁水县三蚕祠及其二层献殿礼乐考》、白秀芹的《沁水县郭壁村府君庙及其戏台考》等。⑨ 另一方面是对戏曲形式及其祭祀程序进行考证。

① 韩同春：《京西庄户—千军台幡会——村落联合体的文化认同》，博士论文，北京师范大学，2006 年。

② 谢国兴：《宋江阵：台湾庙会文化的特殊传承》，李长莉《近代中国社会与民间文化——首届中国近代社会史国际学术研讨会论文集》，社会科学文献出版社 2007 年版。

③ 夏爱军：《明清时期民间迎神赛会个案研究——〈祝圣会会簿〉及其反映的祝圣会》，《安徽史学》2004 年第 6 期。

④ 侯杰、段文艳、李从娜：《民间信仰与村落和谐空间的建构：对大义店村冰雹会的考察》，《宗教学研究》2011 年第 2 期。

⑤ 侯杰、李净昉：《天后信仰与地方社会秩序的建构——以天津皇会为中心的考察》，《历史教学》2005 年第 3 期。

⑥ 赵英霞：《乡土信仰与异域文化之纠葛——从迎神赛社看近代山西民教冲突》，《清史研究》2002 年第 2 期。

⑦ 艾萍：《民国禁止迎神赛会论析——以上海为个案》，《江苏社会科学》2010 年第 5 期。

⑧ 冯俊杰：《山西戏曲碑刻辑考》，中华书局 2002 年版；杨太康、曹占梅：《三晋戏曲文物考》，财团法人施合郑民俗文化基金会 2006 年版；车文明：《中国古戏台调查研究》，中华书局 2011 年版；曹飞：《敬畏与喧闹——神庙剧场及其演剧研究》，中国戏剧出版社 2011 年版。

⑨《山西赛社专辑》，《民俗曲艺》1997 年第 107—108 期。

廖奔、李天生、田素兰、黄竹三、康保成、杨孟衡、王亮等人对迎神赛社的祭祀戏曲源流与程序进行了考证。① 王学锋对赛社戏曲活动在当代社会的变化进行了考察②。

不过，这些研究在信仰活动的内涵方面仍留下了可供拓展的空间。

总体看来，当下对祭祀仪式的研究，在民众向神灵祈福禳灾、进行人神沟通的活动背后蕴含的象征意义、民众意识方面缺乏分析，无法体现基层民众自身的主动性与主体性。赵旭东就认为，以往关于民间庙会的研究往往忽视了农民自身的视角。③

（三）组织及参加者

在信仰活动的组织上，杜赞奇注意到了华北农村的四类宗教组织：村中的自愿组织（村内香社）、超出村界的自愿组织、以村为单位的非自愿组织、超村界的非自愿组织（联庄庙会）。④ 卫惠林对鄞都信仰活动中的香会进行了调查⑤。吴效群对妙峰山信仰中北京香会的组织、目的、内涵，天津与北京民众之间的冲突较量进行了深层解释。⑥ 与此类似，刘慧、叶涛对泰山香社进行了全面分析。⑦ 韩书瑞注意到了香客、香客组织的差异性⑧。Brian R. Dott 考察了一般香客（多是农民）、帝王和文人骚客对朝山

---

① 廖奔：《〈迎神赛社礼节传簿四十曲宫调〉剧目内容考》，《中华戏曲》1988 第 7 辑；李天生、田素兰：《赛社祭仪与乐户伎艺》，《民俗曲艺》1998 年第 115 期；黄竹三：《谈队戏》，《民俗曲艺》1998 年第 115 期；康保成：《竹竿子补说》，《民俗曲艺》2001 年第 133 期；康保成：《竹竿子再探》，《文艺研究》2001 年第 1 期；杨孟衡：《民间社赛"乐星图"解——上党古赛乐艺建构考析》，《文艺研究》2002 年第 6 期；《宋金古剧在山西之流变——对上党队戏中的院本考辨》，《戏曲研究》1988 年第 26 辑；《潞城南舍调家龟》，《民俗曲艺》1998 年第 115 期；黄竹三：《上党祭祀活动中的"供盏献艺"》，《戏曲研究》2002 年第 59 辑；王亮：《上党明清迎神赛社祭仪及其音乐戏剧》，《黄钟》2003 年第 3 期。

② 王学锋：《贾村赛社及其戏剧活动研究》，博士论文，中国艺术研究院，2007 年。

③ 赵旭东：《从交流到认同——华北村落庙会的文化社会学考察》，《文化艺术研究》2011 年第 4 期。

④ ［美］杜赞奇著：《文化、权力与国家：1900—1942 年的华北农村》，王福明译，江苏人民出版社 1996 年版，第 111—147 页。

⑤ 卫惠林：《鄞都宗教习俗调查》，李文海、夏明方、黄兴涛《民国时期社会调查丛编》（宗教民俗卷），福建教育出版社 2004 年版。

⑥ 吴效群：《北京的香会组织与妙峰山碧霞元君信仰》，博士论文，北京师范大学，1998 年。

⑦ 刘慧：《泰山庙会》，山东教育出版社 1999 年版；叶涛：《泰山香社研究》，上海古籍出版社 2009 年版。

⑧ ［美］韩书瑞著译：《北京妙峰山进香：宗教组织与圣地》，周福岩、吴效群《民俗研究》2003 年第 1 期。

的态度及各朝山组织之间的关系。① 岳永逸也指出"民"本身不是一个均质性群体概念，与本研究有相合之处。②

在信仰活动的领袖问题上，对地方精英的探讨较多。王斯福考察了台湾评选头家的平权民主原则③。朱小田分析了社区民间权威在庙会中的主导作用④。廖迪生以香港新界的天后崇拜为个案指明地方精英是宗教崇拜的组织者⑤。赵旭东分析了19位会头组织与维护范庄龙牌会的现象⑥。张宏明研究了村落庙会中的家族作用⑦。

在女性信仰活动方面，刁统菊认为在当代范庄龙牌会，女性的地位有所提升，具有一定自主性，但仍是家户祭祀的延伸，本质上仍受男性支配。⑧ 李永菊认为庙会提供了一个使礼教压迫下的女性心理和生理需求得到部分满足的场所。⑨ 王健注意到了女性在庙宇内的信仰活动。吴凡则分析了阳高县日常生活及庙会、乐班中的社会性别建构。⑩

不过，杜赞奇强调的是将庙宇与庙会融入文化权力网络，而不在信仰本身。其他研究涉及的香客组织与本研究探讨的民间社会组织、信仰者在主体身份上并不相同，对信仰领袖及重要群体的研究往往也未能深入探讨这种领袖的产生、更换原则及其功能、命运的演变。在性别意义上，仍建

---

① Brian R. Dott, *Identity reflections*: *pilgrimages to Mount T'ai in the late imperial China*. Cambridge: Harvard University Asia Center, 2004.

② 岳永逸：《乡村庙会的政治学——对华北范庄龙牌会的研究及对"民俗"认知的反思》，黄宗智《中国乡村研究》（第五辑），福建教育出版社2007年版。

③ ［英］王斯福著：《帝国的隐喻：中国民间宗教》，赵旭东译，江苏人民出版社2008年版，第133—137页。

④ 朱小田：《近世江南庙会与社区民间权威》，《民族艺术》2001年第2期。

⑤ 廖迪生：《群体与对立之象征》，郑振满、陈春声《民间信仰与社会空间》，福建人民出版社2003年版。

⑥ 赵旭东：《中心的消解：一个华北乡村庙会中的平权与等级》，《社会科学》2006年第6期。

⑦ 张宏明：《村庙祭典与家族竞争——漳浦赤岭雨霁顶三界公庙的个案研究》，郑振满、陈春声《民间信仰与社会空间》，福建人民出版社2003年版。

⑧ 刁统菊：《女性与龙牌：汉族父系社会文化在民俗宗教上的一种实践》，《民族艺术》2003年第4期。

⑨ 李永菊：《明清女性参加庙会的文化需求分析》，《湖北大学学报》（哲学社会科学版）2004年第5期。

⑩ 吴凡：《乐班中的女性及其社会性别建构——以阳高县庙会中的乐班女性成员为例》，《天津音乐学院学报》2007年第3期；王健：《明清苏松地区民间信仰研究》，博士论文，华东师范大学，2007年。

立在女性受压迫的基本思路上，对男女性别分工与和谐共处分析不足。而且，大部分研究集中在台湾、南方、河北，上党地区鲜有涉及。项阳、乔健曾对山西赛社中的乐户进行了研究，却忽视了同其他群体的关系。①

（四）对庙会及祭祀活动的研究

另一个研究热点是庙会。顾颉刚、容肇祖、李景汉等人的妙峰山调查是早期较成规模的成果，相关文章主要集中在《妙峰山》一书中。② 20世纪二三十年代，还有一些针对庙会进行的调查。③《民众周刊》《农民教育》《民众教育月刊》《民俗》也发表了一系列有关庙会的调查文章。新中国成立后，有一些新的调查报告出现，较早的如郭子升的《北京庙会旧俗》。④ 另外，张双林、梁肇唐、李政行、李富华、陈纪昌、阎枫等人或以全国、或以地方为范围对庙会进行了概括。⑤ 欧大年、侯杰、范丽珠主编的《华北农村民间文化研究丛书》提供了地方庙会的珍贵资料。⑥ 高占祥、高有鹏、李铮等人的著作对庙会源流、特征、分类、功能、演变、现代处境都作了论述。⑦

这些著作，总体上看属于概论性、综合性著作或调查报告，以"会"而非以"庙"为中心，在研究的深度、特色、视角上都有深入空间。在对

---

① 项阳：《山西乐户研究》，文物出版社2001年版；乔健、刘贯文、李天生：《乐户：田野调查与历史追踪》，江西人民出版社2002年版。

② 顾颉刚：《妙峰山》，国立中山大学语言历史学研究所、中山大学民俗学会1928年版。

③ 王卓然：《北京厂甸春节庙会的调查与研究》；郑合成：《安国县药市调查》，《淮阳太昊陵庙会概况》；山东省立民众教育馆：《山东庙会调查集》；林用中、章松寿：《老东岳庙会调查报告》；王宜昌：《北京庙会调查报告》，李文海、夏明方、黄兴涛《民国时期社会调查丛编》（宗教民俗卷），福建教育出版社2004年版。

④ 郭子升：《北京庙会旧俗》，中国华侨出版公司1989年版。

⑤ 张双林：《中国庙会大观》，工商出版社1995年版；梁肇唐、李政行：《山西庙会》，山西经济出版社1995年版；李富华、陈纪昌：《明清以来雁北地区主要庙会综述》，《晋阳学刊》2007年第3期；阎枫：《祁县庙会及社会功能浅析》，《文物世界》2007年第5期。

⑥ 欧大年、范丽珠主编，杜学德、杨英芹、李怀顺编著：《邯郸地区民俗辑录》，天津古籍出版社2006年版；欧大年、范丽珠主编，赵复兴编著：《固安地区民俗辑录》，天津古籍出版社2006年版；欧大年、侯杰、范丽珠主编，耿保仓编著：《保定地区庙会文化与民俗辑录》，天津古籍出版社2007年版；欧大年、范丽珠主编，赵金山、范丽婷、陈建伶编著：《香河庙会、花会与民间习俗》，天津古籍出版社2007年版。

⑦ 高占祥：《论庙会文化》，文化艺术出版社1992年版；高有鹏：《中国庙会文化》，上海文艺出版社1999年版；高有鹏：《庙会与中国文化》，人民出版社2008年版；李铮：《庙会》，吉林文史出版社2009年版。

庙会功能的分类研究上，主要有以下几方面内容：

首先，庙会的经济、娱乐、休闲等世俗功能得到了公认。关于庙会的功能，民国时人已然理解得很到位："农村的经济生活，大部分虽是自给自足，而仍必赖交易以为调剂。农村里面的民众，除却在农忙的时候，不需要娱乐以外，平时可和都市人一样的有清兴。农村既无买卖式的妓院，电影院，马戏班，大鼓书班，以供娱乐，个人又无力量写台大戏唱唱，只有藉定期的庙会以饱眼福……崇拜木偶这事，在受过新教育的人，认为是一种迷信，可是在乡村或城市中的普通民众的眼光中，却认为是一种功德。若能到破庙中的木偶前边，恭恭敬敬磕一个头，可得无上的安慰。""庙会有不可或缺的需要，比区会所还有价值"①，指明了庙会的经济、休闲娱乐、信仰与精神安慰功能。

此后，学术界也常以此为基点展开论述，并渐渐丰富。仲春明侧重于庙会的经济功能及其演变历史②。袁爱国对东岳庙会的成因、盛况、变迁、作用进行了较为详尽的梳理③。马广田、马广海指明了庙会的游艺娱乐、经济交流功能④。赵世瑜强调了庙会的娱神、娱人、经济交往、人际交流的功能，指出庙会中的狂欢精神具有心理、群体的维系作用。⑤ 高有鹏认为中原庙会的功能在于汇聚和传播民族文化、调动和集中社会感情、促进地方经济发展繁荣、增强社会凝聚力。⑥ 谢丹、李德英、魏文静、卢成轩、谢永栋、吴孟显、赵新平、石国伟、周征松等人的文章也均属此类。⑦

其次，在庙会的功能演变方面，多有学者认为庙会功能由宗教向世俗

---

① 鸣陆：《读庙会征文以后》，《民众周刊》1933 年第 20 期，第 11—12 页。
② 仲春明：《中国的庙会市场》，《上海经济研究》1987 年第 5 期。
③ 袁爱国：《泰山东岳庙会识考》，《民俗研究》1988 年第 4 期。
④ 马广田、马广海：《沂山东镇庙和东镇庙会》，《民俗研究》1990 年第 3 期。
⑤ 赵世瑜：《明清时期华北庙会研究》，《历史研究》1992 年第 5 期；赵世瑜：《中国传统庙会中的狂欢精神》，《中国社会科学》1996 年第 1 期。
⑥ 高有鹏：《中原庙会文化简论》，《民俗研究》1996 年第 2 期。
⑦ 谢丹、李德英：《近代北京庙会经济试析》，《四川文物》1997 年第 6 期；魏文静：《明清迎神赛会屡禁不止与商业化》，《历史教学》2009 年第 7 期；卢成轩：《东岳庙会的成因探析》，《文史哲》2009 年第 2 期；吴孟显：《清至民国晋南庙会市场研究》，《山西师大学报》（社会科学版）2008 年第 3 期；谢永栋：《近代华北庙会与乡村社会精神生活——以山西平鲁为个案》，《史林》2008 年第 6 期；石国伟、周征松：《东岳信仰的传承及其地方社会的影响——以山西地区为例》，《宗教学研究》2009 年第 1 期；赵新平：《庙会与乡村经济发展——以晋北大白水村为例》，《晋阳学刊》2009 年第 3 期。

转变是一个必然的发展过程。

习五一指出在北京都市化进程加快、政治体制的变革等现代化因素的冲击下，近代庙会宗教的主导作用发生根本动摇，商贸与文娱功能日益增强。[①] 李刚、郑中伟认为由于商品经济的发展，陕西庙会从原先酬神报赛的民俗文化活动转变为沟通城乡物质交流、调剂余缺的社会经济活动。[②] 刁统菊、李然考察了龙王堂庙会的传说与历史，认为随着时间的推移和民众需求的多样化，庙会已由原先的迎神赛会改为集多种功能于一身。[③] 万红论述了西南少数民族地区庙会功能在商人参与和近代反迷信运动的打击下，由信仰向物质交流的变化。[④] 胡锐则指出随着道教的世俗化及商业的发展，以道教庙宇为中心的宗教型庙会在长期的发展中渐渐世俗化。[⑤]

关于庙会祭祀在近代社会的命运，以杜赞奇、杨庆堃、费孝通的观点为代表。费孝通在考察江村庙会时提出："随着经济萧条的加深，这些集会已暂时停止。"[⑥] 杜赞奇指出乡村庙宇与祭祀的数量、规模受兴办新学、在庙中建立村公所的政府行为影响而迅速减少。乡村精英支持了这一活动。[⑦] 杨庆堃认为随着南京国民政府的成立，庙改学堂风气弥漫，庙宇数量减少而使得公共祭祀的地方减少，而战争则又导致了庙宇被流动的军队占用，使得公共祭祀活动无法进行。[⑧]

这样有些简单化的分析可能会存在问题。由于庙会的其他功能是以信仰功能为基础的，其他功能的发展并不代表信仰的衰落。同样，庙会的衰落现象也并非如此。杜赞奇也承认即使在 20 世纪 30 年代，庙会仍然在冷水沟存在。至于乡村精英支持官方削弱信仰活动的说法，至少在我们将要

---

① 习五一：《近代北京庙会文化演变的轨迹》，《近代史研究》1998 年第 1 期。

② 李刚、郑中伟：《明清陕西庙会经济初探》，《西北大学学报》（哲学社会科学版）2000 年第 2 期。

③ 刁统菊、李然：《庙会、传说与历史——对费县龙王堂庙会的调查与思考》，《民俗研究》2005 年第 3 期。

④ 万红：《论西南民族地区的庙会》，《中央民族大学学报》2006 年第 2 期。

⑤ 胡锐：《试论道教庙会的发展及特点》，《宗教学研究》2005 年第 4 期。

⑥ 费孝通：《江村经济》，商务印书馆 2001 年版，第 100 页。

⑦ ［美］杜赞奇著：《文化、权力与国家：1900—1942 年的华北农村》，王福明译，江苏人民出版社 1996 年版，第 111—142 页。

⑧ ［美］杨庆堃著：《中国社会中的宗教：宗教的现代社会功能及其历史因素之研究》，范丽珠译，上海人民出版社 2007 年版，第 331 页。

论述的上党地区出现了大量反证。杨庆堃也认为民国期间各地的庙会活动仍然众多。这些看似自相矛盾的观点恰巧反映了庙会命运的复杂性。上党庙会应该比杜赞奇描绘的兴盛许多，庙改学堂也并未如杨庆堃所言对上党的庙宇、庙会产生重大影响。

第二节　创新之处及理论方法

一　创新之处

既然当前研究存在着若干问题，本书的创新之处就在于解决以往成果的若干缺陷，形成自己的分析逻辑。

（一）使用材料上有所突破

区域民间信仰的研究，如果上溯到 20 世纪 50 年代以前的时间段，一个显著的问题就是资料不足。上党研究所利用的主体资料是 20 世纪八九十年代发现的 14 种赛社写本和部分方志、碑刻资料，丰富性不足。本研究所用资料在此前基础上有了重大突破，主要有：

十几种新发现的民间祭祀文书、大量碑刻及更丰富的方志资料。

文史资料、民间故事资料、早期回忆访谈也是本研究资料库的一部分。

报刊、档案方面也有所突破，虽然数量不多，参考价值却不容忽视。

大量的田野调查、口述访谈资料。

这些资料，大部分都未曾被使用过，成为本研究开展的重要保证。

（二）研究内容及理路有所创新

在内容及理路上，本研究力图有所创新：

第一，论述建庙立祀的道德教化目的、组织者、参与者及其近代命运。

第二，分析村落庙宇分布及宗教派别特点。

第三，详细考证迎神赛社与祈雨取水仪式的流程。

第四，对建庙与祭祀的主要组织与参与群体进行详细研究。

第五，指明民间信仰中蕴含的两性和谐因素。

二　理论方法

对本研究有重大意义的理论方法有以下几种：

第一，历史人类学。对本研究而言，历史人类学的方法不可缺少。历史人类学在范围上关注区域史，有时甚至趋于微观史；在视角上关注基层社会；在方法上强调田野调查。①本研究属于区域史研究，与历史人类学契合。同时，研究基层乡村民众的信仰，如果仅依靠纸质资料常常捉襟见肘。不过，诸多动态的民俗及静态的碑刻、庙宇、民间文书尚保存得较为丰富，为实地走访，重返历史现场提供了方便。

另外，由于仍有当事人或其后人存在，口述资料也容易获得。这部分内容意义重大，可弥补民间文书、碑刻、档案等资料的不足，而且更加具体生动。当然，口述史本身也需注意几个问题：一是不同身份的叙述者对同一事件的理解不同；二是叙述者本人对历史的记忆常会出现模糊、错误、夸大、回避、扭曲、前后矛盾之处；三是口述与文本资料的差异，就需要进行不同材料之间的比对分析，不可偏执于一端。特别需要指出的是，基于尊重口述者本人意愿及个人隐私的考虑，除正文及后记中标明姓名者外，其余均使用化名。

第二，结构主义。本研究借鉴了列维·斯特劳斯结构主义中强调整体的思想。②本研究注重民间信仰各要素之间的联系，指明正是不同要素之间的分工与配合，信仰活动才能顺利进行。

整体的运转包含了二元之间对立与统一。这主要包括庙宇实用主义与教化目的的统一、庙宇布局的有序与变通、群体社会地位的差别及分工合作中构建的平衡关系、男女性别的对立与和谐，等等。

第三，性别视角。性别视角在学术理路上的重大突破之一就是强调男女两性的和谐共处。这是对以往妇女史、妇女解放史常将女性完全置于男性压迫下视角的反思。本研究涉及诸如女神及其庙宇、女巫、性别限制与反限制等性别议题。因而，利用性别视角当有助于理解信仰活动中的性别关系。

---

① 侯杰：《试论历史人类学与中国近代史研究中的几个问题》，《史学月刊》2009 年第 9 期。

② 关于结构主义，参见［法］列维—施特劳斯著，陆晓禾译《结构人类学：巫术·宗教·神话》，文化艺术出版社 1989 年版。

第三节　结构及内容

本研究要解决的中心问题是，以建庙立祀为中心的乡村民间信仰活动如何持续并力图渗透这样一种思维：信仰力图对世俗社会产生怎样的影响？它的稳定对整个乡村社会秩序起到了怎样的作用。基于此，本书的主要结构及内容如下：

第一章　上党乡村建庙立祀概论，探讨乡村建庙立祀的一般情况，分三节：

第一节　建庙立祀的道德指向，探讨建庙立祀的道德目的、原则及民众对不同身份个体的不同标准。

第二节　建庙立祀的组织与参与者，探讨各类组织和群体在这一活动中的作用。

第三节　近代社会变迁下的庙宇及祭祀活动，探讨在现代化历程中，建庙与祭祀活动是如何融入到社会变迁之中，又是如何在1937年以后趋于沉寂的。

第二章　庙宇分布与祭祀类型，探讨上党乡村的庙宇是通过怎样的布局来对村落进行全面的护佑，分四节：

第一节　庙宇的等级与配合，探讨庙宇的等级划分，功能配合及发展历程。

第二节　庙宇的风水布局，探讨庙宇选址遵循的原则：要建在风水宝地，要建在防煞、补脉之处，要符合五行八卦原则。

第三节　庙宇祭祀的类型，探讨庙宇祭祀在时间及空间上的类型，尤其是不同庙宇之间的联系在信仰活动和世俗社会的作用。

第四节　庙宇祭祀的宗教派别，探讨诸教混融情况及佛道两教影响力的对比。

第三章　集体祭祀的仪式分析，探讨迎神赛社与祈雨取水仪式的一般流程，分三节：

第一节　迎神赛社的一般仪式，探讨迎神赛社的具体细节。

第二节　几个特殊仪式，探讨迎神赛社中几个有特色的仪式包含的民间信仰及民众思维特点。

第三节　祈雨与取水仪式，探讨反迷信运动下祈雨取水仪式依然兴盛的原因及一般流程，分析上党雨神群体的发展演变。

第四章　信仰活动的关键群体，探讨在庙宇修建、祭祀仪式中起关键作用的群体的产生过程与功能，分三节：

第一节　社首，探讨社组织的领袖人物社首的产生方式、功能。

第二节　水官，探讨祈雨活动的主要执行者水官的演变情况。

第三节　乐户、阴阳、厨师与马匹，探讨迎神赛社关键群体的来源、功能及彼此的分工、配合。

第五章　信仰活动中的性别，探讨在信仰活动中，两性关系是如何实现和谐共处的，分三节：

第一节　女神庙及女神特征，探讨上党女神的几个特点：女性特征、全能神化、精卫功能的演变。

第二节　乡村社会中的女巫——师婆形象，探讨反迷信语境下与民间记忆中的女巫形象差别。

第三节　性别权力的限制与反限制，探讨信仰活动对女性权力的限制及女性突破这一限制的现象。

结论：上党乡村民间信仰以建庙立祀为核心，具有道德与功能方面的双重考量。各群体组织积极参与到信仰活动之中并努力维持。这些要素不但保证了乡村信仰生活的稳定，还起着维护世俗社会秩序的作用。1937年以前，现代化历程对乡村社会信仰活动的影响很小。随后，受战争环境和中国共产党抗日根据地反迷信政治倾向的影响，它受到沉重打击。不过，信仰活动并没有被彻底消除，一旦政治强制力量消失或减弱，它又会重新出现。

第一章　上党乡村建庙立祀概论

　　乡村为何建立庙宇，祭祀神祇？"祈福禳灾"是一个重要的因素，表明了中国人信仰的功利色彩。[①] 事实上，庙宇建立还有着极强的道德伦理指向，有维护世道人心的作用。乡村庙宇的修建与祭祀的维持，是以社与会为主要力量而非传统意义上的僧人道士一类的职业宗教徒。由于庙宇与祭祀在民众心中的重要地位，在近代社会的变迁中，在1937年以前，它们受到的冲击很小，并融入到了这一转型时期。

第一节　建庙立祀的道德指向

一　建庙立祀的道德指向

　　"尝思建立庙宇，所以端风化，庇民生也。"[②] 这表明了建庙立祀的两个目的：一是端正风俗。"神之所栖者庙，以维风也。"[③] 一是解决民众的现实需求。关于后者，已获学术界公认，强调信仰是为人的物质需要与生命历程服务。关于前者，却较少有人系统论证。人类社会需要道德力量的维系。政府与文化精英在任何一个时代都力图建立他们心中理想的精神秩序，以保持社会的稳定。就中国而言，汉以后，"仁义礼智信""忠孝节义"的观念长期被作为主流文化推广，成为整个社会道德的指向标，也成为社会得以维系的精神要素。在1939年第一届孔诞与教师节合并的庆祝大

---

　　① 关于中国人信仰的功利性，可参见侯杰、范丽珠《世俗与神圣：中国民众宗教意识》（修订版），天津人民出版社2001年版；贾二强《唐宋民间信仰》，福建人民出版社2002年版。

　　②《重修碑文》，道光十二年（1832），平顺县大铎村白衣堂。

　　③《重修关帝庙碑记》，道光二十四年（1844），长治县高河村。

会上，国民政府明确指出孔子精神是中华民族历经磨难而始终不衰的根本所在，其学说是中华民族迭经忧患而不倒的精神力量："凡此种种，皆是认明孔圣遗教，实为立国根本，放之四海而皆准，传诸百世而不惑，政府有鉴于此，故近由行政院特定孔子诞辰为全国教师节，以示尊师重道之意，俾全国人民均有所矜式。"① 建庙立祀承担了教化的责任。马西沙认为历代王朝敕封一些"忠义之士"为神，"广为祭祀，为社会民众树立楷模，以效忠自己，巩固其王朝统治"②。

　　然而，精神的传承与社会的稳定，不可能只依靠上层、精英界的推动。面对国家层面的大传统，民间社会也形成了一种与之相关却又不完全一致的小传统，在维护着基层社会的秩序。③ 以上党地区而言，至少在明清至民国时期，乡村民众始终在进行两项他们认为很有意义的活动，一是立碑，一是建庙。它们都有宣传民间认可的道德与行为规范的作用。比如碑刻，因为它不易损坏，社首④们"夙夜思维，将一切有乖于风化者……编为条例，勒之于石，庶奸恶有所畏，善良有所安，永远遵行"⑤。民众建庙祭祀也有其道德标准。上党民众心中，传统道德观念根深蒂固："上党……其人……高气势，轻为奸"⑥，"其俗悲歌慷慨而尚气节"⑦，"淳而好义，俭而循礼"⑧。这使得他们在考量神祇时将功德视为重要因素。"礼重祀典，庙重有功。古之仁圣贤人，功在国家，德垂遗爱者，皆庙焉以祀之。况有关世道人心而不独隆其祀乎?"⑨ "有功于当时，后世者祀之；有德于当时，后世者祀之。"⑩ "神之时用，大矣哉! 体物不遗，传称盛德。降福孔皆，诗歌宏功，是以能使天下之人盛服承祭奏假而无言也。况雷霆

　　① 《昨日孔子诞辰，中央国府合并纪念》，《大公报》（重庆）1939 年 8 月 28 日第 2 版。

　　② 乌丙安、江帆：《中国民间神谱》，辽宁人民出版社 2007 年版，《前言》第 2 页。

　　③ 关于大传统与小传统的一般概念，可参见［英］罗伯特·芮德菲尔德著《农民社会与文化：人类学对文明的一种诠释》，王莹译，中国社会科学出版社 2013 年版。

　　④ 社首，即乡村社会的主要领导群体，参见本书第四章第一节。

　　⑤ 《规条小引碑》，同治七年（1868），长治县看寺村。

　　⑥ 王轩：光绪《山西通志》卷九九《风土记》，中华书局 1990 年版，第 7052 页。

　　⑦ 朱樟修，田嘉穀纂：雍正《泽州府志》卷一一《风俗》，《中国地方志集成》（山西府县志辑）（32），凤凰出版社、上海书店、巴蜀书社 2005 年版，第 77 页。

　　⑧ 觉罗石麟等监修，储大文等编纂：雍正《山西通志》卷四六《风俗》，影印文渊阁四库全书（543），台湾商务印书馆 1986 年版，第 508 页。

　　⑨ 《补修真泽宫碑记》，1916 年，壶关县神郊村真泽宫。

　　⑩ 《重修三教庙记》，万历八年（1580），沁水县孔壁村三教庙。

之鼓，风雨之润，惠人昭然者乎？"① "法施于民则祀之，以死勤事则祀之，以劳定国则祀之，能御大灾大旱大患则祀之，以及山林川谷丘陵能出云为风雨，凡有功烈于民者，皆当立社以祀之"② 的表述，虽然带有明显的实用功能色彩，但其前提却是神祇应有值得民众纪念的地方，表明了乡村社会的价值取向。

民众纪念神祇功德，正是为了在乡村宣传此类品德："报功德亦重仁义尔"③。建庙立祀的目的除了"崇隆祀典而报答神功"之外，还突出神道设教是要"驱下民咸知□服，重礼教崇信义，咫尺间如临天颜，方寸内常怀王章，诚一村之主宰而万民之观法也。岂徒气象森严□壮观瞻已？"④

于是，庙宇就具有了宣扬正义、警示恶行的作用。"天地人三才之道，天道之显仁义礼智之信，化民成俗之仪也……积善之家，必有余庆；积不善之家，必有余殃。"⑤ 建庙有让村民谨言慎行的作用，从而达到"门内有君子，门外君子至"的效果，最终净化村落风气。同样只有人杰地灵，懂得礼义的村落，才有资格建立庙宇："斯诚地灵人杰之所，义礼文物之区也。义礼之乡，故修祠建庙，上下布列有其序；人杰之地，是以开创承继，后先济美有其人。"⑥

乡村营建庙宇并非"徒美观瞻，求福利之谓"。每逢春祈秋报，同辈人等来到庙宇讲求和睦孝悌之道，就会使人产生"趋善之心"。民众认为建庙的最终目的是弥补政治刑罚的不足，要愚鲁不肖之人产生敬畏之心。如果"徒视为僧道栖托之所"，就失去了庙宇的本义。民众认为："未能事人，焉能事鬼。"人如果在外不愧对君王，在内不愧对亲人、妻子、朋友，就会"百神佑之，赐以多福"。一味为神祇装修庙宇，供献祭品，举行宏大仪式的行为属于"媚神"。神灵是不但不会保佑这样的行为，还会摒弃这一类人。⑦ 西文兴村重修文昌阁，借文昌帝君之口全面论述了要想取得神祇护佑应该达到的道德标准。文昌帝君言道，自己"救人之难，济人之

①《重修龙神庙两廊戏台记》，光绪二十二年（1896），平顺县豆口村。

②《重修三官三教关帝庙碑记》，1915 年，黎城县枣镇村三官庙。

③ 同上。

④《补葺神殿彩画庙宇并重修钟楼记》，光绪九年（1883），泽州县辛壁村汤帝庙。

⑤《创建实会村观音堂碑记》，万历二十六年（1598），平顺县实会村。

⑥《重修东□神祠碑记》，康熙五十九年（1720），阳城县下交村汤帝庙。

⑦《创建观音堂碑记》，咸丰九年（1859），高平市泉则头村。

急，悯人之孤，容人之过，广行阴骘，上格苍穹"，所以"人能如我存心，天必赐汝以福"。"欲广福田，须凭心地，行时时之方便，作种种之阴功。利物利人，修善修福。"具体而言，又分了诸多方面：

第一，从国家层面上，要自觉履行代上天教化民众的职责，要存有救国救民的心思，忠于君主，孝敬亲人，尊兄友弟。

第二，在宗教层面上，要"报答四恩，广行三教"。

第三，在具体行为上，要无善不行：

> 济急如济涸辙之鱼，救危如救密罗之雀。矜孤恤寡，敬老怜贫。措衣食以周道路之饥寒，施棺椁免尸骨之暴露。家富提携亲戚，岁饥赈济邻朋。斗秤需要公平，不可轻出重入。奴仆待之宽恕，岂宜备责苛求。印造经文，创修寺院。舍药材以拯疾苦，施茶水以解渴烦。或买物而放生，或持斋而戒杀。举步常看虫蚁，禁火莫烧山林。点夜灯以照人行，造河船以济人渡。勿登山而网禽鸟，勿临水而毒鱼虾。忽宰耕牛，勿弃字纸。勿谋人之财产，勿妒人之技能。勿淫人之妻女，勿唆人之争讼。勿坏人之名利，勿破人之婚姻。勿因私仇使人兄弟不和，勿因小利使人父子不睦。勿倚权势而辱善良，勿恃富豪而欺穷困。①

所有的善念，要化为自觉行动，不可心口不一，"慎独知于衾影"。只有这样"诸恶莫作，众善奉行"，才会"永无恶曜加临，常有吉神相护"。②

相关的民间传说则将这些标准形象化，我们择其要点论述。

二　道德要求的分类

对不同身份的神祇，民众的具体道德考量也不相同。

（一）帝王、官员之祀

民众为帝王、官员建庙立祀，主要源于他们一心为民、治理国家的行为。

---

① 《文昌帝君谕训碣》，嘉庆年间，沁水县西文兴村文昌阁。
② 同上。

色头村声明重修炎帝庙侧重于纪念、感恩意义：

> 其人虽往，功业常新，第即斯庙而详言之。其神也，仰之曰神农，尊之曰皇帝，威灵之显赫，道贯古今，德同天地。独得天地精英之气，能尝百草之涩苦咸酸，垂为医经，令万世之医流而受其芬芳；特禀乾坤灵明之精，能辨五谷之菽黍稻粱，教以稼穑，令百代之万姓而沾其惠露。壮如岱岳，耀如星日，不但一时而被其泽，即万世无不永赖也已矣。①

民众对大禹庙的认知亦是如此。民众认为："神祠之建，非祀其功，即报其德。"百姓在修建庙宇时，"必求庙貌壮观，殿宇辉煌，以示诚敬之必著，平日之不忘焉耳"②。"尝考祀神之典，其有功于民者则祀之。以观夏禹，君为圣明，德称纸台，抑洪水而疏九河，其有功于斯世者甚大。"③道光二十九年（1849），侯壁村重修夏禹神祠，明确指明："且神祠所建，原所以壮观瞻而报往圣之功德也。故今此下民必求灵宇魏然，神像赫濯。庶几诚敬之少伸耳？"民众想到大禹"勤于治水，八年于外……功德之所垂昭然在目，谓非今之人所当祀而当报者乎？兹土旧有夏禹圣帝神祠，创自至元二年（1265），代远年湮，庙宇倾危，风吹雨蚀，神像暗然，当春祀秋报之辰，不觉有目睹而心伤者"。正是在这种心态下，村社才给庙宇"补塑金身，加以绘画"，使得"殿宇辉煌，神像赫濯，向之暗然无色者，今且焕然改观矣"④。壶关县辛村关于大禹庙的传说是这样的：

> 辛村四周环山，地势低坦，状如脸盆，水流不畅，因而每年夏天，此地洪水泛滥。某年夏天，连降两天大雨，四周洪水奔涌而来，村落成了一片茫茫汪洋。人们正在绝望之际，忽然大禹乘云而来。他投泥落地，化成河堤，又令黄龙甩尾，甩出一条大沟，将洪水疏导出去。为颂扬大禹功德，村民建庙祭祀。民国期间，每逢八月十五日至

---

① 《炎帝古刹重修碑志》，同治五年（1866），长子县色头村炎帝庙。
② 《重修夏禹神祠碑记》，道光十年（1830），平顺县侯壁村夏禹神祠。
③ 《重修大禹庙东西角殿、庑房、舞楼、观音堂、土地祠又创戏房石岸碑铭》，道光二十八年（1848），平顺县西青北村大禹庙。
④ 《重修夏禹神祠碑记》，道光二十九年（1849），平顺县侯壁村夏禹神祠。

十八日，整个辛村人山人海，吸引着邻近各县及河南、河北、山东的人们前来赶会。①

除了带有传说色彩的圣王，帝王和地方官同样会因为为民分忧而在死后成为被供奉的对象。

唐太宗在长子、潞城一带常被视为驱蝗神。在众多帝王中，民众独祀唐太宗的原因在于"从来有非常之德者，乃能获非常之报；垂至久之功德者，乃能受至久之享。唐王圣帝，其吞蝗苑中也，则能为民除害"②。唐太宗与驱蝗产生联系，应源于《贞观政要》：

> 贞观二年（628），京师旱，蝗虫大起。太宗入苑视禾，见蝗虫，掇数枚而咒曰："人以谷为命，而汝食之，是害于百姓。百姓有过，在予一人，尔其有灵，但当蚀我心，无害百姓。"将吞之，左右遽谏曰："恐成疾，不可。"太宗曰："所冀移灾朕躬，何疾之避？"遂吞之。自是蝗不复为灾。③

《资治通鉴》将这一故事作为信史记录了下来。上党唐太宗神信仰中，这一故事的衍生模式十分明显。

光绪《长子县志》载："唐太宗庙……推唐之文皇为正神配享之殿，曰虫王，皆他邑所未有……今考其祀文皇也，则以文皇值岁之旱，尝吞蝗而祝之曰：'宁食吾之腹肠而无伤吾民之稼。'"④ 潞城市贾村外有一处土岗，称蝗皇岗，上面建有蝗皇庙，供奉唐太宗。晚清民国期间，每到三月十八日，周边村落就会举行迎神赛社，并有祭文言：

> 尊君帝位，国号大唐。威平四海，雄镇八方。除人间蝻蝗之祸，救黎庶螽螽之禳。⑤

---

① 王根龙：《大禹庙会》，阎爱英《庙会》，山西经济出版社1991年版，第121—122页。

② 《重修唐王圣帝庙碑记》，道光二十七年（1847），长子县团城村唐王圣帝庙。

③ 吴兢：《贞观政要》卷八《务农》，上海古籍出版社1994年版，第237页。

④ 豫谦修，杨笃纂：光绪《长子县志》卷五《祠祀志》，《中国方志丛书》（401），台湾成文出版社有限公司1976年版，第335—336页。

⑤ 李兰芳：《祭文全部》，写本，1933年。该文本为潞城市北庄村阴阳世家李家办赛底本。

　　地方官员亦是如此。上党有一位地方神祇崔府君①。《遗山集》记载其为唐太宗时的长子令，"有惠爱之风"。当时县内有猛虎吃掉了一名孝子，他命差役"以牒摄虎至，使服罪，一县以为神而庙事之"。②

　　这一记载被后世山西文献继承。到近代，崔府君的事迹已经非常详细，其情节大同小异，又增加了崔府君感化猛虎的情节：

　　　　长子山内有猛虎伤人，吃掉了民妇王婆的儿子。王婆将猛虎告上县府，崔府君让衙役李能将其擒来。崔府君见这只老虎并不乱跳乱叫，认为是一只伏法之虎，杀了实在可惜，便将猛虎判与王婆，权当其子，负责照顾之职。后来，猛虎认真服罪，真的照顾王婆至终老。③

　　崔府君的姓名、生平无论在民间还是在学术界都未达到一致的认知，有的还极为模糊。不过，这并不妨碍民众因其功德而建庙。中村崔府君庙中就有一块民国时已经存在的"圣德无疆"匾额。

图1.1　长治市郊区中村府君庙上匾额

资料来源：笔者拍摄于2012年8月19日

---

　　① 关于崔府君神的发展演变，可参见郜俊斌《宋以降崔府君信仰的塑造、传播与本土化：以山西为中心》，硕士论文，广西师范大学，2009年；宋燕鹏《宋元时期崔府君信仰在华北的传播》，《元代文献与文化研究》第三辑，中华书局2015年版。

　　② 元好问：《遗山集》，影印文渊阁四库全书（1191），台湾商务印书馆1986年版，第367—368页。

　　③《崔珏断虎》，长子县民间文学三套集成编委会《长子民间故事集成》，无出版社，1988年，第53—57页。

图 1.2　长治市郊区中村府君庙崔府君像
资料来源：笔者拍摄于 2012 年 8 月 19 日

（二）败军之将

有一类神祇本非成功的帝王、官吏，甚至结局较为悲惨，但民众仍为其建庙立祀。这源于民间的价值取向并不总以成败来衡量。如果说，帝王官吏是以其功而产生的德，那么，这一类人物则因气节为后人赞赏而得享庙祭："意必贞魂烈魄之英爽者，与乡曲里聚庙而貌之……香烟而俎豆之有以哉。"① 关帝是一个典型个案。

在诸多关帝庙内的碑文上，我们可见到类似的语言：

　　帝君之德，乃圣乃神，乃武乃文，志在春秋，功著汉室。其功烈之大，言之莫罄，德泽之深，民无能名。②

　　盖闻立万世之功者，兴万世之利；为万世之师者，享万世之福。吾夫子浩然之气寓于寻常之中，而塞于天地之间……在天为星辰，在地为河岳……故夫子之号草木皆知，圣人之名妇孺咸悉，有其举之莫

---

　　①《石店北村葺新二仙女庙碑》，道光十八年（1838），晋城市城区北石店街道办事处北石店村真泽寺。
　　②《关帝庙重修碑记》，同治十二年（1873），黎城县前贾岭村关帝庙。

敢废也。①

图1.3 潞城市上黄村关帝庙前"浩气恒新"牌匾

资料来源：段建宏拍摄于 2006 年 9 月 24 日

图1.4 潞城市上黄村关帝庙中对联

资料来源：段建宏拍摄于 2006 年 9 月 24 日

①《重修关帝庙碑记》，道光二十五年（1845），陵川县沙河镇关帝庙。

民国期间，襄垣县流传着关帝打抱不平、斩妖除魔的故事：

> 一次，关帝路过襄垣，忽然发现北面妖气冲天。关帝化成凡人前去打探，发现天色虽早，但家家大门紧闭，而且有一家传出啼哭声。他敲门进去一问才知道北关河神每年此时都要强娶民女为妻，看中哪家的女儿就必须送过去，否则就要让村内不得安宁。今年他看中的就是这一家的姑娘，明天是娶亲的日子。关帝闻听大怒，第二天就守在河边，一边磨刀一边等河神。此时，天上下起了雨，磨刀不用再蘸水了。子夜时分，河神前来娶亲。关帝持刀迎上怒斩了河神。为了纪念关帝，村里的百姓就在仙堂山修了关帝庙，北关也就有了五月十三关老爷磨刀会。①

关帝的浩然之气使其成为忠义的化身，而打抱不平又加强了他与民众的联系。民间关帝庙得以普及就显得顺理成章了。自然，关帝庙的普遍建立有官方推动的因素，但民间对其认可也表明了民众的思想倾向。更何况，许多属于"淫祀"范畴的庙宇同样贯穿了这一理念。

> 屯留县星云山下有一座伯当庙。相传李密叛唐后，王伯当护送李密逃亡，在马卧沟遭唐军乱箭。王伯当忠心护主，伏倒在李密身上，被射成了刺猬。李世民要将其尸体运送回朝，到星云山下时，越来越重，十四马仍然拉不动。李世民见其死也不回朝，赞叹说："真乃忠义之士"，就把王伯当埋在了山上。因为山上常年没有人上，草木茂盛，醋柳长成了参天大树。当地百姓为纪念伯当这位忠臣，就修了一座坐北向南的醋柳梁庙宇。被俘的偏将赵宗也决心效法王伯当，要守卫伯当庙。李世民见赵宗一片忠心，不忍杀他，在南山下盖了几间房屋供其居住。此后，陆续有百姓迁来此地，围庙而居，渐渐形成了今天的枣庄、王墓岭、小草房和水泉沟等村落。②

民众看重的是王伯当的忠。

---

① 口述：张太升，60 岁，襄垣县西山底村农民。采访者：笔者、段建宏，2013 年 6 月 17 日。
② 《伯当庙的传说》，屯留三套集成编委会《屯留民间故事集成》，无出版社，1988 年，第 28—30 页。

民国年间，每逢农历七月十九，潞城市比干岭三仁祠都会举办庙会来纪念忧国忧民的比干：

> 比干被剖腹后并未死去，忍痛走到潞城微子国来找微子，寻求救国之策。走到此处，见路边有一农妇正在一根一根抽草心。比干问道："你把草心抽掉，草还能活吗？"农妇答道："人没心还活着，草为何不能？"比干闻听此言，当即惊倒，扑地而亡。后来，人们将此地命名为比干岭，修了三仁祠。①

襄垣县的千手佛庙会是为祭奠抗击匈奴的女英雄郭兰妮而兴起：

> 东汉时匈奴侵入上党，与汉军大战于井关村，村民踊跃支援。经过三天三夜的战斗，汉军不敌撤退。一位村姑郭兰妮为掩护受伤将士撤退，只身守关射箭，关破时被匈奴乱刀砍死。匈奴退兵后，民众收尸时发现关上存放的一千只箭被全部射光。为纪念这位女英雄，人们在二月二十二日将其安葬在安宁村的一处土坡上，并于明天启四年（1624）由乡民自愿捐款修庙。因其守关射完一千只箭，故此庙被称为千手佛奶奶庙。清同治年间，该庙再次维修。民国时，每到这一天，附近村落及黎城、潞城、长治等地的百姓都会前来烧香祭奠，一天赴会者能达到四万。安宁村人山人海，已经形成了大型的庙会。②

（三）神祇、平民、动物

不但民众给凡人修庙有道德要求，神祇也不例外。在一些传说故事中，也是神祇有功德于民众在前，民众修庙于后。当然，这些故事极有可能是在修庙后为增加庙宇吸引力而杜撰出来的，但却表明了民众心中的道德标准。

长治市郊区故南观音庙是为感谢观音菩萨营救落难儿童而修建：

---

① 口述：王秀珍，女，55 岁，三仁祠管理者；口述：秦选珍，68 岁，潞城市微子镇居民。采访者：笔者、袁书林，2013 年 8 月 25 日。

② 刘九成、屈毓华：《祭奠抗匈奴英雄会》，阎爱英《庙会》，山西经济出版社 1991 年版，第 22—23 页。

有一个道士为炼制长生不老丹，从方圆百里的村庄中盗来一百个幼儿，准备挖心作药引。此事被观音知晓，她伸出手指一弹，将道士手中的不老丹弹在地上，趁道士忙着捡拾的机会将一百个小孩救走。道士急怒攻心，气绝身亡。为纪念观音送子的美德，民众盖起了观音庙，形成了二月十九观音诞辰庙会。①

类似的，潞城南村的广武寺，南村的龙化庵也是为纪念神祇降妖除魔而建：

潞城市北村原来到处是污泥浊水。水中有一水怪，每年龙抬头之际就要泛滥一次，并且威胁当地民众送一对童男童女，才能消灾。百姓无法，只能屈从。玉皇大帝派龙王的女儿六姑降妖，结果为水怪所擒。随后，天庭又派水仙童子广武降伏了水怪，解救了六姑。人们为了纪念造福于民的龙女和广武，在北村盖了龙化庵，南村修了广武寺，并兴起了进香庙会。每当此时，人们将龙女塑像抬到会上，用龙女战水怪等社火表演助兴。②

长子县"莲塘烟雨"的胜景传说是这样的：

南李村西边的莲花池内隐居着一条小青龙。她本是东海龙王的三公主，因为厌恶龙宫里的寂寞生活，偷跑出来游玩儿，看到这里风光秀丽，就留到了这里。池边山上有一位孤儿鹤童，擅长吹笛，笛声清悠悦耳，给山下的百姓带来了生机与欢乐。笛声引来了龙女，二人私订终身，生活在了一起。一年，当地大旱，人们盼雨成疾。龙女十分难过，就进龙宫偷得了三道行雨令，骗得三场透雨。龙王知晓后，派兵捉拿龙女与鹤童。二人化作两只灰鹤藏在西北两个山坡上，白天不敢出来，晚上回到莲花池团聚。人们怀念龙女功德，同情两人的不幸

---

① 王爱虎：《故南观音庙》，编写组《长治郊区古文化》（内部交流资料），2013 年，第 16—17 页；观音庙前说明。

② 杜迎苦：《文明村的热闹会》，阎爱英《庙会》，山西经济出版社 1991 年版，第 57 页。

遭遇，就分别建立起了潜龙庵与灰鹤寺。①

在襄垣县的传说中，神仙为村落带来了泉水，为感念神恩，民众建起了庙宇。② 黎城县东阳关传说七仙女下凡，帮助百姓观察天象。她回转天宫后，人们十分怀念她，就建起了仙姑庙，每年祭祀。③

庙宇传说还表明了民众对正直人士的同情。襄垣县西山底村有一座文王土地庙。当地流传着这样一个故事：

　　韩愈才高八斗，得到玉皇大帝的赏识，将他请上天宫教育天兵天将，妻子留在了凡间。韩愈为人正直，反感天庭的腐败现象，屡次向玉帝反映。他的行为不但没有效果，还引起了玉帝的反感，对他的态度也由开始的热情转到了冷落。韩愈感觉留在天宫无用，倍加思念妻子，就请侄儿韩湘子帮忙下凡回家。

　　韩湘子告诉他下凡后如果遇到困难，看到红门就进。因为当时只有城隍庙是大红门，韩湘子想让叔叔做个城隍神，也算有个好归宿。

　　韩愈到达人间后，发现由于"天上半月，人间十五年"的缘故，妻子已经逝去，彻底心灰意冷。此时，天空乌云密布，狂风暴雨瞬间而下，引发了山洪。他觉得命运不公，又怕洪水将自己冲走，想到侄儿的话，就往山上走。可是他耳背，把"红门必进"听成了"逢门必进"。路上，他恰巧看到一个门，就马上走进去，立时变成了土地。韩愈见这个庙如此之小，香火冷落，妻子又去世，留下他孤独一人，于是悲从心来，每天晚上放声大哭，哭声震得玉皇宫抖个不停。他连哭七天，天宫就抖了七天。玉皇大帝查明真相后，就问韩愈有何愿望。韩愈回答说自己只希望能和妻子在一起，如果这个愿望达成，就不再痛哭。

　　于是，玉皇传圣旨给阎王，让他将韩愈的妻子送至土地庙做土地

---

① 《莲塘烟雨》，长治市民间文学集成编委会《长治市民间故事集成》（三），无出版社，1988年，第1043—1046页。

② 《牛狼河的传说》，长治市民间文学集成编委会《长治市民间故事集成》（三），无出版社，1988年，第807页。

③ 《仙姑洼的传说》，长治市民间文学集成编委会《长治市民间故事集成》（三），无出版社，1988年，第954页。

奶奶，此后庙里就是夫妻一对。道光十一年（1831），一位范姓村民出资翻修了庙宇。①

图1.5　襄垣县西山底村土地庙
资料来源：段建宏拍摄于2013年6月17日

动物也会因为具有这种美德而享受后人祭祀。牛出现的次数较多。民间传说中，它有忠义和勇猛的一面。沁州姚家岭的牛王庙就是为了纪念一头忠心护主的耕牛：

> 有个姓姚的农夫养着一头黄牛。他对这头牛非常疼爱，不呵斥不抽打，喂得全是精细草料，夏天他让黄牛在树下乘凉，冬天他在牛棚中生火。一天，农夫在歇息时睡着了。一只老虎从山上扑下来，要吃掉农夫。黄牛急忙冲出来，和老虎搏斗。搏斗声把农夫吵醒，狡猾的老虎一见，飞快地藏了起来。农夫以为是黄牛搅扰了自己的好梦，就把黄牛打了一顿。农夫倒头又睡，老虎又跑了出来。黄牛继续和老虎

---

① 口述：张太升，60岁，襄垣县西山底村农民。采访者：笔者、段建宏，2013年6月17日。

搏斗，把农夫再次吵醒。老虎再次躲了起来，农夫以为黄牛不听话，又打了黄牛三鞭。第三次黄牛和老虎拼命搏斗，两败俱伤，双双倒在血泊之中，农夫醒来，才知晓了事情的真相，后悔不已，便在黄牛死的地方，建起了一座牛王庙。①

黎城县漆树村牛王庙的来历类似：

> 当地山高沟深，森林茂密，有一只猛虎出没。村里人出门时常会被它吃掉，吓得大家不敢外出。这时，村里的一头老黄牛挺身而出，勇敢地同猛虎搏斗，最后将老虎杀死。人们为纪念这只为民除害的黄牛，在牛和猛虎格斗的地方建立了一座牛王庙。②

三　庙宇传说与赏善罚恶

既然道德是促使庙宇建立的重要因素，庙宇建成后，便会出现相关的传说来维护这一指向，它表明了民众利用神祇之威来净化社会风气的愿望。

长子县两水村的三崚庙流传着这样一个故事：

> 北两水有两个年轻人。东头一个身体壮实，被称作"石头柱"，西头一个聪明伶俐，被称作"透灵碑"。两人互不服气，经常比试。在一次比试后，前者输给了后者。村里人便认为村西的人比村东的人聪明，如果在西面盖庙的话，肯定灵验。于是，人们在村西头盖起了一座龙王庙，果然非常灵验。石头柱也到村东的三崚庙中去祈求神灵，并许诺天天跪在庙里打钟。最后三崚神给他托梦，告诉他在庙前挖开麻池，自己选择作空心柱还是实心柱，如果选对的话他家里代代出聪明人。他觉得做实心柱没有心眼儿，做空心柱又不诚实，举棋不定，直到把麻池挖开。他眼看着水中飘来一根实心柱，这才恍然大

① 《牛王庙》，沁县民间故事集成编委会《沁县民间故事集成》，无出版社，1987年，第76—77页。
② 《牛王庙的由来》，长治市民间文学集成编委会《长治市民间故事集成》（三），无出版社，1988年，第855页。

悟：原来三嵕神是让他做实心柱，但是机会已经错过。他非常后悔，怨自己没出息，每天跪在庙内打钟，打了四十九年钟，双膝跪起了大疙瘩。三嵕神见他诚心悔过，就把他度化成了一根石头柱子，并封他为"王柱"。①

由于诚实，石头柱虽然错过一次机会，但结局仍然圆满。民众眼中的是非观念昭然若揭：具有优良道德操守的人，更容易受到神祇青睐。

庙宇建成后，对违反基本道德规范的行为，庙中神祇会加以制止。

有的是对不尽孝道者进行惩罚。在沁县中陈村与西陈村交界处，有一座五龙庙，中间的乌龙右手提着一颗披头散发的妇人头，左手前指，面貌凶恶。这里面有一个传说：

> 东海龙王敖广专管子不敬父，媳不孝母，臣不忠君的败坏伦理之事。他派五个儿子下凡专门惩罚不孝公婆的儿媳，并修建了五龙庙。一天，一群妇女在河边洗衣，不少人数落自己公婆的不是。一位老翁突然出现，对其中一位妇女说："养儿防老，人之常情啊。"这个妇人平常在村内号称骂断街，最不孝顺，见这个老翁竟敢指责自己，就破口大骂，拿着棒槌打向老翁。老翁身子一晃，瞬间消失。一块乌云在这妇人头顶上升起，一首刺目的闪电掠过，紧接着霹雳一声，那妇人的人头不见了。第二天，人们发现五龙庙内的乌龙爪中提着那颗人头。从此，这一带虐待公婆的儿媳妇们都改邪归正，孝敬起公公婆婆来了。②

有的是对不守诺言者进行惩罚。壶关县凤凰岭有这样一个传说：

> 很久以前，有一对凤凰结为百年之好，立誓白头到老，永不分离。可不足十载，男方喜新厌旧，违背了自己的诺言，到处寻花问柳，最后还休了女方。女方无奈，就到畅村岭北面泰山庙里向三嵕神

---

① 两水村史料领导组编：《两水村史料汇集》（内部资料），1993年，第64页。
② 《五龙庙》，沁县民间故事集成编委会《沁县民间故事集成》，无出版社，1987年，第15页。

告状。三峻神严厉制裁了公凤凰，罚他以后不准娶妻，更不可调戏民女。①

同样，如果庙宇神祇道德品质败坏，也会受到惩罚。
有时，是庙宇被迫迁移：

两个神仙唐王和牛王来到屯留县中村建庙，强迫村民供奉丰厚的祭品，否则，他们就将村民家中抢劫搜刮一空。人们没有办法，只好外出逃荒，村落一片荒凉。玉皇大帝知道后，下令捉拿二王。唐王钻入地下，来到了一处村落前，将庙宇安在此处。牛王跑到了三十里外的村落，把庙宇留在这里。两个村落就是今天的唐王庙村和牛王庙村。②

有时，庙宇被建为他庙：

屯留的河神庙村本有龙王庙，可庙中的黑龙玩忽职守，使得旱涝无常。玉帝派河神刘伯温下凡将黑龙捉拿归案。为感激刘伯温，百姓将五龙庙改为河神庙，供奉起了刘伯温，该村也改名为河神庙村。③
长子县西小河村有一只蛤蟆精受到了太上老君赏识，被封为"月坞仙子"。她受封后，依仗老君威名，整日兴妖作怪，扰乱民生。人们只能把她供奉起来，建起了一座"妖精庙"。结果，不但没有消灾，村落反倒一年四季瘟疫横行，天灾不断，村民只能背井离乡去外地谋生。观音菩萨收伏了蛤蟆精，将它压在了岸边坡下。此后，村子连年丰收，人畜兴旺。为纪念观世音为民除害的功劳，人们把妖精庙拆掉，在原址上重新修建了一座观音堂。④

① 《凤凰岭的传说》，长治市民间文学集成编委会《长治市民间故事集成》（三），无出版社，1988年，第728页。
② 《玉皇庙的传说》，屯留三套集成编委会《屯留民间故事集成》，无出版社，1988年，第77—78页。
③ 《河神庙村的来历》，屯留三套集成编委会《屯留民间故事集成》，无出版社，1988年，第133页。
④ 《月坞环清》，长治市民间文学集成编委会《长治市民间故事集成》（三），无出版社，1988年，第1037页。

如果有人借用庙宇为恶，也会受到惩罚。

有的是因为贪财好利：

> 从前，黎城县柏官庄周围是一片荒滩，寸草不生。不知何时，山后的一个石庙有泉水流出。从此该村五谷丰登，草木茂盛，石庙的香火由此旺盛起来。有一年，天气大旱，当地的官吏为发财霸占了庙宇，扬言说这个石庙是女娲送给他的，让所有来烧香的人交钱。奇怪的是，在短短一年半的时间内，他的两个儿子和老婆先后去世。此时，来了一位白发道士，告诉他这种不幸源于他霸占了庙宇。他意识到这是神仙点化他，立即把庙还给了百姓。①

> 长治郊区故漳村西本有佛爷庙，庙中有佛爷的洗澡池，每逢天旱池中水就会蒸腾上天化为云雨，救济百姓。有一年，庙中来了两个和尚。老和尚贪财如命，小和尚心地善良。老和尚将水池砌成水井盖住，不让水汽上升降雨。百姓只有到庙中给老和尚贡献财物才打开井盖。有一年，天下大旱，老和尚嫌百姓送的礼物少坚决不开井盖。眼看庄稼就要旱死，小和尚不忍心，偷偷打开井盖，天降大雨，旱情解除。因为雨下得太大，那个可恨的老和尚也被滔滔洪水冲去喂鳖了。②

> 一位游方和尚想在南神山上建一座神庙，但没有财物。就每天出去化一些旧砖瓦。这样早出晚归持续了三年，终于攒下了一堆砖瓦。他的诚心被神仙看在眼里。为了试探他，神仙特意化作一个头陀来向他要酒饭吃。穷和尚无法提供，头陀就将他化来的砖瓦打烂。穷和尚除了叫苦连天外，一点没有怪罪头陀的意思。此时，头陀才施展神通，将破砖瓦复原，从地上拾起一节芦根插入石壁，化成一股清泉，又将石钵放在泉水下，化为水池。泉水每天流出金沙，能买回二石米。穷和尚欣喜若狂，省吃俭用，用了两年时间，终于建起了普济寺。但是，后来寺里出了一个贪心的和尚，嫌流的金子太少，就用铁

---

① 《土地庙石洞的传说》，长治市民间文学集成编委会《长治市民间故事集成》（三），无出版社，1988 年，第 789 页。

② 《佛爷庙》，长治市民间文学集成编委会《长治市民间故事集成》（三），无出版社，1988 年，第 823—824 页。

锤把泉眼凿大，结果再也没有金子流出来了。①

有的是因为仗势欺人：

> 平顺县有东鲁村和西鲁村，相隔一岭。东鲁村有一座二郎庙，庙内有一眼神井，是二郎爷赐给的神水，人喝了以后身体强健，因此两个村的人个个虎背熊腰，勇武有力。这样，他们渐渐变得凶悍蛮横起来，不断欺凌附近村落中的人。这激怒了二郎爷，认为两村人违背了他赐神水的本意，就将井口盖封住，从此两个村落的人只能自己打井取水了。②

这几个传说的前后对比意在传达：如果为善，则庙宇会成为幸福与力量的源泉；如果贪心或为恶，则庙宇的神秘功能就会消失。神祇不允许有这样的贪恶之人存在。

这是一种自我反哺式的教化，是民众意识的反映，在缺乏了官方强有力的干预之后，更能体现民众意识的自觉性，庙宇传说起到了村落道德净化器的作用。

图 1.6　壶关县泽井村黄飞虎庙门楣上的"鉴察善恶"字样

资料来源：段建宏拍摄于 2006 年 10 月 14 日

---

① 《南神山的传说》，长治市民间文学集成编委会《长治市民间故事集成》（三），无出版社，1988 年，第 781 页。

② 《二郎爷怒惩东西鲁》，平顺县三套集成编委会《平顺民间故事集成》，无出版社，1987 年，第 92 页。

本节主要探讨了民众建庙立祀中的道德指向及其意义。我们可以看到，在诸多情况下，无论是帝王将相、官吏平民、神祇动物，只有他们的行为符合了民众的道德伦理预期之后，乡村社会才会建庙祭祀。由于身份不同，民众对神祇要求也就不同：对帝王及官吏，民间要求他们要为民请命；对失败者，人们更看重他们的忠义等品格；对神祇，人们要求他们为民造福；对一般民众及动物，民众普遍地用忠诚、孝顺、诚信、乐于助人、不贪财好利等一般社会认可的道德标准来要求。汤帝、三峻、二仙等影响巨大的地方大神庙宇的建立及信仰的传播，同样渗透了这一思想。如果有人，包括庙宇内的神祇或管理者违背了这些品格，他们就会受到相应的惩罚。在西方功能学派影响下的中国民间信仰研究，近年过多地将目标放在其现实的一面，即强调民间信仰在解决人类具体生产与生命历程难题与希望上的作用，如解决各类自然灾害、生老病死、加强社会联系方面。这种研究多忽略了民间信仰在净化风俗人心方面的作用。实际上，如果看一下流传各地的民间故事，其主流无疑是宣扬真善美、仁义诚信等公认的美德，简单而言，就是赏善罚恶。乡村庙宇亦不例外。现实功能确是民间立庙的一大原则，但是除此之外，还并立着一个道德标准。

这些传说同一般民间故事不同的地方在于，它们是围绕着村落标志物展开的，加强了庙宇在维护村落伦理道德方面的作用。正是由于代表着村落的道德指向，"人无论智、愚、贤、不肖，而入庙莫不思敬者，盖有神以威震慑其心也。夫神之在天下，犹水之在地中，无所生而不有存，岂有庙神无，庙遂无神乎哉？顾尔室加虔，屋漏滋懼，可为圣贤言，难为恒人道也。恒人之情，有庙则相与拜跪于其中，斋宿于其中，衣冠奠于其中，其心亦似乎能诚，其身亦似乎能洁，而其人亦似乎皆正人君子。无庙则安其荒野，□侮之态，不衫不履之常而已，惟安其常也矣。"①

第二节　建庙立祀的组织与参与者

既然庙宇具有世俗实用与道德教化的双重作用，庙宇的创建与维修就十分重要。庙宇是村社春祈秋报的场所，各类祭祀活动也不能或缺。这些

---

① 《创建龙王庙并永禁赌博碑记》，嘉庆二十四年（1819），黎城县张家山村龙王庙。

都必须要有具体的执行者。乡村庙宇的修建，是以社、会组织为核心力量，由乡绅、村民、僧道、官方多方合作而完成的。"是故建庙修祀，亦必度地相宜而始兴土木，为其益夫一村，而人人皆在相助之中也。"① 从筹资方式上讲，主要分为动用公产、摊派、募化等方式。本节主要介绍上党乡村的社、会及其他力量如何进行建庙立祀活动。

一　社的活动

（一）社的源流演变

直至中国共产党在农村建立革命政权之前，官府并未能直接掌控乡村。很多乡村"地僻"②，有时离城市将近百里，官府力量难以达到。在这种情况下，乡村社会活动必须要有自己的组织，其中之一就是社。

社在最初的时候，应该就同祭祀有关。《史记》载："自禹兴而修社祀，后稷稼穑，故有稷祠，郊社所从来尚矣。"③ "周德衰，宋之社亡。"④ 此处的社似指国家宗庙或土地神。宋以后，里社常常并称。里指的是官府行政组织，而社则成为与之并存的民间管理与祭祀组织。⑤ 至清代，虽然乡村管理制度有所变化，但村社却依然保留了下来。顺治九年（1652），郭峪村重修汤帝庙，就是以社为组织进行的。⑥ 清至近代，上党乡村的社非常普遍，"从来濩泽尚勤俭之风，民以结社为重"⑦。"国由社集合而成，社由民结集而立。"它已经成为村落的实际管理者："社者，农民春秋祈报之所出，地属公，故议公事者至焉。众议既兴，规条遂立，奚以劝善，奚以戒恶，奚以御侮，凡有益于民者，罔不具议。"⑧ 举凡风俗治安、邻里纠纷、农业生产、环境保护、村貌整治、对外交际、收取社费、官府支差、

---

① 《修阁碑记》，道光九年（1829），沁水县固镇村魁星阁。

② 《乡约碑》，嘉庆二十五年（1820），高平市东郝庄村。

③ 司马迁：《史记》卷二八《封禅书》，中华书局1959年版，第1357页。

④ 同上书，第1392页。

⑤ 关于社的发展流变，可参见车文明《中国古代民间祭祀组织"社"与"会"初探》，《世界宗教研究》2008年第4期；陈宝良《中国的社与会》，中国人民大学出版社2011年版，第121—133页；尹荣方《社与中国上古神话》，上海古籍出版社2012年版；王守恩《清代、民国晋中地区的村社》，《晋阳学刊》2014年第5期。

⑥ 《郭峪镇重修大庙记》，顺治九年（1652），阳城县郭峪村汤帝庙。

⑦ 《金妆圣像碑记》，同治八年（1869），泽州县尹庄村关帝庙。

⑧ 《十里河西里阖社公立规条碑记》，同治六年（1867），沁水县西峪村。

征收钱粮等，都在社的职能范围之内，成为乡村基本的管理单元。村落事务要以"合社"的名义进行。①

社最主要的任务之一是主管庙宇修建及祭祀活动："凡有功烈于民者，皆当立社以祀之。故王侯为群姓立社曰大社，士民成群立社曰置社。社会之说由来尚矣。"②"尝闻宗庙之禋，凡有事情，合社公议知悉。"③"从来庙赖神栖，社因民立。社之所关大矣"，它负责主管"春祈秋报……盛服以祭祀"。④东南村明确指出是"五社"而非"五村"共祀二仙⑤，说明社是迎神赛社的组织单位。同时，庙宇修建也常以社为单位。红石沟村王姓家族自道光年间来至当地定居，七十余年间支派渐渐繁盛。为报神恩，王春泰便聚众商议成立社会来修葺二仙神庙。⑥

先秦时，"二十五家为社"⑦。近代的上党乡村显然没有完全按这一规则行事。按实地调查的考量，大致的一社在 100—200 人之间，约合 30—80 户。⑧社是以传统的聚居村落、宗族和区域为主要划定标准，人数并不一致，除一村一社的对应关系之外，如果村落较大，也可能分为两个或几个社，反过来，也会有数村合为一社的情况。微子镇民国期间是一个大的自然村落，就分为比干岭、南头、北头、西头、西干后五社。⑨而同时期，潞城的东天贡、西天贡、小天贡三个较小的自然村落就合为一社。⑩王河北村五龙庙举办迎神赛社时，南沟和北沟"两个村规模太小，就合并成为一个社"。⑪当然，社的范围也并不必须固定，偶尔可见分合之事。北杨村本来只有一社。至道光十二年（1832），因为"日久年陈，弊端频生"。"村中地亩分隐昧不清，自此人心离异，分为三社。"可三社祭祀地点，均

---

① 我们在下文必要处将村落的这种组织称为"村社"，以体现其乡村特征。
② 《重修三官三教关帝庙碑记》，1915 年，黎城县枣镇村三官庙。
③ 《白衣堂永禁牧羊碑记》，清代，高平市李家河村。
④ 《整修佛堂碑记》，光绪十二年（1886），阳城县刘庄村。
⑤ 《五社共祀二仙庙碑》，同治七年（1868），泽州县东南村。
⑥ 《创修二仙庙碑记》，1917 年，陵川县红石沟村。
⑦ 杨伯峻：《春秋左传注》，中华书局 1990 年版，第 1465 页。
⑧ 口述：杜同海，76 岁，潞城市贾村村民。采访者：笔者，2013 年 7 月 10 日。
⑨ 口述：王海滨，86 岁，潞城市微子镇居民。采访者：笔者，2012 年 9 月 5 日。
⑩ 张南院：《排神簿》，光绪八年（1882），写本。该文本为潞城市羌城村阴阳世家张家办赛底本。
⑪ 口述：刘来福，72 岁，高平市王郭村村民。采访者：笔者，2012 年 10 月 28 日。

是三清庵，又要共同筹办。"同乡同井，未免嫌隙易生。"三社社首认为还是合为一社更利于祭祀。于是，在道光二十六年（1846）前后，重新合为一社。① 牛村因为"庄大户多"，所以分为五社，"无事各保田禾，有事则统归大社"，以求节俭费用。当时"人心纯厚"，"社虽五"，各项事宜却能顺利进行。光绪年间，当地发生饥荒，此后世风日下，"更兼杂务丛出"，于是五社之间渐生嫌隙，"不免雀角鼠牙之争，以致涉讼"。在这种情况下，社首们邀集地方有名望的"乡谊"，将五社合为一社，以求从此"群疑顿释"，纷争消失，社事"永固"。②

（二）村庙筹资

庙宇创建维修面临的最主要问题就是筹资："盖闻先王之制，莫重于祀典，而祀典之设必赖乎资财，然非有施此资财者祀典亦何由修乎？"③ 资金来源有几个：一是社田公产。道光二十年（1840），秋树垣村创建敬神的舞楼时，村社便将部分公产变卖，计有"卖禁山柴与荆条进钱贰拾五千文，卖西坡上小池进钱一千文，卖寺坂楝树一株进钱十六千文"。④ 道光二十七年（1847），平川村村民万年镕将一块地基施给村社，用以种树，培补风脉，并且立下契约，说明土地四至，将土地所产钱粮、地上长出树木，均供给村社公用。⑤ 这些都说明，村社是有公产存在的。下交村村民更认为立社目的本来就是要以社地祀神："立社之本意，原取乎地利之无穷，以为历年祀神之资。"⑥

二是平均摊派。社内公产若不够用，就只能摊派。上面所提秋树垣村，变卖公产后仍短钱15千130文，就又按每户地亩均摊。同治十一年（1872），东河村重修三曹殿，就"按地捐钱"，完成了修缮。⑦ 摊派的数量也因时局变化不同。东河村在光绪三十二年（1906）重修九天圣母庙

---

① 《三清庵三社合一碑记》，道光二十六年（1846），高平市北杨村三清庵。
② 《五社统归一社记》，光绪十一年（1885），高平市牛村玉皇庙。
③ 《南委泉为城隍庙施地碑》，道光七年（1827），黎城县南委泉城隍庙。
④ 《创建舞楼小引》，道光二十年（1840），黎城县秋树垣村。
⑤ 《平川村施地碑》，道光二十七年（1847），陵川县平川村魁星楼。
⑥ 《买地公约》，同治六年（1867），阳城县下交村汤帝庙。
⑦ 《重修三曹殿西厨记》，同治十一年（1872），平顺县东河村。

时，因为"秋景薄收"，就将原先的每亩按二升起捐改为按一升起捐。①

除按地起捐外，其他用度也由村社民众分担。光绪二十三年（1897），龙窑村重修娲皇圣母殿戏楼看楼，就是"合社公议，各输资财"得以完成。② 光绪十四年（1888），西阳村补修成汤庙，社首们"焚香拜祝，盟诸神以为约"，进行了明确分工："财用按田亩取之，土工按家户拨之，车辆按牲畜派之，工钜费繁则募化四方。"③ 汤王头村甘露庵更制定了详细的摊派规则："上户拨匠工十五人工，次户拨土工十五工，凡使牲口家拨车工五响。"④

三是募捐。有时只靠村民捐资即可完成庙宇修建。自咸丰八年（1858）至光绪二年（1876），赵店村用了将近二十年时间重修潞王祠，全靠村民捐资，"共费钱七百余千文，并无募化帮助等项"。⑤ 但明显的，这样的情况往往不能支撑庙宇的修建。掌里村为重修关帝庙，就专门派出了王存兴去京城化缘。⑥ 康营村为创建龙王庙，派张河顺、张茂枝、牛秉璋、郭全幸外出募化。从募化名单来看，募缘者可谓费尽心思。在55名捐资者中，有京城官员1名，浙江试用知县1名，商号24家，个人30名。上至官吏，下至平民百姓，都在他们的募化之列，数量也多少不一，多者有白银8两，少的只有300文钱。⑦ 宣统三年（1911），中庙村为筹集修庙资金，让在外省经商的村民四处"募化资财若干两，始充此工费用"⑧。

四是社首出资。社首是村社领袖，要负担更多责任。在庙宇修建时，常常会多出资财。⑨

五是其他村社相助。如前所述，如果一村人口众多，规模较大，就会分成数社。这些小社有时会以某一庙宇为中心，但在修建村落主神庙宇时，这些社也会出资。同治五年（1866），色头村重修炎帝庙，便加入了

---

① 《重修圣母庙大殿叠脊内外石岸梯阴角揭瓦禅堂碑记》，光绪三十二年（1906），平顺县东河村九天圣母庙。

② 《重修娲皇圣母戏楼看楼碑记》，光绪二十三年（1897），平顺县虎窑村。

③ 《补修成汤庙、文昌阁、白衣阁记》，光绪十四年（1888），高平市西阳村成汤庙。

④ 《补修甘露庵碑记》，光绪十九年（1893），高平市汤王头村甘露庵。

⑤ 《重修潞王庙记》，光绪二年（1876），黎城县赵店村潞王祠。

⑥ 《重修关帝庙碑记》，光绪八年（1882），平顺县掌里村关帝庙。

⑦ 《创修龙王庙碑序》，同治八年（1869），高平市康营村龙王庙。

⑧ 《重修炎帝庙暨村中诸神殿碑记》，宣统三年（1911），高平市中庙村炎帝庙。

⑨ 关于社首问题，我们将在后文详细介绍，此不赘述。

村落四个社的钱财：关帝社 150 千文，老君社 132 千文，马王社 154 千又 540 文，人丁社 439 千又 150 文。① 同治七年（1868），侯壁村重修夏禹神祠则是村内各社共同进行的活动。② 光绪八年（1882），东井村重修观音阁，除了大社以公产捐助外，村内的关帝社也捐钱 4500 文。③

除了村内各社扶持，许多庙宇的修建还要与外村社联合。嘉庆二十年（1815），南桑鲁村重修关帝庙，邻近的圣母社就施钱 13 千 500 文。④ 嘉庆二十四年（1819），张家山村创建龙王庙时，路布村赞助 4 千文钱。秋树垣村与槐庄村本属一村。后属秋树垣村的江玉福首建龙王庙，槐庄村张可立协助。后来因为地狭人多，秋树垣村民集体搬迁往北方定居。因为离龙王庙距离变得遥远，祈祷不便，便在本村建庙。此时，槐庄村村民感叹秋村垣人建立龙王庙的功德，纷纷捐资资助该村建立新的龙王庙。⑤ 咸丰五年（1855），东河村重修九天圣母庙，则有顶流社、河东社、南社等进行赞助。⑥

村社之间的互助有时涉及范围很广。同治五年（1866），上马岩村重修武帝庙时，共有下庄社、平头社、葫芦脚、下平坡、渠村、羊圈、土地港、侯家庄、秋树山、羊和脚等村社捐钱。⑦ 光绪二十三年（1897），下马家峪村重修龙王庙时，有长凝社、堆金社、峪里社、石门社、靳家会、曲里社、牛居社、源泉社、河南社、东井社、东阳关社，以及高石河、东黄须、南委泉、南桑鲁、北桑鲁、石背底等村社相助。⑧

之所以出现如此大规模的村社互助，同这些庙宇是周边村落祭祀中心与信仰场所关系很大。岚山龙王庙是其中典型的代表。该庙肇建于元至治年间，主神为岚山龙王，因相传能祷雨即验、祛病禳灾而香火大盛。明代因其护国佑民改封为岚山之神。宣德八年（1433），朝廷进行了一次大规

---

① 《炎帝庙重修花费碑记》，同治五年（1866），长子县色头村炎帝庙。
② 《重修夏禹神祠碑记》，同治七年（1868），平顺县侯壁村夏禹神祠。
③ 《重修观音阁》，光绪八年（1882），黎城县东井村观音阁。
④ 《重建春秋阁记》，嘉庆二十年（1815），黎城县南桑鲁村春秋阁。
⑤ 《龙王庙重修碑记》，1913 年，黎城县秋树垣村龙王庙。
⑥ 《重修舞楼窑亭碑记》，同治五年（1866），平顺县东河村九天圣母庙。
⑦ 《重修庙碑记》，同治五年（1866），黎城县上马岩村武帝庙。
⑧ 《重修白云龙王庙叙》，光绪二十三年（1897），黎城县下马家峪村龙王庙。

模的维修。知县及各级官员纷纷将俸禄捐出，并由僧会司、道会司共同参与。① 到道光十六年（1836），该庙的官方色彩已经散去，取而代之的是"四十八村共沐琼液"，成为周边 48 个村落的求雨中心，但在实际的修庙过程中，捐资村落远远超过了 48 个，名单如下：

城南村、上桂花、下桂花、麦仓村、赵家山，这 5 个村落是修庙的主力，共捐钱 258 千文；另有孟家庄、后庄、西关厢、七里店、白峪脑、塔坡、洪河、井上、南关庙、烟则、港北、西仵、洪领、李庄、上庄、寨里、大沛、古县、吴家峧、北后、北内化、南村、范家庄、东柏峪、行漕、下赵山、古寺头、前庄、城西、霞庄、绿洞、北社、坑西、坑东、谷驼、东洼、南瑶头、后蒲、西窪、西村、郎庄、西柏峪、大停河、南信、瑶头、前白云、后白云、港东、南社、北马、西黄须、土岭、东白坊共 58 个村社。② 至光绪二十四年（1898）重修时，这一格局基本未变。③

1932 年，魏家岭重修三教堂，南马社、北马社、玉泉社、毕家掌社、曹庄社、东谷社、七峪社、黑土门社、柳树河社、泗河社、小会社等 11 家村社捐资，同时各村村民也有一百多人捐资修庙。④

正社村自光绪年间开始，至 1913 年才完成历经 20 余年的修庙历程。该村修建关帝庙、河神庙、古佛殿等村庙，建房数十间，因经济困难，社首屡更，最后在各个村社的支持下才宣告完成。村社捐款如下：

上遥镇，200 文；观音社，12 千文；东社、西社，各 10 千文；城内堆金社、西柏峪、郎庄，各 6 千文；东峪庄，7 千文；东柏峪、大市、长河、北马，各 5 千文；下桂花，6 千文；上马岩，5 千文；上桂花、河南村，各 4 千文；河西村，3500 文；平头、六洞、渠村、石板、岚沟、西下庄，各 3 千文；峧口、李庄村，各 2500 文；西仵、北社、东旺、后庄、柏峪脑、寺底、中庄、榆树庄、茑里、前庄、南社、古寺头、生炉，各 2 千文；李堡、范家庄、东仵、旺壁、北桂花、靳曲、杨家庄、吴家庄、行曹村，各 1500 文；古县、土岭、南枣镇、贤房、上府、乔家庄、下村、阳火脚，各 1000 文；赵店镇、杨暄、阳坡社、坑西、元村、坑东、黄岩、侯家庄，各

① 《重修岚王庙记》，明宣德八年（1433），黎城县岚山岚王庙。
② 《重修碑记》，道光十六年（1836），黎城县岚山岚王庙。
③ 《重修岚山龙王庙碑记》，光绪二十四年（1898），黎城县孟家庄烈士亭。
④ 《重修三教堂暨药王、龙王神祠募缘序》，1932 年，陵川县魏家岭村三教堂。

500 文；陈村社，800 文；青南、后盛永、程援富、义和成、北泉寨，各
500 文。①

69 个村社波及范围最西为赵店，最东为西仵、北社一线，向西发展沿
浊漳河一线经东社、寺底、西社、上遥祝、郎庄、峧口、渠村直至最西面
的杨家庄，为黎城、襄垣交界处；由渠村向北沿平头上马岩、阳坡至阳火
角；由峧口开始，沿大路为前庄、中庄、后庄、古寺头。粗略算来，其东
西距离超过 18.4 千米，南北距离超过 22.1 千米，从结构上看，体现出沿
河流与道路分布密集的特点。浊漳河一线，村落分布集中；而有一条大路
相通的村落，也密集地分布着捐款村落。这一原则，在其他大规模的村社
互助修庙中，也同样适用。信仰活动的分布态势明显与山川走向相连。

除了这些常规性的财物来源外，有时庙宇修缮也能收获意外之财。北
庄村李海龙委托沟窑村申新明、董寨村李百千携带本金经营生意。两人却
将资金支使一空，然后伪称亏本而回。此事被李海龙发现，要报官起诉。
申新明二人请董寨村"绅士亲友，善为说辞"，表示愿将亏空补上，希望
李海龙不要报官。李海龙碍于众人情面，将"账簿焚毁神前"，又将申新
明等所出之钱 50 千施与庙宇作维修费用。②

除了庙宇维修，春祈秋报的费用来源也大致相同。

咸丰三年（1853），小口村村民史书礼施地于村社，用来供给关帝庙
的维修与祭祀开销。③ 光绪三十一年（1905），黎城县共奉娲皇庙的十村合
为一大社并订立社规，明确社地的用途：

> 社地旧有七十九亩半，新置地六十四亩，共地一顷四十三亩半，
> 每年租谷四十余石，又有后天池口、牙地坡、根底三处共得租米九石
> 余。每年所得租米，守庙人用二石四斗，余以完纳粮银。每年租谷以
> 为敬神祭品暨戏价之费也。④

此外，按地亩起捐、按财产摊派等形式也和庙宇修建相同，并无二致。

① 《重修合村庙宇碑记》，1913 年，黎城县正社村。
② 《本庙补修油画碑记》，同治十年（1871），高平市董寨村三圣庙。
③ 《施地碑记》，咸丰三年（1853），黎城县小口村。
④ 《重修广志山大楼碑记》，光绪三十一年（1905），黎城县广志山。

二　会的活动①

与社对应的是会，它指通过某些方式聚集起特定成员，并进行特定活动的组织。社会二者经常联用，说明二者有密切的关系，故而，我们主要从会与社的关系来探讨会的基本组织、运作方式与功能。会的类别有多种，本研究所言的会是指乡村民众为了修庙与祭祀而成立的民间组织，规模一般小于社。

社与会大致有以下关系：

第一种类型：会虽然在村社之内，但却独立运作。

一是家族式的会。常氏家族由陵川迁至高平西星村，十代以后从事木工的人增多，三十余年间为本村外镇修建了许多住宅。但是本村的资圣寺长期没有修缮。常氏家族见"偌大村庄，其中论家户，有贫寒者，亦有富厚；讲人才，有练达者，更有老成"，竟然没有"三五人焉，出而斡旋，为之谋鼎新者，是则可慨也"。他们极力呼吁，奈何"言之有意，听之无心"，村落始终没有人响应重修庙宇。于是，常氏人开始以本族为核心力量行动。他们兄弟三人"摇会一道"，在道光三年（1823）修缮伽蓝殿，道光六年（1826）重修罗汉殿，道光十三年（1833），又重修了毗卢殿。②

二是村民为了修庙自愿立会。为了筹资，需要成员交纳会款，积少成多。陵川县附城村的将军神会一直负责操办关帝庙祭祀。由于神器毁坏严重，乾隆六十年（1795）会内43名成员自愿捐资30千文重修："什物之备，以隆祀典，以壮神威，岂第□观瞻而悦耳哉……兹各出本愿，输纳银钱，将圮者修之，缺者补之，虽未必甚美而足观，而□故为新。庶祀于焉益崇，神威于焉益壮，凡我居民共增其光也。"③

道光七年（1827），高平县桥北村为修庙宇，起积善会一局。④ 张庄村村民为重修黄帝轩辕庙，"摇会二局"，将所收钱财放贷增利，共筹得720

---

①　关于会的一般概念，参见陈宝良《中国的社与会》，中国人民大学出版社2011年版，第121—133页；叶涛《泰山香社研究》，上海古籍出版社2009年版。

②《重修毗卢伽蓝罗汉三殿记》，道光十五年（1835），高平市大周村资圣寺。

③《补修将军神会什物碑记》，乾隆六十年（1795），陵川县附城村关帝庙。

④《重修炎帝庙碑记》，道光七年（1827），高平市南城街道办事处桥北村炎帝庙。

千有余，重修了庙宇。① 清末民初，黎城县霞庄村关帝庙舞楼倾圮严重，"优伶献戏无从展其伎俩"，严重影响了神前献戏。十几位热心村民集会商议重修，但是村落刚刚经过大饥荒，筹款无门。于是他们组成一道钱会，8 年时间共筹得钱 200 余串，才开始重修之举。②

有的会是以会内公产维修庙宇。这一类公产主要是会地和公款收息。同治十年（1871），阳城县石宛村重修眼光阁，将会内 10 余亩荒地出租，"每年得租数斗"，4 年间积得百余千文，终于重修了庙宇。③

康营村的将军会一直维护关帝庙，经过 16 年苦心经营，不断放贷收息，"年复年，利增利"，会内公款由 14 千挂零增至 174 千。这笔钱用来"买神袍二件，费钱三十五千有零；修理关帝像垂幔耳楼，戏楼棚楼十几丈，费钱十三千有零；每年祭祀费用四十六千多。又以此买地费钱四十七千多，又加银十二两"。经过这番花销，还剩下 33 千文，仍然归于会内经管。④

以上两种会，名义上是在村社范围之内，但在行事上却非常自由。

第二种类型：会受到社的制约。黎城县王家庄村为重修庙宇，由维首张青霖发起社会，将一社分成四个会，每会占一分筹集资金。在会满之日将会钱交入大社经管，作为奉神资金。终于完成了村内庙宇的修建。⑤ 道光十六年（1836），桥北村社首为重修炎帝庙，也"起资善一会"，筹集资金 1000 余串。⑥ 会的发起者是社首，会也在社的领导之下。

苇水村社内的会较多，也有较为规范的制度。1928 年，由于时间过长，社规渐渐涣散，许多花费没有正当理由，导致村民聚集的钱财损耗，人心浮动。村副与社首决定重整社规，经过合社公议，重新划分了社与会的分工。一方面，村民所交钱谷由社代收，除了付给乡约、地保的一石外，剩下的均由村副、闾长支配。给村中学校教师的冬至、夏至礼钱 1140 斛由社内支出，此外，"与先生餐，香火供献"及薪资"皆得社备"。村内的会各有分工：牛马王会与山神会只准备神盘香火敬神；社内提供包钱 5

① 《黄帝轩辕庙增修记》，道光二十年（1840），高平市南城街道办事处张庄村轩辕庙。
② 《霞庄村关圣帝君庙重修乐舞台碑记》，宣统三年（1911），黎城县霞庄村关帝庙。
③ 《菩萨阁改造补修金妆记》，同治十年（1871），阳城县石宛村眼光阁。
④ 《将军会扶碑序》，同治六年（1867），高平市康营村成汤庙。
⑤ 《重修数处庙宇碑记》，宣统三年（1911），黎城县王家庄龙王庙。
⑥ 《炎帝庙改修大殿碑记》，道光十六年（1836），高平市桥北村炎帝庙。

千文,供佛会在庙内敬神时的一次用餐花费。这里面出现的三个会:牛马王会、山神会、佛会,都要服从于社的调度。①

同苇水村一样,也有一些会是专门为筹备祭祀花费所起。西李门村玄帝庙的谷会就由村内各社轮流经营,用于"每年三月三日恭奉祖师尊神圣诞,鼓瑟吹笙,馨香酒醴,花妆节目,彩绘之费"②。

综上而言,我们大致可对上党地区的社与会作一个判断:社与会的功能有很大程度的相同,它们都负责着庙宇的修建与祭祀事宜,都有公产。二者又有区别,社是以社内全体成员为范畴的,在庙宇修建与祭祀事宜上,其摊派具有强制性。会员常是自愿加入的,摇会摊钱有时是强制性的,有时则在成员自愿的情况下进行。会有时从属于社,听从社的安排,但也有许多会是独立的。会的范围多明显小于社,是社内一部分成员成立的组织。

社与会相辅相成,共同维护着乡村信仰秩序。北村原有因"以义合"而形成的关帝会。道光二十五年(1845),该会与村社商议后购置3亩土地,用作祭祀。不过,至咸丰九年(1859),由于人事变动频繁,祭享之事难以为继,不得已将3亩地捐施入社,希望此后祭祀时的钱粮花费,均由社中交纳。村社认为这一举动虽然并不能带来经济收益,但关帝会不愿因土地再起纷争的诚意十足,又有祀神的决心,于是同意接收会地,显示了社与会既不同又合作的关系。③ 从明清至民国时期,社会的名称一直在乡村频频出现,并没有因为朝代的更替而改变,显示着顽强的生命力。社会遭受毁灭性打击,是在中国共产党取得乡村政权以后。在中国共产党眼中,社会既然从属于落后的时代,自然是封建遗毒。如果不将社会这些在农村起着基本管理作用的组织祛除,中国共产党也无法顺利开展工作。于是,中国共产党领导民众掀起了"铲除封建社会"的运动。1939年8月27日,《新华日报》(华北版)发表《关于应付一切封建迷信组织》的社论,指出日伪汉奸组织"利用各种道教会门等迷信组织,封建结社"频频在华北"穷乡僻村"破坏抗日。因而,抗日政府要采取种种措施破除迷信

① 《二仙社重整社规碑记》,1928年,陵川县苇水村二仙庙。
② 《重拾头班开会碑记》,光绪三十二年(1906),高平市西李门村玄帝庙。
③ 《会地入社碑记》,咸丰九年(1859),阳城县北村大庙。

组织。① 在这场运动中，社会也受到了波及。在平川村，中国共产党认为该村"大小共分十一社，会事卅余。按全折之火食敬神二费，总数在二千元之上"。而且，所有款项来源，"尽属劳农血汗"。在抗战激烈进行的情况下，"民生失调，即于秋收之后，十室九空，不惟社款积欠，会费成债，竟有东揭西补……而罄产以偿者，实以无法作抵"。② 在东崔村，中国共产党也指出"有穷村而无穷社，添会物而减民钱"。诸如迎赛社一类的祭祀活动，"耗财无边，剥农削工"。为祭祀而进行的放贷活动是"剜刮工农血肉，剔剥穷困筋骨，不劳而获"。村落本就多饥寒之家，收取社费会费的行为，使得村民"拆东补西"，最终如"担石填海"，"烈火加薪"，甚至"田房完全抵债，打锅分铁"。③ 中国共产党号召乡村要彻底铲除社会组织，废除一切账簿公文，将所有"公地物产"归于低利借贷所、平民合作社一类的机构管理经营，"以资生产"，"既可轻我民众负担，又可遏此巨量消耗，亦足以增加抗战力量"。铲除社会成为事关"民族革命"、抗战"最后之胜利"的必备条件。④ 在沦陷区与国统区，虽然没有此类运动，但由于战争原因，社会已经在事实上趋于瘫痪。抗日战争爆发以后，极少见到修建庙宇与举办迎神赛社的活动，这已经在事实上宣告了社会组织的崩溃。

三 村民、官吏、商铺及其他群体的参与

庙宇的修建是以社会为中心的，但其他力量同样会参与。由于庙宇在民众心中占据的重要地位，热心于庙宇修建的人并不少见。

有的村民热心公益，又有财力支持或者有号召力，因而能够出钱或者召集村社首领。西李门村的玉皇庙，百余年间未曾修葺。到咸丰年间，有村民想要重修庙宇，不料未曾开工而倡议者已经逝世。至同治九年（1870）前后，又有村民朱淄州"会集村中绅耆，公同筹划"，将庙宇重新修缮。⑤ 后来敬神事宜又因为"时势多艰，情物屡更"，以致废弛20多年。村民司德茂"恭书缘布，募化钱文，同心共济，重新整顿，以奉神明，以

---

① 《关于应付一切封建迷信组织》，《新华日报》（华北版）1939年8月27日第1版。
② 《平川村铲除封建社会碑记》，1939年，陵川县平川村。
③ 《东崔村铲除社会改善民生碑记》，1939年，陵川县崔村。
④ 《平川村铲除封建社会碑记》，1939年，陵川县平川村。
⑤ 《重修玉皇庙碑记序》，同治十年（1871），高平市西李门村。

崇祀典"。① 朵则村村民牛希传对关帝庙长期未曾维修"心焉戚之，辄兴振作之意"，于是召集"首事"，自任总理，召集维首 11 人，花费 1000 多缗，将正殿禅房在原址维修，又另选新址，将舞楼、夹室移建。②

个人单独出资的情况偶有所见。清宣统时，东山村村民李金声捐出白银 100 两修建村内祖师庙。③ 不过，更多的则是个人出资的同时发动民众捐钱。1936 年前后，郭峪镇为修复被大水冲走的石闸和大王庙，颇费心机。因为"需费既多，村人又穷苦无力"。卫树模、赵鼎升、郭建铭三人先"召集村人之能直接或间接助力以推进工事者二十人"，议定凡被召集者皆作为发起人。先由发起人量力认捐，着手进行，不足者再"向各界友好募捐"，总计认捐大洋 64 元 5 角及钱 10 千文，募捐 232 元 6 角。在维修过程中，村人义务服役 1290 工，社、会又承担了 1480 工。④ 有的村民得到了村社的帮助。嘉庆至道光年间，固镇村村民高寿岱首倡修建魁星阁。他在河南给同族高月峰、高南珩写信，让他们制作化缘书册，筹集资金。两人又与社首秦学海、霍进仓商议此事，决定共同募化，得"数百金"，由村社出面运作完成了庙宇修建。⑤

村民之中，有一些具有功名，属于乡村士绅，他们也参与到了庙宇修建之中。

宰李村旧有游仙寺，虽经宋元明清历代修葺，但至道光年间仍然渐渐倾圮。贾文芳等绅士"协力同心，不惮经营之苦，奔走之劳，募化四方，约得两千余金"，让村社组织修庙，不但修补了旧庙，还扩充了"东西厢房六间，禅房十六间"。⑥ 同治年间，由于石宛村的三圣阁百余年未曾重建，廪膳生员张际清召集舅舅常如陵和村内卫复智、杨铣、常慧之等共同谋划修缮。其弟"不惮辛劳"，二十多天后就完成了第一阶段的工程，又不顾"劳力伤财之甚"，继续"昼夜监督，不遑褰食"，"并未募化一钱，浮派一工"。考虑庙宇"年远朽败，补葺无资"，又买了 3 亩阁田，"每年租人，轮流收管。除祭祀外，勤为蓄积，以备不时之需"，将庙宇的长远

①《重拾头班开会碑记》，光绪三十二年（1906），高平市西李门村玄帝庙。
②《补修关帝庙兼创歌舞楼碑记》，同治十一年（1872），高平市朵则村玉皇庙。
③《补修祖师庙暨创建舞楼碑记》，宣统二年（1910），高平市东山村祖师庙。
④《重修石闸碑记》，1936 年，阳城县郭峪村汤帝庙。
⑤《修阁碑记》，道光九年（1829），沁水县固镇村魁星阁。
⑥《重修游仙寺记》，道光十七年（1837），高平市宰李村游仙寺。

维护都一并考虑到了。①

　　一些官吏也参与进来。吏员张怀德为维修梁庄真武庙，既自己捐资，又"募诸四方"，于道光十年（1830）"将真武等神统为塑妆"。② 沁水本来"地僻人稀，山川险峻，为晋之下邑"。但是，自明朝以来，"科甲连绵，仕宦接踵"。李庄村也在明朝出了大谏议李春芳，邓州判杨一鸣，在清朝出了大成县令李素文，宛平县令李复白，贡元杨尚友等人，为官者"数百年来又指不胜屈"。为感谢文运之神，村民修建南阁一座，但并未塑神像。嘉庆元年至十五年（1976—1810）前后，候选县主簿杨承基、庠生李务本、李积善捐银168两，修补神阁内外及道路，新塑了文昌像与眼光奶奶像，明显包含了修庙之人希望仕途更进一层的心理。③ 南坡村李沐膏官至游击，嘉庆年间在回故乡时看到社庙无人修理，就出银"多至三千有奇"，将庙宇重修。村社大为感激，认为修庙安神，迎神赛社本非一族一人之事，但是他"独毅然以一身肩其任"，必能"德盛而报厚，龙章加乎祖宗，燕翼贻乎孙子也"。④

　　主政一方的知县也参与到地方庙宇修建中来。同治元年（1862），黎城大旱。知县陈宗海在昭泽王行宫祷雨当日即应，于是上旨朝廷，加封其为康惠昭泽王。同治四年（1865）夏天亢旱。陈宗海委托北底村耆老至龙洞焚化祭品求雨，本人则带柳条帽，穿布衣出城20里跪迎神水。至六月初三日中午至酉时，在步行四个时辰后，烈日炎炎之下，心神如醉，迷闷之间，竟然发现昭泽王坐着轿子来到了雨楼前。结果，到初五大雨如注，全境旱情解除。同治六年（1867）五月，天又大旱，陈宗海在洞口跪求，至六月初二有透雨降下，秋苗得以播种。他感叹自己在任7年，三祷三应，于是在全县募捐，在龙洞旁建立庙宇。由于当时龙洞附近人迹罕见，管理没有合适人选，加上时有山洪暴发，庙宇损坏速度快，陈宗海特地在碑记上强调："伏冀各省各县乐善官民祈雨到此，稍有石塌台裂，倾漏朽坍，许愿重修，则斯庙无倒坏之期。"⑤

---

① 《附建三圣阁钟楼记》，同治五年（1866），阳城县石宛村三圣阁。
② 《迎头真武神庙碑记》，道光十一年（1831），沁水县梁庄村真武庙。
③ 《修南阁记》，嘉庆十五年（1810），沁水县李庄村。
④ 《重修大庙记》，嘉庆二十四年（1819），沁水县南坡村大庙。
⑤ 《率合邑绅民建修龙洞行宫碑记》，同治七年（1868），武乡县焦龙洞。

　　商人也为庙宇投资。商人投资的原因多种多样，但希望保佑生意顺利无疑是一个重要的目的。道光七年（1827），沁州武邑李、赵、张三家联合向黎城县南委泉城隍庙施地，就是因为这三家自乾隆初年便在当地开设商铺宏盛号，一直"万事遂意"。三家认为这是城隍保佑之功，故而买了7亩土地，一并将当年原粮施入庙内，又再施香火钱5千文。① 关帝庙得到商人的眷顾是因为其财神身份。寺庄村有一座年久失修的关帝庙。道光二十三年（1843），合镇商铺聚会，感慨道："吾侪商人，欲妥神灵而无所凭依，情何以堪。"他们集资修建了庙宇。② 此外，影响力重大的地方神庙宇，也会吸引商铺投资。如二仙庙、三崚庙的捐资名单上，常会有商铺出现。一来，这些商铺均为周边村民所开，这样做有保佑家人的目的。二来，中国的神祇全能神较多，即使不主管商业，也会照顾到民众生活的其他方面。

　　自然，庙宇修建更多的是多种手段并用。道光五年至十七年（1825—1837），冯庄村改建玉皇庙正门舞楼，由王大文首倡，"村中各捐资若干，圣贤会捐资若干，又鬻社树并社隙地得资若干"才得以完成。③ 道光二十四年至咸丰二年（1844—1852），黎城县赵店村重修佛阁，历时8年，共费钱600余千。这些资金来自于潞安、襄垣、安阳、晋城、顺德、黎城、长子、屯留等府县38家和本镇5家商号、附近12个村落、堆金社、河神社等村社、配盛班等戏班，是一个包罗较全的捐资情况展示。④

　　除了直接的修庙活动，村民主动施地也是重要内容。乾隆八年（1743），黎城县小口村村民王进、申景珍均为本村的关帝庙捐地作为香火资，以维持本不兴旺的香火。百年之后的咸丰二年（1852），又有村民史书礼将名为"滑坡上"的一块地捐给了关帝庙。1934年，永录村民马随娥、李喜盛因为关帝庙南边的一块空地发生归属争执，在村长、总理、维首的协调下，"顿起善念"，情愿将该地基施于关帝庙，并且为"永远死业，分文不受，任其经理"。⑤ 有的施地人是因为个人生活不如意才有此举

① 《南委泉为城隍庙施地碑》，道光七年（1827），黎城县南委泉城隍庙。
② 《关帝庙创修碑文》，咸丰四年（1854），高平市寺庄村关帝庙。
③ 《玉皇庙改建正门舞楼碑记》，道光十七年（1837），高平市冯庄村玉皇庙。
④ 《重修佛阁碑记》，咸丰二年（1852），黎城县赵店村。
⑤ 《马李两姓公施地基碑记》，1934年，高平市永录村关帝庙。

动。半峪村村民胡玉法"独立一门，幼多漂泊，老鲜归依"。于是，在道光二十年（1840）前后，他将自己产业"北甲窊地一处，计地四亩"及"一切家居等物，亦归社中，以后任凭大社使用添减。凡一切亲族永远不得争论"。作为回报，大社负责他所有的丧葬费用。① 这种交换也体现出村社与民众的互助关系。村民施地，一方面可扩大庙宇的面积，另一方面，土地可用来种植谷物及树木，为庙宇维修提供资金。

除了施地外，还有村民施树，同样是小寨村，村民赵自亮施榔树一株，延六股施槐树一株，等等。

四　僧道与村社的关系

在庙宇维修活动中，还要注意职业宗教徒与村社之间的关系。近代乡村庙宇的许多住持是村民社众而非职业宗教徒。孔家峧关帝庙住持就是康保贵。光绪三十一年（1905），广志山的娲皇宫住持也是张德隆、魏吾宁、康文则这样明显不是正规僧人的村民。此类例子比比皆是。赤祥村嘉祥寺创自后周广顺三年（953），明代正德年间仍归僧人自行经营管理，并不属于村社。到清代，寺庙内已无僧人，于是村社将其接纳，以"按地亩起捐"的方式派人进行维修管理。② 这些人本身就是村落一员，在村社安排下管理庙宇。民国期间，一些庙宇还会雇用外来人员。如大中汉三峻庙在民国期间就长期雇用河南人。

情况复杂的，是职业僧道人士同村社的关系。

第一类，是合作关系。很多寺庙长期以来奉行着村社维修和住持合作的状态。古寺头村在咸丰四年（1854）重修关圣帝阁时，庙内的僧人悟勋、悟勤及徒孙常兴就负责募化事宜，而维首们则捐钱捐物，最终完成此次修缮。③ 僧人还会主动发起修庙活动。光绪九年（1883）前后，清泉村重修菩萨岩的活动就是"庙内僧人心明、心山目睹情伤"而与村社商议的结果。④

那么，管理权与所有权是如何区分，双方职能如何分工呢？广志山娲

---

① 《施主胡玉法碑记》，道光二十年（1840），沁水县半峪村。
② 《赤祥村嘉祥寺归全里五村公有息讼碑记》，1933 年，高平市赤祥村嘉祥寺。
③ 《重修关圣帝君阁》，咸丰四年（1854），黎城县古寺头村关圣帝阁。
④ 《重修菩萨岩小引》，光绪九年（1883），黎城县清泉村菩萨岩。

皇圣母庙提供了一个范例。村社发现，如果"以数年贮存之费，坐耗于土木之工"，随后庙宇就会陷入香火间断的地步。于是，村社考虑用33亩山上村社公地招募住持。僧人以田为生，同时负责庙宇的日常管理，避免因平时无人上香而致衰败，庙宇所有权仍在村社。① 光绪二十四年（1898），宋家庄的村社维修龙王庙，住持之名列于村社诸人之外，也彰显了这一模式。② 团池里清化寺长年没有人照看，以致"垣墉倾圮，栋宇崩推"。村社经过商议，决定请羊山寺讲主前来看守寺庙。村社将21亩社地交由其管理，但是需要出纳的军储、军需等，则由16名村落"耆老"自愿一体包纳。在这种和谐的关系下，僧人负责看管庙宇，甚至主动维修庙宇。隆池上人受四社聘请，来到望川村开明寺。看到庙宇荒废，决心将其重修。他"与其徒有能辈，躬耕力稿，俭食节衣，田之荒芜者垦之，典卖于人者赎之"，又引水灌溉，积攒财物，十几年间，修葺了藏经阁、大雄殿及其他配殿、廊庑、院宇、山门，庙宇焕然一新，而"修工所费难以数计，而四方檀越所助者不满三百千文，余皆上人之力！"作为所有者的村社赞叹之余，又心有愧疚，于是"佥议捐金立石以纪其盛"。③ 长子县下霍村白云观民国期间也有道人看管，但是所有权归于村社。

第二类，僧人与村社发生矛盾。有的僧人并不安分守己，会有僧人贪污庙产社款的情况出现。嘉庆时期，峗山白龙庙主持亏空社款，被村社罚修了东西两条道路，并立碑警示后人。④ 团东村清化寺有供养看庙僧人的桑田160多亩及众多家具器物，本不许僧人买卖，但僧人竟然私自将"田地物什飘荡殆尽"。为警示后人，对犯错僧人处以罚银30两，并规定从此以后再有任何私自典卖田亩及庙中物什的行为，除了原价赔偿外，还要加三成的惩罚。⑤ 夏匠村关帝庙的看庙僧人洪宽犯了许多过错，被村社驱逐。但是他霸占了社内公地不还，最后村社只能通过官方，将土地收回。⑥ 不过总体看来，村社与僧人之间发生尖锐矛盾的例子极少。在漫长时间段

---

①《娲皇圣母庙碑文》，嘉庆八年（1803），黎城县广志山娲皇圣母庙。
②《重修龙王庙并增建前院捐资募缘碑记》，光绪二十四年（1898），黎城县宋家庄村龙王庙。
③《隆池上人重修开明寺功德碑》，1939年，阳城县望川村。
④《责罚主持闻贵尊补修牛王殿碑记》，嘉庆四年（1799），阳城县峗山白龙庙。
⑤《补修清化寺并条规序》，嘉庆二十四年（1819），高平市团东村清化寺。
⑥《地产碑记》，嘉庆二十年（1815），晋城市城区夏匠村关帝庙。

内，仅有以上几个案例，双方关系仍以和谐相处为主流。

第三类，是庙宇独立运行。这一类庙宇的修建资金来源要靠善士捐助及僧人筹集，它们往往是较专业的庙宇，有时，寺内僧人众多，能外出做法事赚取资财，有时靠善士捐助或僧人募化，不依赖于村社而独立存在。性空山有太原李师祖，酷爱三教性命学说。嘉庆年间去世后，一位张姓信徒宣称继承三教衣钵，决意创建三佛庙。这次修建，并无村社帮助与筹划，全部靠张氏与"四方信善者各捐资财"而成。第二年，善士们又买到寺庙附近的山地一处，并得到了庙宇所在苏村里十甲的同意，将之落于三佛庙户口之下，供给守庙者作为日用花费。① 至光绪年间，四世徒孙张善人又"修己以敬为生，劝人以孝为先"，吸收了不少信徒，终于靠众人捐资重修了庙宇。②

鹿台山香台寺主持鉴一上人想要继承先师遗志重修庙宇，但苦于"工多而费繁"，强烈要求修职佐郎李秉枋相助。李氏考虑到佛教"从西竺一带流入中国，其学与吾儒异"，但是"独是为其徒者，能尊敬而护持之，即为法门所深许。今鉴一大师，守戒谨严……晨夕读梵经无间日，又矢愿为此举，以承先志，可嘉也"。于是他多方筹措资金，完成了庙宇修缮。③

僧人的募化活动有时十分艰苦。嘉庆十七年（1812），福胜寺"风剥日蚀，瓦木糜烂黑腐，适为鸟雀之宅"，东南两角墙壁出现空隙，山门摇摇欲坠。主持僧人明铣、明典立志补修，他们"行脚历兖、豫、涉荆、湘"，但是"托钵归来，资苦无多"，又在附近村落逐家化缘，自行招募工人，购买材料，历时 8 年才完成了重修。④ 更糟的是到后来，僧人湛沛、澄露等四人就只能向本村杨贵春等村社领袖求助了。道光二十二年（1842），宰李村游仙寺僧人要重修游仙寺，但资金不足，只好求助官员陈彭龄向附近村落募捐 300 余缗才得以完成。⑤

本节主要探讨了庙宇修建与祭祀的实际组织者与参与群体。在抗日战争爆发前，社会是组织村落建庙立祀的主导力量，它们相互配合，维护了

---

① 《三佛庙创建碑序》，同治元年（1862），黎城县性空山三佛庙。

② 《重修性空山三佛庙碑记》，光绪二十二年（1896），黎城县性空山三佛庙。

③ 《鹿台山香岩寺碑记》，嘉庆二十四年（1819），沁水县鹿台山香岩寺。

④ 《福胜寺补修记》，嘉庆二十五年（1820），沁水县蒲弘村福胜寺。

⑤ 《重修游仙寺雷音殿记》，道光二十三年（1843），高平市宰李村游仙寺。

乡村信仰机制的稳定。同时，村民、官吏、以僧侣为主的职业宗教徒、商人也积极参与到庙宇修建过程中来。社会各个阶层的共同参与使得庙宇能持续存在。不同村社之间的配合则展示出乡村社会的互助性质。另外，僧人在乡村庙宇中并没有太大的话语权，乡村庙宇的所有权主要掌握在村社手中。个别僧人掌握的庙宇，因为得不到村社的及时支持，在维持上有时就会出现困难。

第三节　近代社会变迁下的庙宇及祭祀活动

研究民间信仰，不可回避的一个问题是：它和社会变迁有没有关系。这个问题看似简单，因为从总体上看，中国并非一个政教合一的国家，"所谓神道设教"也不过是政治权力下的产物。秦始皇虽然喜欢方术，但是如果方士的药方"不验"，则会被立即处死。三武灭佛正是在佛教发展的高峰期发生的。面对强权压力，佛教寺庙几无还手之力。同样，乡村庙宇受世俗制度与时代主流运动的影响也可从这个方面考虑。清末民国以来，随着反迷信运动的持续，各类民间信仰活动受到了沉重打击，除巫婆神汉被视为骗子外，庙宇空间被侵占、祭祀活动被限制，这使得庙宇数量、进庙烧香活动、庙会及迎神赛社在许多地区都一度减少。不过，有几个问题需要注意：

第一，由于中国幅员辽阔，情况复杂，即使是在同一政策下，各地的执行情况也不相同。

第二，信仰一旦形成就自有其稳定性。不然，无法解释中国各地众多的千年古庙。

第三，民间信仰的衰落多同政府的强制执行有着密切关系。

第四，更主要的是，这种民间信仰的衰落同民众意识并不同步。庙虽拆除，神仍在心中。只要政府的管控减弱或者强制力并不严重，庙宇及信仰活动就有可能重新出现。

第五，即使同在近代社会这一政治史的时间段内，民间庙宇的情况也并非按照统一的方式"进化"。

基于以上五个方面，我们来探讨上党乡村庙宇的变迁。

一　难以禁毁的庙宇与赛会

近代的中国，迎神赛会之风“犹炽”，“僧道巫尼充斥”，“迎神赛醮，举国若狂”。① 自鸦片战争以来，中国批判鬼神信仰逐渐带上了民族复兴的色彩，在此方面，陈榥的言论非常有代表性。陈榥认为，由于人类有思考的能力，凡事皆要联系其前后关系，因而产生避祸趋福的心理：“由是而有祷求心，祷求而有崇奉心，崇奉而有迷信心……其昏瞀于祸福鬼神之说者，遂居大半矣。”相信鬼神之说是导致国家灭亡或受奴役的一大原因：“间尝挈观民族国家之兴亡之故，知其与鬼神祸福鬼神之说，大有关系。”他列举了非洲、印度、埃及、越南等国家的例子：

> 非洲之人，聚一木一石而拜之，以为无上之尊，而种将尽矣。印度之人，信天堂地狱之说，至以溺死于殑伽河为登天堂，而社已墟矣。埃及人以尼罗之河流，卜岁之丰歉，而国已奴矣。安南人喜蛊魇之术，而已覆矣。回教谓其始祖出于畜，至今犹礼拜之勿替。而土耳其、波斯、非利宾或殆或亡矣。世界各国，龟鉴若斯不爽。

他指出这样一个亚洲之东的“待亡之老大帝国”，“亦一信鬼神之国也”。他严厉批评中国各地的信仰活动：

> 各行省中，庙宇不知其几千万落，坛壝不知其几千万家，香火不知其几千万种。今岁甲地之神兴大会，明岁乙地之神兴小会，某日某神诞也，某所某鬼现矣。浸淫滂濞，忘返流连，故风俗如中国，实可称为纯粹信鬼之国。而窥信者之心，以为鬼之智甚超而权甚赫：君相有生死，鬼神主生死；国家有兴亡，鬼神宰兴亡；凡民有起居饮食，鬼神察起居饮食。呜呼，鬼神之信如是卓绝于人也，固宜其泥首听命矣。②

---

①《岑督印布胡国廉劝人停止迎神赛会演说牌末》，《秦中官报》光绪三十三年（1907）第28期。

② 陈榥：《续无鬼论》，南京大学哲学系中国哲学史教研室《中国无神论资料选注与浅析》，无出版社，1977年，第167—168页。

　　在此类思想的基础上，维新变法、民国初年、五四运动前后、20 世纪 20 年代后期分别由清政府、北京政府、知识精英、南京国民政府发动了几次大规模的反迷信运动，并形成了连续效应。①

　　中华民国建立后，为彰显新气象，加之民国领导人的基督宗教背景，对传统庙宇及赛会活动进行严厉打击。在南京国民政府期间，不但迎神赛会被政府列为迷信与奢靡之举，连孔子、关帝祭祀也曾经受到严格限制，甚至祭孔一度被取消。南京国民政府颁布了《神祠存废标准》，按这一标准，许多民间神庙将被禁毁。随着抗日战争的爆发，庙宇修建进一步受到影响。

　　就华北的情况而言，李景汉的《定县社会概况调查》显示出了这一趋势。河北定县在 1914—1945 年间有 245 个村庙被改为学校。② 杨庆堃也认为，中国人的"分散性宗教"与"制度性宗教"不同，会随时代的变化而变化："随着人们对科学的重视及强大的世俗化的趋势，社会制度的宗教面向很快成为了历史，鲜有复兴的可能。"③ 这一论述将科学与民间信仰对立起来，貌似有其内在道理。不过，一个明显的反证是，近代中国，道教、佛教这样独立于世俗之外的制度化宗教同样经历了一个衰落期，二者都不得不进行改革力图重新复兴。显然，问题的根源不在此处。宗教与信仰的消亡原因，不仅仅在于它所依赖的技术层面上的社会制度消亡，应更多地考虑到其所处时代的群体认知，或者说大的心理文化背景，也在于新制度的强力限制及激烈的时局变化，如战争。需要注意的是，政府限制在现象上的作用可能更强过真正的心理认知。祭天祭地消亡的根源不在于清王朝的崩溃，而在于民国政府的革新姿态与知识精英、基督宗教的合力推动。更重要的是，这一仪式的消亡只是在政府层面而非民间社会。祖先崇拜在城市家庭的消失这一现象，也难说十分绝对。直至当代，大量的城市人逝后仍然葬回故里，清明扫墓或祭奠仍是盛行的活动。信仰是一种传统的固化，是心理的安慰剂。信仰的持续性很大程度上取决于祭祀活动形成的叠加效应。而且，即使世俗制度在变化，但人类面临的诸多问题仍未解

---

　　① 关于反迷信运动，参见沈洁《现代中国的反迷信运动》，博士论文，中国人民大学，2006 年。

　　② 李景汉：《定县社会概况调查》，上海人民出版社 2005 年版，第 411 页。

　　③ ［美］杨庆堃著：《中国社会中的宗教：宗教的现代社会功能及其历史因素之研究》，范丽珠译，上海人民出版社 2007 年版，第 274 页。

决。人的思维来于其面临的问题。只要人类面临的问题不能被完全解决，信仰就仍有其存在的可能。

如同前面讨论的那样，由于情况的多样性，民国禁毁祠庙活动并非是一个渐进的直线运动，在不同地区、不同阶层也有着不同的表现形式与效果。这同经济发达程度、城乡所处不同的文化环境关系不大，而主要同政府统治力量强大与否有关。反迷信运动本身的持续就说明了迷信活动的一直存在。中国的反迷信活动，手段似乎更甚于目的。简言之，反迷信并非是反对者真正从学理的角度论证了迷信运动存在的不合理性，而更多的是要通过反对此类活动而彰显本人方法的正确性，或者是这种活动危及到了既存群体、社会准则的利益，比如正统伦理、政治权威、社会稳定、官方经济利益等。中国历史上的毁淫祠、禁佛教运动已经彰显了这一特点。① 山西省政府指出，迎神赛会的弊端在于"村长副、闾长等每逢酬神演戏即借供神之名分食猪羊肉，通年耗费公款亦不在少。又有村公务人员对于村中花费摊派例有觚免定数等情"，因而，主张"此项陋规应一律革除，毋得仍前沿习"。② 这表明，有时政府禁止演戏酬神的原因并不在于信仰本身，而在信仰之外。

对外战争中屡战屡败及中国国际地位的急速下降，使知识界对本国诸多的传统文化都产生了质疑，始有全盘西化的表现，民间庙宇与祭祀不过是其中之一。但是，这种思想有多少合理性，又有多少能被民众接受实在值得怀疑。当这种疾风暴雨式的运动过后，幸免下来的所谓"落后"的东西仍会重新出现。俞君异在20世纪30年代出版《山东庙会调查集》的序言中直言："破除迷信、打倒庙宇的喧嚷呼喊已有十余年了，而且，自北伐成功后，各地的庙宇也参加了一度的摧毁……然而，事实上，摧毁自摧毁，拜佛烧香来做买卖者是依然络绎于途，无法防止。而且，在最近，有些地方已经重修庙宇，弄得更金碧辉煌了。""国民政府，早已三令五申，废除旧历，禁止赛会；而一般出作入息的农夫，抱着'春风过耳'的顽态，仍然一如既往的迎神祭祀。"③ 北京的妙峰山庙会也是在抗日战争期间

---

① 王健：《明清江南毁淫祠研究——以苏松地区为中心》，《社会科学》2007 年第 1 期。
② 《山西省政府村政府训令令霍县县长》（总字第 522 号），《山西公报》1935 年 8 月 23 日，第 86 页。
③ 贡滋菜：《迎神赛会》，《艺风》1933 年第 3 期，第 30 页。

由于时局的原因才衰落下去。

除了北方，南方毁庙与禁赛会的效果也有待商榷。如湖南长沙素奉城隍神，宋至晚清一直有城隍救城的传说：

> 元兵自罗鬼入破全衡永桂，围潭洲，人有见神人卫城者，已而潭独不下。满清咸丰二年，太平将肖朝贵围长沙，亦幸城隍保佑。巡抚潘铎奏请封"永镇定湘王"。吾湘城隍菩萨不仅对内，且能对外，不仅在湘，且出征他省。光绪十一年礼部议奏："浙江提督欧阳利见咨称：湖南长沙府善化县城隍，凤著灵异，咸丰二年，粤匪犯省城，赖以保全……嗣后湘省各军出征他省，皆奉以行。光绪十年，浙江海防吃紧……亦迎神位祀于行营。十一年正月，法船扑镇口，知金鸡山为主将驻扎之所，日用开花炮遥击。炮子重三百余磅，两次将及于营房，忽旋落于山右山后，并不炸裂。由是水陆严防，军心益固，实赖定湘王显灵保佑……庚子拳匪祸起，则有张天师、黄连圣母诸神，大树扶清灭洋之帜，定湘王不与焉。"①

虽然城隍信仰源远流长，在保境安民一事上屡立奇功，但在反迷信运动下也受到了波及。1920 年，在驱逐张敬尧事件中，长沙县立师范学生乘机烧毁李公真人像。这次行动，引发了许多市民的强烈不满，混乱中有两名学生被烧死，民众认为这是焚烧神像的报应，"定湘王之威权未尝减也"②。1934 年大旱期间，苏州市民发动了请神祈雨护庙的活动，与禁赛毁庙的支持者产生了激烈冲突。③ 上海的迎神赛会同样也没有能够完全禁止。在 1937 年以前，禁止赛会的行动并没有取得积极效应。④

二　《神祠存废标准》

我们具体探讨一下南京国民政府的《神祠存废标准》对民间庙宇的

---

① 王兴国：《易白沙和他的〈诸子无鬼论〉》，中国无神论协会《中国无神论文集》，湖北人民出版社 1982 年版，第 323 页。

② 同上。

③ 沈洁：《反迷信与社区信仰空间的现代历程——以 1934 年苏州的求雨仪式为例》，《史林》2007 年第 2 期。

④ 艾萍：《民国禁止迎神赛会论析——以上海为个案》，《江苏社会科学》2010 年第 5 期。

影响。

在国民政府的眼中，神祠是民智未开的结果，不符合科学昌明的时代。《神祠存废标准》规定，凡有纪念意义的神祠庙宇可继续存在，其他的均应废止。它将中国神祇划分为以下几类：

（一）先哲类。国民政府规定了四个标准：对于民族发展有功勋者；对于学术发明有贡献，造福人群者；能保家卫国，兴利除弊者；有忠烈孝义者，并列举出了神农、伏羲、炎帝、仓颉、嫘祖、大禹、后稷、孔子、孟子、公输般、关羽、岳飞十二个代表。

（二）宗教类。国民政府将宗教与迷信、淫祠对立，指明凡属宗教的神祠，当可保留，反之，则予以取缔。属于佛教的有释迦牟尼、地藏王、弥勒、文殊、观世音、达摩等；属于道教的有老子、元始天尊、三官、天师、王灵官、吕祖等；其余则为回教、基督宗教之教祖。

（三）古神类。这主要包括日神、月神、火神、魁星、文昌；山川土地、五岳四渎、东岳大帝、中岳、海神、龙王、城隍、阎罗、土地、八蜡、灶神；风神、雨神、雷公、电母。

（四）淫祠类。国民政府制定了淫祠的判断标准：附会某种宗教却没有崇拜价值的；目的在于敛钱和迷惑民众的；依附于植物动物精怪的；根据野史传说而创造的。诸如张仙、送子娘娘、二郎、财神、齐天大圣、痘神、瘟神、玄坛、宋江、时迁、狐仙等等都在此列。

按国民政府的解释，属于先哲、宗教类的祭祀均予保留，"以合民国信仰自由之精神"；属于古神的大部分予以保留，只有火神，五岳四渎，城隍，阎罗，八蜡中的农、邮表畷、猫虎、坊、水庸、昆虫，风云雷雨等神祇的祠祀被废止；淫祠则一体废止。

这个标准看似清晰，实际上似是而非。因为许多民间神祇和道教、佛教、古神、先哲神祇早已合而为一。从全国范围看，观音、三官、东岳、玉皇是有明显宗教色彩的神祇，炎帝、大禹、孔子、关羽等先哲信仰也早在民间生根发芽。这部分神祇在理论上应该予以保留。同时，国民政府明令废止的祠祀不过20种左右，在庞大的民间信仰神祇体系中显得微不足道。更何况，国民政府在对待地方神的态度上并不坚决："其有虽不在上文列举之中，而其学问事业，有合于前定四点之一者，应由各省市县政府查明一体保护。"① 许多地方神的行为或多或少都能和四个标准取得联系。如此，上党分布较多的三嵕、炎帝、玉皇、观音、三官、二仙、崔府君、昭泽王、文昌阁、碧霞元君、唐王庙都有存在的理由。国民政府的祭祀标准同传统社会以功德衡量作为神祇立庙的标准并无本质上的差别。实际的情况是，上党的乡村庙宇毁于这一时期的极为少见，也能从侧面印证《神祠存废标准》对民间庙宇未能产生破坏性影响。

此外，国民政府规定要简化祭祀仪式："现查旧日祭祀天地山川这仪式，一律不能适用，即崇拜先哲，亦重在钦仰其人格，宣扬其学说功烈，凡从前之烧香拜跪冥镪牲醴等旧节，均应废除。至各地方男女进香朝山，各寺庙之帛笺礼忏，设道场放焰火等陋俗，尤应特别禁止，以蕲改良风俗。"② 然而，这种政令能否达到乡村实在令人怀疑。即以北京妙峰山、东岳泰山为例，抗战之前仍是香火鼎盛。如此著名的朝山之地政府尚难以控制，更何况散布于上党山区，政府力不能及的为数众多的神庙。

三　抗战之前的上党乡村庙宇与迎神赛社

迄今发现维修庙宇的碑刻，唐及以前有 3 通，宋金时期有 72 通，元代有 20 通，明代有 354 通，清代有 1619 通，民国有 225 通。清代和民国的修庙频率明显高于其他朝代。如果清自 1644 年入关算起至 1912 年清帝退位前，平均每年修庙约 6.04 次，民国期间约 5.92 次，难以看到大的区别。再看一下反迷信运动对上党乡村庙宇产生的影响。我们以维新变法、民国成立、新文化运动发起、南京国民政府成立、抗日战争爆发几个时间段为节点，以田野调查资料为依据，大致估算庙宇维修的次数与频率，以便对近代反迷信运动在上党地区的效果作出分析：

1888—1897 年，共修建庙宇 57 次，年均 5.7 次；1898—1911 年，共修建庙宇 61 次，年均 4.4 次；1912—1915 年，共修建庙宇 30 次，年均 7.5 次；1916—1927 年，共修建庙宇 122 次，年均 10.1 次；1928—1937 年，共修建庙宇 64 次，年均 6.4 次。

从这个统计看，百日维新以后，民间修建庙宇的活动虽然稍受遏制，

---

① 《神祠存废标准》，《中华民国史档案资料汇编》第五辑第一编《文化》（一），江苏古籍出版社 1994 年版，第 499 页。

② 同上书，第 506 页。

但民国建立后再次上升，1916 年到 1927 年间反而形成一个高潮。即使在《神祠存废标准》公布之后，其修庙次数也仅是回归到了清代的平均水平，依然比 1897 年的前十年为高。1928 年以后，虽然阎锡山进行山西村政建设，宣扬要在农村破除迷信，进行庙产兴学、庙改学堂的活动，但却没有强行拆毁庙宇的硬性规定，庙宇修建仍在继续。这同南方城市官员亲自拆庙毁像的行为形成了强烈的反差。最典型的例子是，县城的城隍庙基本得以保留。乡村社会也不例外。这是由民众对庙宇的认知决定的。在社会剧变中，民众认为庙宇仍有存在的必要。

（一）建庙立祀道德与历史潮流并不违背

民国以后，乡村舆论仍然坚持着对建庙立祀的认知。他们认为，首先，民国社会同样需要道德教化，而建庙立祀是其必要手段。庙宇是教化的工具，"要亦崇有功，志盛德之意也"①。历代王朝"假神道以设教"，并非故意用来"炫惑世人"，而是要以之"补法律之所不逮，借以维持社会人心，使民得所崇仰，固具有深意焉"。② 不管时代变迁如何剧烈，一些基本的道德标准却始终未曾变化："古人云，后之视今，犹今之视昔。今既能继前人之事迹而踵事增华，敢云后之人不若古耶？盖时代递嬗，习俗屡易，而惟此有不可侵犯之微，权之一点良心，千古不磨，数百载下，将有览斯文而奋然起兴者，益信斯言之不诬也夫。"③

比如关帝庙，在"民国肇兴，百弊俱革"情况下，"昔迷信之端悉除，而崇拜之典大振，即稍有功于民者犹敬之，况亚玉仁勇大帝，其功德之大，难以言语形容者乎"。④ 今人修庙，同样是为了纪念先人，以表永世"不忘之意"，"前日之圣贤豪杰，或功及于当世，或流芳后世于天下。后世之人被其泽不忍忘其恩，咸欲诚心以祀之"。祭祀就需要地点："欲拟一祀之地，则修其庙焉"。这样，人们就能时刻瞻仰先辈遗容，不至于因为每天只能空想，最后"久而必懈"。⑤

其次，建庙立祀具有对民众的心理安慰作用。这种作用难以估量：

① 《重修三嵕庙碑记》，1920 年，长子县韩村三嵕庙。
② 《东社村重修龙王庙碑记》，1934 年，黎城县东社村龙王庙。
③ 《重修九龙庙碑序》，1919 年，黎城县乔家庄村九龙庙。
④ 《关帝庙重修碑记》，1925 年，黎城县前贾岭村关帝庙。
⑤ 《重修东华观碑记》，1916 年，高平市焦河村东华观。

"创建庙堂，竭诚奉祀，以为民先，如家之有长，国之有主，然后社会以宁，家道以成，旱干灾疫有所祈祷。"比如，既然民以食为天，而"食赖雨以成"，那么典籍所载的"无量诸大龙王，兴云布雨"就有其信仰基础。"盖凡事之有益世道生者，皆可倡行，曷必斤斤然控名责实为哉？"①

最后，建庙立祀与革命一脉相承，并不违背应时代潮流。1922 年，康营村村民重修成汤庙，认为成汤是中国政治革命的开始。他在夏王昏暴，生灵涂炭的情况下，奋起革命，救民于水火之中，这"殆隐隐与二十世纪之风气若合符节"，所以应该永远享祀。② 乡村舆论对欧风美雨之下本土信仰所受的打击颇有不满。他们认为，本来中国民众立庙祭祀，是为了让后人仰慕，并引起效法的兴趣，但现在"欧风东来，吾华之奉神者日急，甚至焚庙毁像，盖亦不察之极矣"。狄仁杰、周世宗毁淫祀佛像，目的是"以利民生"而非"无故而毁之云耶"。更何况，现在把伟人铸成铜像来纪念其功德，和古人建立庙宇崇拜有功德之人的本质没有差别，因此"事既非近于迷信，识者复赞为善举，庙又岂可尽毁哉"。③ 受过现代教育并任三方面军副指挥部少校参谋的张文蔚也说："或谓重修庙宇近于迷信，吾独谓不然。"他认为修庙不但不可被盲目视为迷信，而且当今"兴教育，设学校，办村政，立公所，脱神权君权而进于民权，仍旧贯而利之，谁云不宜？"④

更有人来系统地论证建庙祭祀并非迷信。1915 年至 1918 年，后贾岭村补修关帝庙，同时新建了观音阁 3 楹，社房 12 间。在重修碑文中，山西师范学校优级选科历史地理班毕业生张席珍深入阐述了这一问题：

首先，他认为礼义、刑律是"古今所恃以为治世之大本"，但是"礼义足以治君子不足以治小人；刑律只惩之于后而不能禁之于前"。只有神道设教，能"常潜随人心之幻想，所趋以空虚与未来"，在道德层面上约束与驱使世人，让他们有感于神明威力而"自然安于正轨而不敢横肆无忌，其裨益于世道人心为何如乎？"建庙祭祀并非简单的迷信，而是维护人类社会秩序的基本要素。

---

① 《东社村重修龙王庙碑记》，1934 年，黎城县东社村龙王庙。
② 《补修成汤庙记》，1923 年，高平市康营村成汤庙。
③ 《关帝庙重修碑记》，1925 年，黎城县前贾岭村关帝庙。
④ 《重修常春寺、龙王庙碑志》，1933 年，黎城县岩井村龙王庙。

其次，他指出，民间的关帝、观音信仰"或崇拜其功业，或信仰其教义，此乃后人之景慕发乎情之不容。神而敬之，庙而祀之，固所宜也，又岂得与迷信者一例视之哉？"

再次，张席珍认为即使此类活动属于迷信之列，也是应该被最终抛弃的，但却是人类进化中"必经之阶级"。中国民众"方入此阶级"，在这种情况下，这些信仰行为不但无害，反而有益："风俗之纯，民德之厚，正赖此耳。"

最后，他认为信仰行为并不容易被强力消除。在科学十分昌明的现代西方，破除迷信理应毫无难处，但是西方的基督教与天主教信徒遍布天下，一旦遇到灾祸苦难，就会"呼号祈祷，求救上帝"，同中国的民间信仰并无区别，仍在迷信之列。

综合以上几点，他指出民间建庙立祀是顺应中国目前国情的行为，如果不认真分析时代背景而侈谈无神言论，破除迷信必会是一厢情愿的行为："今犹有侈言无神者，吾愿其即此理而一为措意焉。"①

张席珍的观点，反映出即使接受过现代教育的知识分子也不是全部接受了反迷信思想，尤其对基督宗教的认识，实质上是中国社会对西方基督信仰的一种回击，这在上党地区得到了印证。

1936 年，长治发生旱灾，面对生存的威胁，基督教会同村社一样开始求雨：

> 本处一带，三伏无雨，禾苗枯槁……时值秋令，西风不绝，得雨之心，更无希望。人皆呼喊，数十余日，不能见雨。信徒非常痛心，故提倡认罪求雨，定每日两次进堂，祈祷一礼拜。第一日进堂聚会，读经雅各书五章十七八节，诚心跪祷，于第二日晨落雨一分，又恳恩祈求，第三日晚间，连绵恩雨三四分，再认罪呼求，普降甘霖，二日不绝。每次祈祷二十余人，求雨七日，下雨五天，已枯之田苗，亦得复生云。②

这样的例子是全国情况的一个缩影。民国年间常有旱灾，不但民间组

① 《重修关帝庙创建观音阁碑》，1918 年，黎城县后贾岭村关帝庙。
② 《李村沟求雨蒙允》，《通问报》1936 年 10 月第 1709 期，第 21 页。

织、道教、佛教、藏传佛教纷纷举行仪式求雨，基督教也加入了祈雨行列。1918年，江苏出现旱灾："该省之境，现际栽禾割麦之时，而数月于兹竟无滴雨微露降下"，在经历了个人祷告失败后，南京宗教界在一个礼拜一"下午三时南京基督教年会聚集于圣中伽教堂"。"未开会之先，高牧遂请各牧对于国局之糜烂，时论之干旱诚切祈祷，祷毕开会。至五时不觉霈霖而下。迨至七时，甘霈霖霖。"① 1924年，山东东昌基督徒曾组织教徒求雨。② 1928年，徐州一名七旬教徒万桂三禁食祈祷三昼夜求雨。③ 1934年，江南大旱，上海的天主教徒也举行了祈雨祷告。④ 这表明，基督教面对自然灾害时的应对，同中国民间信仰并无实质上的区别，也并不优于中国本土信仰。

在这样的大背景下，上党修庙活动一如既往地进行也就合乎逻辑了。就在《神祠存废标准》公布的同一年，都家庄开始重修五谷庙，还新建了玉皇庙。⑤ 五十亩村一口气重修了关帝庙、观音堂、龙王庙、土地祠、河神庙。村民认为颂扬神祇功德，承接传统美德，"上下古今，人心之所同，然时势之所不异也"⑥。

晁山村白龙王庙的演变更表明虽经时代变迁，庙宇修建始终获得了各阶层的广泛支持。该庙创建于康熙六十一年（1722），主祀白龙王、护国灵贶王。由于山顶缺水，每当盛暑游客便口渴难当。于是，乾隆二十二年（1757），管理人员在门前建立了凝茶斋，准备茶水，又修建了站台。到光绪二十六年（1900），地方官又命令士绅李孔昭等修建庙宇。1914年，李孔昭等人邀集村社民众，增修了赏雨东亭。1918年，山西省政府下令"革除陋习，实行村范政治，严督地方自治"。范迪明执政高平，要"革除旧习，布置新政"，建立洗心社、天足支会。他与士绅在庙中商议，不但不觉得庙宇不合时代潮流，反而认为庙宇门前地形狭小，不符合庙宇应有的规模，命令周边村社尽快修庙。12年后，在赏雨东亭厂棚被雨浸泡塌陷的

---

① 周慎：《金陵求雨证》（南京），《兴华》1917年第14卷第25期，第23页。
② 《信徒祈雨之经验》，《通问报》1924年第1127期，第8页。
③ 《七旬圣徒禁食祈雨记略》，《通问报》，1928年第1308期，第11页。
④ 顺麟：《沪天主教徒亦举行祈雨祷告》，《时事月报》1934年第11卷第2期，第4页。
⑤ 《重修五谷神庙碑记》，1929年，陵川县都家庄村五谷庙。
⑥ 《重修关帝庙建廊房、观音堂、龙王庙、土地祠、河神庙、献殿戏楼社房碑志》，1929年，黎城县五十亩村关帝庙。

情况下，张焕章召集八大社十八庄的社首筹划修庙，结果赶上第二年大旱。"春夏之交，雨泽未零，米麦价至七千奇，青黄莫济，未耜未举，播植难望，人民悬未，引领瞻眺，束手彷徨，养生不给。"① 大家建议停止修庙。张焕章为完成这一历久未成的工程，拿出自己的积蓄，不仅扩充了旧址，为解决寺内饮水困难，还新凿白龙井一眼。不过，由于修建时方法不够完善，使水流漫延，加上井沿新培泥土不够巩固，最终在三年后的一个大雨天"井中水溃"。村社重新商议，在高处建立两座保险台，东西修水渠两道，以"防患于未然"。②

在这样一个过程中，我们看到了庙宇修建中各方面力量的合作。晚清至民国期间，地方官并非全将庙宇看作迷信的产物加以封杀，甚至会鼓励民间修庙。民国期间村长、乡长和社首、村民合作修庙的情况层出不穷。1935 年前后，神郊村补修真泽宫，壶关、陵川、长治三县县长均捐出 10 块大洋。③ 1927—1928 年，平顺县南社村重修玉皇庙，新旧两任村副都参与其中。1932 年，高平市邢村重修庙宇，得到了副乡长邢培沐的支持，村公所也捐款相助。1933 年，沁源县朴则村重修龙王庙戏台，村长白万粮、村副李林金予以支持。1935 年，勾要西里贾致中、成忠礼等当选村长副。他们所作的第一件事就是将村内 40 多年未曾修建的庙宇补葺一新，以显其"急公好义"之心。这一举动也得到了当时代县巡官李元英的支持。④

正是因为乡村社会认可了庙宇存在的合理性，庙宇才会得以保留，同时，也能与代表新式思想的西式学校，代表革新政府的村公所相处。

（二）庙宇与学校、村公所共存

村庙与学校、村公所共用庙宇空间较为常见。

民国以前，村落本就有在庙中设立义学的行为。传统乡村最大的公共活动空间就是庙宇。凡村内公事，均在庙内举行。"清称为馆……一切公事，均于斯为会议地点。"⑤ 将学校、村公所设于庙内本来就有传统作为基

---

① 《兴龙山创凿白龙井增修时雨台重修赏雨东亭之厂棚碑记》，1930 年，高平市晃山村白龙王庙。

② 《兴龙山重修时雨台及白龙井碑记》，1933 年，高平市晃山村白龙王庙。

③ 《补修真泽宫碑记》，1935 年，壶关县神郊村真泽宫。

④ 《勾要西里重修文庙碑记》，1935 年，高平市勾要村。

⑤ 同上。

础。郭峪村成汤庙早在顺治期间就已经作为村内学馆使用了①。同治十一年（1872），瑞马村的巡秋人吴广法、李长绪等八人有感于"我朝国有太学，省、府、县各有书院，惟吾乡绝无业馆"，自愿将历年报酬本利总共有积谷30石捐给村社"以作延师之费"，又害怕"时远年湮，本谷耗费"，决定由社首连年轮流经营，"春放秋收，止可消利，勿许动本"，最终延请先生"在村中玉皇观设立义学"，本村居民凡愿读书者均可入学读书，"而延师学资随意添补若干。设家贫无度，亦宜送子入学读书，有义学生息，不必再为添补，亦不至妄谈虚声"②。村社还为挽留教师维修庙宇。东庄村教师王章尽心教书，深受村民欢迎。由于所居庙宇离水较远，又年老体衰，他计划搬至龙门寺。村民听到这个消息后，在社首赵堂的带领下前来修井。当时"天已燥热，在井中者连石难攻而遍身汗滴；在井上者石块屡钓而四肢困疼。运畜莫非破背撚梁。负石之人尽是裸程袒荡。砌石者指尖秃而皮映血；和泥者手掌肿而腰常酸"。在这种情况下，村民仍踊跃前来。王章师生见村众如此劳累，不忍再劳烦村众，自己出钱修炕铺地。村社不忍心让他自己负担，又赞助了9千文钱。第二年，村社又为他修起了两间厨房。③

　　民国期间，村公所、学校同神像共处于庙宇的情况并不少见。赵树理在《李家庄的变迁》中提到当时村内的龙王庙"也办祭祀，也算村公所"④。许多村民都回忆说："原来的庙很大，甚至旧社会的村局子也在庙里。"⑤ 庙宇与学校共处同样正常。首先，如前所述，庙宇与学校的道德教化功能是相通的，"崇有功而志盛德事不涉于迷信，藉庙宇以兴公益"⑥。这是双方能够共处的前提。其次，如果毁庙再重建其他公共设施得不偿失。再次，学校所占用的也只是村内某一座庙宇或者庙宇中的一部分，村内其他庙宇很少被当作迷信毁坏，而是照常进行修补。1919年，沁源县郭

①《汤帝庙公约墙碑》，顺治十年（1653），阳城县郭峪村汤帝庙。

②《义学碑记》，同治十一年（1872），陵川县瑞马村玉皇庙。

③《创修后城门下水井及堂殿东西厨房诸工源委志》，光绪二十五年（1899），平顺县东庄村。

④ 赵树理：《李家庄的变迁》，人民文学出版社1978年版，第1页。

⑤ 口述：王秋豪，女，82岁，长治县唐王岭太宗庙看庙人。采访者：笔者、段建宏，2014年5月13日。

⑥《重修三嵕庙碑记》，1920年，长子县韩村三嵕庙。

道镇村长邓生昌在该村关帝庙内设立夜课学校，将东厢改为讲堂，由村中国民小学教员及旧学先生分别担任各种学科教师，"凡村中贫寒子弟均须于每日晚间齐至关帝庙内听授……算术及人民须知等功课二小时"①。这只是关帝庙的一部分被改为学校，其他的神像、殿堂并未受影响，祭祀活动仍能正常进行。

此外，庙宇与学校还有相互依存的关系。"我国维新以来，义务教育极力推行，地方自治将次兴办。凡一坊办公所及学堂，在所必设，而地瘠民贫，经费每属阙如，则因陋就简，□祠依据，不惟使伟人硕士得以庙食千秋，而政教亦得赖兹以维持于不坠焉。"②

这段表述说明了民众的思维理路：由于经济困难，不能同时维系庙宇和学校的经费；如果将二者合于一处，则祭祀可以维持，教育也不受影响。也就是说，可以修庙不建学校，但不可只建学校不修庙，表明了庙宇在民众心中地位要高于学校。我们以北杨村为例说明这一问题。该村1926年的社首将卖树所得899串钱拿出，维修庙宇，"创修看楼并改造学校"。1927年的社首补修了正殿及东西角殿。1928年的社首改修了东西殿及村中各庙。1933年，村落公议，将卖山上树木所得款项108元交付社首，改造牛王殿。1935年，社首们又向村中富户募捐大洋100余元，在二月二于村落会场募捐100余元，重新彩绘。村民未因改造学校而冷落庙宇。③ 从维修记录上看，9年间村民改造学校只有1次，而修庙却有3次，修庙的热情反而更高。

1920年，韩村三峻庙"地址狭隘"，庙宇地基被毁，房倒损坏，"不但不堪设学，即村众办公亦将不堪托足焉"。④ 风驼村庙宇毁坏严重，学校也就岌岌可危。村社认为："已漏之神庙，将倾之楼台，不加以修葺，风吹雨淋，鲜有不化神像为泥沙，致屋宇为故址，庙廊厩厦，益形颓塌，神像既无以保全，学校亦无所容设。"⑤

在双重压力下，韩村自光绪三十一年（1905）至1920年、风驼村在

---

① 《村长设立夜学校》，《山西日报》1919年10月5日，第2版。
② 《重修三峻庙碑记》，1920年，长子县韩村三峻庙。
③ 《补修彩画各庙暨创修看楼改造学校碑记》，1935年，高平市北杨村三清庵。
④ 《重修三峻庙碑记》，1920年，长子县韩村三峻庙。
⑤ 《重修庙宇志》，1929年，黎城县风驼村村庙。

1927 年至 1929 年都重修了庙宇。前者在"下院西复购地基，创造二层楼；西房三间，南房两间，正殿两旁补建耳房各一间，是为学子设自修所也。庙前购地一段，为作操场计也。柳沟置田一段，为立苗圃计也"。后者则"鸠工聚材，大兴土木，补其已漏，支其未倾。款项散工，均按亩起派"，历时数月，花费大洋 1738 元，终于将庙宇学校修葺完毕，双方同时焕发出了神采："昔日已漏将倾之庙台，东倒西歪之屋廊，风雨淋沥之神像，无所措置之学校，而今竟成安如磐石殿楼，金光眩目之雕塑，风尘不患，整然完美之校舍者，讵非斯举之力欤？"① 类似的，1937 年马寨村重修庙宇后，感觉村内没有适宜作学校的地方，就"新筑东院五所"作为校址。②

村内社首、维首、村长副甚至政府共同主导并参与了此类活动。

庞村庙宇众多。村长康世智认为"前人所创之事业"，后来人自当"善善相承"。尤其是玉皇庙，"气象雄壮，形势宽宏"，计有玉皇大殿、关帝楼、郊禖祠、东西禅舍、五道殿，土地祠等神殿。山门外又有"东西楼舍二座"，空地一块，又有舞台、舞楼及大门。前人虽然维修，但只不过"稍事目前"，因而不但玉皇庙"损坏不堪"，而且村中祖师庙、炎帝庙、文昌庙、东西大士堂、五龙宫、龙王庙等，"亦多所残缺"。于是，1922年，康世智同村副康景滨、社首、闾长一同商议，募集资金，4 年间将村落 10 座庙宇全部重修，将玉皇庙"内外八间"建为学舍。在这次庙宇重修中，基层社会的各种力量联合起来，完成了庙宇的维修，同时修建了学舍。③

龙华寺的改建进一步说明了问题。龙华寺建于隋代。光绪三年（1877），由于饥荒，住持逃亡。随后 40 余年间，由于管理不善，庙内禅院及正房 10 余间全部毁坏，只剩破落的窑洞数眼。随后，由于寺产纠纷而导致寺产被拍卖成为县里的公费田。这一结果引起了龙华寺周边 16 村乡民的忧虑。黄段村郝石洲提倡召开了 16 村村民会议，数次调查寺院所拥土地，最后确定了 600 余亩。16 村议定管理章程，立公约 16 本，每村各执一本，公推王陶村闫凝瑞、黄段村郝瑞定、大峪村王保国、任家庄村长王

---

　　①《重修庙宇志》，1929 年，黎城县凤驼村村庙。

　　②《马寨村历年修筑大庙纪事碑序》，1941 年，沁水县马寨村大庙。

　　③《重修合村庙宇暨创修学舍看楼出厦照壁垣墙并彩画碑》，1926 年，高平市南城街道办事处庞村玉皇庙。

光远、沁县第三小学校长李建栋、王陶村村长闫时茂等人组成修庙的领导组织，通过变卖寺院田产、旧有木材的方式筹款900余元，将庙宇的3间正殿、4间右耳房、后院9间东西廊房修复。随后，又请求县政府在寺内设立高小学校。县长视察后感觉地点偏僻，建议建在王陶村。于是，16村又将部分寺产拍卖，加上原有租粟，共得钱1500吊，将村内关帝庙立为校址。同时，将庙内佛像、牌位、香案一一采办整齐，又雇了两名住持。①

　　这次修庙建校的过程一波三折，但学校与庙宇从来未被乡民与政府认为是两个不可融合的存在。在这一过程中，虽然关帝庙被改建为学校，但龙华寺得以重修，庙产又被用于教育，双方相互依存，同时存在。阎锡山主政山西以来，一直强调乡村小学教育的重要性，但在实际上，乡村教育一直存在着经费不足的问题。"我民国改建政体……积极以整顿小学为急务。凡大乡巨堡，十室小邑，颁令一律设置社学……是为义务教育。"乡村民众生计维艰，根本无力负担年复一年的摊派。东上庄村苦心经营18年，"犹不见乡学之起色"②。这样，村社将社费用作建校也就可以理解了。这是乡村教育一种"援例津贴"的模式，并不罕见。村落这种行为不能简单地理解为无奈。实际上，上党民众向来崇尚耕读传家，他们视士农工商为正业，"凡不属四民之业者，皆非正业"③。四业中，耕读最受重视："尝思百工之首，务重农桑，儒文之行，宜劝学业。"④村落常有"天地间诗书为贵，家庭孝悌为先"、"万般皆下品，惟有读书高"的对联。⑤民众对设立学校一事不但不反对，反而十分欢迎。1932年前后，石末村村长提议将紫峰山古刹"所有之田充作教育基金，纠众议决，每年所获之租以备教育经费"，得到了村民的支持。民众认为这种以庙养学的方式，不但减轻了村民负担，而且对儿童教育极有裨益。因为"将来国家强大，民智发展，莫不赖教育之功"。既然教育"前途无限"，那么"提倡者其功德无量矣"。⑥如此而言，今日以庙产兴学的行为，不但必要，也肯定会被后人牢记。无独有偶，民国成立后，马村也将庙宇社田的一部分改作学田，"作

①《沁源北乡十六村改修龙华寺碑记》，1925年，沁源县王头村。
②《筹建乡学碑》，1929年，晋城市东上庄村。
③《禁赌碑》，道光二十三年（1843），泽州县蓄粮掌村。
④《严禁赌博碑记》，咸丰七年（1857），潞城市薛家庄村观音庙。
⑤编写组：《辉河村志》，香港天马出版有限公司2011年版，第159页。
⑥《重修紫峰山古刹碑记》，1932年，高平市石末村碧霞宫。

为筹备学校基本金"①。东上庄村社首为了建立学校，号召大社与富裕村民捐款共 250 余元，"出放生息"，解决了这一问题。② 白华村"村民户口太少，经济困难"，儿童就学只能去外村，甚至"因之废学者很多"。村民感到如果不独立设校，"不足以救本村教育之落后"。于是村长、社首们筹得大洋 110 余元，将关帝庙修葺一新以为学校所用。③ 有的村社还专门起会，以会费来补贴村内教育经费。扶市村地狭田稀，村民很多从事造纸业，仅能糊口而已，无力再供子女上学，因而文化程度普遍较低。县令要求各村设办义学，村社"筹划再三，经费莫出，方请摇会一局。迄今会完，剩余大钱三百一十千文"。会首将这些钱出放收息，随后将利润一半用来作报赛费用，另一半作为义学资金。"上获神明之默佑，下开黎庶之颛蒙。"④

　　西文兴村文昌阁的修缮工作更突出这一思维。文昌阁的功能本来在于弘扬文风，也表达了乡村民众希望自身或子孙能冲出农业劳作而跻身士层的愿望。道光以前，村民富裕时，每逢春秋祀期都会按照朝廷制度，由县令或学官亲临，"率四乡士子习礼讲学于其中"。村中文风大盛。因为殿宇倾圮而将木主移於县城文庙后，"父老子弟不复衣冠文物之盛，习礼讲学之风遂以中辍，而文风亦因之不振。迄今百有余年，抚遗址而怀旧迹，不能无今昔之感"。民国建立带来了新的机遇："国家历行教育，令各村普设学校。维时社首柳君青峻、青枝、启盛，拟规复旧观，为学校久远之计，爰社众商议，将文昌阁暨各校室次第修葺，佥以为然。"村民公选郝毓生、柳增仁为经理，柳庆云、柳士璋作为督工，筹款修建，历时两月将文昌阁修缮完毕。此时资金已然全部用光，村民也无力再行捐纳。于是，社首们又花费了数年时间对外募化，得款"三百八十余缗"，"兴修学校不至患无米之炊"。又经历一月维修，"增修南房五间，屋下券窑二孔，东房二间，西厦两间，天门楼一座，以之设立学校、教室、斋舍灿然可观，并附设洗心分社暨宣讲所"。这些举措巧妙地将文昌的文教功能与新式学校、民国潮流联系了起来："不特莘莘学子肄业其中，即一般人民聆听讲演者，亦可渐知仁义道德之旨、世界潮流之趋向。改良风俗，增进知识，胥于是

---

① 《社田学田碑记》，1933 年，泽州县马村玉皇庙。
② 《筹建乡学碑》，1929 年，晋城市东上庄村。
③ 《补修庙宇学校碑记》，1935 年，沁水县白华村。
④ 《济公会碑记》，同治十年（1871），高平市扶市村苍颉庙。

赖，而英伟奇特之士，得因时而杰出其中。是不惟修废举坠，当诸人之荣幸，而地方民俗日进于文明，即协力资助于诸君子，实因之更有荣幸焉。"①

　　村社在遇到困难时毫不气馁，将文昌阁、学校、洗心社一并建成，实现了政治、信仰、教育并存于同一空间下的格局。这一格局在当时并不少见。以沁源县为例，当时全县148所乡村小学，有129所立在了村庙之中。

　　迎神赛社的情况类似。迎神赛社，全国各地名称不同，也称迎神赛会、赛，都是以祭祀为主要目的的集体活动。"迎神赛社盛世之风也，乐事劝功和恒之象也。"②"赛"的本义为"报"，"社"本指土地神。如果与社的发展轨迹相印证，"赛社"活动起源当在先秦。宋以后，"赛社"作为专有名词出现。③迎神赛社主要指春祈秋报，夏赛冬祭。"古人流下春秋报，自古今夏赛冬祭。"④民众眼中，正是因为敬神，才会使得"天地气和"，阴阳交融，国家安定，风调雨顺。在这样的大环境下，村落生活才得以保障："下民无亢旱之灾，皆上圣布慈祥之德。境无疫疠，户免瘟殃。豆麦皆赖于当岁，禾麻有赖于今秋。耕夫有托，织女存生。"⑤"兆庶民无饥寒之伤，非神功之默佑，何以万宝告成？"⑥村民会在这一时间于神庙"预祝，或秋报之辰，敬循旧例，伏为昔年，各有预愿，期以今岁"⑦。这一仪式"古与今同"。春祈要向神祇祈求一年好运。"祭祀享赛保安平"⑧之外，民众主要希望一年农事如意。如祭祀蝗皇唐太宗的目的就是希望他

---

　　①《重修文昌阁文庙碑记》，1921年，沁水县土沃乡西文兴村。

　　②《创修庙宇碑》，光绪十一年（1885），阳城县坡底村。

　　③李天生：《山西赛社文化浅说》，《中国梵净山傩文化研讨会论文集》，中国戏剧出版社2003年版，第73—87页。

　　④《混沌赞》，王金荣《前后行讲说古论有十论》，1927年，写本。该文本为潞城市西流村乐户世家王家办赛底本。

　　⑤《奉神规矩榜》，《祭文簿》，1925年，写本。该文本为潞城市南舍村阴阳世家曹家办赛底本。

　　⑥《听令文》，礼伦堂《迎神赛社》，民国，写本。该文本为潞城市羌城村阴阳世家张家办赛底本。

　　⑦《会赛总文》，《赛书》，咸丰十一年（1861），写本，该文本为潞城市羌城村阴阳世家张家办赛底本。

　　⑧《二十八宿姓名诗》，守德堂《尧王山大赛底》，1918年，写本。该文本为长子县南贾村阴阳世家张家办赛底本。

能保证"三时不害，五谷丰登"①。秋报则是在心愿满足后报答神祇。"夫赛者，所以报天地生成之德，而乐享丰年之庆也。"②

迎神赛社与庙会既有共同点，又有不同点。首先，赛社必定是因庙而集会，其间有娱乐和商业活动，符合庙会的一般特征，但它不是以商业和娱乐为目的，商业性和娱乐性只是副产品，核心是信仰。其次，专业的佛教寺庙也有庙会，但这些庙宇不举办迎神赛社。最后，一些庙宇因为神祇影响较大，也往往会形成庙会，但却没有统一组织的迎神赛社。如两水村的奶奶庙会。这类庙会并不强制要求村社民众参加集体祭祀仪式。由此可大致厘清上党迎神赛社的概念：即以村社为主导，以庙宇为核心空间，要求成员服从安排并参与，夹杂有娱乐商业活动却以祭祀为主要目的的信仰活动。显然，相对于其他形式的庙会，后者对乡村社会秩序的维持更为直接。

民间行赛之风源远流长，如前所述，至民国期间仍普遍存在。上党地区的情况也不例外。中国民间信仰的强大生命力在于其对社会的适应性。民间信仰的发生同任何其他宗教一样，一是源于希望，一是源于恐惧。希望着眼于未来，渴求比今天过得更好，至少不要变坏；恐惧或来自当前，或来自未知，害怕现在糟糕生活的延续，担忧未来不可知的危险与不幸。在这样的认知下，迎神赛社的持续存在也就顺理成章了。如民国时的长治县"民智晚开，迷信最深，对于迎神赛社等事，视之颇重"③。演剧酬神活动依然热烈。祈雨活动的情况也大致如此。

四　1937 年以后的庙宇与庙会

抗日战争爆发后，上党修建庙宇及相关的庙会、祭祀活动确实受到了较大影响。从现有资料来看，1938—1945 年间共修建庙宇 9 次，年均 1.1 次，而且没有新建一座庙宇，原因大致有以下三个：

一是战争环境。在战争环境下，村民要经常避难，逃入深山，根本无

---

① 《大唐太宗蝗皇表文》，李兰芳《祭文全部》，1933 年，写本。

② 《头场听命本》，《赛上杂用神前本》（甲），宣统三年（1911）至 1925 年，杨孟衡《上党古赛写卷十四种笺注》，财团法人施合郑民俗文化基金会 2000 年版，第 46 页。该文本为长子县东大关村阴阳世家牛家办赛所用底本。

③ 《山西省政府村政处训令总字第 607 号》，《山西公报》1944 年 8 月第 27 期，第 126 页。

暇顾及庙宇修建活动。同样，一些庙宇也毁于战火。不但是根据地，国统区、沦陷区的情况也同样如此。如屯留县中城村的龙王庙、土地庙都在1940年毁于战火。武乡县"处于战乱之中，有组织的庙会不再举行"①。

二是庙宇常被军队占用。庙宇空间较大，比较适合军队驻扎。许多庙宇还建在山上，成为制高点，更是兵家必争之地。如北和村的寄子寺在抗日战争期间就驻扎过中央军、晋绥军、八路军，还发生过战斗，墙上有当时留下的弹孔。②屈家山村唐王庙会也在1945年正月日军占领唐王岭后被迫中止。1945年7月日军撤离后，庙宇被根据地政府下令拆毁。③

三是中国共产党在根据地内发起了反迷信运动，庙宇修建自然不能进行，庙会活动也一度被制止。

当然，大规模的拆庙活动也不常见。村民回忆，庙宇的大规模拆毁是解放以后的事情。如长治县辉河村的三教堂、文昌宫、魁星楼、罗汉寺在解放后反迷信运动中被拆除。三官庙、关帝庙、龙王庙内的神像也毁于同时，庙宇被挪作他用。长子县东大关的三峻庙也是如此。在解放战争之前，根据地有时还会有意识地保护庙宇。1945年6月，抗日战争即将结束，襄垣县根据地内发生了拆毁庙宇的行为。庙宇物品有的被拍卖，有的用来挪作他用，甚至被当作煤炭使用。为防止公共财物流失，县政府决定在庙宇没有经过论证、没有经过本村基层组织同意外，"一概不准拆毁"。④

虽然修庙活动很少，这一时期的庙会仍在一定程度上延续。个别的庙会还开始于这一时间：

平家庄村紧邻的水亭山山脚下有一座小的山神庙。传说1942年二月初二，一个农民路经此地，突然病倒。家人赶来后，发现有两只狼卧在此人身边，好像在看护此人。家人将病人抬走后，狼也离去。这家人取来香火、黄纸向山神拜祝许愿，承诺如果灵验，就给山神爷挂

① 编写组：《武乡县志》，山西人民出版社1986年版，第453页。
② 王先慈、王书成、王先福：《北和会史话》，李国庆、张贵祥《长治县庙会》（内部交流资料），2013年，第210页。
③ 屈凤山、屈忠堂：《屈家山庙会的追溯》，李国庆、张贵祥《长治县庙会》（内部交流资料），2013年，第247页。
④ 《襄垣抗日县政府通令公函——禁止拆毁庙宇由》，1945年6月16日，襄垣县档案馆，全宗号：5，案卷号：31，顺序号：28。

瘟。病人吃下药去三天就痊愈。由此，山神庙的香火旺盛起来。平家庄村当时有一个社首叫牛石孩，他提议给山神庙起庙会，得到了民众赞同。1943年农历二月初二，山神庙正式起会。第二天，日本军队来到戏台下抓人。人们见势不好，一哄而散。下山返程时，日军一个小队长突然绊倒，直接摔死了。于是民间就传言山神爷显灵。此后香火更加旺盛，村社还集资重新修葺了庙宇。1945年，有的地方开始拆庙宇搬神像，破除迷信。该村民兵队长去庙内砍榆树。树没砍完，他就突然肚子疼，回家后病情愈发严重，命在旦夕。当时有个老太太去看望他，却莫名染病去世，民兵队长却在同一时间痊愈。于是，大家纷纷传言老太太是做了他的替身。从此，再也没有人敢去拆庙伐树，庙宇得以保存下来。①

1941年，沁源县圪合头村的龙王庙会，村里抬出神像举行了迎神活动。沦陷区的日本当局也允许这一活动的存在。1941年，阳曲县陈家峪就重新举行了旧历九月十一日的演剧酬神活动。②

当然，这样的例子仅此几个。对根据地政府而言，恢复庙会的原因主要是："几年来，因战争的影响，各地庙会、骡马市已无形废止了。再者，因贸易政策上执行中的某些偏向，更影响了各地市集，长期停滞于萧条状态。因之，各地特产无法交流，握在农民手里的剩余农产品无法抛售，农民家的日用必需品和农具，也无从补给。这种种现象，都直接造成了和助长了农民生活的贫困，农业生产和农村副业生产的低落，金融市场的呆滞，大大桎梏了生产建设的长足进展。在对敌经济斗争上，我遂陷于不利的被动地位。"③于是，根据地决定利用庙会发展商业，繁荣市场。在这种情况下，上党各地的庙会得以恢复。1941年2月，沁源县政府发出指示，决定恢复旧有的"骡马大会，香火大会及各地的庙会，如五月会、栖子七月会等"④。1945年10月31日，襄垣城东关的骡马大会上，有100余头骡

①　蔡学富：《东庄会的来历》，李国庆、张贵祥《长治县庙会》（内部交流资料），2013年，第135—137页。

②　《阳曲庆祝升平，第一区演剧酬神》，《新民报》1941年9月15日第4版。

③　《论恢复集市、庙会、骡马市》，《太岳日报》1941年3月21日第1版。

④　《庙会、骡马市区长会议决定恢复》，《太岳日报》1941年3月9日第1版。

马上市交易，吸引了大量乡村民众前来。襄垣新老解放区、黎城上遥、潞城黄碾有三四万人前来赶会，甚至还有距离六七十里地以外的人。"城里上市口至煤市的一段路上简直挤不动"，"把卖饭卖货的忙坏啦"。①

根据地恢复庙会的初衷无疑是为了发展经济。庙会人员聚集，正是进行宣传的极佳场所，中国共产党政府自然会利用庙会进行政策宣传，普及现代科学文化知识。1946 年 3 月，中国共产党在武乡县继城、柏林、冶陶庙会上进行宣传。在继城文化棚中，有时事图 12 幅，包括了从《双十协定》到国民党二中全会的重大时事；民夫势力比较图一大幅；劳动英雄王大庄生产图 8 幅；纺织英雄郝合亭 12 幅，高云 6 幅；烈士事迹 8 幅；四区战争损失图表一大张。在柏林的翻身棚中，有大生产运动图一大张；王兴顺剥削群众，翻身算账联合大斗争图 5 张；地主剥削佃户、郭丙丁逃离山西、参军回来诉苦算账图 5 张；刘得志开放账庄、剥削老百姓，李和翻身斗争图 8 张；张金的冬学诉苦图；郭存山与地主王正说理斗争图 7 张；豆腐坊互助生产图 13 张；劳动英雄李社领导互助种棉花图一大张；纺织英雄郭恒领导妇女纺织工厂图一大张。此外，还有柏林剧团生产总结图、郭建明转变图、三区战争损失图。

中国共产党利用图画的形式直观地向农民宣传了中国共产党的生产、阶级斗争观点。因为实际生动，又有学生讲解，受到了民众的欢迎。"讲到时事大家都往前挤着，只怕自己听不见。"柏林佃户刘科的母亲听到"张金的冬学诉苦"和"赵英的卖孩子"的事情感同身受，明白了自己受苦受难的根源："我从前种刘得志的地，打下粮食，叫人家刮光，俺吃糠咽菜，也是这样受罪。"民众看到劳动英雄的图，就说"咱向郝合廷学习，争取模范""王大庄是个好劳动人"一类话语。站在战争损失图前的人，一个个的看了以后说："八路军真关心，啥事也调查的清清楚楚，没有一点虚事。"②

对庙会上出现的求神拜药现象，中国共产党有意识地进行抵制。1945年，襄垣县水碾村庙会上，政府组织了 23 位中西医为民众看病，"有妇科、小儿科、杂病科"，而往年妇女们大都去"拴娃娃，求神治病"。经过

---

① 《襄垣东关骡马大会空前热闹》，《新华日报》（太行版），1945 年 11 月 8 日第 4 版。

② 《继城、柏林庙会上的宣传工作报告》，1946 年 5 月 9 日，武乡县档案馆：全宗号：3，目录号：23，案卷排列号：112。

这次事件，民众认识有了提高，认为"看病要靠医生"①。1946 年的柏林、继城会上，除了各安排 10 名医生为民众医治外，中国共产党主要通过科普宣传画进行宣传。在继城会上，有"卫生图——这样养孩子"24 幅，破除迷信对比图 12 幅。柏林会上则有"卫生图——怎样养孩子"24 幅。

当时的场面热烈。柏林卫生棚里"妇女围着宣传员，要求好好解释怎样养小孩"。有一妇女说："我那个小孩子就是落地没气就扔了，要是有人早点说这话，还许活了。"有的说："我回去不叫神婆下神了，要请医生哩。"在医疗服务处，病人出来后说："如今世道有民主政府领导，真是好。医生看病还给药哩。"②

这表明，中国共产党力图扭转庙会的神性，将其变成为自身服务的经济、政治场所。从档案报刊资料来看，确实取得了很好的效果。但是，如果认为民众完全接受了中国共产党的宣传恐怕也有失偏颇。事实上，据村民回忆，拜神烧香的活动在庙会上仍然存在，只不过不如以前那样公开而转为暗地进行了，大规模的迎神赛社则基本绝迹。1946 年，解放区政府恢复了荫城五月十三日至二十三日的铁叶大会。本次大会是为了促进当地经济发展而进行的交易大会，但会上烧香等"迷信"活动非常多。③

本节主要梳理了在近代社会"反迷信"语境下庙宇的命运。总体看，由于乡村社会对庙宇有极高的认可度，在抗日战争爆发前，其修建活动受到的影响不大。作为对时代的回应，庙宇、学校与村公所共处成了常态，而乡村社会也通过各种方式来论证庙宇的存在并不与时代潮流相违背，对"反迷信"语境发起了反击。与此相关，祭祀与庙会自然能正常进行。民国期间，上党地区的迎神赛社仍然持续进行，相关的从业人员乐户、阴阳、厨师仍然活跃。庙宇与祭祀活动受到沉重打击是在抗日战争爆发以后。受战争环境与中国共产党政策的影响，直至解放战争结束，上党地区的庙宇修建与祭祀活动均十分萧条。中国共产党虽然恢复了庙会，但更多的是出于经济和政治上的考虑，对"迷信"活动则持反对态度，并采取方

① 《襄垣武北庙会上，中西医给群众看病》，《新华日报》（太行版）1945 年 5 月 7 日第 5 版。
② 《继城、柏林庙会上的宣传工作报告》，1946 年 5 月 9 日，武乡县档案馆：全宗号：3，目录号：23，案卷排列号：112。
③ 《五月十三日至廿三日荫城大会》，1946 年 5 月，长治县档案馆：全宗号：4，目录号：33，案卷排列号：26。

法加以抵制，试图使庙会为自身服务。不过，表面上的信仰活动减弱并不代表民众在内心立即真正认可了中国共产党的政策，偷偷求神烧香的人仍然存在。

本章主要介绍了上党乡村建庙立祀的一般情况，重点探讨了三个问题。

第一个问题，主要探讨了乡村社会建庙立祀的道德指向。它使得信仰活动成为乡村道德的指向标，起着维护乡村社会道德秩序的作用。民众对不同类型的神祇挖掘的思想内涵也不相同：对帝王将相，要求他们为民请命；对失败的英雄，注重其气节；对神仙，要求他们佑民除害；对平民和动物，则要求他们具有主流社会认可的道德品质。这样，不同层面的道德要求联合起来，就形成了一个较为完善的道德网络。

第二个问题，探讨了乡村庙宇修建与祭祀活动的核心力量社、会的组织与活动。社与会是乡村实际的管理者，即使在民国期间，也发挥着村长副、闾长不能代替的作用。社与会通过公产管理、摊派、募捐及互助等方式，维持着乡村信仰体系的稳定。与此同时，村民、官吏、商铺也参与到了庙宇的修建之中，他们和社、会相配合，对庙宇修建起到了重要作用。在乡村庙宇中，专职僧道的人数比较少。即使庙宇中存在僧道，也多数只有庙宇的日常管理权，所有权则归于村社。僧道也是庙宇修建的参与者。大部分僧人与村社相处融洽，个别僧人则与村社发生了矛盾。抗日战争爆发以后，由于战争环境与中国共产党的反封建反迷信活动，社、会受到毁灭性打击，退出了历史舞台。

第三个问题，在近代社会的变迁下，庙宇及祭祀活动在 1937 年以前并没有因为反迷信运动受到重大影响。乡村社会认为庙宇的道德教化功能与历史潮流并不违背，修庙是符合中国实际的行为。将庙宇与学校、村公所置于一处的做法既有历史传统，又与庙宇的功能一致，双方完全可以和谐相处。在这一理念下，乡村社会的庙宇与祭祀仍然得以维持。1937 年以后，随着抗日战争的爆发和中国共产党在上党建立农村革命根据地，庙宇与庙会活动受到了沉重打击。庙会成为中国共产党宣传政策、发展经济的助手，祭祀活动被取消。不过，激烈的毁庙活动也极其少见，一些暗地里的进庙烧香活动仍然在持续，显示了民间信仰的顽强性。1938 年至 1945年或稍后的解放时期之间可以大致认定是上党乡村庙宇最后的稳定期与过渡期。上党地区，1946 年以后的修庙碑刻现在只发现 1 通，可大致说明随着解放区的扩展与稳定，修庙活动基本上停止了。

在道德与功能的双重需要下，乡村社会以社、会为主要力量，吸取多方力量参与，从而保持了庙宇修建与祭祀工作的继续。即使历经社会变迁，民众的热情依然不变。对信仰活动影响最大的是战争和中国共产党的政策。不过，这种强制性的因素并不能迅速在民众的认识上消除信仰根源，一旦这种因素消除，信仰活动便重新出现。

第二章　庙宇分布与祭祀类型

上党乡村庙宇的数量繁多，但仍有其内在逻辑。本章要讨论的问题是：上党乡村的庙宇是通过一种怎样的机制来对村落进行全面的护佑。本章分以下几个部分：村落庙宇的等级划分与功能配合；庙宇选址的风水原则及其外在形式；围绕庙宇展开的祭祀类型及庙宇之间的联系；庙宇与祭祀中体现的诸教关系。

第一节　庙宇的等级与配合

一　大庙

村落最重要的庙宇即大庙，供奉村落主神。此外，没有单独庙宇，村落却又需要的神祇也被供奉其中，因此往往神祇众多，又称全神庙、诸神观，村落春祈秋报即在其中："吾镇神庙颇多，惟此庙气局甚宏，诸神之殿宇亦甚备，岁时祈报，悉于此为凭依，故……皆称此为大庙。"① "大庙……乃合村龙脉托落之地，群神会聚之所。"② 如壶关县沙窟村的大庙是天齐庙，阳城上伏村的大庙是汤帝庙等等，村社"春祈秋报于此致享祀焉"！③

上台北村在民初已经形成了龙王庙、关帝庙、药王庙、土地庙、圣母庙并立的局面，龙王庙为村中大庙。一是因为龙王庙规模最大，"金碧辉

---

① 《补修大庙记》，康熙十三年（1674），沁水县郭南村府君庙。
② 《重修大庙并合村堂阁殿宇表颂碑记》，道光十年（1830），高平市中庙村。
③ 《下庄大庙重修碑记》，宣统三年（1911），阳城县下庄村五帝庙。

煌，与国同新"；二是龙王不但是降雨之神，更在震慑宵小方面有突出的作用："我国神道设教，久成习惯，彼一般愚氓，畏人畏法，恒不如畏神之心深且切。龙神尤显有可畏之实，有时见电闪烁，闻雷霹雳，莫不警且惧而不敢妄为，其感化之神不但裨益乎自治，并可补助乎官治，养之源即属教之本。"①

大庙之所以成为大庙，就在于它在村人心目中无可替代的地位。除却春祈秋报，大庙也是村社休闲、娱乐、赏罚、会议各种事务的处理中心。比如，清乾隆后期以来，上党乡村赌风盛行。为了禁赌，许多村社组织人力抓赌，一旦发现情况，就要敲响大庙内的钟，"维首人各自进庙，有不到者，罚砖一丁。有不在家者，寻人去替"②。1911年11月，潞城市关村村民反对衙役滥抓村民，决定打钟集合村民抗议，召集地就在大庙之中。当时村社规定："钟声一响，可别偷懒；谁人不到，罚粮罚款。"听到钟声的人，都要赶到大庙之中。③ 大庙响起钟声就意味着村落有重大事情发生。

除了地位重要，大庙其他的特点如下：

第一，建制规范。相对于其他庙宇，大庙的建制更为规范和完整。现存庙宇多为明清建筑，民国也屡有补修。一般而言是长方形布局，以一进院为例，正门门洞上面是戏台，以作酬神报赛之用，左右常有钟鼓楼。进大院后，前面是正殿，左右各有一排厢房，少者每边三五间，多者可达两排十几间。一部分是社首聚会商议的地方，一部分作为神殿使用。有时会建成双层，上层作为观众看戏之处。大殿正对大门，大殿前常有一座亭子供人烧香，称为献殿、献亭或香亭。大殿中供主神，两边角殿供配享之神。二进三进的院落建制与此类似，只是供奉的神像更多。

---

① 《上台壁重修龙王庙碑记》，1915年，黎城县上台北村龙王庙。

② 《老禁赌博碑》，道光十四年（1834），潞城市西靳村关帝庙。

③ 韩树诚：《关村"干草会"始末》，王云亭《长治文史资料选编》（军事战争卷）（内部交流资料），2013年，第25页。

图 2.1　泽州县圪套村歇政殿的戏台

资料来源：笔者拍摄于 2012 年 10 月 30 日

图 2.2　高平市三王村玉皇庙正殿

资料来源：笔者拍摄于 2012 年 10 月 30 日

图 2.3　高平市王何村五龙庙的双层厢房

资料来源：笔者拍摄于 2012 年 11 月 3 日

图 2.4　平顺县东河村九天圣母庙献殿

资料来源：笔者拍摄于 2012 年 10 月 10 日

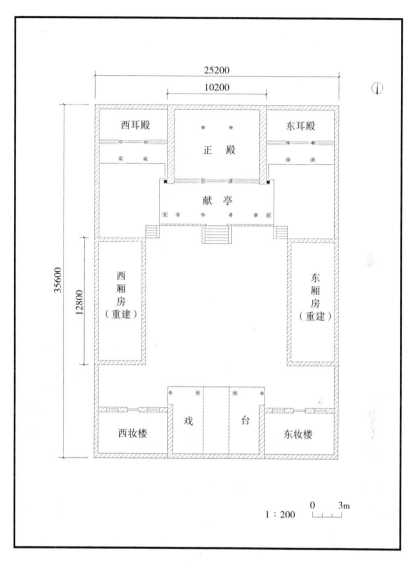

图 2.5　潞城市史迴村护国灵贶工庙平面图

资料来源：长治市文物局提供，2009 年 7 月 1 日

第二，规模大。一般而言，大庙的规模要比村落其他庙宇大。

首先是房屋多。因为供奉的神像多，又需要有社房、看庙人或僧道住所，所以大庙的房屋较多。

我们略举几例说明这一问题。郭峪村汤帝庙创建于元至正年间，重修于明代正德，毁于明嘉靖年间，万历年间重新修建。顺治八年至九年

（1651—1652）重修后，计有正殿9间，东西殿各3间，东西角殿各3间。高5尺，深5尺。院内有东西楼上下各10间。上边房屋为观戏者使用，下边房屋为待客及打扫卫生之人所用。正门为三门式结构，上建戏楼。两旁又有两阁楼，用来盛放社内物品。大门外两侧又有钟鼓楼。①

这一规模保持到了近代。

道光三十年（1850），刘西村府君庙仅仅一个下院的部分维修状况是：重修五道殿3楹，东房上下8间，西房上下10间，舞楼5间，东西山门12间、东西角房上下8间，总计各类房屋45间。②

有的庙宇还屡次增建房屋。平顺县东河村的九天圣母庙自元中统二年（1261）先后加建的神殿有：二仙、关帝、护国灵贶王、后土、李靖、药王、泰山、十帅、十王、三曹、灵泽王11间，至乾隆五十五年（1790），形成了稳定的格局。

图2.6　平顺县东河村九天圣母庙内各神殿

资料来源：笔者拍摄于2012年10月10日

西封村玉皇庙建于明成化十四年（1478），成为区域祭祀中心。"每月

---

① 《郭峪镇重建大庙记》，顺治九年（1652），阳城县郭峪村汤帝庙。
② 《重修下院碑记》，咸丰元年（1851），阳城县刘西村府君庙。

各庄来此公理祀事"，但"顾庙之中为地甚狭，遇春祈秋报，伏腊岁时，不足以容众"。于是，村社在乾隆五十二年（1787）开始进行拓宽，修建了正殿5间，东西殿6间，东西角殿6间，拜殿3间。嘉庆八年（1803）增修东西客房上下12间，看楼上下12间；在庙南修建舞楼上下6间，鼓亭上下8间，钟鼓楼上下12间，山门3间。由于工程浩大，直至道光二十二年（1842），先后历经55年才最后完工。①

1919年，崦山白龙庙进行了修缮，重修马房院墙、中殿、厂棚10间、水渠1道、庙内西楼9间、东南角楼9间、西南角楼5间；续修后大殿，太子殿，五福殿，山门、社房上下6间、南北6间、外院西南角社房4间、二门门楼；增修大殿为5间7架。②

阳城县上伏村的大庙包括了汤庙、文庙、武庙三个庙宇，是庙中有庙、院中有院的格局，号称"三庙五院十六殿"。现在存留的仍有黑虎殿、白龙殿、黑龙殿、高禖殿、药王殿、吕祖殿、财神殿、二郎殿、真武殿、财神殿、三官阁，加汤帝殿、孔子殿、关帝殿三个主殿，虽不足16殿，但也达14个。

图 2.7　阳城县上伏村汤帝庙中的白龙殿

资料来源：笔者拍摄于 2014 年 7 月 24 日

①《重修碑记》，道光二十二年（1842），阳城县西封村玉皇庙。
②《创修东门外房六间等碑记》，1919 年，阳城县崦山白龙庙。

图2.8　阳城县上伏村汤帝庙中的黑虎殿

资料来源：笔者拍摄于 2014 年 7 月 24 日

　　其次是面积大。能容下众多的房屋，大庙的面积即使不是村中最大，也不会太小。最基本的，要能容下神像、戏班与看戏、祭祀人员，这估计至少要有能使 200—300 人较为宽松的活动空间。从田野调查的情况来看，600 平方米以上应该是一个较为合理的推断。如果庙宇演变成区域祭祀中心，面积还会更大一些。根据田野调查和今天庙宇面积，大致可推算出部分庙宇在民国期间的面积。平顺县北社村三嶕庙占地约 1000 平方米，潞城市羌城村玉皇庙占地 1000 多平方米，襄垣县郭庄昭泽王庙占地约 1800 平方米，潞城市贾村碧霞宫面积 2400 平方米以上，壶关县神郊村真泽宫占地约 6900 平方米。这些庙宇，多数围墙、大门、后殿未被拆毁，据此得出的数据应该较为可靠。同样，有的庙宇在今天看来面积不大，但这很可能是庙宇部分建筑被拆毁的结果。壶关县树掌村的三嶕庙虽然现在仅有 600 平方米，但据村民回忆，解放前的庙宇至少比现在多出 300 平方米。长治县唐王岭太宗庙现在剩下的只是第二进院落 300 余平方米，第一进院落在新中国成立后被拆毁。高平市庄里村五谷庙民国期间占地达 8667 平方米，阳城县郭峪村的成汤庙清顺治时庙内就有土地 10 亩 2 分，厕所两处，约合 6800 平方米。①

　　第三，维修费用高。理所当然，由于维修规模大，花费自然也多。顺

_____

① 《汤帝庙公约墙碑》，顺治十年（1653），阳城县郭峪汤帝庙。

图 2.9 长治县王童村昭泽王庙院落旧址

资料来源：现已改成村落广场，笔者拍摄于 2013 年 8 月 18 日

治时期，郭峪村维修汤帝庙的费用已达白银 1800 两。① 同治四年至十年（1865—1871），崦山白龙庙的修建花费 3170 千又 279 文。② 1915 年下合村重修娲皇圣母庙花费 600 余千。③ 光绪十二年至三十二年（1886—1906），岭常村重修二仙庙，花费 5000 多缗。④

有的大庙维修形成了定制。如东河村九天圣母庙历来有"五载轮修"的规定，"其间相继数百世，并无期而不修葺者"。⑤ 按现有记载，虽然可能达不到这一要求，但维修次数也较为密集。即使如此，每次维修和扩展所耗钱财都不在少数。道光元年（1821）前后，村社修建俏舞亭一次性花费 540 余千文。⑥ 道光十五年至二十年（1835—1840），创建砖窑，重修禅堂、库房，东西角楼、东边砖岸又花费了 660 多贯。⑦ 咸丰四年至五年

---

① 《郭峪镇重建大庙记》，顺治九年（1652），阳城县郭峪村汤帝庙。

② 《补修关帝殿并重建高楼东廊上下二十四楹西廊后墙开渠碑记》，同治十一年（1872），阳城县崦山白龙庙。

③ 《重修娲皇圣母庙碑记》，1915 年，武乡县下合村。

④ 《重修真泽宫碑记》，光绪三十二年（1906），陵川县岭常村西溪二仙庙。

⑤ 《重修碑记》，光绪二十七年（1901），平顺县东河村九天圣母庙。

⑥ 《重修九天圣母庙俏舞亭碑记》，道光元年（1821），平顺县东河村九天圣母庙。

⑦ 《创建砖窑，重修禅堂、库房、东西角楼、东边砖岸碑记》，道光二十年（1840），平顺县东河村九天圣母庙。

（1854—1855），重新铺设禅堂、买地花费 100 千文有余。① 同治元年（1862）前后，重修石梯并购买观院一所，包括"窑五串，坑厕一个，房屋地基明砖暗石，树木井臼"及一块 2 亩 5 分的土地，花费 160 余千。② 同治二年至四年（1863—1865），重修舞楼窑亭，"除了按亩捐钱四百七十千有奇"外，又募化了 870 多串，总共花费 1350 千缗。③ 同治十一年（1872）前后，重修曹殿。同治四年至光绪元年（1865—1875），重修舞楼。光绪十二年（1886），重修南厨暨梳妆楼后墙，费钱 203 千多。④ 光绪二十六年至二十七年（1900—1901），重修规模可能最小，也花费了钱 53 千多。⑤ 光绪三十二年（1906）年村社修补了大殿塌陷、石梯绽裂、阴角坍塌、禅房腐朽的部分，花费 88 千文。⑥ 宣统三年（1911），重修广生殿梳妆楼、两角楼、窑亭、观院，花费钱 130 千多。⑦ 1916 年，补修了被雨水淋塌的梯根石岸及一些零星破损，花费钱 100 千多。⑧ 1936 年，由于没能按 5 年一次的惯例维修，庙宇破损严重。周边 9 村民众推举了 45 人专门负责维修一事。他们通过按地亩地起捐，对外募化的方式，对庙宇进行了一次大规模维修，共计花费大洋 5000 多元。⑨ 这也是民国期间最后一次维修。

　　以 1910 年前后的一些数据对比，宣统三年（1911）至 1913 年町店重修白龙庙花费钱 50 余千。⑩ 宣统三年（1911）至 1913 年李庄村重修关帝庙，花费 205 千左右。⑪ 窑头村白龙庙维修花费 82 千多。⑫ 1916 年至 1919

---

① 《重铺正殿、禅堂丹墀之地及买河岸地碑记》，咸丰五年（1855），平顺县东河村九天圣母庙。
② 《重修石梯并置观院及地碑记》，同治元年（1862），平顺县东河村九天圣母庙。
③ 《重修舞楼窑楼亭碑记》，同治五年（1866），平顺县东河村九天圣母庙。
④ 《重修南厨暨梳妆楼后墙庙西岸碑记》，光绪十二年（1886），平顺县东河村九天圣母庙。
⑤ 《重修碑记》，光绪二十七年（1901），平顺县东河村九天圣母庙。
⑥ 《重修圣母庙大殿叠脊内外、石岸梯、阴角揭瓦、禅堂碑记》，光绪三十二年（1906），平顺县东河村九天圣母庙。
⑦ 《重修广生殿梳妆楼、两角楼、窑亭、观院碑志》，宣统三年（1911），平顺县东河村九天圣母庙。
⑧ 《补修梯根石岸并庙内一切零星工程志》，1916 年，平顺县东河村九天圣母庙。
⑨ 《重修圣母庙碑记》，1936 年，平顺县东河村九天圣母庙。
⑩ 《重修小崦山白龙祠正殿记》，1913 年，阳城县町店白龙庙。
⑪ 《重修关圣帝君庙碑志》，1913 年，黎城县李庄村关帝庙。
⑫ 《重修小崦山白龙祠正殿记》，1913 年，阳城窑头村白龙庙。

年，松峪村重修舜帝庙，花费了100余两白银。① 这些庙宇均非全面维修，可以和同一时间的九天圣母庙对比，按该庙1458平方米的规模看，这些庙宇按比例折算，大致也应该有600平方米以上的面积，可稍稍印证上文的推断。

与此相对，其他庙宇的规模总体看要小得多。观音堂、土地庙、山神庙、忠勇阁②、春秋阁等面积都不大。如潞城市东天贡村的春秋阁约72平方米，有的甚至仅有一间正殿。

图2.10 潞城市东天贡村观音堂

资料来源：笔者拍摄于2012年10月31日

图2.11 长治市北山头村忠勇阁

资料来源：笔者拍摄于2012年10月26日

① 《舜帝庙重修碑记》，1919年，沁水县松峪村。
② 忠勇阁，供关帝。

　　自然，这些庙宇维修费用也相对低廉。光绪十五年（1889），苏店村在庙宇"风雨飘摇，日形渗漏"的情况下全面重修了观音堂，总共花费56千350文，和大庙维修费用相差甚远。① 当然，这也不代表每次大庙维修费用都要超过其他庙宇，毕竟大庙的维修次数要相对较多。

　　此外，大庙主神并非全为等级最高的神祇。除玉皇、佛祖外，关帝、东岳、碧霞元君、三峻、崔府君、昭泽王、二仙也十分常见。祭祀活动中，这样的情况也会出现。在供奉的神牌中，玉皇大帝、天地三界十方万灵真宰是作为最高神次数最多的神祇，但村民祈祷的对象，却常是在地化的神祇或地方神。

图 2.12　潞城市贾村祭祀主神碧霞元君时供奉的最高神"天地三界十方万灵真宰"
资料来源：笔者拍摄于 2012 年 5 月 17 日

　　出现这种情况的原因，同神祇分工与百姓需要之间联系的疏密有直接关系。玉皇虽作为神灵最高主宰，但却不直接管辖生老病死，衣食住行；另外，一些全能神如二仙、昭泽王、崔府君带有明显的地方性，同民众关系更为紧密，在实际的权力分配上常有驾空玉皇等最高神的倾向。

――――――――――

　　①《重修苏店西北社观音堂碑记》，光绪十五年（1889），长治县苏店村。

二　庙宇、神殿与神像的配合

除大庙外，村落还有其他庙宇，它们同样是农业社会民众需求的反映。这些庙宇虽常是多功能的，但也有其主管功能。各种神祇合作能满足民众的不同需求。

池下镇的济渎庙和真泽宫均能"沛甘霖，孕坎习"。在民众眼中，"始祀济渎者，抱疮痏疤疡残疾之苦；而真泽二仙，以室女飞升，乃祷求孕育，等于郊禖之祀"①，在功能上存在互补之意，因而二者得以毗邻而建。小寨村村民十分重视观音庙和关帝庙："斯村之西有关圣大帝庙一所，英风万古，□以振纲常也；南有佛与菩萨合为一庙，普济万载，足以昭慈悲也。"② 清末民国期间，王家庄村的几处庙宇的功能分别是：关帝效法春秋，与孔子一脉相承；"古佛大意西来，教宣中华；观音修真南海，普渡迷津；圣母居天宫而覆群生；龙王布时令而施雨泽"③。这几种功能，村民认为代表了忠义、佛法、生育、雨泽，对他们的生活极其重要，缺一不可。

除此之外，庙宇神殿排列、神殿内部还有更为细致的配合方式。

村落庙宇很少仅有一座神殿，供奉一座神像的，在主殿旁边会有配殿，主神两侧会有配神。这些配像有时是亲属、师徒关系，如关帝庙常配关平、周仓；观音像旁常有散财童子和龙女；壶关县真泽宫在后殿移入二仙的父母，孔子旁边要立侍其学生，但更多是功能的配合。这主要分为两种情况，一是互补性配合，即神祇功能、地位不同，但有互补性；二是同一性配合，即神祇功能相近或相同，组成一个群体，增加神力。

（一）互补性配合

长治县辉河村的三官庙配殿分别为牛王殿、马王殿，因为三者联合起来就代表了农业的两大力量：降雨和畜力。④ 民国年间，长子县两水村奶奶庙的正殿主神为疙瘩神奶奶⑤，东配殿三间为眼光殿，塑眼光奶奶像，

---

① 《重修池下镇济渎庙真泽宫碑记》，嘉庆十三年至二十二年（1808—1817），陵川县池下镇济渎庙。
② 《重修碑记》，嘉庆二十三年（1818），黎城县小寨村关帝庙。
③ 《重修数处庙宇碑记》，宣统三年（1911），黎城县王家庄村龙王庙。
④ 编写组：《辉河村志》，香港天马出版有限公司2011年版，第39页。
⑤ 由于水土原因，当地民众，尤其是儿童，脸上、身上易起疮痈等肿块，疙瘩神奶奶即主管此病。

西配殿是奶奶殿，塑老奶奶、子孙奶奶、康痧奶奶像。她们或主管疾病，或主管送子，都同儿童有关，却各有侧重。①

善福村玉皇庙的布局又有自己的特色。玉皇庙为村中大庙，正殿为玉皇，西配殿为大成殿，东配殿为汤王殿。玉皇为道家最高神，孔子为圣人，汤王为圣王。玉皇代表天上，孔子代表文化，汤王代表人治。村民认为，正是因为供奉"天上玉皇、地下汤王、育人文王这民间最为尊敬的三圣"，善福村才出现了三位杰出人物：一是吴典，清朝康熙大臣，官至保和殿大学士兼刑部尚书，俗称吴阁老。相传他就出生在玉皇庙后的窑洞中。二是白将军，清朝武将，墓在村南香草坡。三是张效良，抗日将领。②这几人是否真实存在已不可考，但却能表明民间思维的理路。

南阳护村三嵕庙、两水村三嵕庙的配殿是二仙殿。从文献记载上看，二者没有任何关系，但在民间传说中，三嵕神是二仙的弟弟。之所以会有这样的搭配，源于三嵕神的性格。南阳护村、两水村、微子镇、史迥村、贾村等地都认为三嵕神脾气暴躁，请他出驾十分不易：

> 1942 年南阳护大旱，村社要把三嵕爷抬出去踩旱。可是，四个人抬着木制的神像在院子里滴溜溜打转，根本就出不去。一旦有人触犯他，他就要发脾气。有一年，村民组织上演酬神戏，但由于经济困难，请不起上党梆子，就唱了落子，结果这个人出来刚唱两句，就直接栽倒在地。
>
> 民国期间，周边村落会在六月六聚集到南阳护烧香唱戏祭神。有一年，三家村抬着供奉用的猪赶往三嵕庙。不巧的是，天降大雨，河水暴涨，根本无法过河。无奈之下，村民就在河岸边摆起香案，遥遥对着庙宇的方向烧香拜祭，然后回转。不料，这惹恼了三嵕爷，还没有走到村里，天就下起了冰雹，而且粒粒黑心，瞬间把村里的庄稼砸个精光。那些克服困难来到庙里烧香的村子的庄稼却分毫未伤。③

长子县两水村的传说亦是如此，只不过村子名称有所变化。

---

① 《庙宇古迹简介》，编写组《两水村史料汇集》（内部交流资料），1993 年，第 24 页。
② 口述：魏征考，80 岁，襄垣县善福村村民。采访者：笔者、段建宏，2013 年 6 月 29 日。
③ 口述：李承则，85 岁，壶关县南阳护村村民；口述：郝齐则，60 岁，壶关县南阳护村村民。采访者：笔者、段建宏，2012 年 10 月 4 日。

黑心冰雹的象征意义极强，它说明神祇发怒的原因在于村民敬神之心不诚，属于民间所谓的"黑心"。然而，就一般的理解而言，村落未来庙内烧香事出有因，并非偷懒，而且已经冒着大雨在远距离进行了烧香祭祀活动，即使受到惩罚也不应是颗粒无收。这种激烈的行为表明了三峻神脾气暴躁。于是，百姓将二仙与三峻供在了一起。二仙的性格极为温顺，即使受到种种虐待也毫不反抗，对百姓也关怀备至，是典型的慈母型女仙。在与三峻同处时，二仙被赋予了姐姐的身份。如果三峻再发脾气的话，二仙就不会坐视百姓遭难。"二仙就是管着三峻爷的，不让他闯祸，不让他下冰雹。"①

当然，有些神祇的搭配就显得较为突兀。潞城市微子镇三仁祠主殿旁分祀碧霞元君、娲皇圣母元君人。三仁本与生育无关，如此搭配看似令人费解。可是如果考虑三仁是村社主神，生育是村落人口繁衍基础，民众需求强烈也就能顺理成章了。在当地传说中，二仙还被认为是微子后人，因而民国时期侧殿还有二仙殿。②

图 2.13　潞城市微子镇三仁祠左右配殿
资料来源：笔者拍摄于 2012 年 9 月 3 日

这也说明，在总的原则下，村社修建配殿时会根据村社实际情况作出调整。柳树口村三教堂旁配祀四奶奶。这位四奶奶的来历村民难以说清，

① 口述：李承则，85 岁，壶关县南阳护村村民。采访者：笔者，2012 年 10 月 4 日。
② 口述：王三喜，70 岁，潞城市微子镇居民。采访者：笔者，2012 年 9 月 5 日。

但应该和送子有关。① 这种情况和三仁祠类似。又如光绪二十九年
（1903），井郊村在关帝庙正殿中添设高禖、二仙，东西两殿又供奉牛王、
马王。② 这表明，除了功能上的原因，配祀何种神祇应该还与神祇在村落
的地位、村落迫切需要解决的问题有关。桥北村炎帝庙左殿主祀黄帝，右
殿主祀高禖。炎黄向来并称，炎帝庙中配祀黄帝易为人理解，但为何右殿
配祀高禖？民众的解释是"西陵开蚕事之先，郊禖灵降生之德"③。农事与
生育，为乡村最重视的两大问题，于是高禖得以配祀炎帝。再如刘东村玄
坛庙建修配殿，就明显考虑到神祇对村落的重要性：

> 刘村为阳邑西北之镇，实当秦晋往来之卫口。旁有玄坛庙，里人
> 为山谷之险，崇祀玄坛尊神以御患也，历年久矣。固庙内东北隙地，
> 咸议创建六瘟尊神，为其□民能捍灾也；嚜王尊神、咽喉尊神，为其
> 为民除疾苦也。④

陵川县城西济渎庙的配置也是如此：

> 前祀三官，后奉府君，中为济渎之神，其以济渎名，从所重也。
> 考济水发源于王屋，贯河而过，三见三伏，会汶而入地海。盖入海在
> 河之南者，源则出于河之北，至河流南徙，以后入海，亦并在河之
> 北。且王屋在陵之南，界百里而遥。四渎之中，唯此最近。其次乃
> 河，今河之神血食且遍境内矣。济渎之祀，固宜……要之五行相生，
> 功之及人者，莫大于水，故《洪范》之序，独先火、木、金、土，在
> 天为雨露，在地为渊泉。大而河海，固润及千里；小而沟恤，亦利赖
> 一方……肃肃明烟，重于祀典。若三官以赐福赦罪为祀，府君生为循
> 吏，没为明神，且相传有驯猛虎、治孽龙之异，虽道藏小说家之流，
> 未足深信，而有其举之，莫敢废焉，盖"御大灾、捍大患"者，与济

---

① 口述：李兰心，女，58岁，泽州县柳树口村村民。采访者：笔者、段建宏，2012年8月
11日。
② 《历叙建庙始终碑记》，光绪二十九年（1903），陵川县井郊村关帝庙。
③ 《炎帝庙改修大殿碑记》，道光十六年（1836），高平市南城街道办事处桥北村炎帝庙。
④ 《玄坛庙创修六瘟大殿、玄王配殿并东楼房记》，乾隆九年（1744），阳城县刘东村大庙。

渎相同，则祀之者宜与济渎同。①

（二）同一性配合

同一功能或功能相似的神祇被供在一处或相邻也是很常见的做法。在民众眼中，两个神会比一个神威力大，也更加可靠，他们常形成一种群体力量。柏峪脑的龙王庙以岚山龙王为主神，又在西边建造白龙王庙三楹，以风伯雨师配享。② 榆树平村有五龙庙，供奉了五位龙神，据说是黎城县西北五十里鳌山上的苍龙，再五十里陇阜山的昭泽龙，西北二十里的岚山龙，北面一百二十里的石冈龙，再往前五里的蜡冈龙。③ 这种搭配持续到了民国。望儿峧村龙王庙大殿将白龙王、昭泽龙王、苍龙王三位雨神供奉到了一处。④ 辉河村的三官庙也将丹朱和夏启的小像供奉，个中原因在于这两人在当地都被赋予了降雨功能。⑤ 高平市北庄三崚庙以祖师殿相配，也是因为祖师的降雨功能。陵川县王河北村的二仙庙侧殿为送生奶奶殿，前面为观音堂。平顺九天圣母庙中保留着二仙梳妆楼。这些女神都有生育功能。

图2.14　陵川县牛家川村玉皇庙偏殿内的送子奶奶、神郊二仙、西溪二仙神位

资料来源：笔者拍摄于 2012 年 9 月 8 日

① 《重修济渎庙碑记》，道光二十一年（1841），陵川县城西济渎庙。
② 《重修柏峪脑龙王庙碑记》，光绪二十一年（1895），黎城县柏峪脑村龙王庙。
③ 《创修五龙庙碑记》，乾隆十七年（1752），黎城县榆树平村。
④ 《重修庙宇碑志》，同治五年（1866），黎城县望儿峧村。
⑤ 编写组：《辉河村志》，香港天马出版有限公司 2011 年版，第 39 页。

当然，这两种配合方式常同时存在。我们以潞城市贾村碧霞宫的神殿分布为例说明这一问题。

该庙主神为碧霞元君，大殿供碧霞元君，旁有二仙陪侍。

大庙坐南朝北，以中轴线分割，进正门后左右两边对称各列六座神殿。左首依次为张枝群祠、马王殿、蝗皇殿、眼光殿、三嵕殿、六丁殿、东阎罗殿；右首依次为五瘟殿、龙王殿、子孙殿、昭泽殿、六甲殿、西阎罗殿。

13 个配殿中，除张枝群祠为 2000 年以后建立在原先的杂物房外，其余的均在新中国成立前就已存在。这些对称的神殿在功能上都是相互配合的。

> 张枝群祠供奉张枝群，贾村村民，1931 年出生。20 世纪五六十年代，在碧霞宫改为学校时在庙内做饭，开始偷偷烧香，被村里干部制止，改成让他去放羊。有一天，村干部突然发现放羊的成了外村的人。一问才知道是有人请张枝群去看病，此人留下来帮他放羊。村干部非常奇怪，因为张枝群从来没读过书，整天在庙里，也没有人教他学医，怎么可能会看病？但是，来找张枝群看病的人越来越多，除了周边村落外，长治市、河南、山东的人都络绎不绝地找他看病。
>
> 张枝群最终得到村落认同在于他连续治好了几个疑难杂症。有一名患者得的是肝硬化晚期，已属不治之症。张枝群开药后，他照方吃药，居然痊愈。
>
> 还有一对夫妇慕名而来给小孩看病。张枝群诊治之后，他们不放心，又去了晋东南最好的和平医院儿科。结果，儿科专家的诊断和张枝群的一模一样。
>
> 后来，因为来看病的人太多，张枝群就不再外出了。功成名就后，他极力促成恢复四月四碧霞元君迎神赛社，但就在赛会恢复的前一年——1996 年患病去世。①

张枝群的一生有巫医的色彩。他逝世之后，为了纪念他为村民治病的

---

① 口述：张思远，35 岁，潞城市贾村村民；李洪青，68 岁，潞城市贾村村民；杜同海，76 岁，潞城市贾村村民。采访者：笔者，2013 年 7 月 10 日。

图 2.15　张枝群像

资料来源：笔者拍摄于 2012 年 10 月 10 日

功德，表彰他为碧霞宫赛社恢复作出的贡献，希望他能保佑村民免受疾病侵扰，村民在碧霞宫内为他建起了一间配殿，享受后人香火。

讲述上面故事的目的在于，张枝群祠的主要功能可能与斜对面的五瘟殿有关。五瘟殿供奉的是民间瘟神，指的是春瘟张元伯，夏瘟刘元达，秋瘟赵公明，冬瘟钟仕贵，总管中瘟史文业。他们是传说中能散播瘟疫的恶神。民国年间，东天贡金顶社会教、东西小天贡、羌城、小沟、北泽头、崇道西头、富村、翟店十村八大社举行迎神赛社时，会将瘟神之位供于蝗皇岗上，并要诵读《祭瘟神》表文：

　　节宣六气，显佑八方。克除瘟疫，威灵斯张。兹因时行，勿入我疆。自祭之后，民咸熙康。伏祈尊神，紫气宏庥。天朗气清，伏惟尚飨！

　　神之为灵，感之皆应。驱百族之瘟疫，免万姓之灾殃。斋明盛服，致祭祈禳。酬圣德之威灵，报神功于无疆。伏祈尊神，天朗气清，伏惟　尚飨！①

---

① 《祭瘟神》，李兰芳《祭文全部》，1933 年，写本。

　　五瘟本是行瘟使者。民众祈求他们不要将瘟疫带入本境。张枝群殿的建立是对五瘟殿功能的补充。五瘟殿本来对应的是马王殿，供奉牛马王。这配合显得有些突兀，但考虑到牛马王是农业神，放在此处在整个神殿序列中也有其合理之处。张枝群祠的建立，将这一不和谐因素消除。只是因为马王殿建立在前，只能将其补建在马王殿前面，与五瘟殿不能正面相对。这三个神殿可算是第一组对应。

　　第二组对应：蝗皇殿和龙王殿，均是有关农业生产的殿宇。龙王殿供四海龙王，职能自不待言。蝗皇殿供唐太宗李世民。龙王主雨，蝗皇治虫，而无雨又会导致蝗灾，有雨就不会出现蝗灾。从这个意义上讲，龙王和蝗皇既有一般意义上功能的互补，是影响农业生产所需两大因素的配合，而且还具有一种紧密的线性关系。

　　第三组对应：眼光殿和子孙殿，前者主幼儿医疗，后者主生育。

图 2.16　潞城市贾村碧霞宫眼光殿和子孙殿

资料来源：笔者拍摄于 2012 年 5 月 17 日

　　第四组对应：昭泽王和三嵕。二者均是上党地区著名的雨神，功能一致。

　　第五组六丁殿对六甲殿、第六组东阎罗殿对西阎罗殿同样如此。

　　总体看来，主殿、第四组、第六组是同一或相近功能神祇的配合，具有同一性，其他的是不同但有关联的功能的配合，具有互补性。这两种方式结合构成了庙宇完整的神祇配祀方案。

这种配合有时还与神祇宗教派别、等级与功能有关。民国时期，沙窟村玉皇庙的布局较完整地地体现了这一思路：

> 该庙分左右两个院落，各有正门，院内有小路相通。右边为主殿，进门后有献亭，供信众烧香参拜。前面第一层大殿供玉皇，后面第二层大殿为七佛殿。民国年间有一尊高达三四米的大佛像。佛殿左右各有一个奶奶殿。左边大殿进门后第一层大殿为昭泽王殿，第二层大殿为炎帝殿，炎帝前陪侍牛王、虫王，炎帝殿西侧为奶奶殿。

这样一种布局有其内在的逻辑。首先，整个大庙实际分为了两个迥然不同的部分。东边两大殿的道佛最高神地域性很弱；西边主要属于地方神崇拜。无论是炎帝还是昭泽王，在民众眼中都是当地人，更贴近民众生活。昭泽王虽是道教神，却是本地人修炼成仙，与玉皇、佛祖并不相同。其次，二者在功能上是有区别的，东殿神像更多意义上是一种全能性神祇；西边神像则直接是农业神。再次，双方界限并非彼此隔绝，数条相通的小路使民众可以在神殿、神像之间互相游走，使得不同来历的神祇有效地融合在了一起。复次，天旱取水是在玉皇庙下面取水，而昭泽王又是雨神，二者实现了功能的合力。最后，奶奶殿在两个院落里同时存在，表明了民众对生育神的重视。她们以数量的优势在一定程度上弥补了空间的不足。从大的布局来看，传统中国哲学中向有"孤阴不生，独阳不长"的原则，这种男神以女神配祀的情况，也凸显了庙宇布局中两性搭配。

这座庙宇，既以佛道最高神为主，又突出了强烈的农业与祈雨功能；既注意了神祇的等级，又关照了村落的主要需求。[①]

除此之外，也偶尔有村落庙宇按规模来搭配。长治县东河村就是按庙宇的规模相对而建：千佛阁对九龙宫、炎帝观对龙王阁、慈云寺对药王阁、关公庙对张飞庙。[②]

---

① 口述：牛其云，68 岁，壶关县沙窟村乐户世家。采访者：笔者，2013 年 11 月 17 日。
② 王芳：《那些消失的庙宇》，《东和村志》（内部交流资料），2009 年，第 209—210 页。

三　庙宇发展的历史进程

　　村落庙宇、神殿、神像的格局并非一蹴而就，它有一个发展过程。村落庙宇、殿阁、神像的增减、移动都会随时间的推移呈现出变化。东黄须村原有三教堂，嘉庆二十五年（1820）前后又新建了文昌阁。通义村本有主管风雨的广渊庙，但村落认为有必要再增附它神，就在道光二十三年（1843）前后增祀了风雨山川之神。① 井郊村原先只有一座山神土地小庙。后来随着时间推移，子孙繁盛，有了几十户人家，因为祈赛不便，村民就扩大了庙宇规模，新建关帝圣庙，将山神土地移到了西北偏殿。② 塔掌村北头与南头早期只有一座五谷神作为祭祀场所。到康熙十六年（1677），南头才开始修建了一座观音堂。至雍正元年（1723），在二庙之间又创建了皇王大殿，东以龙王殿，西以奶奶殿相配。这一组合持续到了光绪时期。③

　　村落优先建立的庙宇是要解决村落最迫切需要解决的问题。如山神土地或五谷庙等。三窑乡村因为每逢天旱向左边沁河的黄龙洞、北骆驼岭的白龙神祈雨颇有应验，就想为二者建庙祭祀。未及动工，当地突然出现猛虎连年伤人的情况，只好先建了山神祠，每年六月六日演戏宰牲祭神，百余年后才最后修起了黄龙庙与白龙庙。④ 同样，面对出现的新问题，村落也会以相应的神祇解决。道光二十年（1840），信义村因为担心瘟疫影响村落人口，又想要村落富裕，决定新建瘟神阁，同时奉祀财神。⑤

　　有些村落人少民贫，建庙就很困难。陵川县宋家川村古佛堂创自康熙十六年至道光二十六年（1677—1846）期间竟未得重修，原因就是村落仅有 10 户，实在无法负担，最后社首们"谋及远方"，请"乐善之士广捐赀财"才得以重修。柴凹村也是小村，数十年间才建起"观音阁"和"玄帝阁"两座小庙。⑥ 后沟村在嘉庆十四年（1809）创建一座佛殿，但直到 54 年后的同治二年（1863）才得以重修，也是由于"村居僻壤，人民鲜

---

　　① 《增祀风雨山川并创修山楼记》，道光二十三年（1843），阳城县通义村大庙。
　　② 《历叙建庙始终碑记》，光绪二十九年（1903），陵川县井郊村关帝庙。
　　③ 《塔掌村重修神陀碑记》，光绪三十一年（1905），陵川县塔题掌村。
　　④ 《重建碑记》，咸丰六年（1856），阳城县三窑乡村。
　　⑤ 《信义村新建瘟神阁并祀财神记》，道光二十年（1840），武乡县信义村。
　　⑥ 《创建观音阁并玄帝阁碑记》，同治五年（1866），阳城县柴凹村。

少"①。西旺沟"屡欲创修关帝庙宇以聚脉气",但由于缺乏资金与主事之人,"因循数载",一直拖延到同治十二年(1873)才完成。② 也可能是在这种情况下,一些村落会精减庙宇数量,增加同一所庙宇的供神,以求最大限度地节约资金。晚清民国时期,黎城县秋树垣关帝庙正殿左奉龙王,右奉疮疡两个功能毫不相关的神祇可能就出于这样一种考虑。③ 泽州县、陵川县常有三教堂,同时供奉会儒释道三教教主,可能也与此有关。

这样的村落想要创建新的庙宇显然不易,但在人口众多的村落,这并不是大的问题。而且,随着村落人口的增加及生活的延续,各类新的问题不断出现,新的要求也就随之而来,在经济条件好转的情况下,重修、补修、扩建、新建庙宇成为一件顺理成章的事情。在长时间的发展中,村落庙宇渐渐形成一个体系。从大庙的修建情况就可以看出村落不断地增祀神祇。我们再看以下几例:

松峪村舜帝庙原来只是一间小庙,"其局狭小,限于地也;其形卑暗,屈于力也"。至乾隆四十七年至五十一年(1782—1786),村落社首"谋诸社众,倡议更置,相村形,度地宜","于村东创建正殿三楹,耳殿四间,献殿一所,戏楼一座,东西厢房以及门楼、照壁,无不整齐完具,规制较前宏敞,体貌更加森严"。④

规模很大的石圪峦村以前仅有二仙神祠。至顺治十三年(1656),在维首要求下,寺僧开始新建"四转过大殿、三门、左右角房、东廊五楹、西廊五楹、三间□楼、广生神祠、五道殿宇",到康熙十七年(1678)才修建完成。到道光二年(1822),除更新旧的建筑外,又由社首公议,增修了马王祠、广生祠。道光三十年(1850),"由于药王、瘟神、济渎三圣威灵显赫,求无不应",民众又公议通过在二仙庙东边创建了三圣行宫,在松山创建了山神庙堂,不但二仙庙的殿宇在持续增加,村落也增加了两座庙宇。⑤

再来看襄垣县善福村的庙宇发展脉络:

① 《后沟村重修佛殿碑》,同治二年(1863),陵川县后沟村。
② 《创修关帝庙碑记》,同治十二年(1873),长治县西旺沟村关帝庙。
③ 《碾玉香亭前檐碑记》,1912 年,黎城县秋树垣村关帝庙。
④ 《创建舜帝庙记》,乾隆五十一年(1786),沁水县松峪村。
⑤ 《创修三圣祠碑记》,道光三十年(1850),陵川县石圪峦村二仙庙。

金光寺，占地3000多平方米，始建于隋，原是村内规模最大的庙宇，每日车水马龙，香火不断。据称元代来了一名恶僧入住金光寺，不务正事，夜入民宅，欺男霸女，拦路抢劫，图财害命，人们改名称之为恶佛寺。后燕王扫北路经此地，铲除了恶僧，烧毁了金光寺。

仁济寺，始建于唐朝懿宗年间，规模较大，以释迦牟尼为主神，毁于"文革"。

五龙庙，传说始建于五代十国期间，香火较盛，僧侣较多，每日钟声不断，可能毁于20世纪30年代。

奶奶顶庙，建自南宋，主管开锁。庙里主供云霄、琼霄、碧霄，管人间生育。

关帝庙，建自元代，规模不大，但较精致。正殿供关公，庙内绘有三英战吕布、水淹七军、占庞德等关公故事。

玉皇庙，建于明永乐五年（1407），康熙二年（1663）、康熙三十三年（1694）、雍正十二年（1734）、乾隆二十三年（1758）、嘉庆二十四年（1819）、道光十九年（1839）分别重修。

财神庙，很小，传说建自明朝。

龙王庙，位于河内龙洞沟，三间正殿，建于明宣德元年（1426），乾隆年间重修。神像供桌下有个黑龙洞，供人们祈雨时取水之用。每年四月十三大会村民要用轿抬上龙王爷到村内南麻池看戏。

东西五道庙，康熙时修建，规模较小。

东牛王庙，建立年代不详，清嘉庆三年（1798）重修。供牛马王爷和火神爷。

水母娘娘庙，在龙王庙后边，始建年代不详。

南土地庙，北土地庙，分位于村南村北，始建年代不详。

南阁庙，即观音阁。

这13座庙宇依次建立，形成了近代社会的布局。①

再以两水村为例，民国年间，全村共计有13座庙宇，分布情况如下：

奶奶庙，位于南两水②西南，建于唐代，坐北朝南，分南北中三个

---

① 口述：魏征考，80岁，襄垣县善福村村民。采访者：笔者、段建宏，2013年6月29日。

② 两水村因为中间有河，因而又分成南两水和北两水。南两水发展较早，随着人口增加，又发展出了北两水。

院子。

三教堂，位于南两水村东口路边，建于唐代，同治十年（1871）重修，塑释迦、老子与孔子像。

观音堂，位于南两水东石桥南路东边，殿内塑观音菩萨及十八罗汉像。

南土地庙，位于南两水村西北的小土丘上，一间殿。

祖师庙，位于北两水村中南路口，前河边，始建年代不详，正殿三间，供真武大帝。

广生祠，位于北两水李家街东，建于1944年，坐东向西，有正殿三间，所供神祇不详。

白衣庙，位于北两水村东，始建年代不详，因在该处发现了一条白蛇而建，一小间，供白素贞。

三峻庙，位于北两水东北，建于宋代，明天启三年（1623）重修。庙宇规模宏大，南北两院。北院大正殿三间是灵贶王殿。东西耳房各三小间，东边为孔子像，西边为关公像。东西配殿又各三间，内均塑有神像。大东西屋各三间，为局棚①。小东西屋各有两间。南北两院中间是过亭三间，建于1935年。南院是鼓楼与配房七间。大门外横眉上有"镇国蠹"三字。

玉皇阁，位于北两水村中北路口，与土地庙相对，建于1930年，有南北神楼各一个，南神楼供玉皇大帝，北神楼供财神。

北土地庙，位于北两水村外正北路口，正殿三间，殿内供土地神，东墙小窑内有五道神像。

唐王庙，位于北两水外西北的东西道北岸，始建年代不详，清道光年间重修。坐北向南，正殿三间，供唐王神像。东西屋各三间。南边是三间鼓楼，大门楼顶层塑虫王女像。

双龙庙，位于村西口中，建于清同治四年（1865），坐西北朝东南，正殿一间，供黑白龙王。

广泉寺，位于南北两水中间，村外，偏西南，始建年代不详，曾被烧毁。

---

① 局棚，位于庙东西厢房，迎神赛社时摆放古玩器皿、玉刻石雕、翡翠珠宝。

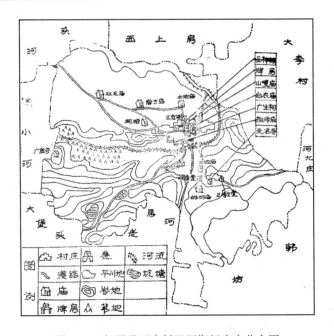

图 2.17　长子县两水村民国期间庙宇分布图

资料来源：编写组：《两水村史料汇集》（内部交流资料），1993 年，第 11 页

　　还有多处五道小庙位于街口。有时只是在墙上挖一个神龛供五道爷，不能算是真正的庙。①

　　善福村、两水村的情况具有普适性。从走访的数百个村落的情况来看，虽然一些庙宇的建立年代无法确定，但总体看，因为奉行着"无庙不成村，庙随村走"的原则，所以随着村落规模的扩大与人们需求的多样化，庙宇数量总体呈现上升趋势，最后形成了大小不一、教派不同、功能各异却又能相互配合的体系。就民国期间的情况看，和两水村的情况一样，各村落都被庙宇包围，犹如坐落在神仙怀抱之中。这些庙宇显然不是一朝一代形成的。同样，村落庙宇功能也大致可按两水村的情况划分。该村庙宇的功能主要分三个方面：

　　第一，克服自然灾害。由于北方山地的农业用水成为村落面临的首要问题，主管雨泽的龙王庙、祖师庙、三峻庙应运而生。当地夏天多冰雹，三峻神就多了防雹的功能。虫害是威胁农作物的另一威胁，唐王庙因此

---

　　①《庙宇古迹简介》，编写组《两水村史料汇集》（内部交流资料），1993 年，第 24—26 页

图 2.18　长治市郊区北山头村的五道神位
资料来源：笔者拍摄于 2012 年 10 月 26 日

兴建。

第二，主管生老病死。除了基本的生存，人类还要追求生活质量的提高及生命的延续。面对病患折磨与生育的需求，村民建立起了由奶奶庙、广生祠、神棚、白衣庙构成的医疗体系。其中奶奶庙地位最高，广生祠地位略低于奶奶庙，都主管妇女不孕。神棚也主管生育，属临时性机构。白衣庙地位最低，医治的病症却最多，类似于基层医生。主管死亡的是土地庙和五道庙。前者主管一村死亡事宜，后者掌管各条街巷的情况，为逝者引路。

第三，进行综合治理。除了较为专业的庙宇外，还有一些综合功能的庙宇：三教堂、玉皇阁统管人间一切事务；佛教寺庙也有着广泛的功能，能解人间一切疾苦。①

可以发现，与民众迫切需求相关的庙宇得到了重视：主管降雨的有三座，主管生育的有三座，主管死亡的土地庙有两座，五道庙则有多处。

这也说明，村落中的庙宇地位并不相同，不但如此，它们还有着较为

① 《古迹今拟话迷信》，编写组《两水村史料汇集》（内部交流资料），1993 年，第46—49页。

严格的等级。三峻庙、奶奶庙、唐王庙主管生育、虫害、旱涝三个当地民众最急需解决的问题，地位自然就高。它们都建有戏楼，分别在六月初六、三月初一、四月十八有纸火会。①

三峻庙是大庙，主管降雨。主管生育、死亡的庙宇虽有多处，但规模、地位都低于三峻庙。究其原因，当在于生育虽然重要，但不育却不会立时对生命、生活产生严重威胁。死亡虽然是民众恐惧的对象，但又都知道它是不可避免的，而这种威胁，又不会立即对所有人产生影响，于是民众不会把它看得特别重要。所以，这两类神祇虽然对民众很重要，却又不是最重要、最迫切。只有旱涝问题，即属未知，尚存在改变的可能，又是百姓生死攸关所在：只要一年收成出现问题，民众生存就会受到重大影响。于是，这一类神祇受到了更多关注。而且，民众认为三峻神是本地人，与他们有乡邻关系，更会热衷于为地方排忧解难，围绕三峻庙形成了跨村落的迎神赛社。

唐王庙与三峻庙也有等级关系。前者位于后者西面，在下首位。前者为君，后者为臣，二者方位本应对换。村民却认为三峻射日远早于虫王故事。更重要的是，水为人类生存的基础。与虫害相比，后者尚可以人力防治，但是旱涝却全由上天决定，因而三峻庙排在了上首位。②

玉皇阁的建立也证明了村落庙宇的等级存在。1930 年村民在土地庙前要修建阁楼，结果夜里狼进村咬死了许多羊。人们认为是盖阁楼的想法触怒了土地爷，为镇压土地就把阁楼修成了玉皇阁：玉皇大帝是地位最高、职权最大的神，能直接压制土地；财神爷最有钱财，最会使用钱财，能买通土地。于是，阁内南神楼安置了玉皇，北神楼里安置了财神。在农历正月初一、二月二和七月十五日，村民去土地庙上供时，也要给玉皇和财神准备一份，祈求他们尽到看管之责。③

除了功能方面，在其他方面两水村的情况也具有普适性。不少村落供奉观音的庙宇常是既有观音阁（堂），又有三大士庙（堂）、奶奶庙，都主

---

① 六月初正值旱灾易发时节；三月初一是万物复苏的季节，有生育的内涵；四月十八正值虫害多发季节。这说明庙会时间和自然条件、神祇功能是相契合的。

② 《唐王庙位置没有盖错》，编写组《两水村史料汇集》（内部交流资料），1993 年，第72—74 页。

③ 《为什么要建双龙庙和玉皇阁》，编写组《两水村史料汇集》（内部交流资料），1993 年，第 63 页。

管生育。土地爷也会出现两个。和善福村、两水村相仿，一些村落的五道庙也很多。这三个神灵主生主死，表明了民众对于生死之事的关注。

而且，等级制度即使在观音堂和土地庙之间也可能存在。他们在村中受重视的程度也似不同。盖因死不可免，土地庙又只起了一个引路者的作用。生育之事却既有希望，又有诸多不可确定因素，这给民众祈祷留下了更大的空间，民众认为信奉土地明显不如信奉生育神有益。黎城县南委泉本有土地庙，但村民认为"土地之神亦不过赏善罚恶，原不能焕然乡党，况护佑居民而生息人民又非其任也"。于是，村民集会商议，决定再创建广生圣母庙，"窥其意，盖以孤村小邑，居民鲜少，亦欲广我群黎，生我以续"，如果自此以往，"人民辐辏，四时有观鸡鸣狗之休；祖孙继承，千年有虫斯瓜瓞之庆。广生灵爽，较土地之神为何如乎？"① 田野调查显示，虽然观音阁一类的庙宇规模小，但是香火却多较土地庙为盛。

同样，神殿排列也是有等级的。下交村的汤帝庙左侧，有黄龙殿、佛殿、白龙殿、风雷殿。它们的排列如下：

> 东南有文昌阁一座，窃思黄龙生而帝者也，故次汤而居左；梵王，太子也，故次之；白龙神，王也，故居东偏之首；风雷，龙神之侣也，故又次之。其布列之不紊，自如此。②

当然，在村落发展过程中，会有原来的庙宇被替代。在牛居村，道光八年至九年（1828—1829）创建了关帝庙和广生痘疹圣母祠，但到光绪二十四年至二十五年（1898—1899）重修神庙时提到了泰华龙王庙、关帝阁、观间堂、马王庙、土地庙。虽然多出了几个庙宇，广生痘疹圣母祠却未再提起。如果不是受重视程度降低，被安排到神殿中，就是已经消失，不然，如此人规模的维修似不应将其忽略。泰华爷发展至近代已经成为该村供奉的主要神祇。③ 同样，一些庙宇也经历了由有到无，再由无到有的过程。枣镇村西原有关帝庙一座，但规模狭小，结果被邻村毁坏。关帝的牌位也只能长年放于三官庙中。村民觉得这是对关帝的不敬，就在道光二

---

① 《创建广生圣母阁序》，道光十年（1830），黎城县南委泉广生圣母阁。
② 《重修东口神祠碑记》，康熙五十九年（1720），阳城县下交村汤帝庙。
③ 口述：赵小虎，81 岁，黎城县牛居村村民。采访者：笔者、段建宏，2013 年 6 月 22 日。

十七年至咸丰二年（1847—1852）重修关帝庙，增建戏台一座，南楼五间，将关帝牌位移至本庙之中。① 赵店村潞王祠的历史更为久远。相传春秋时潞子避兵此处，村民后立祠祀之。据宋绍圣、明成化碑，该庙原属数村共建，后被人焚毁。村民公议，决定将其迁至村中。到咸丰三年（1853），由于战争付之一炬。五年（1855）后，村民又开始重修，直至光绪二年（1876）才修建完成，历时几近 20 年。②

本节主要分析了村落庙宇的等级与功能配合、发展历程：首先，村落庙宇是分等级的，这集中体现在每一个村落都有一座大庙。它有如下特点：供奉村落主神，是春祈秋报之地，对村落最为重要；它的建制规范、规模大、维修费用高。除却大庙之外，村落的其他庙宇、神殿、神像地位也有高低之分。其次，村落庙宇的分布遵循着功能配合的原则。虽然因为民众需求不同，神祇之间的等级与配合形式多种多样，但这种现象是普遍存在的。最后，村落庙宇的形成不是一朝一夕的事，它经历了漫长的历史时间。村落庙宇、神殿、奉祀神祇总体呈现上升趋势，但也有一些庙宇消失或经历了反复。

第二节　庙宇的风水布局

上一节已经提到，村落庙宇展现出等级区分和功能配合的特征。不过，这并不能解决庙宇应该建在村落何处的问题。庙宇选址要依靠堪舆学说。村民建庙除了"崇德报功"和利用神祇现实的社会功能外，还有护风脉、祛煞气、留民福的目的。张山村创建真武、药王、财神庙就是要"一以护村之脉，一以作民之福"③。洪峧河村建立龙王庙则是"一以报神功，一以培地脉"④。大树村建山神庙的目的在于"崇威灵、镇风脉也"⑤。庙宇如"一村之锁钥也"⑥，起着隔绝外界不利影响，保佑村落内部平安的作

---

① 《创建关圣亚王大庙并重修戏台东廊及重修南楼碑记》，咸丰二年（1852），黎城县枣镇村。
② 《重修潞王庙记》，光绪二年（1876），黎城县赵店村潞王庙。
③ 《创建真武、药王、财神庙碑序》，道光二十五年（1845），沁水县张山村。
④ 《重修龙王庙碑志》，同治十二年（1873），黎城县洪峧河龙王庙。
⑤ 《重修山神庙序》，同治十一年（1872），阳城县大树村山神庙。
⑥ 《重修春秋阁记》，咸丰三年（1853），平顺县青草洼村。

用。这就决定了村落庙宇的布局不能率性而为。本节要探讨的即是村落庙宇选址遵循的几大原则：一是要建在水绕山环，风景优美的风水宝地；二是要建在可防煞、补脉之处；三是要考虑五行八卦布局。

一　建于风水宝地

由于庙宇对村落的重要性，民众会将庙宇建在风水宝地，以使其更好发挥作用，护佑村落安康。什么是风水宝地？广志山玉皇庙与圣母殿"立于岗峦之上，建于乔松之间。宫道帝座，聚四壁之爽气；殿楼云霞，合两间之清光。层峦耸翠上，上出重霄，飞阁流丹，下临无地。瑞烟恒绕中峰，祥云每遮林间。东北云山苍翠，西南衡漳流连。云遮雾罩，水绕山环，实为中阳仙景也"①。

由这段描述似可看出，水绕山环、风景优美的地理态势对民众非常具有吸引力。上党村落民众往往将周边的山、水视为风水宝地。山绵延而形状似龙，常被看作是福气所在。后山村北面山岭由马鞍山发源，绕凤山而过，蜿蜒十余里，被堪舆家谓为来龙正脉，是"玄武垂头"之形。② 西伞村西北乾方有山脉，村民视之为"大龙"。它"起伏有情，穿田过峡，顿起峰幽"，延展到西伞村时"背山绿柏，面河水绕。东有龙池，西有虎沼"。因为这条"大龙""龙真气壮"，使得该村"民丰土厚，发福生财，襄成盛世"。又因其高耸于平原之上，自然而成俯瞰之势，形成一种神秘感，于是村民在此地创建庙宇。③ 蒲池村主山"峰峦耸秀，峻峭摩天"，被称为"小泰山"，一登山顶而众山皆小。于是，村民在上面建了圣母庙、佛殿。④ 朱家山村炎帝庙"左依汤岭之高，右拱韩山之秀，背负羊山之耸，面朝七佛之峰，非不巍然壮观也"⑤。

水被认为能增加山的灵气。双方组合，就成了民众眼中的风水宝地。成家川村三教庙处于"水绕山环，形揽四方之胜"的地方，是"奉神之佳境，致祭之名区也"。⑥ 水北村南有山峰，北有河流，是"人文荟聚之所，

---

① 《重修顶上玉皇殿、圣母殿、开山殿院过庭碑记》，光绪二十四年（1898），黎城广志山。
② 《禁土碑》，同治十一年（1872），陵川县后山村玉皇庙。
③ 《重修二仙庙碑记》，1917年，陵川县西伞村二仙庙。
④ 《蓬莱山东岳庙重修庙记》，道光二十年（1840），武乡县蒲池村蓬莱山顶。
⑤ 《重修炎帝庙碑记》，道光十二年（1832），高平市朱家山村炎帝庙。
⑥ 《重修三教堂碑记》，道光十二年（1832），潞城市成家川村三教堂。

图 2.19　位于紫砂岭山顶的长治县北张村紫砂老爷庙
资料来源：笔者拍摄于 2012 年 8 月 25 日

钟灵毓秀之区，称巨观焉"。① 崇仁村护国灵贶王庙的环境也是"巅岭列
屏，温泉映壁，溪流曲逶，左潆右洄，其状不可胜览！昔人建庙于此，岂
特扶龙补脉，应山川以作镇，亦以神得所栖"②。

　　山之巍峨与水之灵秀结合，再配以绿树苍松，形成了优美的风景：
"祠庙居于山水之间，最青最秀，非佳景乎？"③ 豆口村自认将龙神庙建在
了村落胜地，因为该地"南则奇峰壁立，高出云表；北则漳水东注，与海
通波；环列群山，类九龙之捧圣；面对金刚，象丹凤之朝阳。茂树荫蔚，
溪山秀美，瀛洲蓬莱殆无以过"④。村民认为这种聚气藏风的格局是"丁财
两旺之体"，能使村落"物阜民安"，如果长此在此定居，一定会人杰地
灵。于是，村民"以立庄村"，在此地繁衍下来。⑤ 陟椒村的三教堂，"地
居南升之龙山头，前有屏凤叠嶂，背枕阳阿九曲，左有小山拱秀，右则沁
渡潆波，尤神所乐栖也"。⑥ 王家庄村关帝庙四周"山明水秀，群峰环翠，

---

① 《重修圣庙碑记》，嘉庆三年（1798），泽州县水北村。
② 《重修庙记》，同治六年（1867），长子县崇仁村三峻庙。
③ 《重修当阳殿碑记》，嘉庆二十一年（1816），长子县龙泉村南玉泉寺。
④ 《重修龙神庙两廊戏台记》，光绪二十二年（1896），平顺县豆口村。
⑤ 《塔掌村重修神陀碑记》，光绪三十一年（1905），陵川县塔掌村。
⑥ 《重修三教庙大殿碑记》，光绪十二年（1886），泽州县陟椒村三教庙。

东跨凤翅，南接龙岗，西据帽峰，北拱斗梁"①。中漳村伏羲庙处于紫荆山下，"上有峻岭之迴环，下有清流之映带。列坐其间，令人神清气爽，不复有人间尘俗态矣"。②上董峰村万寿宫地理位置更好："背拥方山绝峦，面临深渊长流。左翼凤翅活泼，右倚皇山壁立。朵朵青云环围聚秀，渠渠碧水流连争峦。丰柏虹枝欲化龙，苍松直干似参天。烟霞静锁，风致峦闲，天然吉壤，真乃仙宅。"③庙宇所处环境都十分优美。

图 2.20　位于山水草木之间的陵川县西溪二仙庙

资料来源：笔者拍摄于 2012 年 9 月 8 日

山水草木还与其他地形相配合，组成完美的风水布局。阳火角村龙王庙"东有中方古洞，西有河水萦带，北连权星尊严，恍犹神威，南映崇山松林，列如屏风"。山水草木与古洞、星辰相配合，使村民发现，无论如何"左右环视"，该地都是"诚妥神之胜地，信祈福之佳所也"。④

同样，风水宝地必须有庙才能发挥作用，二者相得益彰，不可分离。庙宇可"扶主山之圣，振神坡之威"⑤。石壑村位于"泫水之北，龙山之阳"，风水极佳，但只有建立关帝庙坐镇西北，才能聚集群山灵气，镇住

①《重修阁记》，咸丰六年（1856），黎城县王家庄村关帝庙。

②《重修伏羲庙碑记》，同治七年（1868），长子县中漳村伏羲庙。

③《整修万寿宫记》，咸丰二年（1852），高平市上董峰村万寿宫。

④《重修碑记》，宣统二年（1910），黎城县阳火角村龙王庙。

⑤《增修三教庙戏楼碑记》，道光二十五年（1845），平顺县遮峪村。

河流风脉，最终泽及百姓。村民认为，村落状况良好都归功于此。①

柏官庄天仙庙之所以选择在村北双凤山建立，就是因为这是当地山脉的主峰："主山双凤独尊而群峰咸贺，遥而望者，莫不谓此宝山也。"山脉远观"直若居紫府而统群仙，列清都而号玉女也"。此处建庙能使山与神的灵气互相滋养："山之灵爽有不借神灵而愈其灵应乎?"②

下合村的娲皇圣母庙与风水宝地也起到了相互配合的作用。一方面庙宇在"村之西沟"，该地"气象峥嵘，实属神山"；另一方面，"庙宇巍峨，尤称巨观"，再加上圣母的灵应，秀雅的地势，翠绿的松柏，"足以培地脉"，成为该村之"枢纽"。③

有的村落在庙宇与风水宝地的配合下，文运昌盛，风俗端正。郭峪村民众认为村落庙宇影响风水，孕育出了清代名臣陈廷敬。该村苍龙岭上有石笋，下有清泉涌出，堪舆家认为这是"龙角龙涎"。有人又说"神龙之首不宜见，必筑观于巅，庶合堪舆之象"。于是，村民在上面修建了白云观。自此之后，村落"秀灵岳降，科第蝉联。而相国陈文贞公④，尤空前轶后之一人，则斯颁讵非太行真脉，迥异寻常之丘壑也哉!"⑤ 南丰庄所处位置"地背三垅，临漳河，盖山水之佳处也"。但是，堪舆家认为"前山巽方稍低，当建文昌祠、奎星阁于其上"。这两位神祇主掌人间功名，"所录者必阴骘之家，所福者多勤敏之士"。村民奉祀二神，就会时刻以阴骘为念，"时时以勤敏为功，将己心与神心共质"，使村落文风与人心共同进步。⑥ 西伞村本来风水极佳："大河中流，岸有两村对列，周围之崇山峻岭，皆巍巍峨峨，有磅礴郁积之势。""既有以疏其气，又有山以萃其秀"，理应"人文蔚起，应山川之钟毓，以发其秀也"，但是却文风甚衰。苏景运认为并非"地脉之弗灵"，而是缺少庙宇。后来村人建文昌阁三楹于村落东北，苏景运非常欣慰，认定这是该村"人文丕振"的时机。⑦

---

① 《补修关帝庙创建北岭玉皇殿乐楼西墙碑记》，道光二十一年（1841），高平市石墼村关帝庙。

② 《重修双凤山顶上天仙庙碑记》，光绪三十四年（1908），黎城县柏官庄天仙庙。

③ 《重修娲皇圣母庙碑记》，1915 年，武乡县下合村。

④ 陈文贞公，即康熙时名臣陈廷敬。

⑤ 《补修白云观记》，清康熙五十四年（1715），阳城县郭峪村白云观。

⑥ 《创建南山神阁记》，从文风看，当属清代，具体时间不详，武乡县南庄村。

⑦ 《新建文昌阁记》，乾隆二十年（1755），陵川县西伞村。

自然，也有民众并没有特别在意庙址周边的风景，而将重心放在自身诚意上。他们认为："粤稽圣人以神道设教，而天下之择地鸠功，为奠神灵供善之所者比比然也。顾圣化清虚，非胜地无以税其驾；神聪浩荡，惟幽雅乃可妥其灵。博观当代，或创建或嗣茸，何在非山水清淑之地，所感而激焉也。"①

二　建于可防煞、补脉之处

不可能所有庙宇建在风水宝地。首先，虽然村内庙宇一般不会考虑交通条件，因为它不论建于何处，村民祭拜时的距离都不会太远。然而，庙宇也不可能都建在风水宝地。其次，庙宇要护佑村落，也不能全离村落太远。最后，村落在风水布局上如有问题，也需要庙宇补救。具体而言，庙宇不但要考虑风水宝地，还要考虑如何防煞、补脉。

第一，要在防煞处建庙。民众非常重视煞气之说，因而会想方设法防煞，最重要的一项措施就是建庙。

一是要在村口、路口建庙。通往外界的路口、村口一类的交通要道常被认为是煞气容易进入的途径，这些地方庙宇就分布的较为密集。

沙窟村在 1949 年以前有 11 座庙宇，其中位于路口的就有 7 座：

村落正中大路口为天齐庙，为大庙。

南面路口右首为八脚庙。

东面路口有关帝庙和奶奶庙分列于左右。

北面路口为土地山神庙。

西面路口为蝗神庙、螭神庙。

两水村的三教堂、祖师庙、观音堂、玉皇阁、南土地庙、北土地庙、双龙庙、广泉寺 8 座庙宇也都位于路口，占到半数以上。

二是要在村外空旷处建庙。如果村外空旷，没有遮挡物，煞气就会直接侵入村落。张家庄村"错居北面而冲风，略无障卫"，于是，张氏家族就修建天帝庙来"以镇方区"。② 南召村东南边侧空旷，为"众壑莫挡之区，丁财不聚之地。巷人皆以为忧，常怀欲补之念"。即使丁稀巷小，钱

---

① 《重修玉皇庙碑记》，嘉庆九年（1804），陵川县庄里村。
② 《创建天帝庙碑记》，康熙十一年（1672），陵川县张家庄村玉皇庙。

图 2.21 潞城市史迥村护国灵贶王庙，原为村落路口

资料来源：笔者拍摄于 2012 年 10 月 1 日

少力微，村民也踊跃捐钱施地，最终在光绪十年（1884）创建了白衣堂来迎接风脉，"一则见煞堪挡，再则丁财两聚"。①

图 2.22 壶关县东长井村位于村边的炎帝庙

资料来源：段建宏拍摄于 2006 年 9 月 10 日

有时邻村也会对本村产生影响。神下村原名河头，村运一度不佳。村民请来风水先生破解此事。风水先生说："你们村古来村不兴，人不旺，主要是受邻村坡栗、董村、康庄、杨暴的地脉影响。坡栗村为一肥草坡，董村、康庄、杨暴又多杨姓，故有'三杨（羊）吃一坡'之说，吃完坡栗村，就是你们河头村，如不及早镇治，对河头甚为不利。"村民恳求风水先生根除，风水先生让他们"必须在村东北岗上盖一座灵仙

———————

① 《创修白衣堂碑记》，光绪十年（1884），陵川南召村白衣堂。

庙与之对峙，再改村名为神下，含义是'三羊吃一坡，终究被神吓跑'"。于是人们就在村东北岗上盖起了灵仙庙，并改河头村为神下村。①

第二，要在可补正风脉处建庙。防煞的同时，庙宇也就补正了本村风脉，使得村落可藏风聚气，物阜安康。如前所述，由于水绕山环被认为是风水宝地："天地之气钟于山脉，散则耗，合则聚，此不易之理也。"② 民众中意于在此处建庙。如果村落本身没有水绕山环的形态，村民常会通过建庙的方法营造出一个好的风水格局。郑家岭村"正南偏东山峰欠缺"风水，因而补修关帝庙"永求吉利"。③ 秋树垣村北边"亦风脉所金之哉，倘无庙貌以镇之，其何以藏风而聚气乎"。于是经过村民共同商议，创建了药王庙。④

补正风脉之说在上党非常普遍。"盖闻脉之涣者宜豫为之萃，气之缺者宜早为之补。世之大都小邑，凡建阁者，罔非欲以萃山川已涣之脉而补扶方正之气也。"⑤ 村落"修阁立庙，非补风脉即接地气也"⑥。"无非扶风补气"而"融结灵气"，因为"地灵可以人杰，人杰由于地灵。是以知地脉之关于人生亦甚大也"。⑦ 由于情况不同，各村建立庙宇也常有针对性。

泽村"家户虽多，人丁甚少"。民众认为是风脉不佳导致，于是决定在村中修建白衣堂，以求"维风补脉，而且催生送子"，使得村内子孙兴旺，家户增多，人丁日旺。⑧ 这是为求子而修庙。

青杨村周边悬崖沟壑众多，怪石参差，地势险恶。村落请堪舆家占卜后，在西北角建关帝阁三间，"其庙貌峥嵘，丹漆辉煌，自修之后，合社宁止"⑨。这是为求平安而修庙。

太义掌村北部地势平坦，东南部地势高昂。宋姓人家居于东南，他们和北部庄户虽同属一村，但双方由于相距较远，所以很少来往。堪舆家认

① 《神下村的传说》，长治市民间文学集成编委会《长治市民间故事集成》（三），无出版社，1988 年，第 92 页。

② 《创建神阁碑记》，道光十三年（1833），阳城县谢庄村阁楼。

③ 《创建观音堂碑记》，顺治二年（1645），陵川县郑家岭村观音堂。

④ 《创建药王庙碑记》，道光七年（1827），黎城县秋树垣村药王庙。

⑤ 《创建文昌阁、大王庙序》，道光十四年（1834），泽州县水西村关帝庙。

⑥ 《重修观音堂碑记》，宣统三年（1911），陵川县南庄村。

⑦ 《创建五谷财神庙记》，嘉庆二十年（1815），长子县慕容村五谷财神庙。

⑧ 《建白衣神堂记》，道光十八年（1838），屯留县泽村白衣大士庙。

⑨ 《创建关帝阁碑记》，乾隆三十三年（1768），陵川县青杨村。

为该地风水本来很好，"头枕白银，脚踏黑金……可惜正西方泄了财气。我敢断言，这小村户户勤劳，人人精明，但只能混个比上不足，比下有余"。因为正西方有一家做着碎银铸元宝的生意，抢了本该属于几户人家共有的财气。他给出的补救之术就是在他现在的落脚之处建一座白衣阁，取西方之正气，补正方金神之风脉。如果这样做，十年之内，宋家人将发迹。宋家人照此办理，果然迅速发家，成为村里第一富户。① 这是为聚财而修庙。

在防煞补脉的观念中，结束水脉是一个重要内容。村落对水流非常重视。按阴阳世家张开泰、曹绍令等人的说法，村落不应该正对河流，而应该有所防护，这也是防煞的一方面。张开泰走访过羌城新中国成立前的庙宇布局：

> 村内大西街正对着村外的烧土沟。村外一条河直对着村口，一道煞气就冲了过来，于是社里组织人在道光四年（1824）修了三官庙来进行阻挡。②

长治县龙山村坐落于南五龙山下，四周环山。村中有大河，村民出行要走河滩。为阻挡煞气，人们在村西北岸建了一座关帝庙。③ 除了防煞，村民认为建庙结束水脉可使水流安稳，有保佑村落安康的作用。

桥蒋村四壁环山，但唯独东北方出现了一个缺口。因为村落河流流经此地，所以村中长者倡议"必建置一阁于水趋之处，则水势获安渊之庆，而地脉归敛东这中"。④ 东壁村建神阁以补险恶风脉，使"群水有归渠之刑，无虑泛滥。三小社接地脉之气，堪致丰亨"。⑤ 牛居村考虑到该村水脉由高处蜿蜒而下，"惟结而束之，使流水漾洄，则南山佳气在襟袖中矣"。⑥

---

① 李福义：《也算庙会》，李国庆、张贵祥《长治县庙会》（内部交流资料），2013 年，第 289—290 页。

② 口述：张开泰，56 岁，潞城市羌城村阴阳世家。采访者：笔者，2012 年 10 月 10 日。

③ 宋复生、王天虎：《龙山村的两个会》，李国庆、张贵祥《长治县庙会》（内部交流资料），2013 年，第 143 页。

④ 《建修春秋阁序》，嘉庆八年（1803），陵川县桥蒋村春秋阁。

⑤ 《东壁村创修神阁三间碑记》，道光十四年（1834），陵川县东壁村神阁。

⑥ 《创建关圣帝君阁并广生、痘疹圣母祠碑记》，道光十一年（1831），黎城县牛居村关帝庙。

于是，村落共议建立了关圣帝君阁，又在两侧更建立广生、痘疹圣母祠。平川村边有河来自西北，向东南而去，为了"镇水口、息狂潮"，在河边建立了济渎庙，由此"一村之人赖以奠安"。① 拱山底村村外有河流，"为一村之水所出"，于是，村民就建立观音堂并屡次重修，"以镇下煞，主一村之旺"。②

谢庄村屡次重修观音堂，也是因为该村村南有"水涧"，而"天地之气钟于山脉，散则耗，合则聚，此不易之理也。村南水涧原扼往来之冲，而不设保障以固之，恐日远年久势欲欹而形愈下，岂所以冲生灵哉?"村民决定在上方建立神阁，使得"山有抱环水有约束，神有凭依人有祈祷。天地清淑之气，蓄而不竭；神明钟毓之灵，积而能发也"。③

从实地勘察的结果看，束水脉的阁庙常是平地起拱，拱上建房。平时阁下有阁眼不影响交通，雨天、洪水时还可作为水流之处。如八义村的关帝阁、老西阁、三官阁、魁星阁等都有此类功能。西李门村的观音阁在同治三年（1864）洪水时"阁眼操作其大半"④。

图 2.23　长治县八义村魁星阁复原图

资料来源：万满喜：《八义村志》（内部交流资料），2012 年，第 273 页

① 《重修济渎庙碑记》，乾隆五十六年（1791），陵川县平川村。
② 《拱山底村重修观音堂碑记》，光绪二十五年（1899），陵川县拱山底村。
③ 《创建神阁碑记》，道光十三年（1833），阳城县谢庄村阁楼。
④ 《补修观音阁碑记》，同治三年（1864），高平市西李门村观音堂。

　　村落通过在特定的地方修建庙宇来达到目的。有时补风脉的行为难以一蹴而就，需要经历几代人的长期努力。枣园村在乾隆年间庙宇初建时，南北两院高低不一，难以持平。嘉庆时社首李有社等人主持平整土地，使南北统一，又栽种松柏，由庙中原来水道直抵西墙边，形成了一道村落的天然屏障。接着，他们修筑舞楼，历时六年，至嘉庆二十五年（1820）落成。中央大殿则在嘉庆十九年（1814）穿插维修，至道光十一年（1831）修成。咸丰五年（1855）又增修了东西厢房、看楼、照壁等，与周边山水连成一体："北枕层峦，龙脉呈祥，借伏魔殿中庭舞楼之三局，以成大庙。南连巨壑，龟图献瑞，乘山神高台石桥之众流，以归下川。"这对村落发展起到了积极的促进作用。"咸丰同治间之人才辈出，村运兴隆。"[1] 正因如此，即使民国时期，村民维修庙宇的热情依然高涨。自宣统二年（1910）至1920年前后，该村用了十年左右时间对村庙进行了全面维修，共费钱一千余串。[2]

　　有时，单靠寺庙无法解决所有问题，它还需要与其他建筑配合来补全风脉。黄头村前的西岭从村前东北又绕至东南，最终于水流相交，因为"来脉之蜿蜒缭纡，势有不足"，故而在此处"收脉"时建立了移风寺，但有堪舆家认为寺庙建立在西岭，"右昂而左低，力不相敌"。村落东南缺少与寺庙相平衡的建筑，造成了东低西高的现象。后来寺内僧人也认为"村东南宜塔"。于是，村民在僧人坐化后建立圆寂塔。但此塔只有三级，堪堪与寺庙台阶持平，高度仍然不够。村民又增加二级成为五级塔，与寺庙正殿屋脊持平，最终解决了这一问题。[3]

　　渠头村本有三官庙，建立在一村灵秀所在，精英荟萃之地，"诚一村首善之区也"。但是该处东边依靠水渠，西边面临旷野，使得西边山岭上过盛的煞气直冲过来，所以村落就在庙的正西方修建了一道墙壁，"以捍御凶煞，屏藩汇渠"，使得一村"人物咸安，合镇之龙脉永固"。[4] 辉河村在解放前处于河流之边。当时水多河大，南来的河水向东拐受到高地阻挡，就又转向西来冲击村东边。在这种情况下，村民为防水患和补风水修

　　① 《村庙原始碑记》，1920年前后，泽州县枣园村。
　　② 《村庙重修碑记》，1920年，泽州县枣园村。
　　③ 《重修移风寺增修圆寂塔碑记》，道光十七年（1837），泽州县黄头村移风寺。
　　④ 《三官庙记》，光绪二年（1876），泽州县渠头村三官庙。

建了东阁，又修起50多米的石岸，阻挡水患。①

蝉黄村山间泉水右侧本有护国灵贶王庙，但因庙处路边，人声喧哗，村民认为难以展现敬神的虔诚之心。同时，乐楼十分狭隘，又没有副殿廊房和池沼。在村民眼中，"无副殿，气不收也；无池沼，脉不聚也"。于是，他们花费十余年的时间创建副殿廊房，挪移乐楼，建立池沼，至光绪三年（1877）方才完成。② 宋家庄为了使水脉聚集，"水源乃昌"，也在庙前建立了池沼。③

庄里村的个案明显体现出了村民利用多种方法维护村落风脉的思维。该村按"趋吉避凶"的原则修建各类建筑：

> 从东南修文昌阁，以制白虎太胜也；佛堂沟安滚石者，以显青龙昂头也；庙右边修界墙者，以杜奸盗之门也；从路旁竖占石狮者，以挡一村凶煞也；舞楼前栽树者，锁白虎之口也；从庙前修影墙砌火盆者，以为变化阴阳也。④

树木也能修补风脉。北底村认为："夫以树为村之秀，得失利病，灵于一树，其为树亦重矣。居是村者议兴其利，补其脉，栽其松，舍其财"，因此在三教堂内外植松200余株。⑤ 洼窑村也利用松树来填补风脉："尝闻废者修之，偏者正之，坏者补之，损者益之，此古人人之常情，皆人所乐为者也。兹村之西北，其峰微低，有水壑焉。今合社公议，愿栽松树于此山之巅，以障金风，以为脉气。"⑥

为了维护风脉风水，村落还要提防破坏活动。积善村村东有"凤凰山，一村来脉也；北有蚜蚂岭，一村主山也"。蚜蚂岭上建有蚕神庙，"每岁孟夏，社长等鼓吹蚕神"，献祭于此，因而山与庙"风水攸关，宜护持而不宜毁伤也"。明万历以来，由于有人不停地穿窑取煤，"屡损风脉，乡

① 编写组：《辉河村志》，香港天马出版有限公司2011年版，第33页。
② 《创建副殿廊房挪移乐楼、重修马棚、挑凿麻池碑记》，光绪三年（1877），黎城县蝉黄村。
③ 《重修山神庙、观音堂并凿土场新池碑记》，光绪二十六年（1900），黎城县宋家庄村。
④ 《创修碑记》，光绪二十八年（1902），高平市庄里村观音堂。
⑤ 《三教堂栽松碑》，嘉庆四年（1799），陵川县北底村三教堂。
⑥ 《栽树施碑》，咸丰四年（1854），陵川县洼窑村三教堂。

众欲禁而不果"。最后，民众不得不请求县府裁断，永禁在凤凰山和好蚜岭穿窑取煤起土，并规定了具体范围为："东至蒜沟路，西至枣园街口，北至后垛地，南至庙后路。"如果有人不遵守，就要按社规议罚，再不服就送官究治。民众认为经此一番，村落风脉自然会被护持，地与人会"相需而共济"，将来"必出巨室伟人"，长盛不衰。① 光绪元年（1875），石门村也规定"永远禁止"在庙宇百步以内"挖、打煤窑，违者送官究治"。②

当然，建阁也并非全是为了填补风脉。丹西村也用文昌阁填补村落缺口："古无斯阁，壑然一口，若人之无唇齿，甚不雅观也。"如果有阁庙坐镇，则能使美景增色："况此长林一片，古柏千章，若不建阁以镇辅，岂非有负天然之美景。"更主要的是，建阁除了区分村内、村外，"外若重阙，内如仙乡"外，还可使村民在"农隙登临，或与风月之赏，或共棋酒之乐"，是极佳的消遣娱乐场所。③ 东伞村建立三官阁：一是为了"辟隘路之口，障缺补空"。二是为了美化环境："以石为台，以砖为壁，取其壮也；雕以华栏，施以采饰，取其文也；八面玲珑，四方洞达，取其明也。"三是为了区分内外："外控山河，内联村舍，取其镇也"，最后使村民"春祈秋报有其基耶"。④ 水北村的白衣阁作用有二："一则为道路直冲，补正风脉，一则防丹河涨发"，阻挡水势，又可"为士民祈福之所，焚香展诚之区也"。⑤ 这都体现了庙宇的多重功能。

三 符合五行八卦原则⑥

在前面的叙述中，我们已经大致了解了庙宇在村落中的总体分布原则，但具体而言，每一个庙宇位置的选定还要受传统五行八卦思想的影响。庙宇建立前要先"经营方位"⑦。只有方位得当才会最后达到祈福禳灾

---

① 《永禁凤凰山穿窑取好蚜岭》，道光二十五年（1845），陵川县积善村遇真观。
② 《石门村社谕碑》，光绪元年（1875），高平市北城街道办事处石门村玉皇庙。
③ 《创修文昌阁碑记》，1927 年，泽州县丹西村。
④ 《创修三官阁碑记》，万历三十二年（1604），陵川县东伞村。
⑤ 《重修河边陈州圣母阁、白衣大士阁碑记》，道光元年（1821），泽州县水北村会真观。
⑥ 本部分内容综合采用了阴阳世家潞城市南舍曹绍令、长子县东大关牛海水、潞城市羌城村张开泰、壶关县沙窟村乐户世家牛其云及部分村民的说法，不再一一出注。
⑦ 《创修玉皇庙原记》，道光七年（1827），泽州县坪头村玉皇庙。

的目的。道光十八年（1838），良户村修建魁星楼就详细地考虑了八卦的方位与文昌阁的对应可能。他们认为，"按八卦，东南曰巽。巽为风，文气之所注也；配以神，文星之正也"。在巽位建阁，就可以使精气汇集，使民众的心愿直达星神。① 宣统三年（1911），南庄村把观音堂建于东南村口，就在于"此地系东南巽，建立神堂，上可接主山之龙脉，下可合水口之财门"。②

按一般的说法，村落各方的五行属性是：东方为木，南方为火，西方为金，北方为水，中央为土。庙宇建立也要大致符合这一原则。他们与村落五行最好是相生，或者不生不克，但不能相克。

除了五行之外，八卦也与之配合。

图 2.24 五行与八卦配合图

我们能大致指出一些庙宇的八卦方位：

东岳庙：乾方，村西北。

圣临庵：乾方，村西北。

三教堂：乾方，村西北。

成汤庙：坤方，村西南；巽方，村东南。

阎王庙：坎方，村北。

三大士庙、观音堂：离方，村南；巽方，村东南。

玉皇庙：巽方，村东南；兑方，村西。

三官庙：巽方，村东南。

---

① 《创建魁楼碑记》，道光十八年（1838），高平市良户村玉虚观。

② 《重修观音堂碑记》，宣统三年（1911），陵川县南庄村。

龙王庙：巽方，村东南。

文昌阁：巽方，村东南。

炎帝庙：巽方，村东南；艮方，村东北。

关帝庙：艮方，村东北；兑方，村西；乾方，西北。

庙宇内部殿阁的布局也与八卦风水有关。咸丰七年至光绪三十年（1857—1904），井沟村重修三教堂，除修正殿外，在乾艮二方修蚕姑殿、牛马王殿各三间，震方修高禖祠三间，兑方修禅室三间。这种布局对村运产生了直接影响："自修之后，丁财两旺"。① 石板村在坎方修建三仙圣母殿，坤方修建百子文王殿。② 各神殿均有自己的特定方位。

现在，还无法确定每座庙宇的八卦方位是否全与五行配合，但从已知五行属性的庙宇来看，应有较大可能性。玉皇庙，五行属金，它可位于村西偏北方，取土生金之意；也可位于兑方，同自身属性一致。土地庙，五行属土，它可位于西北方，取土生金之意；三官庙，五行属水，它可位于正西，取金生水之意；也可位于东南，取水生木之意；关帝庙五行属火，它可位于东北、西南，取火生土之意；也可位于村西、西北，取土金不相克之意。石板村的关帝庙在艮位，关帝庙五行属火，艮位属土，与火生土的五行理论一致。

较为明显的是供奉真武大帝的玄武阁、祖师庙位置一般都在村落的北方或东南方，这两个位置一是坎水，一是巽水。如北安阳村的"巽方有元武阁"③。羌城村、南义城的祖师庙也在这一方位④。珏山西峰元帝祠"其位坎，其德水"，在北方而建。⑤ 西李门村也认为"真武为北方之神，象玄武主于冥与者也"⑥。

由于风水的原因，庙宇还会改迁。乾隆年间，井郊村三圣庙、佳祥村文庙都有过类似经历。杨幸村东南角原有土地祠，年久失修，村民想要补葺。有堪舆者"出相其地势"，指出此地位于东南巽方，应该建立文昌阁，

---

① 《井沟村重修碑记》，光绪三十年（1904），陵川县井沟村三教堂。

② 《重修各社庙记》，光绪二十五年（1899），黎城县石板村。

③ 《重修元武阁碑记》，宣统二年（1910），阳城县北安阳村。元武，即玄武，清代避康熙帝玄烨讳，以"元"替代"玄"字。

④ 《补修玄帝庙碑记》，嘉庆四年（1799），泽州县南义城村。

⑤ 《重修珏山西峰元帝及诸神祠碑记》，道光四年（1824），泽州县珏山西顶。

⑥ 《创建真武庙记》，同治十年（1871），高平市西李门村玄帝庙。

"取象于巽巽也者，文明之象也。立祠其间，取其文教之兴焉"。于是，村民将文昌阁建于此地，修建土地庙之事被搁置。直到道光九年（1829）"于村东北隅得一山，形势高崎，峰峦秀美，足以妥土地之灵"，将一度无处安身的土地庙建在了这里。①

黎和村关帝庙原在村北，正属水火相克。庙宇紧邻女神庙，民众害怕"阴盛阳衰"于村中不利。同时，庙宇紧挨村民住宅，"神与凡为比邻，又虑群萃州处，亵渎乎真圣"。于是，经过占卜，村社将庙宇迁至村南。这一位置正当要冲，而有关帝坐镇，"妖魅遁藏"，"可以呵护生民而补益风气"。② 中庄的关帝庙本来在村落西南隅。一天，武乡县的风鉴史对村落进行考察后，告诉村民此庙必须迁移改建，才能镇煞护脉。村社立即召集村民商议，"比户起工，按亩捐资"，历时五个月迁建了关帝庙。③ 马岩村也认为原来的武帝庙不能给村落带来益处，因而将其迁建于烟云相接的"人杰之地"。④

同样出于风水的考虑，有的改建并不会实施。同治十一年（1872），洪岐村要扩建过于狭小龙王庙，专门请堪舆家进行选址。他认为原址形势虽然晦暗，但雨水相护，群山环绕，是一处风水宝地，不宜重移。若想改变现有不利状况，可在原址上加高一尺地基，再新塑神像三尊，如此则地脉便"颇觉有兴盛之势"。于是，村民停止了盲目改迁而改为在原地扩建庙宇。⑤

一些庙宇内部建筑，也会顺势变通。常村扩修龙王庙时与原来的布局发生冲突。于是，村社重新"审地势，以变通"。一方面按照庙宇旧制，将大殿仍安排在离位。对于原来空旷的乾艮两个方位，"众议伐石筑台，约高一丈五尺许……夫而后卦应入八方，规模始称完备"。⑥

当然，我们也不能拘泥于此。首先，因为阴阳风水之学的流派众多，对庙宇的属性及其对应方位，难以形成一个统一的标准。其次，村落庙宇的选址要多方考虑问题。正如庙宇最好选在风水宝地，但又不一定完全如

---

① 《创建文昌土地祠碑记》，道光十三年（1833），陵川杨幸河村祖师庙。
② 《重修关帝庙碑》，嘉庆二十二年（1817），沁源县黎和村关帝庙。
③ 《鼎建关圣帝君庙碑记》，同治元年（1862），黎城县中庄关帝庙。
④ 《重修碑记》，同治五年（1866），黎城县上马岩村武帝庙。
⑤ 《重修龙王庙碑志》，同治十二年（1873），黎城县洪岐河村龙王庙。
⑥ 《重修龙王碑》，咸丰八年（1858），陵川县岭常村龙王庙。

此一样，在实际操作中仍有较强的灵活性。比如，随着村落的扩展，原先一些本来符合这一原则的庙宇可能也就不再符合。两水村的土地庙本来在村落西北，但现在却在正北。这是村落发展而庙宇未及时移位的结果。此外，民众有时还会在村内建起庙宇群，从而打破这一规律。西沟村将玉皇庙、三教堂、关帝庙、娘娘庙、龙王庙、龙天庙、妈蚂庙全部建在村落东北部。① 东沟村也以汤帝庙为中心，东建老君庙，右建关帝庙。② 最后，同一庙宇位置有时也会发生改变。焦河村炎帝庙原在村落西北，由于村民祭祀较远就迁至近处。③ 当然，这并不能说明这些庙宇就违背了五行八卦原则。由于这一原则的最低限度是不能相克，一座庙宇的适宜地址有多处是可能的，民众还要考虑实用的因素。

本节主要论述了村落庙宇的分布原则。乡村庙宇的布局同堪舆之说密切相关，渗透了中国传统的阴阳风水、五行八卦观念。乡村社会认为只有风水宝地才是安神的妥善处所，才能使神灵护佑村落。上党地区的风水宝地，以水绕山环，草木相依，风景优美为佳；同样，风水宝地要靠庙宇的存在才会发挥其效用，二者相得益彰。

煞气会影响村运，风脉对村落十分重要，而村落的风脉又常有不足，这就要求庙宇要建在能防煞、补脉的地方，承担起保护村落的责任。于是，庙宇又以村口、路口、空旷之处居多，还要具有结束水脉的作用。

庙宇选址还要考虑到五行八卦方位，这是庙宇建立同样需要解决的问题。

乡村建庙是几个原则综合作用的结果，其中又不乏灵活性。有时，村落庙宇会形成一种较为奇特的布局。如两水村在民国期间最后的庙宇布局形成之后，以奶奶庙为头，祖师庙、玉皇庙为身，北土地庙作尾，分别从三教堂连接观音堂、南土地庙、广生祠、白衣庙、山峻庙；从奶奶庙连接龙王庙、西神棚、唐王庙、双龙庙，正巧绘成凤凰双展翅或孔雀东南飞的形象，其首迎朝阳紫气，其尾依漳源碧流。民众认为这是一幅大吉大利的

---

① 《重修庙碑记》，宣统二年（1910），沁源县西沟村。
② 彭守忠、成根同：《东沟村志》（内部交流资料），2003 年，第24—25 页。
③ 《炎帝庙重修碑记》，道光九年（1829），高平市焦河村炎帝庙。

图景，象征村落的发展前景广阔。①

第三节　庙宇祭祀的类型

既然"村之有庙，以为春祈秋报之所"②，庙宇祭祀就必不可少。本节通过探讨庙宇祭祀活动的频率与空间，来探讨民间祭祀的组成机制。本节将重点探讨三个问题：第一，乡村庙宇祭祀的时间类型；第二，集体祭祀的代表——迎神赛社的类型，并重点探讨联村共赛形式、影响范围及地域信仰中心形成的原因；第三，庙宇之间的联系及其作用。

一　频繁的祭祀

民众进行的祭神活动，从时间上看，可分为以下几类：

第一，主神祭祀。这是祭祀村社主神的活动，最为隆重，就目前走访的数百个村落，新中国成立前无一例外。村社民众被强制要求参加。

第二，其他神祇的诞生日、成道日或其他重要时间。唐王是三月十八、三峻神是六月初六，神农炎帝在四月初八，均为诞辰。关帝普遍是五月十三，据说这一天是关公磨刀的时间。二仙是在四月初八，这是她们的成道日。

有时，一个神祇的祭祀时间不止一次。如观音就有诞生日（二月十九）、成道日（六月十九）、出海日（九月十九）三个时间。

第三，每月初一、十五。每逢初一、十五，上党地区的庙宇便会打开庙门，让村民进庙烧香还愿。

第四，天旱求雨。每逢久旱不雨，村落便会组织求雨活动。

上党的乡村庙宇众多。我们在前面已经略有所述。每个庙内的神祇又不止一个，这样下来，神祇数量就相当可观。贾村、善福村、沙窟等村落实际供奉的神灵都超过了30个。长治县东和村在民国期间共有24座庙宇。如下：

慈云寺：供释迦牟尼及佛教诸神。

---

① 《古迹今拟话迷信》，编写组《两水村史料汇集》（内部交流资料），1993年，第46—47页。

② 《创修东西角殿碑记》，道光八年（1828），长子县北庄村唐太宗庙。

　　白衣阁：供观音。

　　天心庵：供佛教菩萨。

　　炎帝观：供炎帝及其两个儿子。

　　祖师阁：供祖师爷。

　　三皇庙：供三皇。

　　关帝庙：供关帝。

　　九龙宫：供玉皇。

　　千佛阁：供佛教诸神。

　　二仙庙：供乐氏二仙及送子娘娘。

　　观音堂：供观音及毡帽始祖张昌。

　　土地庙：供土地。

　　崇庆寺：供唐王李世民。

　　风水龙王阁：供龙王。

　　水母娘娘庙：供水母娘娘。

　　三教堂：供三教教主。

　　此外还有刘备庙、张飞庙、财神庙、药王阁、老君阁、鲁班庙、周仓庙、小北亭。除去程家庙、家福堂是家庙外，面对全村人开放的神祇至少有 25 个。①

　　再以长治县八义村为例，该村在民国时期存在的寺庵院观阁有 23 处：

　　正觉寺：主神为释迦牟尼，此外还有奶奶殿、阎君殿，天王殿、千佛殿。

　　十方院：供弥勒佛。

　　东岳观：主神为黄飞虎，另有姜子牙殿。

　　三教堂：供儒释道三教教主。

　　白龙宫：供祖师爷。

　　南关帝庙：供关帝。

　　北关帝庙：供关帝。

　　土地庙：供土地爷爷、土地奶奶。

　　观音堂：供观音。

---

　　①《东和村志》（内部交流资料），2009 年，第 159—162 页。

甘露庵：供观音。

河神庙：供河口神。

河西庙：供送生奶奶、马王爷。

圣皇庙：供圣皇爷。

眼光奶奶庙：供眼光奶奶。

龙王庙：供龙王爷。

风伯雨师庙：供风伯雨师。

二仙奶奶庙：供乐氏二仙。

魁星阁：供魁星。

白衣阁：供三大士及青白二蛇。

南头三官阁：供天官、地官、水官。

河西三官阁：供天官、地官、水官。

刷圪沱关帝阁：供关帝。

老西阁：供祖师爷、老奶奶。①

　　去除重复者，共有 29 位神祇。这些神祇的祭祀时间如果分摊到 12 个月之中，大致每个月会有 2.4 次。

　　当然，并非每个神祇都会有集体祭祀活动，但每个庙宇都有民众入庙烧香应该能肯定。这些祭祀大致可分为三类：一类是个人自由祭祀，指没有统一组织的自愿祭祀。一类是集体自由祭祀。如神诞日、成道日常有集体性的祭祀，由民众自发组织，自愿参加。一类是集体强制祭祀。这是由村落统一组织的集体祭祀，具有一定强制性，要求特定范围内的民众参加，比如祭祀村社主神的活动、祈雨仪式、朝山进香等。总体看，带有集体性质的活动在村落并不罕见。贾村有二月二日玉皇庙，四月四日碧霞宫两次迎神赛社。南沟村一年的集体祭祀活动更达到了 16 场：

　　　　三月初三日：三蚕圣母；三月十五日：山神土地；三月二十日：高禖神母；四月初三日：玉皇大帝；四月十五日：白龙神；五月初一日：龙王；五月初五：五瘟；五月十三日：关圣帝君；五月十九日：龙王；六月初一日：山神土地；六月十九：玉皇大帝；六月二十四

---

① 万满喜：《八义村志》（内部交流资料），2012 年，第 265—276 页。

日：河伯；七月初三日：玉皇大帝；七月初七日：马王、牛王；七月
二十日：风王；九月十三日：关圣帝君。其中四月、七月祭玉皇、七
月祭风神均有戏三台。①

无论是个人祭祀还是集体祭祀，如果规模较大，时间较长，人员聚
集，就常会形成庙会。庙会少则两三天，多则半月。如陵川县西底真泽
宫、武乡县洪水村九龙庙等处的庙会都长达半月。上党村村都有庙会，至
少到目前还未发现没有庙会的村落。有时还不止一个。两水村的三个纸火
会都能吸引商贩前来，形成庙会。其中奶奶庙庙会的规模最大，每年都会
从三月初一持续至三月十五。除了邻近村落的百姓外，还有鲍店、横水、
屯留、安泽等地的远道客商前来。庙会创始时间不详，但至少在整个民国
期间非常兴盛。解放后庙会停止，庙宇则在1959年春天拆除。② 八义村有
五月十七接香会、七月十五东岳观接奶奶会、七月二十风伯雨师会三次集
体祭祀，它们同时也是庙会。③ 安城村一年有两三个庙会，最大的是火神
庙会。④

二 联村共赛

迎神赛社是组织最完整，对村落最为重要的集体祭祀。本部分将集中
探讨其形式与规模。

就组织形式而言，上党乡村的迎神赛社大致分为一村独赛和联村共
赛、多村转赛几类。一村独赛即是一村独立完成的赛社，祭祀村落主神，
全体村社成员参加。比如潞城市南舍村五年一转的"调家龟"就是如此。
该活动由中社、西社、李社和东社联合主办。由各社社首和十二科头组成
总经理处，负责安排各项事务。所需款项主要靠社内摊派。1938年办理该
项活动时，每亩地摊派谷子五升，大豆一两，大麻二两。三个社共有四顷
地，共得谷240余石，豆子250斤，大麻500斤。⑤ 长治县李坊村的农历

① 《南沟社祭诸神条规碑》，道光十二年（1832），沁水县南瑶村玉皇庙。
② 《庙宇古迹简介》，编写组《两水村史料》（内部交流资料），1993年，第24页。
③ 万满喜：《八义村志》（内部交流资料），2012年，第265—276页。
④ 口述：王喜财，66岁，长治县安城村村民。采访者：笔者、原书林，2012年8月10日。
⑤ 李元兴：《追述南舍调家龟》，寒声《上党傩文化与祭祀戏剧》，中国戏剧出版社1999年
版，第620—621页。

二月二十二洪福寺赛社由东、西、中三社举办。它的特点在于四年一转，第一年由三社合办，以后则由三社各自办理。①

联村共赛指多个村落共同主办祭祀活动，其范围要超出一个自然村落。南舍村虽然也包含几个社，但不属于这一范畴。在联村祭祀中，有一种多村社合办，但轮流主持进行的方式，即祭祀时各村都会参与，但每次会由其中一个或几个村社主办。如此轮流往复。这种方式被称为"转赛"，如潞城蝗皇岗的八社大赛、阳城县以次营村为中心的十二社大赛②等均是如此。

无论哪一种赛事，都是建立在共神信仰的基础之上。

不管前来参加的人来自何处，一村独赛只是本村人对村落主神的祭祀，并不注重本村之外的村社之间的联系。

联村共赛是涉及范围更大的集体祭祀，祭祀区域主神，解决区域内共同面对的问题。

如果不是地理环境发生重大变化，这一格局具有相当的稳定性。以崦山白龙庙为例，至少在元元贞二年（1296），增村、羲城、丁店、大宁四社就共同修庙祭祀，以求"永其祀而报其功"。当时，庙宇已经是"每逢维夏，四方士庶畏神之威，香财箫鼓，牲肥美酒，往而祀者"屡屡不绝。③元元统年间，仍是这四社首领设法夺回被看庙人侵吞的庙田，继续奉祀。④明成化十四年（1478），又由增村社总理修庙事宜。⑤此后历经明清、民国一直未变。为了维护白龙庙祀事，除了及时维修庙宇外，四社还进行了其他努力。进入晚清，不知何故，官府不许白龙庙在祀期上演酬神戏。光绪十一年（1885），四社民众特意向县府请愿。最后官府规定，每到祀期，只要值年社首先期禀报，官府就会负责派戏班至庙宇演唱三天。上等戏定价16千文，次等戏减半。阳城本县地方戏则由官府派遣每年一次，轮流支

---

① 李耀先、郭庆生：《洪福寺庙会》，李国庆、张贵祥《长治县庙会》（内部交流资料），2013年，第51页。

② 这十二社指的是上义、侯井、董封、潭村、吉德、临涧、北次营、赛村、苏村、庄头、周壁、次营。

③《重修显圣王庙记》，元大德元年（1297），阳城崦山白龙庙。

④《阳城县归正赡庙田之记》，元统二年（1334年），阳城县崦山白龙庙。

⑤《重修白龙祠记》，明成化十四年（1478），阳城县崦山白龙庙。

差。借官府命令解决了这一问题。① 除此之外，四社还要处理和周边村社的关系。崦山邻近的花园条村一直和四社存在附属于白龙庙的双龙祠归属之争。虽经过官府裁判，但却仍不能解决问题。四社在光绪十五年（1889）最后决定与花园村和解，将双龙祠划归花园村经理，彻底解决了问题。②

这种联村祭祀在乾嘉以来的上党各地十分普遍。事实上，各个村落如果不自己主办祭祀，就会加入到联合举办的祭祀中去。这种联村祭祀的益处在于能多社分摊祭祀与庙宇维护作用，又能扩大本村的交际圈，壮大祭祀规模，故而得到了民众的欢迎。如屯留县普遍存在的"朝大醮"，因其规模太大，耗费增多，一般就由数村合办，这实质上就是联村共赛。如果看一下其具体流程，我们就会有更直接的体验。大醮的活动主要有祭祀、唱戏、放烟火三项。首先，必须有酬神戏，主要是上党梆子，为期两三天。其次，要有白面百斤左右，请来名厨师将其油炸，并制成花祭。单是这百斤白面就是不菲的开支。最后，要放大量烟花。有文章描述当年盛况时讲：

> 入夜簇簇起火升起，像千百盏信号灯，邻村男女老幼云集。烟火从芦苇插的祭祀殿堂点燃引炮，刹那间"百步穿杨"，广场接火，火桌被燃，大小鞭炮上百挂，震耳欲聋。接着是"孔明借箭"，箭簇飞驰，点燃"紫葡萄"，一串串紫色"葡萄"，惹人垂涎欲滴。这时数丈的"老杆"接火，百挂鞭炮齐鸣，花炮放彩腾空。一层层的"天女散花""小鬼推磨""娃娃撒尿"……此伏彼起，令人目不暇接，连声喝彩。正在缤纷五彩、烟火弥漫之际，裸露上身的烟火师驾驭火马火伞绕场疾驰，火花飞溅，落英缤纷，表演者却安然无恙。最后，观众在开台锣鼓引诱下，在火树银花之中涌入戏场。③

此外，还要上演酬神戏。

---

① 《县令刘某谕知白龙庙祀期演戏事略》，光绪十一年（1885），阳城崦山白龙庙。
② 《崦山花园条结和合同碑记》，光绪十五年（1889），阳城崦山白龙庙。
③ 中国人民政治协商会议屯留县委员会：《屯留风貌》（内部交流资料），1990 年，第 169 页。

在我们走访的 300 多个村落中，只有不到 20 个村落的民众表示记不起来解放前有和其他村落联合祭祀的情况。祭祀的规模有时很大，如晚清至民国年间，长子县龙泉山的护国灵贶王大赛涉及 22 个村落 15 个社，计有西五社：参韩、温家坪（二村合一社）、杨家岭、常庄社（二村合一社）、三西沟社（含陈西沟、段西沟、连西沟三村）、马烟社、杜家庄社（两个小自然村合为一社）；东五社：草坊村、南窑村、大刘庄（分大刘西社、大刘后社）、北窑村；北五社：东草泊、西草泊（两村合一社）、吴村社（一村分两社，为吴村东社、吴村西社）、邵村、艾庄（二村合一社）、宣家坪社。①

一座庙宇为何会成为区域信仰中心？如前所述，庙宇信仰范围的划定不是以庙宇为中心平均向四方展开。究其原因，一方面在于如维修时捐款的规律一样，是沿着山河走向而去，但另一方面也要注意这和神祇传说的在地化有着密切关系。庙宇要想在当地获得认可，就必须有相关的灵验传说，可为何会是这些而不是那些村落信仰该神祇就具有了相当的偶然性。神祇传说的扩展肯定会有一个限度，当其自然衰亡时，庙宇的影响力也就减弱。除此之外，我们认为，一些地区会刻意通过一些传说使周边村落和庙宇、神祇产生关系。这种传说代代相传，渐渐就会形成一个共同信仰某一神祇的固定范围。

图 2.25　长治县唐王岭仿古仪式中九村供奉二仙的神位

资料来源：段建宏拍摄于 2013 年 5 月 12 日

---

① 《筹贴》，《赛上杂用神前本》（甲），宣统三年（1911）至 1925 年，杨孟衡《上党古赛写卷十四种笺注》，财团法人施合郑民俗文化基金会 2000 年版，第 32—33 页。

图2.26　唐王岭抬神游行队伍
资料来源：原书林拍摄于 2013 年 5 月 12 日

在长治县，有宋壁、西故县、南仙泉、北仙泉、申川、西池、南池、东池、唐王岭九村轮流组织的祈福活动，俗称"十转赛"。它起源于这样一个故事：

宋壁村有刘氏姐妹二人，生母早逝。继母十分刻薄，对她们百般刁难。一次，继母三九天要吃鲜酸枣。二人无法办到，来到生母坟头前哭昏过去，醒来之后，发现生母坟头上长出了新鲜酸枣。她们把这些拿回去，没想到又遭到继母的毒打和责骂。两人无法忍受，在宋壁村跳崖自尽。然而，二人不但没死，还化身为神，在当地行善积德。有感于两人的遭遇与善良，九个村落开始举办联村赛事。每年四月十五日前后，上一个主办村就会把二仙神像从本村庙宇中抬出，送到下一个主办村。这个村也会组织接驾，村内张灯结彩，鞭炮齐鸣，经常是彻夜不眠，锣鼓喧天。每到一家，全家人就会出门相迎，跪拜上香，祈求二仙送福到家。神汉、师婆及青年人争相抬放神像的轿子，场面热烈。其他各村也会前来帮忙、观会。宋壁是出生地，唐王岭是姥姥家。因为受继母虐待，她们愿意在姥姥家多住一段时间，所以轮到唐王岭就是一连两年。在九个村落眼中，二仙就是属于他们自己的神祇。此传说与壶关二仙的传说高度一致，只是把跳崖的地址进行了修改。十转赛在当地影响极大。破四旧期间，政府禁止转赛活动。当时神像在唐王岭唐王庙内，乡政府派人捣毁了神像。两个村民又用了一晚上时间以木材制成新的神像。以后，虽然白天不再进行转赛活动，但晚上仍偷偷进行，直到1981年重新起会，渐渐地恢复了当年传统。①

图 2.27　路边跪拜二仙的村民
资料来源：原书林拍摄于 2013 年 5 月 12 日

类似的，平顺九天圣母庙赛会在当地影响很大，俗称"赶了大赛会，死了不后悔"。一个重要的原因就是当地民间流传着九天圣母认定了东峪这一块风水宝地，并动用十八村百姓牲畜盖庙的故事：

一天，九天圣母驾云巡游，见此地灵光四射，宝气腾腾，就想立庙于此。她落下地面才发现真武大帝已经把宝剑插在了地上。她拔出宝剑，刺穿一只绣鞋，一起插回原处。几天后，真武大帝要在此处破土动工建庙，圣母也迅速赶来，说自己占地在先。两人争执起来，最后真武将剑拔出，发现了下面的绣鞋，无奈只能离去。后来，圣母要搬迁庙址，就在一夜之间征发了十八村所有的牲口。村民夜里梦见圣母借用牲畜，第二天发现自家牲口气喘吁吁，浑身是汗。同时，在东

---

① 口述：常仁胜，67 岁，北仙泉村村民。采访：笔者、段建宏，2012 年 10 月 6 日。

河村西面土丘上出现一座和原来庙宇一样的新建庙宇。从此，灵验故
事越传越神，庙宇香火日盛。①

图 2.28　争抬神轿的村民
资料来源：段建宏拍摄
于 2013 年 5 月 12 日

这种情况无疑对后来庙会的发展产
生了有利影响。至咸丰、同治、光绪时
期，庙会已演变成由八村五社主持，有
诗为证："四景神会不计年，八村五社会
流传。赛期例卜三春暮，宴酒先尝二月
天。廿四马楼排列后，几重社鼓敲当前。
东南北西轮流转，崇奉丹霄太乙仙。"②

传说的制造者应该是力图将这一信
仰传播下去的人，尤以乡村的社首、组
织者及相关支持者最为可能。金明昌元
年（1190），祭祀活动的组织者王华国就
声称梦到精卫托梦："至夜，若梦非梦，
有人告之曰'吾乃皇帝之女'。"于是，
"邑人以神之威灵，大加敬信，朝夕从
事……禳灾祈福，各随心愿"。③这样被
记录下来的例子虽然罕见，但应该是一
个较为合理的推断。

这种围绕共同庙宇、神祇的祭祀当然会密切参与村社之间的关系。平
顺东河村的九天圣母庙、潞城蝗皇岗祭祀使得办赛各村社之间的婚姻关系
远较其他村落密切。④长治县南窑沟、北窑沟、岔口民国年间也盛行三村
共一会。每年四月十八日，三村共同庆祝南窑沟玉皇庙内的玉皇诞辰。届
时，三村三台戏同时上演。高平的团池村、本县的东坟村、西坟村和西坡
村也都组织表演队伍前来助兴。乾隆五十三年（1788），南窑沟和这些村

---

① 曹祖彭、曹新广：《东峪庙大赛会》，《庙会》，山西经济出版社 1991 年版，第 91—94 页。
② 牛联奎：《四景车会》，《东峪庙重修舞楼赋》，光绪元年（1875），平顺县东河村九天圣母
庙。
③ 豫谦修，杨笃纂：光绪《长子县志》卷七《金石志》，中国地方志集成（山西府县志辑）
(8)，凤凰出版社、上海书店、巴蜀书社 2005 年版，第 306 页。
④ 口述：曹文孝，50 岁，平顺县东河村村民。采访者：笔者、段建宏，2012 年 10 月 5 日。

社结成"神亲"，关系更加密切。① 唐王岭参与十转赛的村社关系也是如此。上党颇具特色的"黎襄亲家"表现得更为典型。相传，黎城的青年男子赵保儿在襄垣痛打调戏民女艳姑的阔少后躲回广志山，病死其中。襄垣的艳姑前来寻找恩人，也死于山中。民众在山上建庙纪念二人。因为这层关系，两个县的人结成了"亲家"，凡见面都亲如一家："黎襄亲家由来已久，至于两县人打打闹闹事、争大论小，或小舅子或小外甥颠来倒去，或干儿、姑夫相互谩骂，皆喜形于色，互不恼怒，如此风俗实是兴世罕见。"②《襄垣县志》也说襄垣人世代相传与黎城人有"亲密无隙的关系"，"两县人相遇，不分地址、场合、职业、性别和老少，只要听出语音，便互开玩笑，甚至抹黑脸蛋、撕破衣服也不恼恨，一声'亲家'万事皆休，嬉闹后言归正传，谈心议事无话不说。无论公事私事，两县人越境交往时，吃住无避忌，如入自家门。在外地若遇黎城人或襄垣人与人争斗，虽素不相识也必上前相助。此俗流传已久，至今不废"。③ 这一类的传说代代相传，渐渐就会成为一个较为固定并得到民众集体认可的记忆，从而将这一信仰的影响范围固定下来。

三　庙宇之间的联系

前文所言的祭祀活动，是以某一神祇为中心的，如果仅仅如此，只能表明民间信仰的发生是一个中心圆的形式。实际的情况要复杂得多，乡村庙宇、神祇之间是有着密切联系的。首先，同一村落的庙宇之间有互动。南舍调家龟以玉皇庙为主办场地。在祭祀之前，村社要将其他庙宇的各路神灵请到玉皇庙，一起享受祭祀。于是，村社会以大规模的仪仗队：四台乐班、全部社首、前行后行、所有礼生一起到各庙上香请神。如在土地堂就念："进了土地堂，土地坐中央。东边一只虎，西边一只狼。来请土地爷，大庙走一场。"随后再去下一庙宇。④ 潞城一带为玉皇大帝举行迎神赛

---

① 王先福、马反文：《再说南北窑沟岔口会》，李国庆、张贵祥《长治县庙会》（内部交流资料），2013 年，第 159—160 页。

② 尚宪芳：序言，赵江明：《黎襄风情》，政协黎城县委员会文史资料委员会编《黎城文史资料》（特辑·黎襄亲家），无出版社，2000 年，第 1 页。

③ 编委会：《襄垣县志》，海潮出版社 1998 年版，第 643 页。

④ 李元兴：《追述南舍调家龟》，寒声《上党傩文化与祭祀戏剧》，中国戏剧出版社 1999 年版，第 620—621 页。

社也要从别的庙宇中请来九天圣母和护国灵贶王配享，祭文如下：

> 三时不害，共仰神功，万宝告成，咸赖圣德，兹于本月十四日在
> 本庙迎接圣驾，到昊天玉皇庙内设立香坛，崇德报功，伏望尊神至昊
> 天玉皇殿内奉陪上帝，鼓乐致祭，献戏三朝。①

> 德施生民，功及社稷，宜有蒸尝之报；驱民瘟疫，庇荫嘉谷，岂
> 无祀事之诚？况　圣母护佑，八方泽润，万姓恩惠既久，礼敬宜虔。
> 今月十四日迎接圣驾，到昊天玉皇上帝殿内设立香坛，鼓乐致祭，献
> 戏三朝，神恩浩荡，崇德报功，伏望　圣母驾祥云而至，止乘仙鹤以
> 来，临鉴下民之微情，同上帝而配享。右谨具表，伏惟　尚飨！②

两段文字清晰地表达出请求两位神祇能够前来作陪的愿望。

荫城洪福寺庙会时，三社班头组织一百多人的请神队，人人身披红头
扎巾，村内张灯结彩，乐队吹奏音乐，迎接人员手捧神盘，到玉皇观、观
音堂、东阁、西阁、财神庙、清心庵、三官庙、牛王庙、土地庙所有庙内
烧香磕头，把各路神灵请回寺庙。然后众人一齐敬香祭拜，燃放鞭炮，才
可上演酬神戏。③

除了同村庙宇之外，联村共赛时，主办方也会将其他村社庙宇内神祇
请来一同享祭。这一过程称之为"下请"。④

不同庙宇之间的这种联系，原因可从以下几方面考虑：一是中国民间
泛神信仰的体现。村民希望在同一场合能请到更多神祇，使得他们的功能
相互补充和配合，从而最大限度维护村落利益。请的神祇越多，受护佑的
范围也就越广。二是中国社会关系的特点。中国人向来注重人际关系。不
同神祇相互到场祝贺，欢聚一堂，是社交礼仪的要求，是一种村社和谐关
系的体现，加强了村落神祇的凝聚力。

庙宇之间的联系不止于此。我们知道，为加强神祇威能，庙宇中常会
出现功能一致的群体神。有时，本庙神祇力量不足，也要向级别更高，功

---

① 《护国灵贶王八月初一日下请文》，李兰芳《祭文全部》，1933 年，写本。

② 《天仙圣母八月初一日下请文》，李兰芳《祭文全部》，1933 年，写本。

③ 李耀先、郭庆生：《洪福寺庙会》，李国庆、张贵祥《长治县庙会》（内部交流资料），
2013 年，第 51 页。

④ 关于下请流程，参见本书第三章第一节。

能更强的神祇求助，形成另外一种合作关系，这在雨神群体中体现的十分明显。在近代社会，上党著名的求雨圣地，如襄垣县马鞍山昭泽龙王洞、阳城县崦山白龙庙和析城山汤帝庙、长子县郎公山黑龙王庙、屯留县老爷山三嶕庙等都会接待来自各村庙宇的取水者。究其原因，在于民众不能确定本村庙宇威能。这些庙宇，有些供得不是专职雨神，有的则是主庙的行宫，有的雨神只占庙中的一个配殿。如八义村的龙王就在东岳庙的西殿，没有单独成庙。村民认为单靠此神的力量不足以降雨。需要注意的是，虽然来此处求雨的村落以附近为主，但也有许多来自外县、外省的求雨者，将庙宇辐射范围进一步扩大。来析城山求雨的就有河南的民众，来马鞍山求雨的则有山东、河北、河南的民众。偶尔，外来求雨者和当地人会发生激烈的冲突。张尧东的姥爷在20世纪在40年代负责带领外地人到昭泽王龙洞求雨：

> 有一年，一个山东人来到龙洞求雨。我姥爷跟着那人一起去取水。这个山东人不相信他，要求必须见到真正的神仙。我姥爷说："我取了这么多年的水从未见过，但我能保证将水取回后你们那里肯定能下雨。"对方并不相信，双方在洞内争执起来。山东人掏出一把匕首，意欲行凶。我姥爷把火把往水里一甩，躲开了对方的攻击，自己出了龙洞。那个山东人不认识路，根本就出不来。三天以后，洞里哗哗地发大水，他的尸首漂出来了三里地。①

讲这个故事意在说明，外省人前来求雨应该不是谣传。我们再来看一看几个村落同其取水庙宇之间的距离：

长治县八义村东岳观至龙山村龙王庙：2.5公里。

壶关南阳护村三嶕庙至沙窟玉皇庙：3.9公里。

长治县辉河村龙王庙至长子县郎公山黑龙王庙：12.4公里。

寺底村崔府君庙至屯留老爷山三嶕庙：19公里。

贾村碧霞元君庙至马鞍山太行龙洞：约25公里。

长治县王童村昭泽王庙至武乡马鞍山太行龙洞：39公里。

---

① 口述：张尧东，52岁，黎城县北委泉村村民。采访者：笔者、段建宏，2013年6月22日。

　　从庙宇联系的范围来看，似乎没有一定的规律。应该说，民众会选择他们认为最灵验的庙宇去求雨。目前发现确定最远的距离，就是40公里上下，但这并不足以说明庙宇辐射范围。如外省前来上党庙宇求雨，其距离恐怕也在此之上。张尧东介绍，有时求雨的人从龙洞要走上四五天才能回去。

　　这种庙宇之间的联系，形成了乡村祭祀网络的一个显著特点。这种联系如果发展得较好，也会形成神与神之间的亲属关系而反映在世俗层面。平顺县东河村的九天圣母被认为是玉皇的妹妹。南社村有一座玉皇庙。每逢玉皇庙办赛，村民就会将九天圣母像抬到玉皇庙助兴。[①] 在乡村村际交往中，基于信仰层面的亲戚关系使得双方所在的村落关系更为密切。

　　长子县房山村与长治县东下郝村，各有一座灵湫庙，敬的是灵湫圣母。虽然按碑文记载，灵湫庙应为供奉精卫的庙宇，但仍不妨碍民众将其视为已婚女子，并且衍生出了另外一种传说：

　　　　东下郝村有一位晋姓姑娘嫁给了房头村。她贤惠持家，孝敬公婆，但其公婆十分凶狠，每天要她用铁扁担挑上尖底桶去几十里外挑水。后来，仙人赠给她一根木棍，每天只需要将其插到水缸中水就自动装满。一天，婆婆趁儿媳不在家拔出木棍，结果大水涌出。晋姑娘见状连忙坐在了水缸上。水被压制下去，她也丢了性命。为纪念她为民舍命的功绩，两个村落决定兴起庙会，按先婆家后娘家的规则进行。

　　　　民国期间，每年三月十七，东下郝村在戏台旁设坛祭风祈雨。然后前去村内各个寺庙，下发通知，请诸神多加关照，随后确定去长子灵湫庙取水的名单。三月十七日深夜，队伍出动，前往一百里外的房山村，大约在第二天上午到达。房山村的村民早已经列队等待，迎接灵湫圣母的娘家人入庙祭拜，中午还要宴请。随后，取水队伍将圣母牌位、神水迎回返程。途经叨黄、晋义、石哲、贾村、南陈、南漳数十个村庄到长子县南李末村后，队伍在此处举行驿站歇马仪式，再起程至东下郝村，将圣水、神位经特定的"圣母神道"送入灵湫庙中。

---

　　① 口述：曹文孝，50岁，平顺县东河村村民。采访者：笔者、段建宏，2012年10月5日。

三月十九日，东下郝村各家族都会选出代表，入庙祭祀。①

高平市神头岭祭祀炎帝，又是另外一种景象。这是以炎帝家族为核心的多庙祭祀。上党流传着炎帝在此处得嘉谷，尝百草，所以多有祭祀炎帝者。庄里村炎帝庙现有一通明万历三十九年（1611）的石碑，上刻"炎帝陵"三字，表明了炎帝信仰在当地的影响。神头岭炎帝庙以炎帝为主神，称为老庙。此外釜山、贾村、高良分别以大太子、二太子、三太子②为主神在正月十八、二月十三、三月十五举办祭祀。三个村在各自庙会前的一天都必须敲锣打鼓，举旗打幡地到神头岭老庙来请炎帝的神像，名曰"请老

图 2.29　高平市庄里村《炎帝陵》碑
笔者拍摄于 2013 年 8 月 10 日

爷子回来一块儿赶会、看戏"，否则不得起会。同样，在庄里村四月初八五谷庙会上演的酬神戏，一定要在会后由原班人马赶到长治县原家庄为原妃娘娘③再唱一次，唱戏费用由五谷庙负担。这一活动直到日本军队侵占了潞安府才被迫停止!④

除了共神信仰，不同主神的庙宇之间也会走成亲戚。长治市北石槽村的三峻神和五马村的昭泽王同为长治本地的"雨神"，相传他们是结拜弟兄。每逢六月六北石槽村庙会和七月初五五马村庙会时，就会隆重迎请对方前来走亲戚，看大戏。以五马村为例，五月五日上午，村民为三峻神像梳洗装扮后，就抬上神驾前往五马村。到达五马村后，两尊神像会在昭泽王庙内碰面。据说，三峻神平常都是不苟言笑，唯独见了昭泽王，神像就

---

① 《漳河寻源与东下郝村庙会》，李国庆、张贵祥《长治县庙会》（内部交流资料），2013年，第 186—190 页。

② 即传说中炎帝的三个儿子。

③ 相传炎帝娶了原家庄女子为妃。

④ 口述：董富来，80 岁，长治市市民。采访者：笔者，2013 年 1 月 6 日。

会转换成微笑的表情。

图 2.30　三峻神（左）和昭泽王（右）会面
资料来源：原书林拍摄于 2012 年 6 月 23 日

图 2.31　二神在三峻庙中共同享祀
资料来源：原书林拍摄于 2012 年 6 月 23 日

在另一个民间传说中，紫砂岭上的紫砂老爷和长治县城隍爷、三峻爷是结拜兄弟，他们所在的庙宇之间经常会有联系。① 武乡县的南山寺与城

---

① 口述：何济光，55 岁，紫砂岭看庙人，2012 年 8 月 25 日。

隍庙也有这种关系，每到对方庙会时主神也必会到场助兴，而且还要将能请到的各路神祇全部请到："武邑南神山三月二十四日，城隍神五月二十六日，各作主人，请境内诸神宴会……必聚数十百人，扬大纛，旌旗耀日，甲马警人，铙歌鼓吹，以盛其典。"① 正所谓："鼓吹沿街聒耳频，纷纷士女出重闉。南山寺与城隍庙，旧例年年神请神。"②

同围绕共神信仰形成的村落亲属关系一样，这种庙宇之间的亲属关系也极大地加强了村社民众之间的友谊。在乡村社会中，亲属关系无疑是最重要的社会关系之一。这种基于神祇与信仰的亲属关系，在世俗亲属之外，为村际交往增加了一种途径。它会不断地重复和加强地域认同感，渐渐形成一个共同的交往与信仰区域。房山村与东下郝村在民国期间逢会相聚，共祀祖先，形成了事实上的亲属关系。五马村和北石槽村的情况也是如此。如果两个村落的人发生争执，一旦得知对方身份，本来难以解决的矛盾也就会变得异常顺利，一些小事就根本不再计较，一旦对方有难，则必挺身相助。③

这种亲属关系产生的原因：一是共神信仰。有时神祇是一个，如东下郝和房头村的灵湫信仰，长治县唐王岭的二仙信仰。有时是一个群体，如高平的炎帝信仰、广志山的山神和山神奶奶信仰。二是群体效应。如昭泽王、紫砂老爷、城隍爷、三崚神、南山神都是地方大神。在民众眼中，彼此间的交流一可壮大声势，渲染气氛，增加神力，二可在事实上加强村落之间的交流。当然，不可能所有名义上神祇的亲属关系都能造成世俗中村落关系的密切，但这毕竟提供了一个可能。

庙宇之间的联系也和村落同神祇之间的亲属关系有关。八义村求雨，必去龙山村五龙庙，因为八义河神的女儿嫁给了五龙山龙王爷，龙王是八义村的"姑爷"，去该庙求雨就会有求必应。④

还需要注意的是，庙宇之间的亲属关系能增加村落在区域社会中的地位。

---

① 《南神山庙诸神宴会记事碣》，嘉庆六年（1801），武乡县南神山庙。

② 张扬祚修，郝世桢纂：民国《武乡新志》卷一《礼俗略》，《中国地方志集成》（山西府县志辑）（41），凤凰出版社、上海书店、巴蜀书社2005版，第146页。

③ 口述：原书林，46岁，长治市市民。采访者：笔者，2012年8月22日。

④ 万满喜：《八义村志》（内部交流资料），2012年，第381页。

　　长治县王童村有昭泽王庙，是太行龙洞本庙行宫。王童村冯姓传说是昭泽王的仆人，所以附近村社求雨必由王童主持：

　　　　相传后晋高祖开运三年（946），春夏不雨，赤日炎炎，村民四处祈祷神灵求雨而不得。忽然一天，从南面走来一位道士，告知村民求雨可至黎城马鞍山南北二洞求雨，但需由冯氏引洞，因其远祖是焦公的仆人。说完，道士化作一道祥云而去。从此，王童村便开始去太行龙洞求雨，并在村内建起了昭泽王庙。由于与神祇的亲近关系，至民国时期，已经形成了王童绅社，下辖十二绅村：郝家庄、上秦村、吴村、下郝、任家庄、安城、南郭、北郭、针漳、长子门、附城、角沿。天旱需求雨时，由十二村捐献财物，由王童组织求雨。王童村的地位也得到了官方的认可，官方会发给王童加盖官府印章的龙票。①

　　北委泉村严姓据称是昭泽王的娘舅一脉，由严姓取水成功率就高。因此，20 世纪三四十年代，外地人来取水都要先来北委泉的大庙中打钟、响炮，然后由严姓人领着去本庙求雨。严松梅的父亲严安国在 20 来岁时就负责带领外地人去龙洞求雨。因为只有严姓人才知道里面的复杂水道，所以严姓人踩哪里求雨的人必须也要踩哪里，一步走错就会出危险。当时，一天能来好几批求雨队伍。北委泉的大庙不但庙内，连外面墙上都挂满了求雨灵验感谢的牌匾。②

　　本节主要分析了以庙宇祭祀为中心的上党地区乡村信仰网络。其特征大体如下：时间紧凑，空间分层。除了个人自由祭祀的形式外，集体祭祀中的迎神赛社又分成了一村独赛和联村共赛、多村转赛几类。

　　庙宇作为地域信仰中心的形成也同神祇在地化有着密切关系。在祭祀过程中，同一村落庙宇、同一神祇的本庙与行宫、村落庙宇与地方大神庙宇、有亲属关系的庙宇、功能相似的庙宇之间都会发生联系，尤其是在跨村落的共神信仰和群体效应的基础上，庙宇之间会形成亲属关系，这往往会延伸到世俗社会，进一步加强了村社之间联系，使得乡村社会的交往在

---

　　① 口述：李永胜，75 岁，王童村村民。采访者：笔者，2013 年 8 月 18 日。
　　② 口述：严松梅，女，88 岁，北委泉村村民。采访者：笔者、段建宏、赵天鹭，2013 年 6 月 22 日。

信仰和世俗两个方面打破了较为封闭的状态。这种关系并非只在上党存在，山西其他地区也有类似情况。如洪洞的"接姑姑迎娘活动"等其他个案即是如此。①

第四节 庙宇祭祀的宗教派别

在对乡村庙宇的等级及配合、风水布局、祭祀类型等机制进行探讨后，本节将从宗教派别的意义上探讨庙宇及其祭祀活动中分属不同教派的神祇相处方式及其展现序列。主要解决两个问题：一是诸教混融特点是如何具体展现在乡村社会中的；二是道教在民间信仰中的地位是否不如佛教。

一 庙宇与诸教混融

学术界公认的看法，在长期的发展过程中，中国民众形成了多宗教信仰，其表现就是诸教混融②，但诸教混融在乡村社会的具体表现形式却仍需要深入解释。我们认为大致可分成以下几个方面：

首先，一些神祇本身的宗教属性就是多重的，这以关帝为代表。上党地区的关帝崇拜基本可分四种：一种是财神。一种是义勇武安王，源自于宋徽宗宣和五年（1123）的敕封，带有儒道合一的色彩。咸丰十一年（1861）的崇道西头迎神赛社中，就以"义勇武安王"的名号供奉关帝。一种是三界伏魔大帝，源自明神宗万历四十二年（1614）的封号"三界伏魔大帝神威远震天尊关圣帝君"，带有强烈的国家政治色彩。同样是咸丰十一年（1861）的东、西、小天贡村就以此称呼关羽。③ 一种是护法伽蓝菩萨，多存于佛教寺庙之中。

其次是神殿排列的诸教混融。佛教寺庙内这种情况要减少很多，其他

---

① 关于可互相印证的个案，参见陈泳超《民间传说演变的动力学机制——以洪洞县"接姑姑迎娘娘"文化圈内传说为中心》，《文史哲》2010 年第 2 期；王守恩《山西乡村社会的村际神亲与交往》，《世界宗教研究》2012 年第 3 期。

② 关于民间宗教诸教混融、万教合一的概念，可参见侯杰、范丽珠《世俗与神圣：中国民众宗教意识》（修订版）（天津人民出版社 2001 年版）相关章节的论述。

③ 选择堂：《排神簿》，咸丰十一年（1861），写本。该文本为潞城市南舍村阴阳世家曹家办赛底本。

庙宇则常将各类神像汇集一处，尤其是村落中的大庙。

贾村碧霞宫是一个典型例子。这种情况并不少见。同治十一年至光绪三年（1872—1877），王董村重修祖师庙，涉及的庙内神殿有圣公圣母殿、三星殿、十阎王殿、文昌殿、大成殿、大佛殿等，在一个道教庙宇中融合了阎王、佛祖和孔子、文昌这样的儒家神。① 光绪二十九年（1903），井郊村的关帝庙中同时供奉了关圣帝君、山神土地、牛马王、高禖、二仙，是一个较典型的儒家正统神祇与民间神祇同处的布局。② 在梧桐村，1912年，供奉关帝的春秋阁右边连着龙王殿，左边连着大士堂，形成了"一阁三院"的格局。③ 光绪时期，枣镇村重修庙宇时，三官、三教、关帝已经同处一庙多时。④ 长子县两水村的奶奶庙，供奉的是疙瘩神奶奶。该神为上党一带地方神，没有明显的宗教属性，但庙内到1949年已经配祀了龙王、十殿阎君、眼光奶奶等佛道神祇。⑤ 巡家村的佛兴寺，本属佛教寺庙。宣统二年（1910）至1914年重修时庙内增添了牛马王殿、高禖祠，将佛教与民间神祇结合了起来。⑥

由上可见，无论主神是哪一类神祇，在长期的发展过程中，民众都有可能将其他"宗派"的神祇为我所用。

对同一庙宇内诸教混融作出较完美阐释的是三教堂这样合供儒释道三教教主的宗教场所。⑦

现存最早的"三教堂"出现在唐贞元二年（786）。上党三教堂在金天会十年（1132）以前就应该已经存在。在这一时间，积善村重修三教堂。⑧教堂内所供三教教主的排列顺序，以佛祖为中心占据主流当无疑问。当然，偶尔会有例外。陵川县佳祥村由于朝廷禁止将孔子与释老并列，便"以村之西馆为文庙"，供奉孔子及"四配十哲"，以之为"士民藏会弦育

---

① 《重修东大庙记》，光绪三年（1877），长治县王董村祖师庙。
② 《历叙建庙始终碑记》，光绪二十九年（1903），陵川县井郊村关帝庙。
③ 《创修春秋阁碑记》，1912年，陵川县梧桐村春秋阁。
④ 《重修三官三教关帝庙碑记》，1915年，黎城县枣镇村。
⑤ 《庙宇古迹简介》，《两水村史料汇集》（内部交流资料），1993年，第24页。
⑥ 《重修大小庙宇创修岳台碑序》，1914年，陵川县巡家村佛兴寺。
⑦ 除三教堂外，还有三教洞、三佛庙一类的称呼。
⑧ 《泽州陵川县三泉里积善村三教堂记》，金天会十年（1132），陵川县积善村昭庆院。

之所，培补风脉，振兴文教"。① 不过，总体看来，乡村社会认同了这一方式。明代松山村村民郭应成自舍资财创立三教庙，虽遍塑三教人物，却请当时崇安寺僧人真敬撰写创建碑记，显示了其佛教倾向。②

人们最看重的并非三教优劣或谁更重要，而是三教归一的理念。"究百行以为源，其道且三宗归一也。"③ "其功则一门异流而同源也哉。"④ 为何三教能够合一？三佛庙的创立者认为："教虽三分，其道一也。""天下无二道，圣人无二心。"三教相通之处认为关键在于性命之说："儒家之教，教人顺性命以还造化，其道公；禅宗之教，教人幻性命以超大觉，其义高；老氏之教，教人修性命以得长生，其旨切。"⑤ 王村民众认为："夫宗虚无者，归于空；宗法术者，归于玄；宗理道者，体诸实。"这三教虽有差异，但在"明心以见性，修心以炼性，存心以养性"的思想下，最终达到"一而二，二而三，三而一者也"。⑥

图 2.32　泽州县陟椒村三教堂内三教教主仿古塑像
资料来源：笔者、段建宏拍摄于 2010 年 9 月 20 日

对"三教归一"的另外一个理解更贴近中国传统政治文化。民间社会认为，三教归一指的是"神道设教"。"二圣者，门户虽殊，而理归一致。

---

① 《佳祥村修建崇文馆及凌云阁小记》，乾隆十八年（1753），陵川县佳祥村内。
② 《创建三教殿碑记》，明崇祯五年（1632），陵川县松山村三教堂。
③ 《泽州陵川县三泉里积善村三教堂记》，金天会十年（1132），陵川县积善村昭庆院。
④ 《重修三教神殿碑记》，道光四年（1824），高平市西山村三教庙。
⑤ 《三佛庙创建碑序》，同治元年（1862），性空山三佛庙。
⑥ 《补修三教堂碑记》，道光十三年（1833），高平市王村。

故立庙设像，大约不离神道设教。"① "圣人以神道设教而天下服。"② "儒
释道教，圣学赖之以明。"③ 民间合供三教教主有改良社会功能之功效。那
么，除了儒教，其他两教又如何发挥其教化作用？儒者认为，本来三教相
差甚远，儒与道合供尚有依据："孔子犹问礼于老聃"，但是佛教 "出自西
域，自汉始流于中国。且与孔子不同时，不同时而同享，其谬益甚，正吾
儒所当力正者也"。如果不纠正，却要为此写碑记，理论上等于 "崇异"。
不过，他们认为三教都能于世俗社会有所补益："尝观世之骄奴悍卒，灭
礼弃义，曰佛，曰老君，则肃然拜，谓非祸福有以惕其心耳？"这样来看，
礼义是为君子准备的，而祸福之说则是为不通礼义的百姓准备："祸福以
惕颛蒙。"要想改良社会风俗，就要先遵从三教归一的理念。如果天下百
姓都知道趋福避祸，那么 "导之礼义不难矣"。现在既然 "乡人乐其便而
统于一"，士人们也就 "顺乡人之意"了。④

　　而且，民间建立三教堂可使人得福报，故而更有了存在的理由。麦仓
村村民靳孟春自己捐资，改建原来只有三间房屋，供奉一尊神像的村庙，
"合儒氏、佛氏、老氏于一堂"，又在东西两廊增修了关圣、土地。对此，
庠生王所认为，靳氏为一普通 "老农流"，"不偏崇儒教而以佛、老并，不
偏崇佛、老而以孔圣参，是正异共尊而不悖……迥出寻常万万耳"。⑤ 但
是，由于靳孟春和村民都相信这样会带来福报，王所认为，从这个角度
看，将三教合处一堂也就能算合乎情理了。同样身份的焦鸿林自认从来不
信三教合一之说，并且 "尝深恶佛老二氏"，可民间建立三教堂的目的
"无非依神为主，以祈福保安者也"。如此，为了 "家家平康无患"、村落
"风调雨顺""国泰民安"的目的，三教共处一堂也就能被认可。⑥

　　既然士人与一般民众在三教合一问题上达成了一致，三教相融思想在
民间就能够普及开来，三教堂中也增加了更多的塑像。实际上，在诸多碑
刻中，真正探讨三教异同优劣的并不多见。现在发现的 103 座三教堂，55
通碑刻中，有这样内容的不过 8 通左右。这些碑刻也多将最后的终点放在

① 《重修三教堂碑记》，康熙二十六年（1687），陵川县盖城村在教堂。
② 《重修三教堂碑记》，道光十二年（1832），泽州县陟椒村三教堂。
③ 《重修三官三教关帝庙碑记》，1915 年，黎城县枣镇村三官庙。
④ 《创建三教洞记》，万历三十二年（1604），高平市石堂会村石窟寺。
⑤ 《新建三教堂碑记》，万历四十五年（1617），黎城县麦仓村三教庙。
⑥ 《刘家河合社建修三教堂东西碑记》，嘉庆二年（1797），泽州县刘家河村。

"归一"之上，更多的说明建庙的道德指向与实际作用。虽然"教立三门"，但是"道无三辙"，全部统一于"模范人心"。三教堂乃是"栖神之所""祈福之地"①，这才是三教堂得以存在的根本原因。如此，其他神祇就有资格分享神圣空间。遮峪村三教庙就号称"神位颇全"，是一座全神庙，除三教教主外，也将其他各类神祇一同供奉。② 太山沟村重修三教堂，就新建了九天圣母殿、财神殿、窑神殿。③ 马新庄村重修三教堂，也在东偏殿供奉马鸣王，西偏殿供奉高禖。④

最需要注意的是，三教堂拥有戏台是常见情况，这在正统的佛教寺庙内极少看到。这说明，一旦佛教和儒道合在一起，它的世俗化倾向就大大加强了。

图 2.33　泽州县西角村三教堂戏台

资料来源：笔者拍摄于 2012 年 10 月 30 日

其他庙宇中出现了以三教堂为配殿的情况。万历四十一年至四十七年（1613—1619），西关村在三官庙内就建起了三教堂。⑤ 崇祯三年（1630）前后，东黄须村民王永吉，尊奉佛道却同时崇重儒教，自舍资财，独创石

---

① 《重修三教玄帝庙碑记》，嘉庆五年（1800），长治县西岭村。
② 《增修三教设戏楼碑记》，道光二十五年（1845），平顺县遮峪村。
③ 《新建重修碑记》，咸丰四年（1854），沁源县太山沟村。
④ 《重修三教堂碑记》，咸丰八年（1858），陵川县马新庄村三教堂。
⑤ 《重修三官庙记》，万历四十七年（1619），黎城县西关村三官庙。

阁 1 座，殿宇 3 间，前塑三教大圣，东庑塑十帝阎君朝地藏，西庑塑三十三天觐玉皇，又立三官在西窗，韦陀在东窗，再立天地人曹牛王诸像，成为真正的三教神像大集合。① 1925 年，沁源县菩提山周围村民在众神庙内同时建起了三教圣人与关帝神楼，又建八祖罗师殿。②

在更广一级的村落总体庙宇分布态势上，这一特点更为明显。民国期间，壶关县树掌村的庙宇分布状况如下：

一、诸神观，这是村内大庙，坐北朝南，占地约 1200 平方米，最迟建于明代。民国期间，一年有 4 次大规模祭祀，内供老子、关公、孙思邈。

二、圣母庙，位于村东部，三进院落，占地约 2000 平方米，第一院敬泰山圣母，第三院敬玉皇大帝。每年四月八日为泰山奶奶庙会，

三、关帝庙，俗称西庙，一进院落，占地约 500 平方米，上置戏楼，主供财神关圣帝君。旧时由商人组织，每年五月十三日献戏 3 天。

四、观音庙，俗称南庙，一进院落，占地约 250 平方米，主供观音。

五、佛祖庙，俗称北庙，占地约 540 平方米，正殿 3 间，供释迦牟尼、文殊、普贤二菩萨。每年择月献戏 3 天。

六、马王庙，亦称牛王庙，位于东街东端北侧，主管六畜兴旺。每年春节和七月十五日为祭祀时间。

七、土地庙，在村西北，面阔 3 间，管人逝后入地府报到。

八、山神庙，在村外 1.5 公里处的山脚。在斧头章和南坡上还有两处类似的山神庙。

九、疙瘩神庙，在村西，1 间房，约 6 平方米，主管生疮害疙瘩之病。

十、魁星阁，在东街东端口，为四挑角、八流水的亭子，内供魁星神。③

在这 10 个庙宇中，可以明显看出，诸神观、圣母庙、马王庙总体属道教；观音庙、佛爷庙属佛教；土地庙、山神庙、疙瘩神庙则是民间神庙。魁星阁的儒家色彩更浓一些。关公作为财神崇拜，源于儒家称颂的忠义性格，因而也偏于儒。至于土地、山神则源于早期山川土地崇拜，又和国家祀典、道教脱离不了关系，情况更加复杂。庙宇属性不一，却能统归于民

---

① 《新创三教碑记》，崇祯三年（1630），黎城县东黄须村三教庙。

② 《创建三教圣人、关圣帝君、八祖罗师庙碑记》，1925 年，沁源县菩提山菩提寺。

③ 编写组：《树掌村志》（内部交流资料），2010 年，第 328—332 页。

众信仰系统之下，诸教混融的特点十分明显。前文所举的各村庙宇，都具有这一特点，说明它具有一定普适性。同时，我们需要注意的是，所谓诸教圆融，已经不单指儒释道，还加入了诸多民间神、早期神祇崇拜的色彩，这一特点，在庙宇内部的神殿神像排列中也已经体现，此不赘述。

二　迎神赛社与诸教混融

在庙宇修建与神祇排位上，我们已经略述了三教之间的关系。如果分析祭祀仪式，我们可发现这一思想已经外化为民众的具体行动。

在赛社仪式中，村社一直强调迎神赛社与王道政治相符，表明了对上层权威的认可。

前面提及，赛社的流程复杂，礼仪烦琐，个中原因自然是向神祇展示诚心。村社以儒家的礼仪观来论证赛社仪式严格的合法性。他们认为："威仪者，与天地同和之气，礼之大者也。""蜂有君臣，雁有次序，何况于人乎？"祭祀的目的，除了要报神恩，祈福运之外，还要以此构建良好的社会秩序。村社认为"非礼勿视，非礼勿听，非礼勿言"是人类社会应该遵循的礼节。村落中无论男女老幼，都要讲求礼仪德行，要去除赌博、争讼等恶习，要懂得谦让、尊卑。报赛之日，也是鬼神考察各人行为之时，"晓谕四方君子，岂不知自己之心？"如果违礼，"失度造恶，诸神降罪非轻"①。在进行赛事时，"掌礼是仁义礼智"②。在念文祭神时，也不忘称赞儒家礼制的优越性："教训的君臣上下，才论个夫妇有别。再论个长幼礼序，朋友信不可失期。定下了三纲五常，伏羲制八卦之礼。"在文本中，寒山、拾德二僧也接受了儒家礼制思想，去各处度化迷茫众生："有寒山拾德齐来，笑世人失了尊卑。儿骑娘背上搭鞍……娘嫁儿配对成亲。为众生迷人不醒，四神州渡化群迷。"③

理论上，敬神需要露台、戏台、乐台，这是戏剧演奏场所，为敬神所用：

①《头场听命本》，《赛上杂用神前本》（甲），宣统三年（1911）至1925年，杨孟衡《上党古赛写卷十四种笺注》，财团法人施合郑民俗文化基金会2000年版，第46页。
②《讲三台》，《赛乐食杂集》（甲），嘉庆九年（1804），杨孟衡《上党古赛写卷十四种笺注》，财团法人施合郑民俗文化基金会2000年版，第160页。该文本为长子县东大关村阴阳世家牛家办赛所用底本。
③《混沌赞》，王金荣《前后行讲说古论有十论》，1927年，写本。

殿上立定主神官，五音六吕在心怀。两旁立定合社人，装神扮鬼摆上来。主神官是高台将，举手开山讲路台。

这样的演剧场所，也要求君王赋予其合法性：

> 汉明帝广有铺排，唐明皇主祭到来。立此台三个名讳，听前行细说安排。真明主口传圣旨，普天下修盖庙台。才留下享赛神灵，会戏乐才为三台。上按了九宫八卦，下按了天地三才。主神官殿上掌礼，伶伦人动起乐来。掌礼是仁义礼智……吹的是五音律吕，打的是古论编排。喜今载五谷丰登，享赛罢永无祸灾。玲珑人台上奏乐，唐明皇敕封三台。①

行赛所用乐器规范也由明君创制，"君上分的无差，一件件讲的无穷"②，将乐器乐理与圣王明君密切关联。这主要体现在《戏竹》文中。村社认为，黄帝平蚩尤后，以斑竹击梧桐树，散成 360 块，按一年 360 日，制成乐器规范。地元戏竹是舜以斑竹击梧桐而成 72 根散头，按一年 72 应候排定宫商角徵羽五音律吕。人元戏竹则是唐明皇以斑竹击梧桐，分成 28 根散头，按"二十八宿时节"组成 28 般乐器。

前行在正赛之日需要演讲《古论》，这是对中国历史文化作的一个总体评说，地位十分重要。每次供盏时，前行都要演讲《古论》，有时一次供盏还要讲两至三次。《古论》的目的就是要表现"君臣父子、子孝孙贤、礼义周全"③。赛社仪式中还可见对当今皇帝的尊崇。民众会"祝赞吾皇万万年"④。"愿当今皇帝万岁万岁"⑤。在庆寿仪式中，皇帝牌位被供奉在会场中，前行要专为皇族讲《古论》，而且需要连着在三次供盏仪式中念颂内容基本相同的祭文，现摘录其中一篇：

> 祝太子伏以皇帝万岁万岁万万岁，乾坤并寿，日月齐明。常居九

---

① 《路台》，王金荣《前后行讲说古论有十论》，1927 年，写本。
② 《戏竹》，王金荣《前后行讲说古论有十论》，1927 年，写本。
③ 《古论诗句》，王金荣《前后行讲说古论有十论》，1927 年，写本。
④ 《祝赞》，王金荣《前后行讲说古论有十论》，1927 年，写本。
⑤ 《大香文》，守德堂《尧王山大赛底》，1918 年，写本。

重之宫，永镇千秋之殿。天慈广博，圣智渊深。天元太后，福祉如海阔山高；中国宫妃，寿龄同天长地久。宏垂圣训，四维罩着于门庭；大布严风，八表皆成于轨范。慈当保佑太子诸王，寿令并于山河，福祉通于江海……朝中仪式，四海不动烟尘；阁下论文，一国咸遵法度。伏愿寿延如泰山，福禄坚如磐石……风调雨顺，国泰民安。家家享丰稔之年，户户贺太平之世。伏乞圣寿无疆福无疆，万岁万岁万万岁。①

由此可见，国家政治对民间社会的影响，这和王斯福将民间信仰看作是"帝国的隐喻"有相通之处。② 不过，民间信仰内涵的丰富性远不止此。佛教因素在赛社中也得以体现。

迎神戏中带有较多的佛教因素。现存文本中的佛教戏乐有：鬼子母揭钵、释迦佛聚灵会、妙庄王游香山寺、观音锁水母、文殊降狮子、观音斗六筹、悉达太子游四门、疯和尚扫秦、炽盛光佛降九曜，共9种。③ 在行赛接神时，观音是必须到场的神祇。如东天贡村、西天贡村、小天贡村三月十八日转赛时，就要在十六日早晨，"去观音堂接銮驾，行二六礼"。④

佛教因素还存在于前行赞词中。有一篇《讲五台山》，讲的是汉朝明帝受高僧点化，将五台山送与佛教，从此成为佛家圣地。⑤

在潞城一带的赞词中有一篇《白雀寺》，大致内容是高僧坐化之时叮嘱徒弟，如果有人前来而寺内钟鼓无人敲打而自鸣，就将来人领至其坐化塔内。后康熙来寺内游玩应验，打开塔门后见有一僧人坐于其中，壁上有八字："四十三载自来开塔。"康熙被点化，重修塔院，并题诗为证：

---

① 《古论祝皇》，《赛书》，咸丰十一年（1861），写本。
② 关于"帝国的隐喻"的详情可参见［英］王斯福著，赵旭东译《帝国的隐喻：中国民间宗教》，江苏人民出版社2008年版，第133—137页。
③ 《清抄〈唐乐星图〉队戏存目》《清抄〈礼节传簿曲目文范〉队戏存目》、《抗日战争爆发前队戏存目》，寒声《上党傩文化与祭祀戏剧》，中国戏剧出版社1999年版，第121—133页。上述文本为长子县东大关村阴阳世家牛家、潞城南舍阴阳世家曹家自嘉庆至民国期间在屯留县、长子县、潞城一带的办赛底本。
④ 《天贡村三月十八日转赛》，阴阳学李《祭文簿全书》，民国时期，写本。该文本为潞城市北庄村阴阳世家李家办赛底本。
⑤ 《讲五台山》，《赛乐食杂集》（乙），嘉庆九年（1804），杨孟衡《上党古赛写卷十四种笺注》，财团法人施合郑民俗文化基金会2000年版，第263页。该文本为长子县东大关村阴阳世家牛家办赛底本。

天下叶林饭如山，衣钵到处任君食。黄金白璧非为贵，惟有袈裟披最难。朕为山河大地主，忧国忧民事转烦。百年三万六千日，不如僧家半时闲。来时糊涂去时迷，空在世上走一回。不如不来也不去，来时欢喜去时悲。未曾生我谁是我，生我之时我是谁。长大成人方是我，合眼朦胧又是谁。每日清闲谁知晓，世上谁比出家人。口中吃尽清和味，身上长穿百衲衣。五湖四海为上客，逍遥佛教任君栖。莫道出家容易得，皆因累世种菩提。黄袍换却紫袈沙，只因当初一念差。我是西方一衲子，为何落在帝王家。①

此外，行赛祭灶时所祭监斋神也属佛教。相传元末红巾军攻打少林寺，方丈无计可施。半夜护法伽蓝托梦给全寺僧人，告知厨房内一烧火小僧可救满寺僧人。第二天，方丈找到小僧，请其显出丈二金身，青脸红发，巨齿獠牙，三头六臂，将劈柴板斧钉在擀面杖上，杀出山门，"一只脚踏了嵩山，一只脚踏在玉岭"，吓退红巾军。红巾军退后，菩萨因身体庞大，无法回寺，立化于山门之外。方丈禀于官府，天子加封其为"大悲紧那罗香积厨下监斋神"。②

这些佛教因素，虽然不多，但显示了佛教向乡村祭祀仪式渗透的倾向。阳城县四月十八日东王殿赛事也有僧道合作前往析城山取水的记录。民国期间，陵川县北诗镇二仙庙、陵川县西溪二仙庙、长子县发鸠山灵湫庙、武乡县南山神庙等均由僧人看管。这样的例子，在近代社会并不罕见。思想意识研究一个最大的难点在于，我们无法对某一思想的影响给出一个量化的具体考量。但是，从村社接受佛教典故进入赛社仪式来看，民间社会具有了一定的佛教意识是应该予以确定的。这就使得整个祭祀具有了更为丰富的内涵，进一步展示了诸教混融的民间信仰特点。

三 佛道对比

三教堂是以佛祖为中心的，儒与道退居次位。这引发了我们一个思考：这是否意味着佛教在民间的影响超过其他两家。我们已经论证了传统

---

① 《白雀寺》，王金荣《前后行讲说古论有十论》，1927 年，写本。
② 《监斋》，王金荣《前后行讲说古论有十论》，1927 年，写本。

伦理道德在民间信仰中的指导性作用，而这明显是以儒家思想为中心的，或者说有着密不可分的联系。不过，本研究无意探讨儒家思想与佛道二教在中国民众意识中的地位对比，而是力图探讨在民间信仰中，佛教与道教的影响，哪一个更加深刻与广泛。① 因为，凡谈及宗教，佛教与道教的比较就是一个不容回避的问题。

　　任继愈认为"道教生长在中国本土，约与佛教同时活跃在舞台上。但道教的命运不济，错过了大发展的机会，让佛教占先了一步。一步落后，步步落后，二千年来，一直没有能超过佛教。唐朝时道教可谓极盛，它得到皇帝的支持，受到特殊的恩宠，道教的信徒人数和天下道观的数量也只有佛教的二十分之一"②。这里出现了一个逻辑上的问题，道教源于中国本土文化，与民族思维意识的同质性应该超过佛教，至少不会差得太多，可为何却出现如此不合常理的现象？与任继愈相反，一些学者的观点就认为道教的影响力不是想象中的那么弱。民国期间，社会上就曾流行过"中国根柢全在道教"③ 的说法。卿希泰也说："中华传统文化的根柢就在道教。"④

　　我们认为，要想考察道教的影响力，必须重视乡村社会的道教情况。任继愈的说法是根据名山大川僧道寺观、正式僧道徒的数量对比而来。然而，宗教对民众产生影响，不能仅仅以鼓动其入教为标志，它需要考虑民间对宗教思想的接收程度。侯杰称之为"宗教意识"⑤。刘守华就认为道教思维已经深入地渗透到民众生活之中，不再需要宗教仪式。⑥ 那么，在城市化以前的中国，乡村无疑是"民间"的主要区域。从这个意义上讲，"天下名山僧占多"反而成了道教优势的证据。基于此，我们重新探讨佛教与道教在民间的影响。

---

　　① 关于儒家思想在民间信仰中的作用，参见刘道超《筑梦民生：中国民间信仰新思维》，人民出版社 2011 年版；侯杰、范丽珠《世俗与神圣：中国民众宗教意识》（修订版），天津人民出版社 2001 年版。

　　② 任继愈：《中国道教史》，中国社会科学出版社 2001 年版，第 3 页。

　　③ 鲁迅：《致许寿裳》，《鲁迅全集》（第 11 卷），人民文学出版社 1998 年版，第 353 页。

　　④ 卿希泰：《道教文化在中华传统文化中的地位及其现代价值》，卿希泰《卿希泰论道教》，上海科学技术文献出版社 2008 年版，第 6 页。

　　⑤ 关于中国民众的宗教意识，参见侯杰、范丽珠《世俗与神圣：中国民众宗教意识》（修订版），天津人民出版社 2001 年版社。

　　⑥ 刘守华：《道教与中国民间文学》，中国友谊出版公司 2008 年版，第 17 页。

　　上党并非宗教圣地，它的宗教发展情况并无特殊之处，也正因如此，结论就可能具有一定的普适性。

　　如前所述，上党地区庙宇的民间祭祀活动——迎神赛社十分普遍。这是村落最为重视的信仰活动。玉皇大帝、碧霞元君、二仙真人、东岳泰山府君、三官庙、马仙姑、昭泽王等道教神却屡屡成为祭祀中的主神。

　　乡村同样建有佛寺，但迎神赛社极少在佛教寺庙中举行。襄垣县善福村就有仁济寺、金光寺两座佛寺，像仁济寺在 1949 年以前，曾有僧侣十多人。但是，该村的迎神赛社活动却在玉皇庙举行。屯留县寺底村有广川寺，占地 15000 余平方米，是一处有 24 个院落的庞大建筑群。除主寺外，还有专门养鸽子的莫鸽台，养狗的吠宁寺，僧人习武的幡杆头，府君庙则只有 1400 平方米，但人们仍以后者为大庙。目前所见，唯一以佛寺为大庙的村落是沁县太里村。该村有铜鼓寺，占地 4000 平方米。不过，它的正殿供千手观音和吕洞宾，同三教堂相仿，已经不再是纯粹的佛寺。

　　这或许表明，佛教在融入中国乡村社会时仍有力图坚持自身特点的意图。僧侣们可以外出做法事，庙宇允许民众进香，但是在能汇集社区民众集体观念的迎神赛社上，却选择了沉默。这使得它在乡村社会的实际影响力打了折扣。当然，观音阁、白衣大士堂是乡村中普遍的存在，不过，正如我们以前讨论的那样，除极个别的情况外，它们的规模都很小。

　　我们又统计了长治县解放前的 306 个大型庙会，其中属于道教或有明显道教色彩的有寺庄村的真武大帝会、荫城镇水府三官老爷秋报会、横河村老君爷会、琚寨村蟠桃会、苏店村昭泽王庙会、王坊村昭泽王庙会、辛庄村祖师老爷会、看寺村三圣会、天河村仙会、西火镇东岳泰山圣君圣母庙会、东火镇黑龙王会、八义村东岳观接奶奶会和风伯雨师会、定流村玉皇庙会、南窑沟、北窑沟、岔口三个村共同举办的玉皇庙会、高河村三官庙会和真武庙会、王童村昭泽王庙会、北呈村天齐庙会、东和村九龙宫庙会、北宋壁村二仙庙会、北仙泉村二仙庙会、故县村二仙奶奶庙会、南宋村五凤楼庙会、赵村玉皇观庙会、原家庄村东岳庙会、韩店镇祖师爷庙会，共 27 个；属于佛教的有李坊村洪福寺庙会、双岗村佛爷庙会、杨家山村奶奶庙会、北和村祭子寺庙会、南岭头村西岭庙会、东和村慈云寺庙会和观音堂庙会、宋家城村南海观音庙会 8 个。

　　除了长治县，我们还统计了上党 102 个较著名的庙会。其中，道教神庙会有长治市七月初一庙会、黎城县玉皇殿庙会，壶关县神郊村真泽宫庙会、长治县张庄村玉皇大帝庙会、潞城市北村广武寺庙会、潞城市贾村碧霞宫庙会、屯留县城二仙庙会、长治市南石槽村三仙姑庙会，襄垣县凉楼村祝寿会、陵川县西溪村二仙庙会、阳城县窑头村白龙庙会、平顺县东河村九天圣母庙会，共计12个；属于佛教的只有长治市郊区故漳村佛爷庙会，阳城县小尖山庙会、沁源县灵空山圣寿寺庙会、武乡县段村佛爷会、襄垣县仙堂山庙会共5个。

无论从哪个范围看，道教庙会都明显占据优势。这表明，道教对民间的影响力需重新估计。

长治市七月初一的二十四神朝玉皇庙会号称"上党第一会"。我们以此为例简述道教神在民间的重大影响。

相传明代天顺年间（1457—1464），朱元璋第二十一子沈王朱模镇守上党。人们发现，王府后门腰闩每当出现水气潋滟的现象时，就会有阴雨天气。沈王就命人将其雕成玉皇神像，送于上党东南壶关县沙窟村玉皇庙内供奉起来。从此以后，每逢大旱，长治民众就将玉皇接来长治求雨。

接玉皇的仪式非常隆重，首先，要由24个村落按阴阳五行八卦组成团队共同承担。车辕店及其临近3村——附城、角沿村和紫坊村；西8村——堠北庄、堠南庄、堠西庄、南寨村、湛上村、崔漳村、暴马村、宋家小庄，以堠北庄为首；北12村——北寨村、屈家庄、暴河头村、小神村、小常村、小泽头村、大辛庄、梁家庄、化家庄、关杜庄、漳泽村、壁头村，以北寨村为首。24村按照阴阳八卦排列：车辕店村位居中央，是戊己土；西8村是庚辛金；北12村是壬癸水。从而象征土生金，金生水。同时，车辕店村象征一时，临近3村象征三刻，又象征天、地、人三才；12村象征12个时辰。

其次，共有代表24节气的24尊神祇一同前去迎接玉皇，计有：大禹、东岳天齐圣帝、岱阳王、崔府君、唐王、大仙姑、二仙姑、三仙姑、河神、三峻王、炎帝、华阳君、灵仙、炳灵王、五龙、朱太尉、皮疡君、东马神、西马神、城隍、雾陇、昭泽王、关帝神、二郎神。

再次，这一祭祀由官方主持，民众广泛参与。仪式分五步：

第一，标票。各村社首认为有必要接玉皇，就会协商后向官府呈文。潞安府会行文壶关县，壶关县府开启沙窟村玉皇庙庙门。

第二，接神。由西关村选派属龙或蛇的仪仗队伍，共计12名水官，八九名护驾执事。水官全身穿黑，戴柳枝做成的帽子，执柳棍，赤脚。水官在出发前需斋戒三日，并到城隍庙焚化请玉皇的牒文。至玉皇庙后，水官行三叩九拜大礼，念诵牒文，乞求玉皇速派行雨龙王、风伯雨师、雷公电母，"早下清风细雨，搭救黎民"。

在玉皇庙中，有一个取水仪式。玉皇殿暖阁内有一股泉水。僧人将取水队伍所带水瓶中插上一条上端散开的纸捻，放于供桌之上，又在香炉内燃起120炷香。12名水官立于香炉两侧，轮流对拜，每次拔起一炷香，直至将香全部拔完。其间，僧人负责看管水瓶，直到瓶内有水。如果在全部香拔完之前瓶内已经有水，仪仗队会派一名水官先行将其送回长治。

到第三天，仪仗队会将玉皇神像请回长治。神辇按照特定的"神道"返回长治，其路程为：皇上村，南阳护村、北阳护村、东顺布村、西顺布村、元村、贾掌村、北董村、马坊头村，进南门，由十字街折向西大街，最后将神像接到西关二郎庙。这条"神道"是阴阳先生按照五行相生的道理规划的。沙窟村在长治城东南，是甲乙木；南门是丙丁火；十字街是戊巳土；二郎庙是庚辛金，从而象征了木生火、火生土、土生金、金生水的趋势。

这一天，所有沿途民户、商家都必须在门前摆设香火神位，水缸里插柳枝，迎接跪拜神辇，如果不能办到，则请驾民众就会抄砸。知县或县长会率官吏在马头坊村前跪接神驾并宣读祈祷文。接着，玉皇接受24尊行神的朝拜。每尊行神在玉皇御辇前三进三退，行朝拜大礼。

在神辇行进过程中，有两名保驾神祇——关帝与二郎神，前有大禹开路，后有昭泽王殿后。玉皇被送到西关二郎庙，从沙窟请来的水瓶被水官放在香案上。

随后会用僧道各四名，诵经祈雨，持续三天。每天知县或县长都会前来进香祈祷。

降雨后，会在庙内唱戏庆贺，称"贺雨戏"。此时供奉的神祇为东顶圣母、五湖四海、风伯雨师、当方土地。

秋后，民众会给玉皇更换新龙袍，装饰神辇，送回沙窟，并给官府送万民伞或牌匾。

光绪二十六年（1900）以后，有记忆的祈雨活动在光绪三十三年

（1907）、1914 年、1916 年、1919 年和 1924 年举行过 5 次。①

　　在这个官民一起参与的盛大祭祀活动中，僧人虽然也有参与，但明显处于配合的地位。

　　即使不是以祭祀玉皇为主，玉皇也常成为祭祀系统中名义上的最高神。这在各地的《排神簿》中多有反映。道光二十五年（1845），长子县小关馆迎神赛社即以玉皇为最高神。② 咸丰、光绪年间，潞城八社举行迎神赛社，其中东西小天贡、羌城、小沟、北泽头、崇道西头、富村、翟店七个社供奉的最高神都是玉皇。③ 1921 年，长子县碾张社、1925 年长子县大关村也均以"昊天金阙玉皇上帝"为最高神。④

　　这在相关祭文中得到了印证，1915 年，平顺县的前行词中言道："玉皇敕令九重天，王母娘娘宴八仙。"⑤ 1933 年，潞城市一带的祭文中也讲："上帝统周天之神圣，司遍地之众生，崇德报功，赏善惩恶，将神奉法而进退，万物承命以始终，天理昭彰，人心所有，君臣下民，司命诸神，理宜从祀。"⑥ 在赛社中，一个普遍重要的流程是主礼生会引导诸神参见玉皇，要"谨参、再参、三参"三次。随后，诸神才会上得大殿"次序上坐"，称"升殿"。⑦ 这些都显示了玉皇的尊贵地位。

　　在其他的祭祀资料中，也能显示出道教相对于佛教占据了优势。光绪年间潞城流行的一份《排神簿》中道教与佛教神的出现次数对比如下：玉皇上帝出现了 9 次，日宫天子太阳星君出现了 8 次，而佛教神在这个区域内却是空白。雷公、电母、碧霞元君、大唐冲淑真人、大唐冲惠真人、广德灵泽王 6 名道教神各出现了 6 次，真武大帝出现了 5 次，佛教神在这个

---

①　二十四神朝玉皇，http://www.sx.xinhuanet.com/dfzx/2010—03/11/content_19221672.htm，2012 年 1 月 5 日。

②　《排神簿》，《告白文书本》（甲），雍正四年至道光二十五年（1726—1845），杨孟衡《上党古赛写卷十四种笺注》，财团法人施合郑民俗文化基金会 2000 年版，第 82 页。该文本为长子县东大关村阴阳世家牛家办赛底本。

③　选择堂：《排神簿》，咸丰十一年（1861），写本；张南院：《排神簿》，光绪八年（1882），写本。

④　《排神簿》，《赛上杂用神前本》（甲），宣统三年（1911）至 1925 年，杨孟衡《上党古赛写卷十四种笺注》，财团法人施合郑民俗文化基金会 2000 年版，第 59—60 页。

⑤　《玉皇敕令九重天》，1914 年，寒声《上党傩文化与祭祀戏剧》，中国戏剧出版社 1999 年版，第 480 页。该文本为平顺县西社村乐户世家王家办赛底本。

⑥　《昊天玉皇上帝表文》，李兰芳《祭文全部》，1933 年，写本。

⑦　《入庙升殿文》，《赛书》，咸丰十一年（1861），写本。

区域内也是空白。东岳天齐仁上帝、文昌帝君、灵官元帅 3 名道教神各出现了 3 次，佛教只有如来 1 名。此外，还有出现 1 次的道教神 20 名，佛教神 1 名。从总的神祇数量看，共有道教神 35 名，佛教神 4 名，道教神占据了绝对优势。①

1926 年长子县龙泉山赛社中，道教神名称如下：玉皇、东岳、王元帅、玉清、真武、仙师、大圣、二圣、三圣、九天圣母、冲淑真人、冲惠真人、赵元帅、太阳、太阴、寿星、东王公、西王母、电母、雷公，共计 20 名，佛教神只有五道、监斋 2 名。② 此外，嘉庆二十三年（1818）屯留县某村禹王庙赛事有道教神 7 名，佛教神 2 名。1918 年长子县尧王山大赛共有道教神 9 名，佛教神 3 名。③ 民国期间碾张社迎神时有道教神 16 名，佛教神 1 名。④ 民国时邵村社龙泉山赛社有道教神 16 名，佛教神 2 名。⑤

此外，所有的赛事都用二十八星宿值日。在仪式过程中，民众会将这些值日星官的样貌、爱好及相配、忌讳乐曲、剧目详细写在仪式文本中，以防弄错。下面仅举尾火虎一例：

> 尾火虎喜寅午怒酉辰，女面，长角，赤朱额，青衣，白裙，宽袖，好食腥野之物，置下笙，第六品，行仙吕宫行三曲，梁州宝金枝长寿乐，忌三曲，正犯敬指调，傍犯般涉调，逆犯南吕调，尾星十一度，上居人马宫，下临燕地，分寅位。⑥

队戏是酬神戏的主要剧种。在《唐乐星图》所载的队戏中，道教戏有老人星过关添寿、八仙朝三真、哪吒太子降牛魔王、三灵侯五瘟使者、五岳朝后土、王母娘娘蟠桃会、周琼姬道遇三清、二十八宿朝三清、沉香太子斧劈华山、二十八宿闹天宫、五龙朝圣母、二十八宿朝玉皇、泾河龙王

---

① 张南院：《排神簿》，光绪八年（1882），写本。

②《纸马单》，《赛上杂用神前本》（甲），宣统三年（1911）至 1925 年，杨孟衡《上党古赛写卷十四种笺注》，财团法人施合郑民俗文化基金会 2000 年版，第 54 页。

③《请状文稿》，守德堂《尧王山大赛底》，1918 年，写本。该文本为长子县尧王山办赛底本。

④《排神簿纸马单》，《赛上杂用神前本》（甲），宣统三年（1911）至 1925 年，杨孟衡《上党古赛写卷十四种笺注》，财团法人施合郑民俗文化基金会 2000 年版，第 57 页。

⑤《排神簿》，《赛上杂用神前本》（甲），宣统三年（1911）至 1925 年，杨孟衡《上党古赛写卷十四种笺注》，财团法人施合郑民俗文化基金会 2000 年版，第 60 页。

⑥《二十八宿值日》（题目为作者所加），礼伦堂《迎神赛社》，民国，写本。

难神课、八仙庆寿、聚八仙、三清朝玉帝、打二十八宿、单蟾戏水、三灵侯朝玉帝共 19 个，占据总数的 21% 强。① 这些，都超过了前文所言的佛教戏。

由此可见，在赛社过程中，道教神祇的地位远非佛教可比。

本节对乡村庙宇与祭祀活动中的宗教派别情况进行了分析，并得出以下结论：乡村社会的信仰是一个多教混融的体系。它主要表现在：某些主神本身的宗教属性就是复杂的；在一个庙宇内部，有着多种派别的神祇、神殿存在，三教堂也不例外；就一个村落而言，庙宇体现出一种整体的多宗教属性。民间认同的不是宗教派别，而是庙宇、神祇的功能及其道德指向。就道教和佛教在乡村的影响力而言，道教神庙会的数量与影响都远超佛教。村社大庙极少有佛寺的情况也佐证了这一论点。在具体的迎神赛社中，我们还可以看到，各村所迎接的道教神地位和数量、祭祀中道教戏的数量、道教神在值日流程中的作用都非佛教神可比。当然，据此得出佛教影响力不如道教的结论是相当武断的，这毕竟是一个小范围的印象，但这至少可以说明"道不如佛"的观点有重新加以审视的必要。

本章主要探讨了乡村庙宇的内在机制并得出以下结论：

首先，村落庙宇有着等级区分并且在功能上互相配合。尤其是大庙的存在使得整个村落有了一个信仰世界的主神，也使得村落在信仰层面上有了主管。这种等级与配合维护了乡村信仰活动，也在现实生活中维护着村落秩序。同时，从庙宇的总体发展趋势来看，虽然有的庙宇会消失或者被替代，但以增加为主流。1938—1945 年是当代社会以前乡村庙宇最后的稳定期与过渡期。

其次，村落选址建庙有几大原则：第一，庙宇要建在水绕山环、风景优美的风水宝地。庙宇与风水宝地相互依存：风水宝地适合建庙，庙宇能充分发挥风水宝地的作用。第二，如果村落在风水上有缺陷，村落也要把庙宇建在可防煞、补脉之处，用以护佑村落安康。第三，在具体选址上，庙宇要符合五行八卦布局。不过，这种布局有相当的灵活性，村落可以根据实际情况进行调整。

---

① 《清抄〈唐乐星图〉队戏存目》、《清抄〈礼节传簿曲目文范〉队戏存目》、《抗日战争爆发前队戏存目》，寒声《上党傩文化与祭祀戏剧》，中国戏剧出版社 1999 年版，第 121—134 页。前两种文本为长子县东大关村阴阳世家牛家办赛所用底本。

　　再次，上党乡村庙宇祭祀的总特点是时间紧凑，空间分层。在这个原则下，形成了一村独赛、联村共赛、多村转赛几类迎神赛社的形式。需要特别指出的是，围绕庙宇进行的祭祀并不是一种同心圆的形式。庙宇之间有着密切的联系，最后有可能形成神与人、神与神、村社之间的亲属关系，加强了村社之间的联系，一定程度上打破了乡村社会在信仰和世俗两个层面的封闭状态。庙宇是区别于市集之外的乡村社会的又一个中心，它是以信仰而不是以经济为核心。

　　最后，乡村庙宇的宗教属性较为复杂。乡村社会的庙宇是一个诸教混融的体系。它表现在神祇本身的属性复杂，庙宇内部的神祇排列、村落庙宇的总体结构都是多元的。它以三教归一为主要特色却不局限于此。在道教与佛教信仰的对比上，可以发现在乡村社会，无论是庙宇还是神祇的影响力、数量，道教都占据的明显的优势。这一结论有可能成为中国社会宗教信仰研究的一个新切入点。

　　总体看来，整个乡村的庙宇内在机制较为复杂，又层次分明，但最后融成了一个有机整体，履行着它们护佑村落的职责。

第三章　集体祭祀的仪式分析

迎神赛社是民众为了获得神祇保佑、维护良好的生产和生活秩序进行的仪式，是直接表达对神祇期盼、感恩的形式。它关乎村社群体的利益所在，故而得到了足够的重视。上党迎神赛社的仪式有以下几个特点：第一，它由丰厚的供品和复杂而严格的流程共同组成；第二，它包含着上党人具有地域特色的信仰与思维；第三，由于上党多旱，祈雨仪式也是集体祭祀的另一重要组成部分。

需要指出的是，完整流传下来的文本并不多见，这主要是因为新中国成立后"破四旧"时将大量民间文书作为封建迷信糟粕予以销毁。如高平市长畛村本来有大量祭祀炎帝的文书，在运动中装了满满一车毁掉。潞城市南舍村曹家也有五箱仪式文本被毁掉。现在了解赛社仪式，除了依靠早期采访资料、口述回忆，就是仅存的一些由赛社主持人阴阳、乐户偷偷保留下来的文本了。

第一节　迎神赛社的一般仪式

由祭祀的神圣性决定，这一活动不可出现差错，祭祀人员如果"怠慢不洁，"就会"自招罪愆"。实际上，迎神赛社的流程虽然在各地并不完全相同，但主要环节基本通用。就总的特征看，大规模赛社的流程烦琐，礼仪要求严格。为什么要讲礼仪？因为祭神最重要的就是诚心。如果内心虔诚，尊敬神祇，神祇就会享用供品，反之，就会将其吐出来："敬之神享，不敬神吐。"① 要想表达诚心，民众就要借助礼仪，因为"威仪者，与天地同和之气"。它直接表达了民众祭祀的虔诚程度。如果要"诚心报赛"，就不能"祷闻神灵，不远不近，不恭不敬"，必须要有隆重的礼仪。如果违犯礼仪，神祇就会降下严厉的惩罚。本节主要以描述性手法，再现当年赛社的主要程序。

一　筹备阶段

在正式的仪式之前，要有一个筹备阶段。社首会召集相关人员，商议安排办赛事宜。一些重要的人员，如厨师、社首需提前进入承办庙宇。从这一刻起，其身份由世俗向着神圣领域转化。

（一）下请

在前文论述到庙宇之间的联系时，曾提到主办村社要以祭祀主神的名义请村落或有渊源关系的外村庙宇中的神祇来本庙赴宴、观礼，共享祭品。这就是下请。这一程序虽由人来完成，却是以神的名义。它将庙会置于一个神祇网络之中，体现了信仰的整合功能，也为村民进香祈祷提供了便利的场域。

各地的下请程序大致相同。如请本村神祇，则直接去各庙即可。如果请外村神祇，则需要先在本村主神庙内请示，再去土地庙前请示，具体礼节大同小异，现综合各地赛事作一归纳总结：

第一，主神发出邀请。社首、主礼②、前行③等相关人员至本村主庙前，由前行开说一篇赞词④，内容不定。然后开演队戏。众人行礼参拜。

众人跪地后，酒司⑤斟酒，前行讲酒三次，即念三遍与酒相关的赞词。内容以酒的源流、典故及以酒祭神的来源为主。

讲酒之后，要读《禀状文》，大意是本村主神正在等待各路神祇前来：

---

① 《头场听命本》，《赛上杂用神前本》（甲），宣统三年（1911）至1925年，杨孟衡《上党古赛写卷十四种笺注》，财团法人施合郑民俗文化基金会2000年版，第46页。

② 主礼，迎神赛社仪式的主持者，由阴阳先生担任。

③ 前行，赛社队伍的引路人，因其手中拿一根竹竿，又称"竹竿子"。参见康保成《竹竿子补说》，《民俗曲艺》2001年第133期；康保成《竹竿子再探》《文艺研究》2001年第1期。

④ 赞词，即赛社中穿插其间所念的祝词，一般由前行念诵，又称"前行词"。

⑤ 执掌斟酒事宜之人。

"执盏伺圣驾以来临。同宫配享，致祭威灵"①，希望"合境之诸神同降宫庭而配享"②。这一仪式显示了众神同乐，共享盛世的诚意。

随后，主神还要向土地、五道神下达命令，让他们传送邀请各路神祇的请柬。土地、五道的作用类似于神祇世界的基层负责人。他们要负责传达大神的旨意，也直接处理一村事宜。五道神比土地地位更低，主管五道轮回和道路交通，既保佑生人在路口不出交通意外，又引领逝者去阴间：

> 五道爷相当于街道居委会的区委会主任。今天这样的行政村原来就有七八个，它都建在十字路口，除了阻挡邪气之外，人死后，五道要送人的灵魂去阴间，于是它多建在十字路口防止鬼魂迷路。③

> 东沟边开油坊，五道小庙还像样。五道爷坐中央，人们叩头又烧香。他也不嫌累的慌，黑天白日在站岗。有骡马、有车辆，有往下走有往上。他的管理都一样，不损私，不受贿，一天到晚不害④累。⑤

由于所请神祇较多，还要准备相应的牒文，一般称作《委付牒》，主要内容是由主神下一道委托文书，声明请神事宜由土地或五道负责，要求二神去邀请神祇。全文如下：

> △神仙旨牒下当村土地：今有山西等处承宣布政使司，某府州县△乡△里，现在△村居住，下民社首△人暨领合社人等，某神位前，为酬凤愿，率集本村众信人等，就于某神祠前，建立坛场茶酒宴。宴三日。右牒仰差值符使者，△日迎神，△日罢散，故此牒者，须议出给。今开配享圣号于后，照神传配圣名。右牒下当村土地祠，开拆准此。△年月日。特发委付牒行。⑥

由委付牒文中具体神祇的名称空白可知，这也是一种惯例式的公文，带有一定普适性。

---

① 《正殿下请状》，《赛书》，咸丰十一年（1861），写本。
② 《正殿禀状》，《祭文簿》，1925 年，写本。
③ 口述：张太升，60 岁，襄垣县西山底村村民。采访者：笔者、段建宏，2013 年 6 月 17 日。
④ 害累：方言，嫌累。
⑤ 口述：魏征考，80 岁，襄垣县善福村村民。采访者：笔者、段建宏，2013 年 6 月 29 日。
⑥ 《委付牒》，《赛书》，咸丰十一年（1861），写本。

随后行礼，仪式告一段落。

第二，去土地庙。焚香，叩拜，酒司奠酒，前行讲酒之后，主礼要宣读请求土地、五道去各村请神的祭文，如下：

> 山西潞安府长子县各坊厢里不同人氏现在△△村居住，奉神祈福主邑，社首引领各社人等谨以香楮清酌之奠。敢诏告于当方土地五道将军之神，窃以豺将祭兽、獭岁荐鱼，凡物有知，皆思报本，人灵于物，胡不告虔□。兹县境当安益求安，值乃时和宜瑞中，迎瑞是用，消吉采芹，合白叟黄童而曝愫允，当勾辰涤劳，尽簪绅亿庶而抒诚，卜享期于大小月初一□壹日正祀，预迎圣于四月二十七日，敢烦土地五道二位转□文牒，移发请疏于各　神祠之下，奉请上帝，合境三十三位尊神，届期预赴　陶唐圣帝庭前。[1]

第三，土地获得授权后，办赛村社就会派人去其他村社庙宇举行类似的仪式。同样，主礼要宣读《请状文》一类的邀请表文，赞颂所请神祇的功德，指明村社民众在本村神庙内"设乐致祭""伏望尊神来诣祭所"[2]。从这类祭文常将具体神名空出的表现来看，也是有一定普适性的。当然，也有较为细致的请神表文。如请护国灵贶王时，就用类似下面的表文：

> 维乡贯，谨以清酌□馐之仪，敢昭告于昊天玉皇上帝，暨领合境诸神位前，曰：春秋祈报答之成，乃于本月×日前往×村迎接护国灵贶王尊神、合境诸神圣驾位前曰：暂离圣境，早赴香坛，尊者上位，卑者下行，依例而坐。切思今岁五日一风，十日一雨，风调雨顺，国泰民安。故众下民无旱魃之灾，皆上圣布万祥之德。咸乐太平之象，同享丰稔之余。献享来格，共尽虔诚，伏惟　尚飨！[3]

至此，下请环节结束。

（二）上马、迎神、安神

随后，要将神祇请回办赛主庙。

---

① 《请状文稿》，守德堂《尧王山大赛底》，1918年，写本。

② 《各神请伏文》，《赛书》，咸丰十一年（1861），写本。

③ 《请神文》，张景丰《赛书》，宣统二年（1910），写本。该文本为潞城市羌城村阴阳世家张家办赛所用底本。

为表隆重，要请诸神上马：

> 伏以尊神，或从空而降止，或乘举以来临。先期奏表以告知，今日备驾而恭迎。位尊者乘鸾而共驾，位卑者骑马而前行。轻摇玉辔，稳赴金鞍。休辞云路之逍遥，暂离上方之境界。谨启诸位尊神，逍遥上马。①

有时没有真正的马，只具象征意义。如果是神牌，将其捧在胸前带回；如果是神像，则需抬回；如果是真人所扮，就一起跟随请神队伍前往办赛主庙。

随后是正式的迎神活动，这一过程异常隆重。各村社准备好各类社火，抬着神驾，一同到主办村社表演，又称"上香会"，是整个仪式中娱乐性最强的一天。② 各地上香会仪式大同小异，大致如下：

至迎神当天早晨，各村抬着神位，伴着乐队和武术队、各种故事，分别沿着特定的行进路线——"神路"向办赛村集中。此时，村落大街小巷，椅凳车辆上都已经站满了附近各村前来观看的村民。特别提到的是，赛社期间一些村落各家院里都安有大锅做饭，供前来观看的村民免费饮食。一般而言，各个村社的队伍组成大致相同，一路上热闹非凡，谁也不甘示弱，也包含了比赛的意义在内。

最早的是一队锣鼓，称为香锣社鼓，后面是一列仪仗队，如古代官员出巡时开路的队伍：既有"肃静""回避"的金字招牌，又有清道、飞虎大旗和大凹扇、钺斧、朝天镫等物品。

接着是武术队。因为上党武风较盛，这种表演较为常见。两水村就有许多习武之人，其故事也广为流传。清至民国期间，出过练手爪功的和改成、能飞檐走壁的和成仁、练阴阳锤的和庭福，其中和学成在嘉庆期间中过武举。当时村内人出门支差或拉粮载煤，外村人多不敢欺侮他们。遇到拦路的，他们或显力气，一只手将拉东西的车轮抬起来，一只手把衣服放

---

① 《上马文》，守德堂《尧王山大赛底》，1918 年，写本。
② 口述：和秀荣，68 岁，长子县两水村村民。采访者：笔者、段建宏、原书林，2012 年 8 月 24 日。口述：王学武，65 岁，长子县下霍村村民，2012 年 10 月 6 日。采访者：笔者、段建宏、原书林，2012 年 10 月 6 日。同时，本仪式流程参照了各类仪式文本，不再一一出注。

图 3.1　潞城市贾村 2006 年 8 月 12 日仿古赛社时的仪仗队

资料来源：录像资料，段建宏提供

在车轮下面，或显硬功，拿块砖一块块掰碎，就吓得对方让路。1944 年，两水村一个十六岁的苦力和金忠同一个成年日本兵摔跤，连赢两跤。南委泉、下霍村也都有不少拳师，每逢赛社时，就组织起来助兴表演，也彰显自身功夫，弘扬拳法。

武术队过后，就是各神神位。除主神外，各神用得较多的是神牌和小驾老爷。小驾老爷是绑在架子上，或以轿子抬着的神祇走像，一般为木制，分量较轻，是除主神外地位较高的神祇。两水村的小驾老爷是温刘马赵四元帅，蝗皇岗赛社时是唐太宗。崇道东西社八月十日、十二日贺雨时，接贾村玉皇时用的也是小驾。此外，唐玄宗、夏祖大禹圣帝、护国灵贶王、昭泽龙王、五行行雨龙王均是小驾。

八音会引着四抬软杠。软杠杠身用绸缎被褥折叠而成六面一米见方的形状，再用丝绸和各种镜子装饰，光华闪闪。杠身是一支富有弹性的软木杠，走起来使得杠身上下跳动。

之后是四抬硬杠，用木料仿造成宝塔形状，再装饰上珠宝彩绘。

软杠和硬杠是民众希望生活如锦绣一样光彩夺目，以及财源广进的心愿表达。

图3.2　潞城市贾村 2006 年 8 月 12 日仿古赛社时的神牌

资料来源：录像资料，段建宏提供

图3.3　潞城市贾村 2006 年 8 月 12 日仿古赛社时的小驾老爷

资料来源：录像资料，段建宏提供

硬杠尾端是扛桩。一个年轻男子身上绑一根铁架，铁架顶端固定好一

图 3.4   潞城市贾村赛社时的玉皇小驾
资料来源：笔者拍摄于 2010 年 5 月 17 日

图 3.5   长治市南垂镇迎神赛社时的硬杠
资料来源：笔者拍摄于 2008 年 3 月 4 日

把小凳子，将演员固定其上，凌空表演。扛桩演得是戏曲故事，表演的多是儿童。其原因有二：一是孩子曾患疾病，家长在神前许愿，如果痊愈则为神表演还愿；二是家长希望子女获得神祇保佑，就通过为神表演来讨得神祇欢心。①

扛桩之后是抬桩。两三个演员被绑在一张桌面上，一边被抬着走，一边表演。

另外，还有一些金楼、银伞、二跷、高跷、踩旱船、二鬼搏跌、戏剧演出等节目。

最后是主神神驾。神驾前由

① 口述：王改巧，女，78 岁，长治市市民。采访者：笔者，2013 年 1 月 8 日。

图3.6　潞城市贾村2006年8月12日仿古赛社时的扛桩

资料来源：录像资料，段建宏提供

乐队吹奏，引着一队金鼓旗和将领兵。金鼓旗是两人扛着大旗，后面紧跟两面大穿锣，不时发出吆喝声。将领兵由戏班派出五名骑高头大马的兵将担任：前面是四个手举标旗的小卒，后面跟一名头戴金盔，身着绿蟒袍的将军。此后便是社首、香老、水官、提炉、把盏等赛社服役人员抬着的八抬大轿。主神作为最后压阵的神祇表达出一种主人邀请客人而请客人先行的礼节。

迎神活动明显是娱神和娱人结合的成果。神驾之中夹杂各类娱乐项目既能表明民众的虔诚之心，又能借此表现自身才艺，获得大众的喜爱，更主要的是获得神祇的青睐，以保来年事事顺利。

在办赛主庙前，主礼需念《迎神文》，表明村社"聊备牺牲，仰答神恩之佑"，准备迎接"圣驾来临"，希望他们"愿饮蝼蚁之诚"。[1]

各路神祇到达后，需要请神祇下马。潞城蝗皇岗要在三月十六日接神下马安神，龙泉山赛社称之为下马宴，但内容相同。此时应宣读请诸神下马的《下马文》，仪式如下：

---

① 《迎神文》，《赛书》，咸丰十一年（1861），写本。

图 3.7   潞城市贾村 2006 年 8 月 12 日仿古赛社时的主神銮驾

资料来源：录像资料，段建宏提供

第一次：先供一轮供品，称头盏，并念祭文：

伏以尊神，动劳圣驾，屈降凡尘，诚心遥空乞请，不胜屏营之至。伏望尊神暂脱玉镫，款离金鞍，请诸神下马。

第二次：再献一轮供品，称二盏，并念祭文：

伏以迎接诸神，请诣行官。聊备薄酌，祭献神明。驾龙车宝马而降会，乘凤辇鹤辂以来临。伏望尊神暂离宝鞍，请诸神下马。

第三次：第三次上供品，称三盏，并念祭文：

三盏伏以尊神同官配享，不弃凡情，请诸神早降瑶阶，乞众圣须登宝殿。伏望①尊神离鞍下马，俯从迎道。②

----

① 文本中的空白处在举行具体仪式时会填上具体神祇名讳。

② 《三门外下马文》，《祭文簿》，1925 年，写本。

三轮《下马文》内容相近，与传统礼仪中的三拜礼含义相仿，表明对诸神的高度重视。

诸神到达庙宇后，要先参见最高神，一般是玉皇上帝。随后，主礼要宣读《安神文》，主要内容是歌颂神祇德行，祈求神祇保佑。有时是针对群神所作：

> 伏以尊神，初离宝殿，略赴琼宫。东方甲乙，展开青色麒麟；南方丙丁，摆列鸾歌凤舞；西方庚辛，锦绣银瓶宝帐；北方壬癸，高挂翡翠珠帘；中央戊己，朵朵天花乱坠。五色俱以设陈，谨启诸位尊神，高登宝座，受其所献。尚享！①

如果神祇重要，就会有单独的安神文。如上党著名的地方神三峻，就常会受到优待：

> 德著谢日，有平迅雷之功；甘雨时降，有去冰雹之力。万姓咸受其福，群生均沾洪恩。今值△△之节，恭逢圣寿之辰，爰洁酒醴，敢献称觞，祈四季风调雨顺，祝本境物阜民康。②

安神时同样要焚香、献酒、讲酒、贡献祭品，开队戏、跪拜等仪式，不再赘述。

有时，在摆放神位前，还要有一个圆神仪式。壶关、长子、潞城都有一套里七外八的仪式，称"转香礼"，其核心就是"转"：

维首、执生③各执香一炷，主礼生引导他们向西走，到院中树或香亭前，向西转，再向南，向东，向北，再向西转，转够七个圆圈。

现有伞扇排在中间，以东西两厢作为东门、西门，东进西出。维首、执事在院外转八个圈，回到院中。

再转全东方上大殿，由西面下，到殿前香炉内上香。期间，还需念《圆神文》，内容仍是说明村社祭祀的地点与日期，希望诸神于"今月△日诣于△处或本村场内，谨严遵导，纵奉迎诸，神诣于祭所献享三朝，伏尊

---

① 《安神文》，守德堂《尧王山大赛底》，1918年，写本。
② 《安神文》，李兰芳《祭文全部》，1933年，写本。
③ 执生：分管此仪式的负责人。

神不弃凡情，俯从愚愿，共赐来临"①。

因为有"人多多转，人少少转"的规定，在实际操作中，可能不一定都要严格照此规定。这一仪式的目的是按神祇的等级、文武类别依次在转圈过程中将神位供上并借机整顿队伍。当最后一圈转完时，整个队伍已经形成一条非常顺畅的长龙。最后，主礼将他们引至诸神之前，行九叩礼，安神仪式结束。②

在安神仪式中，各路神祇按其身份、重要性依次排列。除却主神外，所有神祇需要在献殿或主庙大殿内排开。一般而言，由于庙宇影响范围的稳定性，所请神祇每次也基本相同，光绪八年（1882）潞城市北泽头村迎神赛社时神祇排位如下：

后排左半部分，左起：

1. 五道将军之神
2. 太尉将军之神
3. 显右伯城隍尊神
4. 风伯雨师尊神
5. 扬威侯尊神
6. 五方行雨龙王尊神
7. 护国显济王尊神
8. 齐圣广祐王尊神
9. 救苦救难观世音菩萨
10. 敕封关圣帝君
11. 山川社稷五谷尊神
12. 大唐仙师菩萨
13. 夏祖大禹圣帝
14. 九天圣母元君
15. 神农炎帝尊神
16. 昊天玉皇上帝

右半部分，左起：

---

① 《圆神文》，《赛书》，咸丰十一年（1861），写本。

② 《打圈香鼓式》，阴阳学李《祭文簿全书》，民国，写本。口述：牛其云，69 岁，壶关县沙窟村乐户世家。采访者：笔者，2014 年 12 月 15 日。

图 3.8　潞城市贾村碧霞宫仿古赛社时的神祇排位方式一

资料来源：笔者拍摄于 2010 年 5 月 17 日

17. 后土高皇大帝

18. 东岳天齐仁圣帝

19. 大成至圣仙师孔子

20. 北极玄天上帝

21. 大唐太宗圣帝

22. 护国灵贶王尊神

23. 大罗冲淑、惠真人

24. 大唐元宗尊神

25. 昭泽龙王尊神

26. 螟蚣八蜡尊神

27. 广德灵泽王尊神

28. 河伯龙王尊神

29. 本境土地正神

前排左起：

日宫天子太阳星君

昊天玉皇上帝

天地君亲师①

皇帝万岁万万岁

四值功曹使者尊神②

图 3.9　潞城市贾村碧霞宫仿古赛社时的神祇排位方式二

资料来源：笔者拍摄于 2010 年 5 月 17 日

二　正赛三天

在安神之后，正式的祭祀开始。正规的赛事要分三天进行，称头场、正场、末场，每场环节基本相同。现概括说明。

（一）晨起至饭前

第一，圣驾出寝与报晓。

五更天时，主礼生要打云板，乐户擂鼓，一般是三遍，每一遍要响炮一声。这是催社首及各相关执事洗脸、穿衣，在天地君亲师神位前参神。主礼生要念《报晓文》：

> 伏以东方才白，阴气归分，队子才来。报晓金鸡罢，各鸟啼钟玉，美人方才苏醒。感皇恩伏乞照鉴，下民无任，虔恭之至。③

---

① 位置再向前移，处于神祇最前排。

② 张南院：《排神簿》，光绪八年（1882），写本。

③《报晓文》，《赛书》，咸丰十一年（1861），写本。

随后给神祇上香，要有《念香文》，"香烟起处，众圣知闻"，通知各路神祇起身。

亭子用盘子盛放盥漱物品，主礼执香，乐队跟随，请诸神梳洗，念《盥漱文》或《盥洗文》：

> 伏以金梳钦献，照耀珊瑚之影；玉笼上陈，动献碧霞之光。神鬟彩结于瑶台，圣容重整于天府。紫气辉煌，仪招炳焕。下民无任，虔恭之至。①

由于村民要用水盆打水，以毛巾酌水为诸神梳洗，主礼需念《执水盆文》：

> 伏以江汉清波，堪濯圣天之表；词源倒浃，掬浴圣瞻之容。清泉无异于岷嶓，圣意垂鉴于江海。万籁万鸣，金标自着。下民无任，虔恭之至。②

随后，抬神驾前往殿中，主礼念祭文：

> 伏以尊神：昨夜日暮，送于寝室。今者华筵再展，绣幕重陈，复请尊神愿离仙境，早降龙庭，同宫祀礼，请神尚享。③

第二，祭太阳、祭灶、献太平鼓。

诸神出寝后，村社需祭祀太阳，称"抛太阳"。地址在村落东南方，取旭日东升之意。这是一天赛事与生活正式开始的标志。它规模较大，需要"吹办齐备"，烧起脚香，行九叩礼。④ 有清道、飞虎旗，执役抬供桌，细乐吹奏前行，主礼、社首、香老随同。因为时间紧张，所以人们要跑着去，故又称"跑太阳"⑤。其祭文如下：

---

① 《盥漱文》，《赛书》，咸丰十一年（1861），写本。
② 《执水盆文》，《赛书》，咸丰十一年（1861），写本。
③ 《请诸神出寝文》，《赛书》，咸丰十一年（1861），写本。
④ 《祭龙王》，张景丰《赛书》，宣统二年（1910），写本。
⑤ 口述：杜同海，76岁，潞城市贾村村民。采访者：笔者，2013年7月10日。

　　朝生东海，暮入西山。斡旋造化，游度循环。上照周天之影，下临遍地之形。无影不触，有祷必从。今兹大祭之期，献一杯竹叶之清酒，吹一曲太平之佳韵。永保万民之吉，常享普照之辉煌。俯垂朝鉴，伏惟尚飨。①

　　祭太阳回来后，要响太平鼓板，并由主礼宣讲太平鼓。"清晨早起，烧罢一炉名香，奠罢三杯清酒，有太平鼓板的来呈献。"太平鼓大致内容为宋徽宗在位时，御厨内人用羊皮蒙于炉上做鼓，"用谷碌锤应在案板上边，全当六扇阴阳板；吹火桶烙了五个眼，全当五眼细斜笛"，"吹了一通，打了一遍"。由此创造了鼓、板、笛三样乐器作为行赛之用，表达民众希望年年太平的美好愿望："清朝还动清朝乐，太平年还打太平鼓"。②

图3.10　潞城市贾村2006年8月12日仿古赛社时的"打太平鼓"环节
资料来源：录像资料，段建宏提供

　　此后，吃早饭。饭前祭灶，主要内容是祭祀监斋大神。先由神厨念

―――――――――

　　①《抛太阳文》，李宅《祭文簿》，1928年，写本。该文本为潞城市北庄村阴阳世家李家办赛底本。
　　②《太平鼓》，王金荣《前后行讲说古论有十论》，1927年，写本。

《开铮文》，祭文如下：

> 九天云厨鉴斋正直大神尊神位前曰：惟□神德被千载，职司九天。神通广大，法力无边。调水火而清吉，保合社以钧安。今值享赛之期，理应俎豆常鲜。敬具薄奠，报答神眷。①

随后由前行讲说监斋神的事迹，希望其能保民众平安。厨师膳夫人员在神前许下承诺，保证诚心奉神。

（二）供盏

早饭之后，正式的祭祀仪式开始，要持续三天，称头场、正场、末场。三天仪式基本相同。供盏次数不同，俗称"前七后八中十二"。在特殊情况下，有时三天可能会被压缩成一天，上午、中午、晚上各自供盏，称"早七晚八中十二"。每次供盏的程序则大致相同，现以头一盏为例：

图 3.11　潞城市贾村 2006 年 8 月 12 日仿古赛社时的"供盏"环节一
资料来源：录像资料，段建宏提供

主礼唱"立盏""开盏"，前行念祝酒诗，敬酒，起乐，众人行礼。

---

① 《开铮文》，守德堂《尧王山大赛底》，1918 年，写本。

图 3.12　潞城市贾村 2006 年 8 月 12 日仿古赛社时的"供盏"环节二

资料来源：录像资料，段建宏提供

主礼念上香文，随后众执事人员行礼。

乐户再奏乐，亭子捧着装茶、酒、食物的盘子，口含噤花①，准备供盏。

主礼生下命令，亭子供盏上殿，乐户起乐。

主礼生下命令，亭子将盘内物品放于神前。

乐户、亭子退场。社首、香老行礼后退出。

一般来讲，一次不会将物品供完，如茶、酒、食，至少要供两次，于是这一程序就会重复。

将食品供完后，前行要讲赞词，内容不定。乐队还要奏乐。现以民国长子县尧王山大赛为例，说明供盏时的演奏程序：

　　头场七盏开具于后：
　　第一盏　南山利市歌曲子，　补空②金枝三台；
　　第二盏　靠乐歌唱③，　　　补空满词；

----

① 噤花，指供盏时每人咬住的一朵手工做的花，避免在敬神过程中说话。

② 补空，如果正曲演奏完，供盏尚未完成，可用后面的乐曲填补。

③ 靠乐歌唱，上一盏没有唱词，本盏仍用上盏曲调，但加入唱词。

第三盏　唐明皇击梧桐，　　　补空再撞；

第四盏　全场细乐，　　　　　补空缠令；

第五盏　太平鼓板，　　　　　补空再杀；

第六盏　单呈独献，　　　　　补空美令；

第七盏　接舞变太，　　　　　补空队子。

正场十二盏开具于后：

第一盏　老人星歌曲子，　　　补空万化三台；

第二盏　靠乐歌唱，　　　　　补空满词；

第三盏　五花梁州，　　　　　补空再撞再杀；

第四盏　笙管呈献，　　　　　补空缠令；

第五盏　双猿献果，　　　　　补空把戏；

第六盏　单舞盘中曲，　　　　补空太平歌；

第七盏　群筝合唱，　　　　　补空美令；

第八盏　翰林判，　　　　　　补空杂耍；

第九盏　双舞皂雕旗，　　　　补空时兴令；

第十盏　琵琶合唱，　　　　　补空把戏；

第十一盏　单呈独戏，　　　　补空美令；

第十二盏　全场队子，　　　　补空收队。

末场八盏开具于后：

第一盏　寿南山歌曲子，　　　补空三台；

第二盏　靠乐歌唱，　　　　　补空满词；

第三盏　道宫薄媚，　　　　　补空再杀；

第四盏　五眼西下笛，　　　　补空把戏；

第五盏　全场大乐，　　　　　补空缠令；

第六盏　十样锦小乐，　　　　补空杂耍；

第七盏　群箫合曲，　　　　　补空美令；

第八盏　打散曲破，　　　　　补空揭帐。①

其次序不能混乱。

---

① 《三场乐次文》，守德堂《尧王山大赛底》，1918 年，写本。

供盏间歇，要上演傩戏，亦有相应古论内容。

供盏之后，供茶一盏，社首、亭士、帏子行礼四拜，回班，作揖，然后用餐。

此外，晚上要祭风，前行要念《祭风文》，中心内容是在赛社期间"祈黄风之永息"①，希望风神"停止四时之狂风，可酬神圣之大德"②。

随后还要上演酬神戏，之后需要将众神送归寝宫，主礼等负责人仍需要焚香叩拜并念《入寝文》：

> 伏以诸位尊神，切见金乌西坠，玉兔东升。明星灿烂于普天，皎月婵媚于遍地。茶寒酒冷，烛尽灯辉。香尽烟消，食冷无气。谨请满位尊神，各归寝位。③

一天仪式结束。

在供盏间歇，如果是联村共赛，为确定下一次主办村落，要进行领羊礼。大致规程是，每村会准备一只洗刷干净的纯色羊，在其耳内灌上酒，由各村社人牵入神殿在神位前一字排开，焚香禀神奏乐，主礼念《领羊文》：

> 尊神德配日月，道合乾坤。御灾捍患，阜物康民。风雨依时，准蒙圣恩。幸无物以感戴，誓以羊而报德。谨启诸位尊神，用申领纳。④

在此过程中，如果哪村羊最先抖动身体，就表明神祇愿意让哪一村主办下一次赛社，该村自然成为主办村。如果已经选定了主办村社，那么这只羊在本次赛社中会被作为领头羊，祭祀期间要好好供养。

最后一天仪式结束后，要送神祇回归各自庙宇，也要念数次祭文；供盏三次，场面隆重。送神时，村社要先向神祇表示歉意，表明此时"茶寒酒冷，案上食馔消疎。莲炬烛灭，炉内香消"，对神明多有亵渎，只能请神祇回归。随后向神祇提出要求，既然村社已经诚心祭祀，"谨献金纸银钱，以作酬恩微礼"，神祇就要"保本境风调雨顺，佑四方五谷丰登"，

---

① 《祭风文》，《祭文簿》，1925 年，写本。
② 《祭风文》，守德堂《尧王山大赛底》，1918 年，写本。
③ 《入寝文》，守德堂《尧王山大赛底》，1918 年，写本。
④ 《领羊文》，守德堂《尧王山大赛底》，1918 年，写本。

"祈家家而乐业，保户户以安宁"。①

三　繁多的供品

在赛社过程中，要不停地给神祇进献供品，其种类繁多。这里面既有"茶果香灯花"五般供养之说②，又有十供养的概念，分别是香、花、灯、水、果、茶、食、宝、珠、衣。③后者可看作前者的延伸。这些物品能供神的原因在于它们美味可口，为神祇喜爱，能沟通人神。神祇享用这些供品后，可身心愉悦，从而更愿意护佑村社。

第一是茶。因为茶有清幽香气，"苓芽换就，妙手修成"，如云气琥珀，雪浪琉璃，所以茶"上可献天地，下可祭鬼神"④。"茶有三岛真仙用，何况神前不献茶"⑤。于是，在祭祀时"先献江南茶一盏"，实在赏心悦目，有"盏内斟时浮雪浪，瓯中点处落梨花"⑥的效果。在民众想象中，他们供给神祇的有金桂茶、白丹茶、脑射茶、香茶、紫碧玉银茶等诸般好茶，"御宴先中酒宴成，述言常谈茶根深。有人打的清凉味，一杯清茶可奉神"⑦。

第二是水果。民众认为，"茶好奉神，赶不上果好奉神。"各地的有名水果，诸如江南小枣、魏府义梨、河阳县柘榴、西川琵琶果、扬州花篮柿、荔枝、龙眼、熏枣、石榴、松子、橄榄、茯苓等都是供神圣物。正所谓"桃杏李奈柿饼霜，石榴龙眼荔枝新，西川常进琵琶果，四季呈来好奉神"⑧。

第三是香。"果好奉神，赶不上香好奉神。"香为供神必需，而且起着

---

① 《送众神文》，《赛书》，咸丰十一年（1861），写本。

② 《百花盏》，王金荣《前后行讲说古论有十论》，1927 年，写本。

③ 《十供养》，《赛场古赞》（乙），同治十三年（1874），杨孟衡《上党古赛写卷十四种笺注》，财团法人施合郑民俗文化基金会 2000 年版，第 326—327 页。该文本为长子县东大关村阴阳世家牛家办赛所用底本。

④ 《头场听命本》，《赛上杂用神前本》（甲），宣统三年（1911）至 1925 年，杨孟衡《上党古赛写卷十四种笺注》，财团法人施合郑民俗文化基金会 2000 年版，第 47 页。

⑤ 《百花盏》，王金荣《前后行讲说古论有十论》，1927 年，写本。

⑥ 《头场听命本》，《赛上杂用神前本》（甲），宣统三年（1911）至 1925 年，杨孟衡《上党古赛写卷十四种笺注》，财团法人施合郑民俗文化基金会 2000 年版，第 47 页。

⑦ 《百花盏》，王金荣《前后行讲说古论有十论》，1927 年，写本。

⑧ 同上。

上达天听的作用。民众认为："夫香者，金炉香袅，紫雾腾空。祥云上结于太虚，瑞气已升于三界。乃山川之秀气，伏日月之精华。燃向金炉，焚于银鼎，上通霄汉，下彻云乡。""通于天地，感于鬼神"。① 只有上香才能表明诚心。"奉神千般用，先焚一炉香。"② 更有说法认为："今日迎神答上苍，虔诚礼拜各惶惶。问余何物可将至，全凭金炉一炷香。"③ "满斟玉液三杯酒，奉神全凭一炷香。"④

第四是灯。灯也起着重要作用。"香好奉神，赶不上灯好奉神。""一月光明照万里，夜晚全凭一盏灯。"灯的种类很多："吾佛面前万寿灯，天子面前照艳灯"，又有金灯、银灯、水灯、肆灯等。⑤ 供神需要光明，因而村社要准备大量灯火，"灯河供奉尊神"⑥。

第五是花。"灯好奉神，赶不上花好奉神。"民众认为，一年四季，每季都有可供奉神的花色。"若论花者，分春夏秋冬四季开放。"正二三月为春天，是桃花杏花；四五六月为夏天，是石榴花、太子花；七八九月是秋天，是黄菊花、白菊花；十、十一、腊月是冬天，是款冬花、奈冬花。这些花之所以能够奉神，在于它们开花时间。以阴阳五行的观点来看，他们正赶上"土王用事"，"按土为中，正可好奉尊神"。⑦ 在村社眼中，百花争艳，可装点祭神场所。因而在行赛仪节中，会有前行讲百花赞词，将大量与花有关的典故一并纳入。这些表述经常只带一个花字而不管其是否真与花相关，像"写下俺花名散乐，花腔鼓响似雷鸣"、"看琼花失了炀帝，五花棒打死昏君"一类的诗句就颇有莫名其妙之嫌。明显地，这是村社拿来以壮百花声威的举动，为自身的敬神力度增加砝码："列花言今朝赛罢，众社首荣花万春。大社首不用花说，准备下折地花红。说得是百花头盏，

---

① 《头场听命本》，《赛上杂用神前本》（甲），宣统三年（1911）至1925年，杨孟衡《上党古赛写卷十四种笺注》，财团法人施合郑民俗文化基金会2000年版，第48页。

② 《各局长念香文》，《赛书》，咸丰十一年（1861），写本。

③ 《头场听命本》，《赛上杂用神前本》（甲），宣统三年（1911）至1925年，杨孟衡《上党古赛写卷十四种笺注》，财团法人施合郑民俗文化基金会2000年版，第47页。

④ 《百花盏》，王金荣《前后行讲说古论有十论》，1927年，写本。

⑤ 《各局长念香文》，《赛书》，咸丰十一年（1861），写本。

⑥ 《头场听命本》，《赛上杂用神前本》（甲），宣统三年（1911）至1925年，杨孟衡《上党古赛写卷十四种笺注》，财团法人施合郑民俗文化基金会2000年版，第48页。

⑦ 《百花盏》，王金荣《前后行讲说古论有十论》，1927年，写本。

凭花巧语谈论。一片佳七言花语，百花会敬奉天宫。"① 将"荣华"写作"荣花"，连谐音都用上了。

第六是水，也是祭祀必需。"滔滔不绝盈江湖，一勺清流注玉壶"②。

第七是宝贝。"玉宝从来不一筹，夏铸九鼎圆天球。鬼神不吐在明德，舍却心田何处求。"③

第八是珍珠。"问君何处交趾来，陈设堂前压祸灾。不是孟尝高洁性，远离合浦无照回。"④

这两类祭品供奉的理由不详，但从诗句表达的意思来看，似是二者珍贵高洁，故而可供奉鬼神。在实际的奉神仪式中是没有这两类物品的，此处仅具有象征意义来表达民众祭神的诚心。

第九是衣裳。衣裳是万物精灵所必需，因而要作为供品："杳杳精灵何所依，春秋时祭设裳衣。诸般皆供独无比，欲见齐焉柳亦稀。"⑤ 在祭祀过程中，要为神像换上新装，既表虔诚与喜庆，也提醒神祇新的一年已然开始，要尽职尽责为民众服务。

第十是食物。食物是祭祀的主要供物之一。食物供神，由来已久。为了纪念由茹毛饮血向"变生造熟"的重大转变，村社认为"珍馐百味，宰割羹衬，祭祀为先"。⑥

除此之外，一些其他物品也是奉神必需。如酒，传自夷狄杜康，利用"千家米曲"，以江水煎成，因为可"煎成香酥美味"，献给天地诸神必有感应，所以酒也是献神必备。⑦ 村社认为，"酒是人间美味，神仙祖代流

---

① 《百花头盏》，嘉庆至民国，寒声《上党傩文化与祭祀戏剧》，中国戏剧出版社 1999 年版，第 425 页。该文本为平顺县西社村乐户世家王家办赛底本。潞城咸丰十一年（1861）年《赛书》中也言，前行要讲《百花头盏》。长子牛氏所藏本中亦有嘉庆九年（1804）《百花赋》一文，与此文内容相同。

② 《十供养》，《赛场古赞》（乙），同治十三年（1874），杨孟衡《上党古赛写卷十四种笺注》，财团法人施合郑民俗文化基金会 2000 年版，第 326—327 页。

③ 同上书，第 327 页。

④ 同上。

⑤ 同上

⑥ 《头场听命本》，《赛上杂用神前本》（甲），宣统三年（1911）至 1925 年，杨孟衡《上党古赛写卷十四种笺注》，财团法人施合郑民俗文化基金会 2000 年版，第 47 页。

⑦ 同上。

传"，能解千般愁怅。① 平顺县流传着潞安府杜康造酒，使得大禹连醉三天三夜，从此下旨天下各州县享赛时须先用酒祭天的故事。又流传着宋真宗在位时，后土曾向其讨封，于是真宗下旨各地享赛时头杯酒祭天，二杯酒祭地。② 在潞城市的传说中，风婆为一家讨封，最终确定享赛时祭酒的次序。据说尧在位时风调雨顺，国泰民安。他遍封神祇，却漏了风婆一家。于是，风婆来到驾前捣乱。她显出上至天，下至地的一股白气，却被大将王义一箭射瞎了一只眼睛。当晚尧梦中见风婆子前来追讨封赠，便将其一家封神，计有风伯、雨师、雷公、电母。随后尧王下旨天下各州、府、县、集市、道店、乡村："凡赛神者，先打三杯散酒。头杯酒祭天，二杯酒祭地，三杯酒祭风伯雨师雷公电母。"③

刘伶醉酒的传说也被移入，以证明以酒祭神的合理性：刘伶喝过赵木所造美酒之后，醉倒路边。妻子以为他已醉死，抬至家中掩埋。三年后，赵木前去讨要酒钱，才将刘伶从墓地中放出。此事惊动了"上方三教仙"，从此"奉神先献头杯酒"。④

由此看来，无论如何，祭神用酒由来已久。故而在所有的祭祀中，酒是必不可少的。

除了这十供养，再如纸，居于文房四宝之首，也是必备品。用它可"描成神像"，如同神像真身降临。正所谓"金银纸马供诸神，五色妆成假亦真。焚尽灰飞烟直上，至今千载发蔡伦"⑤。

再如各类寝帐旗幡，也都需要准备好，还要将其或挂起，或铺排，做成"锦绣花筵，象床铺陈"的式样，如同"西方圣境"，有"罗帐设列"，同时要求整洁干净，方能"供奉尊神"。⑥

① 《酒诗》，《赛乐食杂集》（甲），嘉庆九年（1804），杨孟衡《上党古赛写卷十四种笺注》，财团法人施合郑民俗文化基金会2000年版，第166页。该文本为长子县东大关村阴阳世家牛家办赛底本，下同。
② 《酒词》，1914年，寒声《上党傩文化与祭祀戏剧》，中国戏剧出版社1999年版，第437—439页。该文本为平顺县西社村乐户世家王家办赛底本。
③ 《前后行古论开细乐诗》，王金荣《前后行讲说古论有十论》，1927年，写本。
④ 同上。
⑤ 《头场听命本》，《赛上杂用神前本》（甲），宣统三年（1911）至1925年，杨孟衡《上党古赛写卷十四种笺注》，财团法人施合郑民俗文化基金会2000年版，第47页。
⑥ 同上。

除此之外其他的各项物品尚有多种，诸如伞杖、盘子、口花、碗盘等。1934年长子县苗村赛社所需部分祭品的数量如下：

小麻糖两千五百个，应用绣球伞五百把，长懒子一百把，五色懒五盘，干供十盘，水供十盘，松乞桃一百个，大麻糖一百个，桃环子一百个。另有夜供八盏，祭太阴盘一面，小麻糖十五个，懒子三把，水果若干。送神时，各神前要有麻糖五个，懒子一把。天地神位前，有小麻糖一百二十个，懒子十五把。

送神以后，要给值日人员菜一碗，小点心两个，粗果两个。到十七日，又要备菜七桌。共需菜具①二百三十个，木碗一百个，茶缸三十六个，盏盘七十六个，小方盘二十六个，把盏六十个。

供神所需主要面食有：

寸金定蒸八百个，连头馍蒸四百个，松花饼蒸一百二十个，日月饼蒸一百二十个，花尖饼煮一百二十个，小桃蒸八十个，川丝饼煮一百二十人个，绿毛龟蒸四十个，两包鱼蒸一色八十个，糖三角蒸四十个，五花饼蒸一百二十人个，大米饭。

各类干果水果有：

红枣八斤，广枝三斤，福元三斤，白果贰斤，桃石一斤，糖仁半斤，栗子四两，柿饼五个，花生二斤，瓜子二斤，松子四两，花□二刀，梨二十斤。②

相对于乡村低劣的生活水平而言，这样的祭品已经相当丰厚。再如长子县赛社时，每个参赛社都要准备一整头猪，可见食品的消耗量。壶关县需要做满汉全席，也说明其规模之大。如前所述，执事人员的食物也是一大消耗。高平市庄里村普通村民吃的是粗糠野菜，社首们则是"顿顿白面

---

① 菜具，盛放菜品的器具。
② 永德堂：《苗村赛社底账》，1934年，写本。该文本为长子县苗村办赛底本。

大肉"。当地流传着"走扬州，下汉口，不如在五谷庙当社首"的俗语。①
如前文所提，联村共赛的重要原因就是各村社可以分摊祭神费用，表明迎
神赛社确实会给民众带来经济压力。这也是近代迎神赛会屡屡为人诟病的
原因之一。

　　本节主要描述了迎神赛社的一般流程。将各路神祇汇集一处明显是乡
间宴饮的翻版，其目的在于加强神祇之间、人与神祇之间的交流，讨得更
多神祇的欢心。在这个过程中，迎神赛社的流程复杂，祭品多样。迎神赛
社将世俗社会的礼节移到了供神仪式之中。民众对神祇不停地焚香、跪
拜、奠酒、念各种祝词，奉献各种供品，无一不是信仰思维的表现。三跪
礼、九叩礼这种高规格的礼节也频繁地出现在祭祀礼仪中。这些规定都是
要民众严格执行的，虽不能做到分毫不差，却也不能随意敷衍。我们在下
文将介绍到，赛社组织者会告诫参与人员，如果不按规定奉神，会受到社
内和神祇的双重惩罚。除了财力、物力的消耗，迎神赛社也是对人力的考
验。对于办赛方的参与者而言，从五更就开始忙碌，到深夜才结束。最后
送众神归寝的时间，大致在晚上十点钟以后。在如此大的劳动量下，民众
依然能够坚持。不可排除其中含有社首、村长等乡村管理者强迫诱导的成
分，但最重要的恐怕就是这种对生活的恐惧和期盼激发了民众的潜力。迎
神赛社的主要功能是信仰与心灵上的，而非娱乐上的。纵然祭祀活动中的
演戏与社火是最具娱乐性的活动，也有狂欢性质，但它并不占主流。它们
的主要目的是娱神而非娱人，尤其是乐户戏。由此，不能将迎神赛会看作
是以经济、娱乐为主要目的的庙会。

第二节　几个特殊仪式

　　在迎神赛社的仪式及其记录文本中，有几个问题有必要进行单独分析：
其一是山与变异的山神崇拜，它和上党特殊的地理环境有关；其二是驱傩和
接寿星仪式，表明了民众对生命的渴望；其三是戏剧、赞词中表现的民间历
史思维很有特点。本节即从这三个方面来探讨迎神赛社中的民众观念。

---

　　① 口述：董富来，80 岁，长治市市民。采访者：笔者，2013 年 1 月 9 日。

一　山崇拜与变异的山神崇拜

祭自然神是上党迎神赛社的一项重要内容。如前文所讲的祭太阳、祭风都属这一类。除此之外，祭山也是重要一环。祭山文的数量很多。有时前三盏都要讲山①，甚至出现了在供七盏时连续七篇的《讲山文》②。这和上党多山有关。大山景色壮丽又物产丰富，给村民提供了如猎物、木材、石材等生活用品，可同时又有悬崖深壑，狼虫虎豹，危险重重。因而，民众对山的态度是敬畏与羡慕并存。更主要的是，寺庙古刹、神仙道观常坐落其中，大山成为民众心中的圣地与神秘之所。而且，周边之山会被视为村社的"地脉""龙脉"，是阻挡外来煞气及聚集本地福气的风水宝地。反之，如果破坏山脉，一方面会破坏环境，另一方面也会带来危险，所以村社常会有禁山的规约。"伐木取材，入以斧斤，搜岩采石，日夕任其凿削，将见山失其秀，而地犹能效其灵乎？"③ 他们会禁采石、禁煤、乱砍滥伐、穿窑取土等有碍于山上环境的行为。西青北村"不许在山中牧放牛羊，翦割蒿草杨柳，树林中不许起土并毁坏枝梢"④。西社村禁止在山内放牧、采石，违者必罚。为了杀一儆百，村社将违约采石的石匠交罚款之事，立碑以记禁约。⑤ 可见，护山是民众大致相同的认识。在这样的认知下，迎神赛社看重山就顺理成章。

有的《讲山文》着重描写山之惊险，以表达民众的敬畏之心：

> 夫山者，千峰列急，万映开屏……那山高不高，顶上接青霄；这涧深不深，底中见地府。山前面有圪睹睹⑥白云，圪登登⑦怪石。说不尽千丈万丈却魂崖，崖后有窊窊转转苍龙洞，洞中有叮叮当当滴水岩，岩下有牙牙义义代角鹿。又有些靡靡凄凄看人獐，盘盘曲曲红鳞

---

① 《讲山文》，《祭文簿》，1925 年，写本。

② 《讲山文》，道光年间（1821—1850），寒声《上党傩文化与祭祀戏剧》，中国戏剧出版社 1999 年版，第 507—513 页。该文本为潞城市南舍村阴阳世家曹家办赛底本。

③ 《立禁山约》，咸丰九年（1859），黎城县东柏峪村大庙。

④ 《禁牧碣文》，嘉庆十二年（1807），平顺县西青北村。

⑤ 《西社村合社公议禁约碑记》，1937 年，平顺县西社村。

⑥ 圪睹睹，方言，此处形容白云一片片连绵不绝的情状。

⑦ 圪登登，方言，此处形容怪石林立森然的样子。

蟒，耍耍玩玩白面猴……一群狼虫圪瀼瀼过，吓的人心圪撜撜惊。

有的《讲山文》重在描绘大山的壮丽景色，将其描绘成世外桃源，体现了民众对美好生活的向往：

> 望南山岭岭层层，涧下水叠叠潺潺。獐狍鹿来来往往，有猿猴对对成群。树头鸟声声咋咋，戏水龙暗暗明明。草里蛇圪的圪八①，水中鱼圪的咚咚②。山道士吹动山乐，山和尚打鼓敲钟。山汉子耕种山地，山妇子山饭来供。山桃果就吃山韭，山黄斋又配山葱。山童子牧放山马，山男子又把山耕。山大虫振山吼叫，山柴狗跑出山门。山鹰山头叫，山雀山中鸣。山鹰串山顶，山鹤驾山鹰。有山猪扒过山岭，振山虎吼叫山狼。山树上山花开放，山崖前山果先红。山观内山仙山道，山寺内山佛山僧。山坡里山牛山马，山林中山豹山熊。山海中山龙戏水，山岭上山虎弄风。仙山赏不尽，丹青画不成。此山为第一，堪可奉神明。③

山的神仙属性是要重点表达的内容。祝词常以大量篇幅描绘山中寺院：

> 山门左右竖金刚，四下相静是山水绕。五方佛殿永在了半悬空，六道轮回转人间吉善得失。七宝佛殿，新修八角钟楼，新九间大殿供如来，十家糯米佛锦地。此处有十方禅院，九处高僧。八难观音渡真僧，七佛祖师朝东都。六阳人里，竖得护法善神；五色云中，常忙的降龙伏虎的罗汉杆。四时果木不曾接，三朵片花常色在。两块怪石节凡杆，一座宝塔青云现……远看山门十二座，近看僧房一百间。半空中雾罩文殊院，青云里现出五台山。④

这段文字有诸多不明及错讹之处，但主要意思却能表达分明，正因为

---

① 圪的圪八，拟声词，此处指蛇爬行的声音。
② 圪的咚咚，拟声词，此处指鱼在水中吐泡的声音。
③ 张景丰：《赛书》，宣统二年（1910），写本。
④ 《祝山》，王金荣《前后行讲说古论有十论》，1927年，写本。

山中有寺庙，山会有了神圣性，民众才"会圣寿良辰上宝山，采去仙花奉神前"①。

山被视为神仙居所。自盘古开天辟地以来，就有山的存在，"有天地就有山名"。名山都有各自主管事宜：

　　　　先有那昆仑为主，后有那五岳为君。东岳乃泰山绝顶，管阴府九死十生。再说其南岳衡山，管江河虾蟹鱼龙。三郎坐西岳华山，管的是铜铁金银。再说那北岳恒山，管的是虎豹豺狼。共山头②为了中岳，长满院树木果品。东山上猿猴献果，南山上麋鹿成群。西山上狼虫虎豹，北山上鸦鸟飞禽。这就是五座名山，在此地立表山名。少林寺神拳神棍，灵山上出了世尊。老峰山仙人好景，武当山玄帝行宫。花果山齐天大圣，珞珈山南海观音。伏牛山道童学艺，凤凰山出在海东。太行山有头无尾，终南山湘子修仙。③

这些名山典故有的有所源本，有的却不知其依据何来。不过，山的神圣性却表露无遗。

除具体的自然物崇拜外，山神信仰在迎神赛社也很常见。

上党多山，许多村落就位于山中，于是，除了土地庙之外，山神庙也较一般的平原地区为多。旧时民众经常上山寻求木材猎物等，以求补贴家用。然而，进山风险较大，尤其有可能遇到猛兽，于是他们就建立山神庙以祈求平安。民国期间，壶关县树掌村一共有三间山神庙。每年正月初二早晨，村民会成群结队进庙祭祀，以刀头肉做祭品。④ 东沟村的山神庙也是如此。民国期间，该村有一座山神庙，殿内山神手握大刀高举过头，坐骑为一石狮，门后两边泥塑一狼一虎。⑤ 同土地一样，山神只是下等小神，庙宇也以小的居多，如树掌村的山神庙只有半间房大小、占地约6平方米。上党本质上仍是农耕社会，因此民众信仰体系中仍以农业大神为主。三窑乡村民本意是要建龙神庙，因为山中有虎为患才临时改建了山神庙，不过

---

① 《祝山》，王金荣《前后行讲说古论有十论》，1927年，写本。
② "共山头"，疑为"嵩山头"。
③ 《祝山》，王金荣《前后行讲说古论有十论》，1927年，写本。
④ 编写组：《树掌村志》（内部交流资料），2010年，第331页。
⑤ 编写组：《东沟村志》（内部交流资料），2003年，第27页。

是适逢其会，与民众初始愿望完全不同。在道光年间的重修中，正殿开始供奉黄龙神、白龙神、五谷神、财神，山神从正殿被移到了东角殿。①

当然，山神庙也有大的。如三嵕山三嵕庙、南神山山神庙、五龙山五龙庙都是享誉四方的大庙。他们之所以规模较大，最主要的原因就是山神变成了全能神，尤以祷雨为主。南山神庙据称建自宋宣和年间，开始封为"仁济敷应侯"，屡有灵验。四方村落如有亢旱，"求之即雨"。明加封海内山川之神时，才被封为"南山之神"。此后，降雨成为南山神主要的功能。明弘治年间，自春继夏，亢阳不雨，官府和士绅共同组织了大型祷雨仪式。仪式刚刚结束，天即降大雨："东阡西陌，莫不霑之。"② 到近代社会，已经看不到山神本来功能的影子了，南山神实际上承担了雨神的功能。

五龙庙情况类似，相传慕容永时有五色龙现于此山，民众以此作为山名并立祠。北宋时，雨泽就较他处为多，"四时祷请则应，故一方之民恃五龙以为衣食"③。明时将其封为五龙山神，但仍以降雨为其主要功能。民国期间仍为四方祷雨之地，庙内还有"祈祷祠"，毁于抗日战争期间。④

三嵕神的例子能更好地说明问题。

三嵕山即老爷山，在屯留县西北三十五里处，因为有三座山峰成品字形排列而得名。"地志以为后羿射九乌之所在。"⑤ 因其祷雨灵验，在宋崇宁年间被封为显应侯，赐额"灵贶"，因而又称"护国灵贶王"。至明太祖时同南山神一样，改封为"三嵕山之神"，庙宇被称为三嵕庙⑥，但"护国灵贶王"的称呼并未绝迹。道光十六年（1836），屯留县知县组织各乡约进行了一次大规模修建，就将三嵕庙称为护国灵贶王庙。自宋崇宁时开始，经元、明、清，历代官府均将其列入国家祀典并重修。明洪武以后，官府每年于仲春、季夏、仲秋祭祀。清朝知府于六月六日遣祭，县府于五

---

① 《重建碑记》，咸丰六年（1856），阳城县三窑乡村。

② 《南山神庙灵感碑记》，弘治六年（1493），武乡县南神山。

③ 李夷行：《重修五龙庙记》，北宋绍圣四年（1097），王太盛《五龙山寻踪》（内部交流资料），2010 年，第 19 页。

④ 《五龙庙遗址》，王太盛《五龙山寻踪》（内部交流资料），2010 年，第 49 页。

⑤ 《补修三嵕山碑文》，屠直：康熙《屯留县志》卷三《艺文》，《稀见中国地方志汇刊》(5)，中国书店 2007 年版，第 547 页。

⑥ 《重修三嵕山神庙记》，刘钟麟、何金声修，杨笃、任来朴纂：光绪《屯留县志》卷六《艺文》，《稀见中国地方志汇刊》(5)，中国书店 2007 年版，第 478 页。

月朔日、七月七日献祭。

三嵕神的功能一直就是"岁或不雨，祷辄雨"①。以屯留为中心，周边长子、壶关、长治、潞城各县区民众纷纷前来朝山，一年四季香火不断。

应该说，三嵕神从一开始就不是作为一个纯粹的山神而存在。民众看重的是他的抗旱与控制雨雹的功能：

> 相传尧时屯留张村有一个村民叫张三嵕，以卖砂锅为生，平日喜欢射箭。当时天上有十个太阳为患宇宙，赤地千里。烈日把石头都蒸烤成浆。张三嵕决心为民除害，他打造了十枝檩条大小的青铜箭，又将自己五丈长的桑木扁担弯成强弓，以牛皮筋做弦，连发九箭，射下了九个太阳，留下了一个。为纪念张三嵕，民众就在射日的最高山峰上为他修建庙宇，瓦泽岭也由此改名三嵕山。②

这一传说表明到近现代，三嵕神仍然是抗旱英雄的形象，与山神没有太大关系。民众认为，该神为射日英雄，又能呼风唤雨，"今岁五日一风，十日一雨，风调雨顺，国泰民安。故众下民无旱魃之灾，皆上圣布万祥之德"③。因此，在举行迎神赛社时会请其到场享祭。

降雨时也容易出现问题，天气恶劣的话会形成雹灾，变福为祸。于是，三嵕神又有了控制冰雹的功能："司殄冰雹，掌握雨阳。膏泽群黎，惠民无疆。岁岁大有，物阜民康。年年食德，没世不忘"，于是要"献戏三朝，柜酒三卣"④。20世纪上半期，这样的故事又得以流传："听说有一年，冰雹把别的谷子都砸光了，只有一颗幸免于难。大家感到奇怪，发现谷子上爬着一条小蛇在保护谷子，这就是三嵕。"⑤

大型山神庙宇的出现及传统山神功能的异变，都同上党特殊的地理环境有关。上党是农业区，但偏又多山，人们对山的要求远弱于对雨的要求，于是，山神就承担起了本不该由其承担的农业神功能。

---

① 《重修三嵕山神庙》，万历七年（1579），屯留县老爷山羿神庙。

② 《老爷山的来历》，屯留三套集成编委会《屯留民间故事集成》，无出版社，1988年，第1—3页。

③ 《三嵕文》，张景丰《赛书》，宣统二年（1910），写本。

④ 《护国灵贶王接神文》，王太盛《五龙山寻踪》（内部交流资料），2010年，第19页。

⑤ 口述：李承则，85岁，壶关县南阳护村村民。采访者：笔者，2012年10月4日。

图 3.13　长子县大中汉村三峻庙民国时护国灵贶王行雨图

资料来源：笔者拍摄于 2012 年 8 月 23 日

图 3.14　高平市箭头村三峻庙民国时护国灵贶王行雨图

资料来源：笔者拍摄于 2012 年 10 月 28 日

二　驱傩戏与接寿星

在清写本《唐乐星图》中，我们了解到，在迎神赛社中仪式中，有《猿猴脱壳》《鞭打黄痨鬼》《斩旱魃》数场驱鬼逐疠的傩戏。这表明迎神赛社还有"驱邪"的思维和对人死后的感悟。

《猿猴脱壳》在陵川、高平、壶关、阳城、晋城一带较流行。其主要表演流程是由一乐户扮成猿猴模样，躺在供桌前所铺毡毯上；另一人手持面罗，内盛面粉或麸面，在其身上及周围缓缓筛过。完毕后，猿猴跃起，毡毯上留下了猿猴形象。执事将毡毯提起，挂于殿中。这一仪式多用于丧事，用以表示亡灵脱离尘俗升天。赛社中用此仪式，可能有厄运从身上脱去的寓意。①

图 3.15　潞城市贾村 2006 年 8 月 12 日仿古赛社时的"斩旱魃"环节一

资料来源：录像资料，段建宏提供

《斩旱魃》：由乐户扮成旱魃模样，或用纸扎成一个。旱魃在车上疾行，另有乐户扮成方相、方弼在后追赶，最后将旱魃头打碎或者烧毁。这一仪式在潞城、长治、壶关、平顺、晋城一带多有流行。民众认为，斩掉旱魃便可一年不闹旱灾，雨水充沛。②

《鞭打黄痨鬼》：黄痨指黄疸病、痨病，在近代社会对人危害极大，常无法医治。此戏的目的是要借神祇之威力将黄痨鬼祛除。具体仪式是由人

①《猿猴脱壳》，寒声《上党傩文化与祭祀戏剧》，中国戏剧出版社 1999 年版，第 338 页。口述：杜同海，77 岁，潞城市贾村村民。采访者，笔者，2014 年 5 月 22 日。

②《斩旱魃》，寒声《上党傩文化与祭祀戏剧》，中国戏剧出版社 1999 年版，第 351—352 页。口述：杜同海，77 岁，潞城市贾村村民。采访者，笔者，2014 年 5 月 22 日。

图 3.16　潞城市贾村 2006 年 8 月 12 日仿古赛社时的"斩旱魃"环节二
资料来源：录像资料，段建宏提供

扮演成黄痨鬼和方相、方弼。黄痨鬼的形象为赤膊、短裤，全身涂黄色，在锣鼓声中从庙内跑出，后面紧跟一人，手里拿着一个麻袋。黄痨鬼在大街上东躲西藏，方相、方弼在后面紧追。在这一过程中，黄痨鬼可随意抓取商贩摊上或店中物品，放入麻袋之中。最后，黄痨鬼被赶回庙内，被绑在戏台上，人们以桃木鞭将其抽打至死。这象征着病疬已被驱除。由于黄痨鬼抓取物品，有将病疬带走的含义，许多商贩愿意让其抓取，以求病不缠身。①

这几部戏的同一目的就是驱邪。其中尤以《鞭打黄痨鬼》表明民众对于疫疬的忧虑。疫疬无疑是民众生命的重大威胁。乡村社会医药事业极不发达。因此，才会有各类去神祇面前请求赐药和祛病的行为。治病的根本目的无疑在于长寿。与《鞭打黄痨鬼》相对应，壶关、潞城、长子一带的赛社有迎接寿星，为民众添寿的专门仪式。在谈及寿星来历时，把老子的出身传说挪用过来，以显示其不凡：

---

　　①《鞭打黄痨鬼》，寒声《上党傩文化与祭祀戏剧》，中国戏剧出版社 1999 年版，第 338 页；口述：杜同海，77 岁。采访者，笔者，2014 年 5 月 22 日。

　　他是浙江苦处县人氏，父名韩天，母乃秦氏，怀胎老祖八十余载降生。老祖靠梨树而生，左肋而崩，右肋而出。生下老祖头长一尺二寸，身长一尺二寸，腿长一尺二寸，共长三尺六寸。白发白鬓，委委老相，堂堂身躯。昆仑山拜元始天尊为师，修行在终南山内，得道在长寿坡前。大宋三帝真宗在位，敕封南极寿星。①

民众将寿星自天宫接来为民众增寿。《百寿福》将民众这一心理表现得淋漓尽致。

首先，寿星的形象华丽：

　　南极赐寿一老仙，圣寿无穷赴筵前。两道寿眉迎百福，寿目一只照千年。寿耳常怀如日月，口内常饮福寿晏。寿□②如雪终不改，寿□③如霜身自安。手内常寿龙头杖，上挂福寿经一卷。头戴长寿□④一顶，身穿寿衣降阶前。

其次，寿星功能独特，专职为人间添寿：

　　故事星□⑤登岁履来庆寿，共祝南山福寿全。八仙庆寿为领袖，我是天上长寿仙。今日奉旨来添寿，苦劝世人寿无免。

再次，寿星筵席上各类物品豪华精美，珠光宝气盈溢。既有珍馐美味，又有各种花、灯、水、茶、果、食及各类珠宝衣物呈现：

　　寿香一炷香馥作，篆结寿字气临轩。寿花朵朵成瑞色，金瓶法花寿长远。寿灯一盏光明照，烛焰福寿万万年。寿水一滴成甘露，洒遍天下福寿添。寿果一株生香品，供在寿前庆安宁。寿茶一杯浮雪浪，汀南采来祝寿天。寿食厨中能人造，寿供司遍神桌圆。寿宝今日开藏库，普照金光祝寿前。寿珠一粒灵光电，献在食中福寿显。寿衣一套

---

① 《细开讲八仙》，王金荣《前后行讲说古论有十论》，1927 年，写本。
② 疑缺"发"字。
③ 疑缺"眉"字。
④ 疑缺"帽"字。
⑤ 疑缺"足"或"脚"字。

混元出，普献神前祝寿筵。①

最后，添寿的场面热烈，既有"寿酒三杯频祝寿，寿面一方献神前"，又有"寿礼九叩神安乐，寿乐八音奏管弦"；既有寿松、寿柏常年不老，还有寿草长存翠色，更有"寿猿献果香坛进，寿鸾歌唱好音传"。

正所谓："天寿江开来奉祀，地寿民歌乐土欢。""凡民设下祝寿供，今日神前添寿宴。寿山福水年年旺，福寿无穷岁岁安。"

这篇祝文每一句都带一个寿字，体现了民众对添寿之事的关注："合社人等同祝寿，祝罢神寿保万年。愿寿字众神来临，愿寿字天赐五福。"国家强盛是民众福祉的保障。因此，除了体现私人需求外，村社还将祈祷国家富强安宁的内容加了进来：

> 愿寿字海安海清，愿寿字屡年庆贺，愿寿字五谷丰登，愿寿字偏邦朝见，愿寿字永无战征，愿寿字君正臣贤，愿寿字万岁当今，愿寿字风调雨顺，愿寿字国泰民安，愿寿字万民乐业，愿寿字天下太平。②

寿星在仪式中的地位十分重要。民众把寿星出行的场面想象得很宏大："绿龟前引，白鹤后随。龙车凤辇，飘飘而离天宫；鹤驭云旗，幡幡以临地界。"③"乘白鹤以下降，驾紫气而临坛。"④"金童对对捧寿酒。猿猴宴前献寿果。寿桃献上福寿千。白鹤飞落寿宴前，寿宴台前把翅扇。麋鹿衔花来添寿，各色仙花寿宴传。"作陪的神祇级别很高。寒山、石德为其张罗忙碌，王母、东华帝君也得前来相陪："祝寿全凭右石德，庆寿还得左韩山。今日新增千年寿，彩凤呈祥寿万年。王母双手捧寿衣，东华帝君祝寿宴。杜康也能造寿酒，二仙祝寿在宴前。灵寿增寿海握天，奕世咸诵寿无边。"⑤

民众认为"寿星光曜于南极，千祥宇宙；遐龄紫气于北堂，碧日红

---

① 《百寿福》，守德堂《尧王山大赛底》，1918 年，写本。

② 同上。

③ 《请寿星表文》，《赛书》，咸丰十一年（1861），写本。

④ 《请寿文》，《祭文簿》，1925 年，写本。

⑤ 《百寿福》，守德堂《尧王山大赛底》，1918 年，写本。

桃"①，"修龄与天地并永"②，所以能给民众带来同样的好运："既妥神而宁人，亦福国以兴邦……永佑下方。"③

（一）接寿星

在正赛这一天，社首、主礼要在三更早起。在群神报晓、盥洗、讲酒等一系列仪式之后，乐户表演八仙迎新接寿星的队戏，主礼或前行要宣读相应的八仙祭文：

> 南极腾辉瑞气凝，人间五福寿为隆。德星独君常乐位，家祝户颂庆长生。
>
> 沉醉黄梁梦转迷，玄机神妙有谁知。造化□微人难识，招财利市汉钟离。
>
> 头戴青纱一字巾，金龙飞剑紧随身。升天入地神通广，扶立唐朝吕洞宾。
>
> 天地同生寿算高，骑驴踏倒赵州桥。杨州度托花杨女，大罗神仙张果老。④

宣读八仙祭文的目的是宣布八仙为迎接寿星的神祇。

还要念《接寿文》：

> 谨以香楮清酌之仪，敢昭告于南极长生大帝寿星真君尊神曰：
>
> 惟神象垂南极，瑞映中天。首五福而呈祥，合三星以曜光。筹满海屋，修龄与天地并永；核齐昆仑，退算同日月无疆。鉴兹下土，作善降祥。惠迪增以年纪，积德赐以绵长。今兹合社人等，荷蒙驾临，俯赐安康。既妥神而宁人，亦福国以兴邦。伏愿尊居缠野，永佑下方。如山兮如阜，如陵兮如冈，时享千秋之福，岁进万年之觞。⑤

之后，仪仗队将寿星接回庙宇。

---

① 《请寿星表文》，《赛书》，咸丰十一年（1861），写本。
② 《接寿表文》，守德堂《尧王山大赛底》，1918年，写本。
③ 《百寿福》，守德堂《尧王山大赛底》，1918年，写本。
④ 《八仙庆寿诗》，守德堂《尧王山大赛底》，1918年，写本。
⑤ 《接寿文》，守德堂《尧王山大赛底》，1918年，写本。

（二）寿星与主神、八仙互相进酒

社首、香老等执事保山员为寿星上香，行礼四拜，奠酒三次，前行讲山。

讲山的意义在于山上"松柏常青"①，表明山也成为增寿的助力。

随后，主神下殿，请寿星赴宴，寿星位置在正东位上坐。②

东北上设皇帝位，在主礼祭完皇帝后，又会到寿星处跪下。随后有乐户表演。

供酒之后，寿星至宴主前进酒。

这是神祇间的一种互动。寿星向宴主，即主神进酒，表明愿用自身神力使主神长寿，也使主神治下民众安居乐业。南极星君表示，在主神圣诞秋报之时，他应该进寿酒，念寿表，祈祷上苍，使"神祇安乐，上下清宁。日月循环，川岳效灵。风调雨顺，水火潜形。干戈偃息，边鄙和平。普天率土，田里安宁。万民乐业，五谷丰登。家和人足，永享太平"③。

主神在接受了寿星进酒后，也要回敬，以感谢寿星前来，其主要内容是夸赞寿星长寿的益处，以使寿星能护佑治下苍生。

> 寿星奉敕下天关，按落云轩到此间。王母蟠桃添来寿，老君妙药献灵丹。休言彭祖夸年迈，慢说蟠桃不改颜。日月南山如松柏，纪神同率一时班。④

此后，八仙也要来向寿星献酒。八仙在中国民间的影响力毋庸置疑。这一举动更提高了寿星的地位，也表明民众对寿命的重视。八仙献酒词含义大致相同，也是赞美寿星功德。因为，只有这样才能取悦神祇，鼓励神祇满足民众需求，最终目的仍是要"庆尊神年年添寿"。现仅举吕洞宾的部分酒词为例：

---

① 《祝寿讲山赋》，《礼节传簿唐乐星图》，嘉庆二十三年（1818），寒声《上党傩文化与祭祀戏剧》，中国戏剧出版社1999年版，第579页。该文本为长子县东大关村阴阳世家牛家办赛所用底本，晚清民国期间仍在使用。

② 张南院：《排神簿》，光绪八年（1882），写本。

③ 《寿星赠筵主表》，《赛书》，咸丰十一年（1861），写本。

④ 《某神回贺》，《赛书》，咸丰十一年（1861），写本。

八仙扶老人星南极下界，排鸾驾乘凤辇早降香坛。
垂白发银系眉胡须三绺，鹤楼高红粉面貌似童颜。
头带着透玲珑七星冠子，脚上穿云凤履踏着云端。
穿一领云鹤氅长生仙服，包天地日月星海岳山川。
取一根龙头杖喷烟吐火，持一本救苦经度道升仙。
上天宫下地府神通广大，游海角走天涯变化多般。
斩妖魔降邪怪神鬼皆惧，与人间降吉祥益寿延年。①

（三）放生

随后，要在寿星前举行放生仪式，供寿面。

放生仪式是将预备好的笼中鸟放飞，以鸽子居多。

放生仪式有明显的佛教特点，在寿星前放生，蕴含了民众希望神祇恩泽布于天地万物的美好愿望：

物外灵禽照碧天，笼中拘鸟几多年，
今逢圣降蒙恩宥，赦放天堂化飞仙。②

民众认为"野鸟翔集，孤鹜为群。与世无求，与人无争"。它们本该过着无忧无虑的生活。"君子之心常存乎恻隐，君子之德莫大乎好生。"民众也希望通过放生为自身谋取福祉。他们非常羡慕放生得好报的事例，如"简子曾醉于献人，沛公因集于免井。杨保曾放黄雀，后有四世三公之位；毛宝曾放白龟，得免右虎将军之倾"③。

前行赞语中，有一大段详细介绍了杨保放生的故事：

杨保是一个普通农民，"家中贫寒，度日难过"。一天他在山中砍柴，见一只黄鹊落下地来，"浑身无毛"，眼看难以成活。杨保将黄鹊救回家中，养在笼中，四十九天毛羽俱全后放生。黄鹊乃是玉帝执书童子，因打破玻璃龙凤盏被贬下界受百日磨难。因杨保将其救起得以

---

① 《宴主与寿星回酒赞语·吕洞宾》，《赛书》，咸丰十一年（1861），写本。
② 《放生文》，《赛书》，咸丰十一年（1861），写本。
③ 《放生文》，守德堂《尧王山大赛底》，1918年，写本。

提前重返天宫。黄鹊向玉帝禀报后，玉帝大喜，赐给黄鹊三件宝贝：金环一对，宝珠二颗，让它带给杨保。杨保坚辞不受。玉帝便重新赏赐他"三朝皇帝景象"，辅佐了三朝皇帝。①

这一善报给了民众极大鼓励。自然，他们也知晓，要想得到杨保那样的好报终是妄想，于是"合社人等，买生放生，不求三朝皇帝景象，只求其买卖和合，人口平安"。正所谓"一日撒网在空中，拿住一个俊飞禽。十两黄金不曾卖，留落神前来放生"。② 于是，"幸遇龙虎圣寿"之时，"正值神人偕兴"，村社打开鸟笼，"放灵禽于万里"，是一项"共祝圣寿，覆育群生"的善举。③

（四）读普祝表，送寿星

村社并非只要求神祇给自己添寿增福。作为回馈，村社也祈求寿星为诸神加寿。村社认为风调雨顺，"诸虫不作，蝻蝗不生。田蚕百倍，五谷收成。年年丰稔，岁岁仓盈。家家乐业，户户康宁。人口进禄，牛马成群"都是"托上天圣众布慈祥之德，赖下界诸神垂阴佑之恩"。在这种情况下，民众感到"无物可酬皇天，无物可酬后土，天地之恩实难上报"，于是凭借这"一柱明香""三杯清酒""金纸银钱""花果灯烛""笙簧鼓乐""歌舞吹弹"奉神，恭祝各神"圣寿无疆福无疆，万寿万寿万万寿"。④

寿星也要向包括玉皇在内的合境诸神表明自己的态度："祝众神金石之弥寿"⑤"圣寿等齐天"⑥。

最后，送寿星出庙门，返回天宫。

可以明显发现，在仪式不同阶段、不同场合为寿星准备的文辞内容都大体一致，难免令人乏味。但是，这正表明了民众对长寿的重视。不厌其烦的重复目的是感动神祇。供盏时，也有与庆寿相关的戏乐，如《老人星过关添寿》。在潞城一带，第一盏所奏曲子均与增寿有关，如《长寿歌》

---

① 《杨保放生》，王金荣《前后行讲说古论有十论》，1927 年，写本。
② 同上。
③ 《放生文》，守德堂《尧王山大赛底》，1918 年，写本。
④ 《寿星与合庙诸神表普祝文》，《赛书》，咸丰十一年（1861），写本。
⑤ 同上。
⑥ 《与诸神上寿酒赞语》，《赛书》，咸丰十一年（1861），写本。

《万寿歌》《寿南山》《老人星歌》等。① 它们的主题与各类赞词、祭文一致，进一步增加了寿星在民间祭祀中的地位。在福、禄、寿三星中，只有寿星在赛社仪式中受到如此重视。虽然"福禄星领敕旨，长寿星离天宫"，三者一起下凡，但福、禄星没有一篇单独的赞词，在安神时也没有给它留出位置。究其原因，在于福、禄星远没有寿星对民众的吸引力大。福星所指较为宽泛，而且村社各种神祇均已经承担了各个具体的分工，玉皇又统管一切，福星难以找到具体的功能指向。禄星更是难与一般民众建立起密切联系。一个典型的例子就是主管禄命的文昌阁在乡村多以"阁"的形式出现，规模不过三间，也未见为其专门举办的迎神赛社和围绕其展开的庙会。传统以至近代的乡村社会，能走上仕途，拿俸禄的农民比例自然极少，即使是士绅也难例外。乡村士绅的主体只不过是比一般村民多了一些文化或财富的上层村民，本质上仍未脱离农村，也并非官吏。总之，绝大多数乡村民众终其一生都难以脱离村社。在这种情况下，对寿星的格外重视就成了民众一种自然的选择。

三 乡村社会的历史观与人物观

在祭祀过程中，酬神戏的上演是必不可少的。

（一）英雄戏与英雄崇拜

在迎神赛社中上演的剧目从形式上分杂剧、队戏、院本等，从内容上分傩戏、神仙戏、英雄戏。其中，以队戏和杂剧最为重要，而以队戏最为正规。② 正因如此，队戏是反映民众审美趋向的主要标准。以清抄《唐乐星图》记载为例，可查的戏名有 87 个：

英雄戏：武王伐纣、孙膑摆九宫八卦、齐公子出秦③、十八国临潼斗宝④、鞭打楚平王、范蠡归湖、张良卖剑⑤、樊哙鸿门会、月下追韩信、

---

① 《二十八宿值日》，曹国宪《迎神赛社礼节传簿四十曲宫调》，万历二年（1574），写本。该文本为潞城市南舍村阴阳世家曹家办赛底本。该写本虽是明写本，但据曹家后人曹绍令介绍，在民国期间广泛应用于潞城一带的迎神赛社中。这也表明民间信仰仪式具有相当的稳定性。

② 关于赛社上演的戏剧类别，参见黄竹三《谈队戏》，《民俗曲艺》1998 年第 115 期。

③ 齐公子出秦，先秦戏，指孟尝君靠门客鸡鸣狗盗之徒的力量离秦返齐。

④ 十八国临潼斗宝，先秦戏，讲秦穆公邀请十八国诸侯斗宝，同时派柳盗跖截取宝物。柳盗跖与楚国先锋伍员大战，惺惺相惜，最后两人结为兄弟，一同赴会。

⑤ 张良卖剑，楚汉戏，讲张良游说韩信，使其放弃项羽改投刘邦。

霸王设朝封官、大会垓、斩韩信、王昭君和北番、细柳营①、昆阳大战汉光武②、白门斩吕布、曹公赐袍、关大王千里独行、三请诸葛、诸葛亮赤壁鏖兵、斩关平、古城聚义③、三气周瑜、班超投笔、赶杨林、三跳涧④、五虎锁秦王⑤、李卫公夜看扬州、虎牢关破夏王⑥、四马投唐、十羞李密⑦、五虎将下西川、十八骑误入长安⑧、压关楼夺带、三下河东、五侯反太原、出幽州、天门阵共 38 个，占据总数的 43% 强；

其他的道教戏有 19 个，占据总数的 21%；

佛教戏有 10 个，占据总数的 11%；

傩戏有猿猴脱壳 1 个，占据总数的 1%；

历史典故及生活类：庄子叹骷髅、四公子斗富、潘葛思妻、秦询箫管、三元报捷、东方朔偷桃、姑阻佳期、佛殿奇逢、小儿难夫子、秋胡过关、百花林作会、马践杨妃、越范蠡归湖、宋玉悲秋、单舞盘中曲、唐玄宗梦游月宫、翰林判、捡柴、大红袍共 19 个，占总数的 21%。⑨

由此可见，彰显英雄气概的历史题材戏占据了最大比重。

根据一些艺人回忆，在抗日战争前爆发前仍在上演的剧目有：氾水关⑩、黄飞虎出五关、水淹章邯、封官⑪、鸿门宴、追韩信、拜帅、大会垓、斩韩信、岑彭马武夺状元、丛台设宴⑫、斩华雄、战吕布、过五关、长坂坡、气周瑜、水战庞德、跳涧⑬、广武山⑭、洗马、美良川⑮、琅邪王

---

① 细柳营，西汉戏，讲周亚夫治军有方。
② 昆阳大战汉光武，东汉戏，讲刘秀昆阳大捷。
③ 古城聚义，三国戏，讲关羽斩蔡阳之后同刘备、张飞相见。
④ 三跳涧，隋唐戏，讲秦王被尉迟恭苦苦追赶，不得已纵马跳过山涧。
⑤ 五虎锁秦王，隋唐戏，即《老君堂》，讲李世民被王世充手下五虎将所擒。
⑥ 虎牢关破夏王，隋唐戏，讲李世民虎牢关大败窦建德。
⑦ 十羞李密，隋唐戏，讲李密降唐后被李世民羞辱。
⑧ 十八骑误入长安，后唐戏，讲李存勖箭射黄巢平天冠。
⑨ 关于具体队戏的名称，参见《清抄〈唐乐星图〉队戏存目》《敬盏队戏存目》《清抄〈礼节传簿文范〉队戏存目》，嘉庆二十三年（1818），寒声《上党傩文化与祭祀戏剧》，中国戏剧出版社 1999 年版，第 121—129 页。该文本为长子县东大关村阴阳世家牛家办赛所用底本。
⑩ 氾水关，封神演义戏，讲黄飞虎过氾水关。
⑪ 封官，楚汉戏，即《霸王封官》。
⑫ 丛台设宴，东汉戏，讲刘秀巧计逃避暗害。
⑬ 跳涧，即《三跳涧》。
⑭ 广武山，隋唐戏，讲秦琼、罗成用计赢得杨林靠山王王印。
⑮ 美良川，隋唐戏，讲秦琼与尉迟恭"三鞭换两锏"，说服尉迟恭投奔唐军。

征西①、秦王、淤泥河、征东②、压关楼夺带、佳山寨③、告御状④、潘杨征北、征南⑤共计 30 个，占 40 个剧目的 75%。⑥

民众对英雄戏的垂青表明了心中所想。英雄戏所演及《封神演义》《西游记》以及诸如二十八宿闹天宫的故事表明了两个基本的民众观念，一是英雄崇拜，二是叛逆精神，而这又会渗透到民众的历史观中。⑦ 考察英雄戏中的人物，有成功的，也有失败的，但其中渗透的一种忠义、勇敢、反叛的精神却鲜有例外。如关云长千里走单骑表现的是义，杨家将、岳家将表现的是忠，而武王伐纣、二十八宿闹天宫表现的则是叛逆。应该说，很少有人心中没有英雄情结。这种情结在普通人心中有时会更加浓烈。以传统中国农民而言，村落终归是他们活动的主要区域。然而，狭小的生存空间并不能完全限制住民众的思想。英雄们九死一生，艰苦曲折的努力获得成功，正是民众对个人命运带有理想主义色彩的假设。

在庙宇的修建部分我们已经谈到，传统伦理道德对民众的影响力是很大的。它同样渗透在为民众所欣赏的戏剧中。这种伦理道德观念和民众心中的英雄情结结合起来就形成了英雄戏最广大的市场。民众需要英雄戏来宣泄自身受束缚和压抑的情感，代入自身的遭遇和理想。这是获得普及的文艺作品的一个显著特点。反之，一个文艺作品获得成功则必然是他对民众产生了感同身受的影响，虽然这种感同身受有时只存在于幻想中："人情不能有苦而无乐，田家作苦，勤劳终岁，若无一次团聚破颜为笑，亦太减却社会之兴味。"⑧

成功的英雄，诸如李世民、长坂坡、斩华雄固然给人以一种酣畅淋漓的感觉，但并非所有的英雄戏都是美好的结局。如斩韩信、淤泥河、七郎八虎战幽州之类带有悲剧色彩的戏剧，一方面民众会为之唏嘘，另一方面

---

① 琅邪工征西，隋唐戏，讲李世民征战。
② 征东，隋唐戏，讲薛仁贵跨海征东。
③ 佳山寨，杨家将戏，讲杨六郎收服孟良、焦赞。
④ 告御状，杨家将戏，讲杨家被陷害而告御状。
⑤ 征南，岳家将戏，讲岳飞征南。
⑥《抗日战争爆发前队戏存目》，寒声《上党傩文化与祭祀戏剧》，中国戏剧出版社 1999 年版，第 132 页。
⑦ 关于民众的叛逆精神，参见侯杰、范丽珠《世俗与神圣：中国民众宗教意识》（修订版），天津人民出版社 2001 年版。
⑧《重修戏楼并东西看楼碑记》，1913 年，长子县石家庄村玉皇庙。

又赞赏他们的气节。这同民众为败军之将建庙的原因异曲同工。

在民众眼中，戏剧蕴含着他们对历史的认知与希望，代表着他们的喜怒哀乐。一个小小舞台，在民众眼中就是历史，是现实，是理想，是社会。这就能解释为何民众喜爱看戏。一个村落可能在多个时间段上演酬神戏："通常赛会演戏……一镇一村，每年演剧多至四五次，以致数十次者。"① 如前所言的两水村、下霍村、八义村、南沟村、贾村、辉河等村落都是如此。八义村在五月十五日接香会、七月十五日东岳观、七月二十日风伯雨师会上都会演戏。贾村的规模更大，从正月开始，每一月都有戏剧演出，一直延到十月。除此之外，诸如婚嫁等村落喜事，民众也愿意以戏剧庆祝。事实上，一年只唱一场戏的村落很少见。戏剧演出，以三五人扮作百万雄兵，一两天演尽古今兴亡，是民众易于接受，也乐于接受的历史文化渗透方式。这造就了上党戏剧产业的发达。一个典型的例子就是乾隆前后产生了独具特色的上党梆子，被称为山西四大梆子之一。②

因为演戏的需要，村社至少会有一座戏台："此戏楼之所由建也。"③ 有的还会更多，如贾村就有六个，两水有三个，东沟有三个。西水村关帝庙本有舞楼九楹，但每逢此时，就出现"人稠地微"的情况，于是，村社重修舞楼，自同治十一年（1872）至1919年近五十年间，终于完成。④ 从戏台样式上来讲，也是多种多样，除普遍存在的一楼一台外，还有以下两种：

对台：即两座台口相对的戏台。演戏时，让两个戏班一同开始，类似于打擂的形式，又叫打对台。此种戏台一般为东西相向，建于庙外。这类戏台的功能就是促使两个戏台相互竞争，水平高的一方自然会吸引更多观众。对村落而言，有这样的戏台一方面显示了村落的经济实力，另一方面，双方竞争，自会竭尽全力演出，无形中提高了演出水平，使得民众能够获得更大的满足。

连台：即两座或三座戏台相连，同时开始，却上演不同戏剧。这样的

---

① 《重修戏楼并东西看楼碑记》，1913年，长子县石家庄村玉皇庙。
② 山西四大梆子指中路梆子（晋剧）、蒲州梆子（蒲剧）、北路梆子（雁剧）、上党梆子。
③ 《重修戏楼并东西看楼碑记》，1913年，长子县石家庄村玉皇庙。
④ 《创修舞楼重修庙宇碑文》，1919年，泽州县水西村关帝庙。

戏台无疑壮大了演出规模。①

数量众多的戏台，反映了乡村社会戏剧业的发达，也反映出民众对戏剧的钟爱。英雄戏成为主力，则又成为民间思维的有力证据。

但是，如果以为这便是民众思维的全部，便又走入了另一个误区。民众的历史观念，除却简单的英雄崇拜外，还有更复杂的一面。在前行词中，有一个剧本《扯淡歌》，是这种观念的集中表达。我们又看到了对历史的戏谑及对英雄人物的讽刺，与这种英雄崇拜、传统的道德伦理观念产生了明显的张力。

（二）《扯淡歌》②

《扯淡歌》并非乐户首创，其作者为清初的嵇永仁（1627—1678），字留山，别号抱犊山农，无锡人，曾为福建总督范承谟幕僚，三藩之乱时为耿精忠所捕，在狱中三年，不屈而死。他在狱中作《续离骚》四折，借屈原《离骚》之意抒发个人情感。《刘国师教习扯淡歌》为第一折，写明代开国元勋刘基致仕家居，一日和张三丰对酌，命弟子歌唱其所作《扯淡歌》以侑觞。

《扯淡歌》不知在何时传入上党地区，但民众将其作为前行词宣读说明它得到了认可。

文本一开始就对中国历史作了一个总体评判：

> 闷向窗前观通鉴，古今世事多参遍。兴亡成败多少人，治国功勋经百战。安邦名士计千条，北邙山上无打算。争名夺利一场空，原来都是净扯淡。老汉闲来无事干，胡诌几句将人劝。作了一篇扯淡歌，遗下留于后人看。

具体而言，文本从三皇算起，遍评中国历代大事及人物，原文如下：

> 自从三皇五帝起，算来也是净扯淡。尧舜禹汤并桀纣，文王武王

① 关于戏台的详细情况，参见段建宏《戏台与社会：明清山西戏台研究》，博士论文，华中师范大学，2008年。
② 《扯淡歌》，嘉庆十七年（1812），寒声《上党傩文化与祭祀戏剧》，中国戏剧出版社1999年版，第427—431页。该文本为平顺县西社村乐户世家王家办赛底本。

周公旦。渭水河边姜太公，垂钓只用七尺线。扶立周朝八百秋，算来也是净扯淡。

孔子三千徒弟子，陈蔡绝粮遭困厄。临潼会上伍子胥，举鼎千钧救主难。其后鞭尸楚平王，吴门曾把头来献。看了春秋这伙人，算来也是净扯淡。

吴国孙子出兵书，十二国出钟无盐。李牧廉颇共白起，每日南征与北战。孙膑庞涓拜兄弟，刖足为仇结成怨。苏秦张仪并王霸，三人拨的天关转。范雎远交近攻谋，天下六国都侵遍。至此一统属始皇，天下人民才不乱。李斯赵高起奸心，又把秦朝纲纪乱。南通五岭北筑城，东填大海人人怨。嬴政死在沙丘城，鲍鱼混杂净扯淡。

霸王会上起雄兵，范增早把计来献。先到咸阳为皇帝，鸿门会上摆筵宴。子房席前共陈平，二人定计扶刘汉。项庄项伯舞双锋，樊哙军中救主难。汉王败了上褒城，张良烧了连云栈。萧何苦将韩信保，筑坛拜将定民乱。明修栈道度陈仓，席卷三秦真好汉。九里山前只一阵，霸王自刎乌江岸。英雄彭越也遭诛，萧何又将韩信赚。十大功劳化为尘，未央宫里吃一剑。看了西汉这伙人，算来也是净扯淡。

王莽酒鸩平帝死，二十八宿昆阳乱。光武七岁走南阳，后赶贼臣是苏宪。暗走河北王郎子，赤眉铜马都杀遍。子陵垂钩钓锦鳞，李广开弓能射雁。说起东汉这伙人，算来也是净扯淡。

再说三国许多般，董卓专权天下乱。虎牢关上吕布能，又有三人能惯战。先主孙权共曹操，诸葛周瑜有神算。赵云军中抱太子，翼德一声喝桥断。赤壁整兵用火攻，破了曹兵一百万。吕蒙定计取荆州，庞统川中身遭箭。六出祁山吊伐勤，姜维九次伐中原。七擒孟获真罕见，算来也是净扯淡。

此后的隋唐、五代、宋元都被作相似的评价，文末言道：

有人识破《扯淡歌》，每日拍手笑呵呵。遇着作乐且作乐，得高歌处且高歌。古今兴废苦奔波，一总编成《扯淡歌》。

这种将历史大事看作"扯淡"的想法，实际表明了普通民众对所谓王霸雄图的戏谑，也隐含了一种农本为主的思维和洒脱的历史观：

我劝世间扯淡人，我也跟着去扯淡。清晨起来直到晚，天明起来又扯淡。争得钱财过北斗，临死拿得哪一件。冷了问我要衣穿，饥了问我要吃饭。

当然，不能由此认为民众的历史观就超越了主流道德标准认知。在《扯淡歌》中，在具体事件与人物的评述上，民众仍将李斯、赵高、董卓、蔡京、童贯、秦桧等人都冠以奸臣贼子的称呼，认为他们是扰乱朝纲，祸害天下的罪人："李斯赵高起奸心，又把秦朝纲纪乱。""秦桧朝中定计谋，三字害了忠良汉。"

但是，这种戏谑的态度使得民众看待历史事件时有了一种较为平和的心态，不易走向极端：既然建功立业都是"扯淡"，那么做一个平民百姓又有何不好？既然所有功名都会在死后化为一场虚无，那么追名逐利又有何必要？既然纵有家财万贯也要同普通人一样穿衣吃饭，那么这些钱财又怎能比过农业土地的重要性？

除了历史事件，历史名人在民众眼中有时也变得和普通人一样，有着各种各样的缺点，被从圣坛上拉下来。我们以祭祀戏剧中的唐太宗形象为例来探讨唐太宗是怎样被平民化的。

（三）唐太宗形象的平民化

如前所述，唐太宗庙是上党地区分布较多的帝王庙宇之一。唐太宗是公认的明君："甚矣，至治之君不世出也……唐有天下，传世二十，其可称者三君，玄宗、宪宗皆不克其终，盛哉，太宗之烈也！"[1]《剑桥中国隋唐史》也说："虽然太宗终其身未能实现他早年的崇高理想，可是他的拔高了的形象和'贞观之治'的概念一直是有力的政治象征，不仅终唐之世如此，而且对整个中国历史来说也是如此。"[2]

也正因如此，历代土朝均将其列入国家祀典。洪武六年（1373），"帝以五帝三王及汉唐宋创业之君俱宜于京师立庙致祭，遂建历代帝王庙于钦天山之阳。仿太庙同堂异室之制，为正殿五室：中一室三皇，东一室五

---

① 欧阳修、宋祁：《新唐书》卷二《太宗本纪》，中华书局1959年版，第48—49页。
② ［英］崔瑞德：《剑桥中国隋唐史》，中国社会科学院历史研究所西方汉学研究课题组译，中国社会科学出版社1990年版，第193页。

帝，西一室夏、禹、商汤、周文王，又东一室周武王、汉光武、唐太宗。"① 就区域社会而言，因为唐太宗在山西多有征伐之事，所以祠庙也比较多。清代，晋城、长子、陵川、长治、屯留、潞安、沁源、壶关、平顺都建有唐太宗庙，部分祠庙、遗址至今尚存。《屯留县志》载："唐太宗庙二，一在司徒村之巅，一在县北一里河北村。"② 《阳城县志》言："唐太宗庙，境内甚多……太宗为秦王时，常引兵至此，后人因立庙祀焉。"③ 《潞安府志》载，长子县"唐太宗庙在东南隅古城故址"④。《沁源县志》载："圣王庙，在县南门外，明洪武初建，俗传圣王即唐太宗。"⑤ 同时，官方也重修了一些日益破损的祠庙。《长治县志》载："唐太宗庙在南门外，康熙二年知县于公允重修。"⑥ 各州县仍以官方的名义祭祀唐太宗。如壶关县"唐太宗庙在四家池，岁六月二十四日有司致祭"⑦。民国时期，虽鲜有重修和新建，官方祭祀也终止，但庙宇仍然保留。

如前所述，上党区域社会中的唐太宗形象已不仅仅是政治象征符号，他还被视为驱蝗神。

无论将唐太宗作为明君还是驱蝗神，展现的都是其正面形象。但是，在祭祀戏剧中，民众又将唐太宗刻画成了一个充满缺点的世俗人物。上党祭祀戏剧中，有关唐太宗的较多，主要流传着《北邙山》《四马投唐》《十羞李密》《美良川》《金墉城》《老君堂》《琅琊王征西》等剧目。其中，《秦王》角单基本囊括了现存剧目中李世民的自白，是建构其形象的极佳蓝本，故而我们以其为分析范本，考察唐太宗的民间形象。

《秦王》所记事件如下：唐太宗来金墉城外打猎，先是极度轻视李密，

---

① 张廷玉：《明史》卷五〇《吉礼四》，中华书局 1974 年版，第 1292—1293 页。

② 屠直：康熙《屯留县志》卷一《祠祀》，《稀见中国地方志汇刊》（5），中国书店 2007 年版，第 488 页。

③ 赖昌期总修，潭沄、卢廷菜纂修：同治《阳城县志》卷四《方舆》，《中国方志丛书》（405），成文出版社有限公司 1976 年版，第 171—172 页。

④ 张淑渠、姚学瑛修，姚学甲纂：乾隆《潞安府志》卷七《庙学》，《中国地方志集成》（山西府县志辑）（30），凤凰出版社、上海书店、巴蜀书社 2005 年版，第 80 页。

⑤ 孔兆熊、郭蓝田修，阴世垣纂：民国《沁源县志》卷六《营建考》，《中国方志丛书》（404），台北成文出版社有限公司 1976 年版，第 680 页。

⑥ 李桢、马鉴修，杨笃纂：光绪《长治县志》卷三《祠祀志》，《中国地方志集成》（山西府县志辑）（29），凤凰出版社、上海书店、巴蜀书社 2005 版，第 116 页。

⑦ 张淑渠、姚学瑛修，姚学甲纂：乾隆《潞安府志》卷七《庙学》，《中国地方志集成》（山西府县志辑）（30），凤凰出版社、上海书店、巴蜀书社 2005 年版，第 85 页。

看到李密的真宝金瓶后"拿弓箭来射它一箭，留下真名姓字"，骄横之气显露无遗。不料被五虎将活捉。在李密要将其处死的形势下，他为求脱身谎话连篇："叔父言道有儿金鈚令箭。我晓得了，这是个反间计，借刀杀人……将侄子杀了，称了他人之心……你与我父都是陈后主的外甥……天下李家是一家。吾奉我父之命，前来探亲，有锦锻表礼，羊酒花红。实不相瞒，这些东西被五虎将赶得至急，三军害怕，丢在沟涧，还有短表和书尽行散落。"李密降唐后，为报复当日受辱之事，唐太宗派十员部将扮作自己引得李密十次拜见假秦王，并大骂李密。李密叛唐被杀后又折辱其尸体："吾与他南牢中还有百日之冤，怎敢与他罢休罢手……众将官一起上马，昆明驿十羞李密……泼骂李密不害羞，三番两次称故友。唐朝只管三十六，不稀罕你驴占头……众将官，李密已死，尸首不倒，每人拿一张弓三支箭射来。"① 心胸狭窄的小人形象跃然纸上。

这些情节与《隋唐演义》虽有相同之处，但褒贬之义却有较大差别。《隋唐演义》中，唐太宗被擒后的陈述为"叔父暂息虎威，侄有言禀上。因洛阳王世充，杀我使臣，故侄领兵征讨，败其三军。世充坚闭不出，是以退兵千秋岭下。偶因承醉捕猎，来金墉探望叔父，不意叔父反致见疑"②，虽然示弱却不卑不亢。"十羞李密"的最后讲唐太宗"到底是人君度量，即收了箭，以弓梢指定李密道：'匹夫也有今日！本待射你一箭，以报缧绁之仇，恐连累了众人，只道我不能容物，暂饶你性命！'"③ 李密死后，唐太宗也未对其尸身再加折辱。

二者在立意上的区别显而易见：前者明显更接近于主流思潮。而在《秦王》中，唐太宗的明君、神祇形象被极大地削弱，其浮浅、胆小、爱撒谎、睚眦必报的"俗人""小人"个性特征凸显。它显示出民众对待帝王将相，并非一味的盲目崇拜而是有着自己的判断标准。民众虽不可避免地受到主流意识的影响，却更有自己主动的创造与回应。在这一复杂的建构体系中，唐太宗形象的政治色彩趋于淡化，驱蝗神身份得以凸现；正面的明君神祇内蕴淡化，俗人、小人特征变得明显。这一转化体现了蕴含于

---

① 《秦王》，道光二十七年（1847），寒声《上党傩文化与祭祀戏剧》，中国戏剧出版社1999年版，第235—239页。该文本为平顺县西社村乐户世家王家办赛底本，下同。

② 褚人获：《隋唐演义》，中华书局2002年版，第399页。

③ 同上书，第421—422页。

民众思维中的创造性智慧，具有鲜明的民间特色。

我们可以看到，民众接受着主流的伦理价值观念，但同时，他们的英雄情节也有着对现实生活环境的叛逆意识：他们一方面虔诚地祭祀着帝王将相，另一方面又毫无障碍地将其庸俗化，毫不避讳展现其缺点，将一切历史人物与事件视为"扯淡"。主流伦理价值观占据主流的同时，也有一些不同甚至反方向的思维出现。许多上党戏台都有写着"镜花""水月"大字的屏风。它象征着戏里戏外，俱是镜花水月，可望不可求，阐释着人生如戏，戏如人生的情感，又隐含着一种"不过如此"的消极态度。中国民众的意识就是在互相矛盾中同时存在。

图 3.17　壶关县三交村标有"镜花""水月"字样的戏台屏风

资料来源：笔者拍摄于 2012 年 8 月 5 日

本节主要探讨了以下几个问题：

第一，迎神赛社仪式中的山崇拜特点。上党多山，村落多有坐落于山中山下者。山是风水宝地形成的重要条件，也能为民众提供实用的资源。山充满了神秘色彩，是传说中的仙人菩萨居住场所，因而人们对山充满了敬畏之情。山是村落良好生态环境的维持者，一旦山的环境遭到破坏，村落环境也必受影响，因此，许多村社都有禁山的规约。在这个基础上，迎神赛社中有关山的祭文就相对较多，也就出现了许多山神庙。可上党虽是山区，却仍以农业为主，所以多数山神庙规模仍然较小。大的山神庙则承担起了降雨的功能。三嵕庙是一个明显的例子，它在成为山神之前就具有此功能，成为山神之后这一功能变得更为强大。

第二，本节探讨了赛社仪式所体现出的民众对寿星的重视。上党赛社中有专门的接寿星仪式和庆寿戏，说明民众对寿星极为重视，因而接寿戏的规模很高，场面宏大，体现了民众对生命的渴望。

第三，本节探讨了上党赛社体现的民众历史观与人物观。民众有自己的评判标准。首先，民众有着强烈的英雄崇拜情节，这体现在酬神队戏是以英雄戏为主的。其次，民众承认基本的忠奸善恶标准，同时又对历史充满戏谑之心态，将一切功过成败视为"扯淡"，将唐太宗拉下圣坛、神坛，将其平民化。

这些构成了民间思想的不同侧面。人们希望一年四季风调雨顺，也希望自己不患疫病、长命百岁，还通过戏剧来抒发个人理想，宣泄感情，同时又以超然的态度看待历史，以平民化的视角看待帝王，从而不再觉得他们高高在上，心理获得平衡，叛逆情绪也就得到了满足。从这个角度讲，这样的思想有利于现实社会秩序的稳定。

第三节　祈雨与取水仪式

中国地域广阔，各地的民间信仰仪式不同，但祈雨无疑是广泛存在的一种。降雨对维护现存社会秩序的重要性不言而喻。晚清至民国以来，祈雨活动被科学思想视为封建迷信活动的一种而饱受质疑。不过，即使如此，祈雨活动在全国范围内也没有停止。在这样的大背景下分析上党的祈雨、取水活动就有了全局性意义。本节将分析现代化进程中祈雨活动在全国范围及上党的发展情况；上党祈雨活动的流程及其内涵。

一　祈雨活动的近代遭遇

近代社会，虽然欧风美雨渐次传入，但民间的雨神信仰仍未有本质上的消退。从全国范围看，政府和知识界都在努力宣传这种活动的愚昧性，并力图用科学方法解释。20 世纪二三十年代，随着反"迷信"运动的开展，对于民间的各种祈雨仪式，报刊媒体上的批评之声不绝于耳，其主要论点如下：

第一，降雨是自然现象，与神祇无关。"雨乃由空中之水汽凝结而成……空中之降雨与否，要视乎水气之能否凝结成雨点而定。"具体而言，降雨分成三种方式："（一）由于海洋上或平地上之空气吹向山麓，逼迫之使之上升天中……（二）地壳内之热量，对于空气之注意力度虽不能产生若干之影响，但垂丽于天之日球，其光芒远于地面，使岩石之温度激增……空气经蒸热而上升，遂以成云致雨……（三）但大多数之雨量，均为风暴所致……乃由两种温度不同之空气，一来自南，一来自北，二者相遇见，寒者重而热者轻，于是温暖之空气乃为寒冷之空气所逼迫而上浮在空中。"[1]"潮湿的空气……因蒸发作用上升而成云，此云上升后遇冷，遂凝结而为水点，小水点堆积而成大粒下降于地，遂成落雨这现象。"[2]

由此，各种向神灵祈雨的活动也就没有了任何意义，是一种不符合科学精神的迷信做法。"如果雨一求而得，那么去年江浙遭旱灾时，他们求雨的虔诚未必不如我们，何以始终不会得雨？如果雨要等人求才下，那么，本月初间，并不见有人求雨，何以又一连下了十天。可见雨求也无益。"[3]"所谓求雨者，便是和上天开谈判、办交涉的意思"[4]，是一种幻想不通过科学劳作而换得收成的投机方法，不可提倡。

第二，地方官不应进行求雨活动，而应采取现实措施。1924 年，上海、苏州一带出现旱灾，地方官祈祷并禁屠。时论认为此时政府"应以人力及机械为救济之方"。在民国称号下"而犹迷信神权"，显得匪夷所思，灾祸的根源在于政府行事不力："在上者不为农田谋改良之策，在下者不能集群思补救之方，而惟务地方官长之祈祷，以冀福利之来，不效则禁屠宰以冀格天心。纵使为神道设教之计，亦当就根本上加意修表。如成汤以六事自责，而天降甘霖，爰及于今。试问成汤所自责之六事，何一无之。"[5]竺可桢也认为，古时"祈雨行七事，而徹膳羞列于殿，其视为无足轻重可知。苟欲师法前人，亦不当舍本逐末。而近代官吏每逢干旱，不理冤狱，不赈鳏寡，不省徭轻货，不黜退贪邪，而惟硁硁于屠之是禁，不亦数典而忘祖耶？"他说，如果今天政治清明，社会安定，"无冤狱之可理，无鳏寡之可恤，无徭货之可轻，无贪邪之可黜"，禁屠求雨尚能有一丝合理性，但是，"今日之军阀，往往为一己之地盘，不惜牺牲数千百无辜之

---

① 竺可桢：《论祈雨禁屠与旱灾》，《东方杂志》1926 年第 23 卷第 13 号，第 11—12 页。
② 芮士良：《为什么会落雨和人工求雨的方法》，《电报》第 21 期，第 825 页。
③ 《论求雨》，《民导》1935 年第 10 期，第 1 版。
④ 何芒洲：《求雨》，《论语半月刊》1934 年第 46 期，第 1026 页。
⑤ 怀西：《禁宰求雨》，《吴江》，1924 年 8 月 24 日，第 4 版。成汤自责六事为："不节敛，民失职，兴宫室，崇欤女，谒欤苞，苴行欤，谗夫昌欤？"

生灵，自我国有历史以来，人民在水深火热之中，如现代者亦不鑫见，然则如欲禁屠以免天谴，亦应自禁军阀之屠戮人民始"。①

在整个南京国民政府时期，中央政府从未举行过祈雨仪式。从《神祠存废标准》来看，龙王等雨神也在禁毁之列。1934 年，中国从南至北出现大面积旱情，不但乡村农村用"抬龙王爷洗澡"、设立神坛、抬神像出游的方法求雨，受过"高深教育的士绅官吏也无不如此"。为此，行政院特地通电呼吁各地停止此类活动，认为农民因为知识问题，进行此类活动尚情有可原，但上海"为世界交通地点……市民常识较为普通，不同乡农"，而尚有设坛求雨之事，实在不可宽恕，因而号召地方"宜从速禁止"。②

在这样一种理念下，民间进行的各种祈雨活动也就没有了合法性。

但是，这些宣传并不能禁止求雨活动的进行。尤其是 20 世纪二三十年代，各地旱灾频繁，祈雨活动重又兴起。有的乡里大旱，"河干井涸，民不聊生；天道渺测，人术俱穷；遂复重整旧惯，远足求灵。组织一祈雨会，加入者百二十村，每家出一人，路经百里，人逾十万"③。在浮山，"废历三月廿二、廿三、廿四等数日，乡人乃有设坛求雨之举"④。

"大家除了用各种方法祈天之外，还有另一个方法，就是禁屠。"⑤ 这是常见的一种祈雨方式。1924 年，上海发生旱灾。为了求雨，官方采取了禁屠的方式："警所长储长亭通告各屠户，自八月一日起禁宰五天，以冀上格天心，下惜物命。"⑥ 1927 年，北京旱灾，"京师督查总监、京畿卫戍司令及京兆尹已在地坛'设坛率属虔诚祈祷，并通令禁屠在案'"。1936年，贵州省遵义一带大旱："元阳干燥，匝月未雨，赤焰高涨，田土龟裂，人民望雨情殷，求神祷佛斋戒禁屠，各乡亦自动戒屠。"⑦ "在盛夏连月的时节，竟然旱魃为灾，雨量缺乏，于是各地当局们，顾念到民生的憔悴，

---

① 竺可桢：《论社雨禁屠与旱灾》，《东方杂志》1926 年第 23 卷第 13 号，第 11—12 页。
② 《汪院长通电禁止求雨》，《民间》（北平）1934 年第 1 卷第 7 期，第 23 页。
③ 《我对于乡人祈雨之理解》，《数理杂志》1922 年第 3 卷第 2 期，第 1 页。
④ 《设坛祈雨与天旱》，《浮山月报》1935 年第 2 卷第 23 期，第 2 页。
⑤ 《禁屠求雨》，《现代农民》1941 年第 4 卷第 8 期，第 4 页。
⑥ 幼瀚：《禁宰果可求雨耶》，《吴江》1924 年第 103 期第 2 页
⑦ 《贵州省政府代电遵义县政府据报祈雨禁屠税收减色请减轻七月份屠税比额一案电仰遵照由》，《贵州财政月刊》1936 年第 12 期，第 34 页。

不免又照例地禁屠祈雨了。"①

祈雨活动少不了宗教界的参与。1917 年，南京一带大旱，南京基督教徒借年会召开之时同各牧师"对于国局之糜烂，时令之干旱诚切祈祷"②。1927 年的北京旱灾中，北京佛教会召集各寺首领商议决定在北京德胜门外觉生寺内"建设法坛道场三日，虔诚诵经，乞降甘霖"③。1934 年，长江一带发生大旱灾，上海、江浙各地佛教团体也设坛祈雨。1937 年，内江赤地千里，春耕无望，当地佛教徒也"纷纷设坛念经，敬神大办祈雨工作"④。1941 年，四川大旱，四川省佛教会通令全川各寺设坛祈雨，"章嘉国师亦于行署设坛祈雨，以降旱魃"⑤。"道教公会举行祈雨大醮九天。"⑥

由此可见，在现代化潮流中，求雨这种看似荒诞不经的活动并没有停止。正如 1934 年的一篇评论说道："普遍的返古运动，最近勃兴在中国的社会上，旁的不讲，今年因为荒旱，祈雨的老把戏，就热闹起来了。那从前被革命抄了家而避居在上海的不晓得多少代的张天师，又大受官民的拥戴光荣地登坛祈雨了。"⑦

那么，为何会出现这种情况？原因其实也并不复杂。一是民众别无他法。民国期间，中国科学技术水平有限，如人工降雨、打深井、引流江河等需要较高科学技术水平、大量资金或大型机械的抗旱方法仍远远未能普及，在农村更是如此。时论认为："地方官吏应该做的，是培植蔬菜疏通水源，挖水井，购抽水机，劝种旱作物及晚稻，限止粮食滥用，管理调节粮食，筹设仓库等。我们现在虽然还是赶上不上苏俄用人工造雨，但我们一定要尽可能地用科学的方法防旱，我们要用人力战胜天，不要完全靠天吃饭，更不要向木偶前匍匐求援了。"⑧ 自然，这只是一种美好愿望：应该做的并不是能够做到的。如果再加上政治腐化、官吏素质低下的问题，靠

---

① 柳树声：《禁屠与求雨》，《风雨谈》1945 年第 21 期，第 5 页。
② 《金陵求雨证》，《兴华》1917 年第 14 卷第 25 期，第 23 页。
③ 《京师长官设坛祈雨》，《现代评论》1927 年第 5 卷第 129 期，第 1 页。
④ 《内江赤地千里，春耕无望，求雨情殷，忙煞佛门弟子》，《北碚月刊》1937 年第 1 卷第 7 期，第 22 页。
⑤ 《全川各业林设坛祈雨》，《海潮音》1941 年第 22 卷第 7 期，第 20 页。
⑥ 何芳洲：《求雨》，《论语》1934 年第 46 期，第 1027 页。
⑦ 侍桁：《祈雨的故事》，《社会》1934 年第 1 卷第 3 期，第 57 页。
⑧ 弓：《求雨的县长》，《老实话》第 35 期，1934 年，第 554 页。

人力与科学完全解决旱灾无疑是不可能的。最后的结果是，无论是政府还是民众在应对干旱时没有什么太好的办法，也就只能再次转向传统的神祇。除苏州外，1946 年四川綦江农民至龙王庙求雨，因庙内学校教师阻止而与之发生冲突。官府派部队前往弹压，拘捕民众四人。这一举动激怒了农民。数百农民聚集于政府门外，要求释放被捕村民。部队开枪打死三人，打伤十余人。这又引起了各界人士的愤怒。最后，官方将卫戍副司令李登云撤职，对开枪士兵进行惩处才最终平息了事件。① 这表明政府抗旱能力遭到了民间的强烈质疑，也呈现了所谓新式政治文化与传统习俗之间的冲突。

第二就是祈雨活动有灵验的时候。神祇的灵验是其信仰维持的主要基础之一。祈雨活动之所以能传承久远而不衰，就在于许多祈雨活动是有效果的。翻开各地方志，这样的例子举不胜举。即使在民国建立之后也不例外。1917 年的南京基督教会的求雨活动当天就取得了成功。有人认为"大概这样子求雨，求了十晚八晚，没有求不着雨的"②。有的地方求雨"卒而中途未返，天即有大雨滂沱，挥汗淋漓，欢声载道，祈凡两次，效用皆然"③。

这使得民众的祈雨热情长盛不衰。不管当时人如何看待求雨，民国年间求雨行为普遍存在是一定的。"今日的祈雨的风俗，仍然普遍地存在于各地农村中，不过这种风俗是因地而异的。"④

当然，也有人试图从科学角度加以分析，认为祈雨时"万家泼水，亿人杂踏，蒸气腾空，飞尘蔽天，则天空之湿气得地面这蒸气，其量益增，则饱和之量易过；既逾饱和之量，则多余之水气，获多量之浮尘，得所凭借而成细微之水滴，温度稍低，雨即降矣"。由此看来，乡人祈雨的模式自然有其内在的科学道理在内，并非只是徒有焚香礼拜的形式而已。按这样的逻辑，虽然其行为迷信，但却"有合于物理"，故而乡村社会的祈雨活动实在是无可厚非。⑤

---

① 《綦江农民求雨遭武装部枪击》，《现代农民》1946 年第 9 卷第 5 期，第 18 页。
② 张恂子：《故乡的求雨》，《华商月报》1935 年第 6 期，第 9 页。
③ 《我对于乡人祈雨之理解》，《数理杂志》1922 年第 3 卷第 2 期，第 1 页。
④ 李鲁人：《山东长山县农民祈雨的风俗》，《社会研究》第 77 期，第 217 页。
⑤ 《我对于乡人祈雨之理解》，《数理杂志》1922 年第 3 卷第 2 期，第 1 页。

在这样一种全国的背景下探讨上党地区的祈雨活动才具有全局性的意义。上党地区，一直是传统农业社会，由于山地较多，灌溉工程难以顺利发展。在近代，相比于一些略有现代化农业技术与工程的平原省份，整个山西就显得更为落后，也正因如此，看似古老的祈雨仪式在山西能够一脉相承，上党自不例外。在抗战爆发前，每一个村落都会有祈雨活动，即使在抗日战争中也不能完全禁绝。这反映出现代化进程在各地并不同步。阎锡山建立村范政治，极少明确反对祈雨这种明显不符合现代科学的活动，至少现在还没有发现相关的个案。

反迷信非常坚决的中国共产党根据地也并非一味打击、禁止祈雨仪式。中国共产党也认为由于条件限制，光靠号召和强迫难以根除这一现象，"还要解决很多实际问题"。中国共产党认识到了民众求雨在一定意义上是有必然性的："农民家无余粮，天旱没得吃的，农民怕天旱，就会去求雨，求'龙王菩萨'。如果实行了耕二余一，吃粮有保证，谁还去送猪羊给龙王菩萨。现在我们的生产运动，对于破除迷信会有很大作用。"① 强制手段"还只是治标的办法。治本之道，首先在改善民众生活，提高民众之政治文化水准……民生既经向上，教育既经普及，则一切妖道邪道不攻自破"②。这说明，中国共产党对迷信产生的原因有着较为理性的认识，并试图通过发展生产，开展教育等方法来解决这一问题。但是，当时的环境毕竟艰苦，良好的愿望不见得就能实现。在旱灾严重时，中国共产党有时也顺应民众要求，加入到了求雨活动之中："求雨时也有干部跟着。"③

更耐人寻味的是，有时祈雨反而被中国共产党认为是一种必要的举动。中国共产党认为，三晋大地十年九旱，祈雨为农村普遍存在的古老习俗，将其视为迷信或封建遗毒是一种认识上的错误，是一种不能深入认识社会现状的表现。因为大旱之年，农民心中苦恼，既然不能耕田劳动，就只有闲坐于街头巷尾，三五成群，特别容易产生邪恶思想。如果不以祈雨活动为号召，就难以集合民众，统一行动。而且，因为求雨时队伍庞大，民众可以借机对平常愤恨的奸商、富户、为富不仁者予以报复，得到一个反抗"资产阶级之种种压迫"的机会。事实上，民众的祈雨活动确实有这

---

① 《破除迷信的卜掌村》，《巫神的自白》，新华书店 1945 年版，第 27 页。
② 《关于应付一切封建迷信组织》，《新华日报》（华北版）1939 年 8 月 27 日，第 1 版。
③ 王振先，58 岁，黎城县南委泉村民。采访者：笔者，2013 年 6 月 22 日。

样的情况出现。如二十四神朝玉皇、八义村一类的求雨活动中，会有民众抬着轿，专门冲撞平日里为富不仁的奸商，让他们多跪一些时间，多出一些钱财，甚至把他们的店铺撞坏。因为此时民众是代神发言，所以这些人也没有什么好的办法阻止。通过祈雨，民众情绪得到了发泄，"心理安定，秩序弭患无形者哉"！①

然而，正是群众的这种行为造成了社会治安上的压力。如店上村历来有去万寿宫求雨的习俗，但官府认为他们借此机会集结人群，打击富贵之家，以泄私愤，"已属凶恶之暴动"。于是，在清光绪年间就严令"永加禁止"。此后，店上村祈雨改为与李村、邢村三村联合以削弱本村的暴戾形象。1939 年夏天，店上村遭逢大旱，"赤地相属，农不得播"，已经播种的庄稼不能发芽，已经发芽的眼看就要枯死。此时，"村副、闾长及各救亡团体、干部人员，目击旱魃成灾，军食恐慌，及兴祈雨之举"。表明这次祈雨活动是各界人士，包括中国共产党在内共同的需要。于是，他们组织了一次"神前阄卜"，决定赴万寿宫取水，最后派出"擎马三人、瓶楼二人、焚香一人、闾长二人"前去求雨，结果大雨如期而至。各团体认为这样的求雨应该成为定例，于是"将此举议作准则"。②

这说明，上党地区的祈雨取水活动虽然看似不合时宜却符合乡村实际。接下来，我们探讨上党地区雨神的来历和祈雨仪式流程，以便能深入认识祈雨取水活动。

二　上党的雨神群体

如前所述，明清甚至更早的宋元以来，上党地区的地理环境就开始变得干旱。上党地区几个较为著名的雨神庙，如灵湫庙、成汤庙、崄山白龙庙、三嵕庙、五龙庙在宋元时期都已经有了明显的祈雨功能。

五龙庙在宋时"一方水旱，皆往而祷之，祷而必应，古今灵验不可胜数"。北宋绍圣四年（1097），官方在五龙庙祈雨，"不及下山，雨滂及，诸邑率报霑足"。③

---

① 《店上村祈雨碑记》，1939 年，高平市店上村圣姑庙。
② 同上。
③ 李夷行：《重修五龙庙记》，北宋绍圣四年（1097），王太盛《五龙山寻踪》（内部交流资料），2010 年，第 19 页。

灵湫庙本无名称，因其在发鸠山下山泉旁，"宋政和年间祷雨辄应，赐额曰灵湫"。①

神郊真泽宫在宋大观三年（1109）接待了地方官李元儒的祷雨行为②。

"成汤庙，在析城山上，宋熙宁九年（1076）河东旱，通判王俧祷雨辄应，上言其事，诏封山神，为诚应侯。"宋政和六年（1116），朝廷下令封为广渊庙，加封其为"析城山神、嘉润公，敕书勒石，安庙壁上。七年重修汤庙及嘉润公祠，为屋二百余楹。金时庙圮复毁于野火。元初元帅延陵珍与邑人王元武等共修复之"。③

崦山白龙庙在元代已经成为祈雨之地。元大德元年（1297），附近村社重修白龙庙，就是因为"民仰其兴云雷，苏农望，施霖雨……民重其祠"。④

上党雨神，除了专职的龙王之外，许多神祇也能够降雨并使其庙宇成为地方祈雨中心。他们中间有的职能较为专一，如成汤、昭泽王、三崚、灵湫庙等，有的则属于多功能的神兼具降雨功能，如玉皇、崔府君、炎帝。值得注意的是，二仙、高平市的马仙姑、平顺的九天圣母等影响较大的地方女神也能降雨。除了龙王之外，民众常会寻找一个能够担负起降雨职能的地方神祇，它类似于地方主管。如前所述，在民众眼中，地方神祇和民众有着亲属、乡情一类的关系，在履行职责方面也可能更为认真。这是乡土观念在信仰世界的反映，也是地方神存在的主要原因之一，他们为民谋福利的诸多传说是这种思维的明证。祈雨并不是一个神祇能够完成的事情，需要雨神之间的合作。在同一庙宇内，也存在不同的雨神。长治县王童村将三崚和昭泽王合供。牛居村将泰华爷、白龙王、黑龙王三个雨神供于一处。⑤ 五龙宫里直接供的就是五位龙神，柏峪脑龙王庙则以风伯、

---

① 陈泽霖鉴定，杨笃纂修：光绪《长治县志》卷二《地理志》，《中国方志丛书》（400），台北成文出版社有限公司1976年版，第386—389页。

② 晋城市地方志丛书编委会：《晋城金石志》，海潮出版社1995年版，第696页。

③ 杨善庆修，田懋纂：乾隆《阳城县志》卷三《坛庙》，《中国地方志集成》（山西府县志辑（38），凤凰出版社、上海书店、巴蜀书社2005年版，第39页。

④《重修显圣王庙记》，元大德元年（1297），阳城县崦山白龙庙。

⑤ 口述：冀树枝，65岁，黎城县牛居村村民；口述：杨海旺，56岁，黎城县牛居村村民。采访者：笔者、段建宏、赵天鹭，2013年6月22日。

雨师配祭白龙王①，等等。

在上党雨神中，有的雨神自开始就和祈雨有了天然联系，有的则可能经过了功能的转换。前者如崦山白龙王、三峻神；后者则以精卫为代表。

关于精卫故事的演变，我们将在下文详加阐述。对于第一种情况，我们以成汤庙信仰为例展示其发展轨迹。

（一）成汤庙

成汤，亦称汤帝，是上党地区分布较为广泛的雨神。又以阳城县居多。原因在于传说中的成汤祷雨之处就在阳城县的析城山。

成汤之所以成为官民共同认可的雨神，源于其桑林祷雨的传说。这是从宋元至近代一直未变的原则。相传成汤时期，"适遭天旱，七年不雨，民皆饥色，野有饿莩。汤于斯也，不罪诸岁而罪诸己，不咎诸天而咎诸躬。于是斋戒沐浴，剪发断爪，素车白马，身婴白茅，以身为牲，祈祷于桑林之野，昭告于□天之下"。他这种举动感动了上天，自责之言未毕而大雨滂沱。成汤逝后，官民为了纪念他为民献身的精神，"建庙于析城之境""凡遇旱阳，祷之即雨"。②

析城山能成为求雨圣地在于其容易形成地形雨及存在地下暗河："山升白气于天，落五斗峰化为湿云。自云中滴水，降太乙池。山上泉大旱不竭，或谓与济渎通源。""其东岩有龙洞、龙池，每岁旱，县人祷雨辄应。其龙池水数百里外皆来取水，虔祈有年，望祷不绝也。""山东岩龙洞深不可测，有人入其中，行度十里许，闻水声奔激，骇而出，以问知者，曰：'此黄河声。盖洞入地中，河在地下也。'"③ 这一说法到今天仍然存在，但无法做进一步的考证。不过，这表明，因为有长年不枯竭的泉池，析城山上才会建庙祭祀。

整个上党地区的成汤庙，亦称汤帝庙，是以析城山为中心扩展开来的。《阳城县志》载，乾隆时的阳城成汤庙有四座，分为成汤庙、成汤东庙，成汤西庙，成汤南庙。成汤本庙在析城山上。"东庙在立平坊。宋熙

---

① 《重修柏峪脑龙王庙碑记》，光绪二十一年（1895），黎城县柏峪脑村龙王庙。

② 《重修成汤庙记》，正德九年（1514），阳城县王村。

③ 杨善庆修，田懋纂：乾隆《阳城县志》卷二（山川），《中国地方志集成》（山西府县志辑）（38），凤凰出版社、上海书店、巴蜀书社2005年版，第25—26页。

图 3.18　阳城县析城山上当年取水的水池

资料来源：笔者拍摄于 2012 年 8 月 14 日

图 3.19　阳城县析城山成汤庙

资料来源：笔者拍摄于 2012 年 8 月 14 日

宁中建，一修于宣和时，再修于元至元、元贞时。西庙在怀古坊，俗名二郎庙，不知何时建。明万历年修南庙，在县东南二里，俗名南神庙。国朝康熙十年邑人田侍郎六善修。"① 这四座庙宇明显是以析城山为中心，按

---

① 杨善庆修，田懋纂：乾隆《阳城县志》卷三《坛庙》，《中国地方志集成》（山西府县志辑）（38），凤凰出版社、上海书店、巴蜀书社 2005 年版，第 39 页。

宋、元、明、清顺序分布开来。当然，这个数量绝对不是当时汤帝庙的总数。因为祈雨灵验，护佑民众，"可作丰年之庆"，早在元至元十七年（1280），朝廷就下诏建立汤帝行宫如下：

泽州，共3道：左厢、右厢、南关。

阳城县，共17道：□右里、东社、西社、南五社、白涧固隆、下交村、泽城、芹捕栅村、李安众、四侯村、洸壁管、晋城县马村管、周村镇、大阳东社、大阳西社、李村、巴公镇。

沁水县，共4道：城内、土屋村、端氏坊郭、贾封村。

高平县，共2道：桂坊南关里、城山村。

翼城县，共6道：□曲、吴棣村，中卫村，上卫村，南张村，北张村。

文喜县，共1道：郝庄。

河中府渔乡县，共1道：故市镇。

沁南府，共6道：市东、北门里、水北关、水南关、南关、东关。

武陟县，共1道：宋郭镇。

济源县，共4道：曲北大社、西南大社、南荣村、昼村。

河内县①，共18道：清平村、东阳管东郑村、伯乡镇、北阳宫梨川西河镇、高村□、五王村、万善镇、长清宫许良店、清花镇、吴家庄、红桥镇、□阳店、武德镇、尚乡镇、王河村、南水运、□马村、□□义店。

修武县，共3道：西关、城内村、□□河阳榖逻店。

沁州武乡县，共2道：□□州南门里街西、五州度。

温县，共4道：南门里社、南冷村、招贤村、白沟□。

垣曲县，共2道：登阪村、□□镇。

河南府巩县，共4道：城内、石桥店、洪水镇、□□村。

堰师县：1道。

太原府太谷县，共1道：东方村。

祁县，共2道：圣王泊、团白镇。

平尧县，共1道：朱□村。

---

① 今河南省沁阳市。

文水县，共 2 道：李端镇、□盘行宫。①

这个排列是以析城山成汤庙为本庙，向四周扩展，涉及山西东南、南部、西南，直至河南共 21 个州县，共建行宫 85 道。

此后，虽然有的庙宇消失，但其总体数量仍然在增加。至明清时期，成汤庙的数量更多，仅阳城现存的成汤庙就有约 60 座，除此之外，泽州、高平、陵川、晋城、长子、长治、沁水也有 64 座左右。

这也肯定不是数量的全部，按阳城人的说法，民国期间几乎里里都有汤帝庙。虽然这可能有所夸大，但曾经的真实存在数量应该远超统计数目。如果再算上其他庙宇中的汤帝殿、祭祀仪式中的汤帝牌位，其信仰就更加广泛了。如潞城市蝗皇岗赛社、长子县尧王山大赛也要供奉汤帝。民国期间仍然存在的成汤庙如图 3.20—图 3.21 所示。

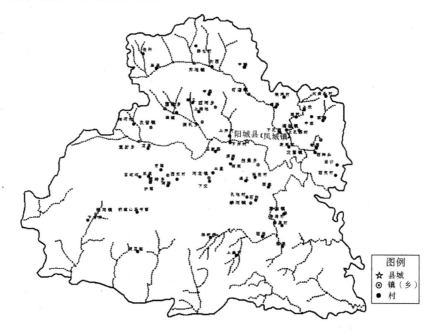

图 3.20　民国时期阳城县成汤庙分布示意图

资料来源：据田野调查绘制

---

① 《汤帝行宫碑记》，中国先秦史学会、《析城山文化丛书》编委会《阳城汤庙碑拓文选》，文物出版社 2012 年版，第 103—106 页。

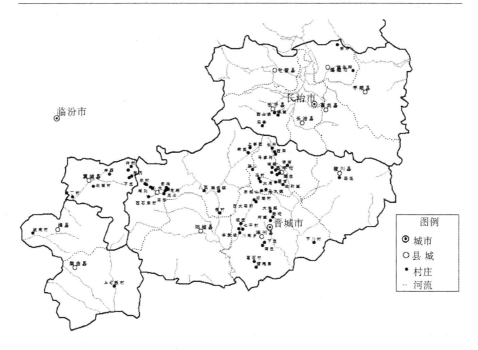

图 3.21 民国时期上党成汤庙分布示意图

资料来源：据田野调查绘制

直至 20 世纪 20 年代，阳城县刘庄仍将成汤庙作为"春祈秋报祈福之所，祀奉成汤尊神"[1]。

（二）昭泽王庙

与成汤信仰有所不同的是昭泽王庙。

从源头而言，成汤信仰源于圣王信仰，而昭泽王信仰则是本土人士修炼成仙而产生。昭泽王庙在长子、黎城、襄垣、潞城、武乡、长治多有分布。昭泽王相传姓焦，真实姓名不详。唐懿宗咸通九年（868）七月初五日生，为长乐乡司徒村人。出生之时，"香气盈室经宿不散。人感异之"。但是直到七岁仍然"两手拘挛，言语塞滞，状貌类愚人"。忽然有一天双手无故自由舒张，整个人神采焕发，言语也随之流畅。他恢复正常后，非常喜欢道家文化，到十三岁时，举凡"天文地理，易象遁甲诸书，一过目即晓畅"。唐景福二年（893）正月初八日夜晚，他梦见神人手捧玉函，内

---

① 《接替碑记》，1921 年，阳城县刘庄村汤帝庙。

盛灵符宝录交付与他，叮嘱他认真学习。后来，又遇异人指点，终于学成。他曾先后降伏黄狐、恶龙、青龟、蜃兽等恶兽，为民除害，是一个法术高强的道士。① 昭泽王修真处即在武乡县焦龙洞。他三十四岁去世，此后屡有灵验。当地人在洞旁为其立庙，并以长乐十六村租税作为其庙宇香火之资。

据称，昭泽王在唐时被封为"云雨将军"，"能御灾抗旱，为潞、泽、辽降妖祈雨"②。从这段描述可以看出，昭泽王初始形象是全能神。还有一种说法认为其雨神功能在唐以后才开始显现。五代后晋开运二年（945），当地旱灾严重，"凡诣洞求雨者应如响。后来求雨自此始。后晋天福四年（939）加封为显圣公，宋宣和元年（1119）加封为昭泽王"③。明时，"祠遍上党，庙盈沁阳"④。民众赴此处求雨取水，为"历世相缘之风俗焉"⑤。

同治时黎城知县陈宗海因祷雨有应上表请封昭泽王⑥。

长治县王童村本有《昭泽王宝录》记昭泽王事迹，但30年左右未曾重修。光绪三十三年（1907），长治县三月至六月之间，"亢旱不雨，早种者苗虽出而槁甚，晚种者尚在破土"。各乡镇民众祷雨次数虽然频繁，但却未见明显效果。于是，六月初九至十一日，各绅社在庙祈祷，虽然得雨，但不足缓解旱情。十二日，村社请昭泽王神驾观看旱情，至王童西郊时雷雨大作，旱情一举而解决。为报神恩，12个绅社决定重修《昭泽王宝录》。⑦

大致可以看出，随着时间的推移，昭泽王的其他功能渐渐消失，他变成了职能较为专一的雨神。

与成汤信仰不同的是，由于昭泽王出身平民，因而他与民众的关系就较为融洽。长子、长治、襄垣、黎城一带的民间传说中，都将昭泽王描绘

① 严用琛、鲁宗藩总修，王维纂修：民国《襄垣县志》卷四《士女传》，《中国方志丛书》（418），台湾成文出版社有限公司1976年版，第321页—322页。

② 《龙洞山行宫碑记》，同治八年（1869），武乡县焦龙洞。

③ 严用琛、鲁宗藩总修，王维纂修：民国《襄垣县志》卷四《士女传》，《中国方志丛书》（418），台湾成文出版社有限公司1976年版，第322页。

④ 《古黎重修昭泽龙王碑铭记》，正德六年（1511），黎城县上马岩村。

⑤ 王童村村民编：《昭泽王宝录》，光绪三十三年（1907），写本。

⑥ 《龙洞山行宫碑记》，同治八年（1869），武乡县焦龙洞。

⑦ 王童村村民编：《昭泽王宝录》，光绪三十三年（1907），写本。

得非常亲民。除了昭泽王亲临求雨现场外，还有其他故事：

> 昭泽王因为头大发少，被称为"小秃孩"。父母死后，他投奔舅舅家。舅母让他帮忙去锄玉米地的草，他嫌累，一下子把所有的玉米苗全锄了，只剩下了五颗。意识到自己闯了祸，就离家出走了。玉米成熟时，舅舅舅母晚上梦见他来帮忙收庄稼，早晨起来，发现玉米已经装满了粮仓。村里人这才知道小秃孩成了神。次年大旱，村里人找他求雨。他将自己所用砚台交给村民使用，大雨顷刻而下。于是，人们在苏店镇建起了昭泽王庙并形成庙会。①

在另外一则故事中，昭泽王却受到了舅母的虐待，愤而离家出走。随后在马鞍山下斩了旱龙。从此在焦龙洞修行。一年，苏店遭遇大旱，舅母代表村里前来求雨。昭泽王不计前嫌，将神水交付与她，救了王童村百姓。于是，村民在王童村修了昭泽王庙。②

图 3.22 长治市捉马村昭泽王庙内昭泽王画像及求雨仪式图
资料来源：笔者拍摄于 2012 年 8 月 19 日

---

① 李庆东、张志孝：《苏店镇与荄子王庙会》，阎爱英《庙会》，山西经济出版社 1991 年版，第 34—35 页。
② 《小秃子斩旱龙》，长治市民间文学集成编委会《长治民间故事集成》（一），无出版社，1988 年，第 371—374 页。

两个雨神的不同发展轨迹显示出了民间雨神的多样性。成汤信仰的发展近似于一种由上而下的理路，其圣王地位获得的官方支持力度相比于平民出身的昭泽王而言更大。元代大规模修建汤帝行宫对其信仰的扩张起到了巨大的推动作用。这是成汤和昭泽王信仰发展过程中的最大区别。在有关成汤的传说中，无一不带有崇敬的语气。昭泽王更接近一个平民，也会犯错，但更念亲情。这种平民化的形象使他同样在民众心目中占有重要的地位。民国期间，前来太行龙洞求雨的民众来自山东、河南、山西、河北各省，在与其他雨神的竞争中获得了一席之地。

三　上党地区的祈雨取水仪式

祈雨取水是目的性较强的祭祀活动，广泛存在于上党地区。一类是应急型的，即遇天旱才求雨，如二十四神朝玉皇仪式和牛居、南委泉、南阳护、神郊、树掌、八义、郭村、王郭、崇仁、酒村、神渠、微子等村皆是如此。一类是定时性的，即无论是否天旱，都要举行求雨仪式，如两水村六月二十四祭三嵕、黄碾镇的五月初贺龙王、善福村的七月初一玉皇会、停河铺村三月十六日的关爷庙会、晋城市城区吕匠村四月初八庙会、寺底村每五年一次的朝山进香会等。虽然各地的祈雨取水仪式细节会有所不同，但一些主要的程序却是一致的。

（一）庙内祈祷

凡遇大旱，村民就会到庙中祈祷。如果本村有雨神庙，就去本村庙宇。如果没有，则需要出村。这又分为两种，一种是民众自发前去跪香。屯留县神渠村每逢天旱时，就会自动去老爷山三嵕庙跪拜求雨。有时是一家人去，有时是几家商量好共同前往。南委泉村民则是自发在城隍庙上香跪拜求雨。大中汉村也允许个人求雨，村社并不加干涉。赵店村甚至规定，如果有个人祷雨成功，"社内献戏谢雨，赏酒饭一桌，每人红一匹"①。

一种是村社组织民众统一行动。有的是社首和特定人员在庙中祈祷。二十四神朝玉皇即是一例。再如南阳护村每逢天旱，社首就要挑选十二个属龙的男性跪在村内三嵕庙中。除晚上休息外，白天要一直跪着，有时一连十几天，直到下雨为止。在此期间，不许出庙门一步，也禁止任何人擅

---

① 《祈雨条规并序》，光绪二年（1876），黎城县赵店村潞王祠。

自入庙，所有饭食由村人装好从墙上吊下来。这样做是为了不让外人惊扰雨神。1942 年，全县大旱，十二个人跪了半个多月没有下雨。好不容易天阴了下来，马上就要下雨，伪军和日本军队却在此时进入了庙宇。当时的社首十分悲观，连声说："完了，完了。"结果，天很快就晴了。这场大旱一直持续到了 1943 年。①

在时间上，有的以三天为一阶段。社首在三天内每天早晚入庙焚香，水官则需跪在庙内祈雨。② 黄碾是连跪九天。大中汉村则由村社召集民众到三崚庙中上香，上供品，祭拜，没有时间限制。王郭村要拿着香和柳枝，到寺庄山神庙中献上猪头，上香跪拜之后就回村。③ 赵店村也没有时间限制。④

祈雨时要念祈雨文，虽然具体内容不同，但大致含义相同。如南委泉村念的是"一炷香，一直等，捧了一捧经，金捧水，水盆盆，盆上栽了杨柳树，柳树上面挂水瓶，清风细雨往下飞"⑤。郭村则念"老天老天，可怜水官，清风细雨，连下三天"⑥。如果跪拜的神祇较为具体，就有了较强的针对性。比如向真武大帝求雨，就要强调他有五百灵官，为众神之帅，"披发天下，冠可冠者，即可雨也。赤足云为，履可履者，即可雨也。祈尊神宝剑一指而旱魃逐矣，神旗一摩而灾旱消矣"⑦。有时还需要向井、泉之神求雨，村社也有充足的理由："天一生水，地六成之，须天地之水相济，而后甘霖普降。"于是，如果渊泉之神"赐一勺之水"，就会得九江天河之水化为雨水，"普济群生""润我田苗"⑧。这同时也对祈雨时要从井、泉、地下暗河中取水有了一个解释。

---

① 口述：李承则，85 岁，南阳护村村民；郝齐则，60 岁，南阳护村村民。采访者：笔者、段建宏，2012 年 10 月 4 日。
②《祈雨礼仪》，咸丰至民国，寒声《上党傩文化与祭祀戏剧》，中国戏剧出版社 1999 年版，第 560 页。该文本为长治市漳沂村陈天珍藏本。
③ 口述：张常顺，72 岁，高平市王郭村村民，2012 年 10 月 28 日。采访者：笔者、段建宏，2012 年 10 月 4 日。
④《祈雨条规并序》，光绪二年（1876），黎城县赵店村潞王庙。
⑤ 口述：江桂英，女，82，黎城县南委泉。采访人：笔者、段建宏，2013 年 6 月 22 日。
⑥ 口述：焦东林，80 岁，长治市郊区郭村村民。采访人：笔者、段建宏，2012 年 10 月 12 日。
⑦《祭玄天上帝表文》，李兰芳《祭文全部》，1933 年，写本。
⑧《祭渊泉表文》，李兰芳《祭文全部》，1933 年，写本。

　　这种庙内跪拜、烧香、祭祀的行为，程序相对简单，只需要几样香烛纸火和祭品若干，是最普通的一种祈祷行为，也是任何一种祈雨仪式中不可缺少的。在民国期间，各地的龙王庙及几个雨神圣地都会有民众跪拜。襄垣的昭泽王庙、洪洞脚、五龙洞常会迎接集体前来的村民，他们会顶坛求雨。①

　　村社组织的祈祷如果一次不能成功，也会连续祈祷。潞城某村向观音祈雨就连续进行了三次。第一次民众尚较为镇定，只是言明"岁逢大旱"，观音手中的水瓶专司雨水，"乃上天之泉渊，杨柳无假借，水洒遍乾坤"，所以希望"圣母赐瓶中一勺之多，庶几四海江河"。②此次祈祷并未起到作用，于是民众又进行了第二次祈祷，提醒观音距离上次祈祷已经过了一段时间，但"云犹未兴，旱魃之虐仍然，雨犹未降如故"。村社"小民"等不忍"坐视听死"，于是再次设立坛位。然而，此次并非直接向观音求助，而是请求观音转告"△△上帝"。这是由于上次祈雨未果，村社认为这并非观音故意为之，而是在于她权力不足，所以此次就"望尊神转达，祈上天仁惠下民，速降甘霖"。③第二次祈祷仍未起作用，民众再一次加大力度。村民向观音悔过："众生孽广，天神不佑，降灾大旱。"但是，鉴于"每日大风起，似火烧田，小民惊恐，禾苗将槁"，他们认为观音"神功浩大，灵应四海"，不应坐视。同时，民众将祈祷范围进一步扩大，希望"五岳四渎、水府龙宫、五方行雨、龙王六合、雷公电母"等一切能降雨之神来助观音一臂之力，"善纳清风，普降甘霖，救济苍生，保佑丰年"。④屯留县下史兴村等十村在遭遇第一次旱灾时，只向昭泽龙王求雨。此后又遇旱灾，村社求雨时就加上了海渎王。村社认为，先前已经进行了一次祈雨，昭泽龙王也及时下雨，但是"旱既太甚，犹虑雨不逮行，并祝海渎龙王助佑速降甘霖"⑤。这种由求一神向求多神的过渡突出反映了民众层层递进的思维。如果求一神灵验，自不待言。如果不灵，他们就会为该

---

　　①屈毓华：《祈祭》，桑爱平《人文襄垣》（民俗风情），北京燕山出版社2011年版，第83页。

　　②《祭观音表文》，李兰芳《祭文全部》，1933年，写本。

　　③《复设坛表文》，李兰芳《祭文全部》，1933年，写本。

　　④《又表文》，李兰芳《祭文全部》，1933年，写本。

　　⑤《又复祈雨请海渎、昭泽龙王神传》，咸丰六年（1856），寒声《上党傩文化与祭祀戏剧》，中国戏剧出版社1999年版，第557页。该文本为长治市漳沂村陈天珍藏本。

神找来助手，增加降雨的概率。

（二）接神祈雨

如前所述，在二十四神朝玉皇的仪式中，民众需要将玉皇神驾由沙窟村接到长治市内。这也是上党地区较常见的方式，民众会将龙王或其他雨神驾接至本村某一庙内安置，设置神坛祈雨。并念相应表文：

> 位居壬癸，职司水府，既能喷气以成云，奚难吐津以生雨。兹值△岁竟遭太甚之灾，自春至夏，甘霖不降，自南至北，灵雨无闻，△月已过……目见千里，惟见赤地；耳闻数州，几断青苗。虽有浮云之恩，功生难当，迅风即扫，岂众尊广，神明不佑，故降残祸也耶？抑冥冥之中亦如县，县之于府，府之于省，省之于京，虽有雨不得私施也耶？果尔则众生愿改过迁善，舍旧从新，以祈神佑。愿神转求上帝普施膏泽，以苏四方之民，则神之功德，岂能浅矣？合村人等恭请△尊神驾坐△△庙内至殿，登坛赴位，大展赫赫之灵，广布好生之仁，几日内果优渥沾足，遍于郊原，自欣欣鼓舞，则众百姓等睹青苗之在野，岂敢忘圣恩乎？尚飨！①

民众首先自责，认为是因民众造孽才导致了天旱不雨，接着许愿要改过从善，希望神祇能降下甘霖。接神前来的仪式较为复杂，大致与迎神赛社中的迎神仪式类似。现以屯留县下史兴等村民国年间的接神仪式为例，说明其一般规范。下史兴村等周边十个村社，每逢天旱，就要共同组织去交漳村昭泽王庙内接神驾祈雨。

第一步：组织接驾人员。接驾人员包括：

神传1名，需穿大衫，以示郑重，主要负责人与神之间的沟通，代表村社向神祇祈祷。

随驾人十几名，穿大衫，主要负责照应神驾在路上的相关事宜。

上香人3名，穿大衫，负责给神祇上香。

执生4名，穿大衫，负责给神斟酒斟茶。

香号2名，穿大衫，负责打锣，使上香人按时上香。

---

① 《四海龙王位前求雨表文》，李兰芳《祭文全部》，1933年，写本。

水官 8—12 名，负责在庙内跪香祈雨。

此外，还有各村负责人士、抬轿、鸣锣、敲鼓、乐户、社火队伍若干。

因为在整个仪式中，需要鸣锣的地方很多，所以鸣锣之人最多，需要 20 名，

接驾当天早晨，村社要鸣锣三遍：一遍所有人众家中用早饭；二遍在本村大庙内集合；三遍点名起身。各人不得无故不到，否则要在庙内议罚。

第二步：接驾回本村。接驾队伍到达交漳村昭泽王庙后，照例焚香，要念《下殿文》，即《祈雨文》，说明"今旱魃为虐，禾苗枯槁。敬祈甘雨，急救黎民"[1]。随后，众人将神驾接回，先放在下史兴村古佛殿前小桌之上。然后打鼓奏乐，其余九村社首齐聚庙内，上香跪拜。之后，抬上神驾出庙门，沿着司徒村、中华村，西至河村，呈寺村，下韩村、上史兴村、后窑村、东至河村、云台村、交漳村、下史兴村转一圈。随后到下史兴村古佛殿前，每村执香一炷，交漳村除外，十炷香共同供神。这一仪式是要向神祇说明是哪些村在诚心请神，哪些村需要降雨，为降雨划定了范围，以免弄错。由于此时雨水的急缺，民众不愿意它降在外村，于是就出现了抬神绕境的举动。

第三步：抬神出游、晒雨神与取水。如果三天内没有下雨，村落就会将神像由庙内抬出，以柳轿抬着神像绕村一周，名曰"踏旱"，目的是要让神祇亲眼看看旱情。[2] 这里面也隐含着另外一层意思，神祇被抬到田里暴晒，如果觉得渴了、热了就会降雨。与此同时，村社会派人去良材村龙王神潭中取水。午后，神驾要到神前村岸上沟口处接水。回来后，八名水官陪同神驾一同游街。到庙内，水官四人一组轮换拜水，一共坚持九天。[3] 取水与晒雨同时进行，颇有双管齐下的意思。即使单纯求雨不灵，那么，如果给龙王弄来水源，应该就要容易很多。

---

① 《下殿文》，咸丰五年（1855），寒声《上党傩文化与祭祀戏剧》，中国戏剧出版社1999年版，第555—556页。该文本为长治市漳沂村陈天珍藏本。

② 一些地方也称"踩旱"。

③ 《祈雨礼仪》，咸丰至民国，寒声《上党傩文化与祭祀戏剧》，中国戏剧出版社1999年版，第559—560页。

第四步，演戏酬神。随后，村社会将神驾送回交漳村。无论是在第一轮三天期限之内降雨，还是踏旱接水之后才降雨，村社都会演戏酬神，不过，这并非一定要等到秋后。降雨越早，演酬神戏的时间就越早，以此激励神祇以后照方办理。下史兴村在咸丰六年（1856）六月份进行了一次祈雨，结果三天之内下雨。于是，受益十村在七月十五就上演酬神戏，明显没有等到秋后。在这篇《十村贺雨酬恩接驾神传》的开头就声明这是感谢神祇及时降雨：

> 尝思大恩宜报，圣德当酬，此固理之所必然者也。今当大旱之际，诸苗槁而心伤，视禾枯而首疾，凡我邻众，其孰不然也。故不得已到交漳村昭泽龙王庙尊神位前，恭祝曰："三日以里，速降甘霖。合外九村社首同接神驾到下史兴村酬功贺雨。今神有感即应……故忧者以喜，病者以愈，也不速报？我邻村务于明日虔诚致敬，各备香资，同到交漳村恭接神驾。"①

同样，在另外一次求雨活动中，村社也提前许下承诺"倘三日以里大雨施行，择日请神到下史兴村赴筵"。这一次，"神有感即应，而灵雨既零，庶神不弃斯民也，敢不择日请神驾赴筵以扬神功乎"。② 这次祈雨时间应在七月十五以后，而酬神时间则是八月十五日，中间相隔时间也没有超过一月。

在秋后，十个村又共同进行了一次酬神活动。这次活动是对此前神灵有应的总回报。村落再次重申前两次求雨的过程，并且指出神恩浩大，"今田事已毕，正合神传之期，凡我邻众，各尽其心，各执其事，无须赘言"。十个村落准备再将昭泽王、海渎王神驾接来下史兴村观看戏剧演出。由于时间紧迫，路程又较长，故事表演较多，十村社专门提前发出告示，要求各村清扫队伍专用"神路"上的枝条，修宽道路。③ 酬神戏上演三台，

---

① 《十村贺雨酬恩接驾神传》，咸丰六年（1856），寒声《上党傩文化与祭祀戏剧》，中国戏剧出版社1999年版，第556页。该文本为长治市漳沂村陈天珍藏本。

② 《又复祈雨请海渎、昭泽龙王神传》，咸丰六年（1856），寒声《上党傩文化与祭祀戏剧》，中国戏剧出版社1999年版，第557—558页。

③ （秋后送神）《修路伐枝神传》，咸丰六年（1856），寒声《上党傩文化与祭祀戏剧》，中国戏剧出版社1999年版，第557页。该文本为长治市漳沂村陈天珍藏本。

其基本仪式同一般的迎神赛社相似，大致而言，第一天接神安神，抬神游遍各村；第二天，除下史兴村外的"外九村故事"来庙内上香。之后九村故事游街。之后圆神，用晚饭，乐户吹奏，然后开戏，供盏；第三天供盏、迎寿星、打太平鼓、抛太阳，供盏，开戏，等等。相对而言，仪式较为简单，不再赘述。①

在下史兴村的流程中，有几个环节未曾详细记录。不过，我们利用其他村社的资料可以将其较好地弥补。

一是抬神像。无论是接神驾还是抬神驾出游，不会抬庙中原像，因为这些神像或为泥塑或为铜制，体积又大，很难抬动。庙中会有一个专门为出游准备的神像。该像或由木制，或者体积更小，称之为"走像"。善福村龙王爷庙内就有两个神像，"一个泥捏的，一个木头刻的。抬的是木头的，泥的一抬就坏了"②。郭村东岳庙中现在仍有仿制的木制神像，该神像高约一米，坐在轿中，关节可以活动。如图 3.23 所示。

图 3.23　长治市郊区郭村东岳庙内主管降雨的管赛爷
资料来源：笔者拍摄于 2012 年 10 月 12 日

高平市以庄里村、长畛村为中心的七村六社向炎帝祈雨时，则用一个二尺多高的泥塑小像。如图 3.24 所示。

二是抬神驾出游和踏旱。这一环节都是让神驾围绕着祈雨村社的地界游走，只是在具体方法上有所不同。屯留县"以其人之道，还治其人之

---

①《送神条规》，咸丰六年（1856），寒声《上党傩文化与祭祀戏剧》，中国戏剧出版社 1999 年版，第 563—564 页。该文本为长治市漳沂村陈天珍藏本。

② 口述：魏征考，80 岁，襄垣县善福村村民。采访者：笔者、段建宏，2013 年 6 月 29 日。

身""让龙王也尝尝干旱曝晒的苦头"。民众会"把龙王抬到烈日下或沿村游走，并掘地三尺，让龙王察看墒情"。[①] 这是感化和逼迫相结合的方法，目的就是促使龙王降雨。八义村将这一步骤移到了求雨的第一步，将东岳大帝从正殿里移出来，抬到院子里晒三天，称为晒驾。三天之后仍不降雨，就要把西殿中的三个龙王爷接出来，八个社每个社抬一段路，每个社准备一个锣鼓队，以壮声势。队伍从东岳观出发，围绕八社地界游行，尽量路过村落的庙宇，如魁星阁、三官阁、圣皇庙，至东岭风伯雨师庙停住，烧香，向

图 3.24　高平市长畛村炎帝祈雨小像
资料来源：董富来 2013 年 1 月 6 日提供

风伯雨师祭拜，随后再返回东岳庙。这也是要合众神之力以加快降雨速度。[②] 长子县酒村抬的神像较为特殊，是猴王爷，但据说特别灵。只要天旱，抬出来一烧香，就会马上有雨降下。[③]

　　停河铺村祈雨每年固定于三月十六日。因为当地十年九旱，于是应急性的求雨活动变成了固定庙会。这一天是停河铺村关爷庙会，也是周边村落祈雨的时间。关爷庙之所以成为祈雨场所，是由于庙门外的两匹马。如果马的后胯内侧有潮气，则当夜必雨。由于灵验，旱时的停河铺村常常能下救急雨。周边村落十分羡慕，请求加盟。这样，在民国期间，就由停河铺、大停河、小停河、靳家街、七里店组成一个大社，年年举办祈雨活动，村社称之为"镇灾会"。这种固定的祈雨会准备时间要比应急性的活动充分得多。停河铺村在一个月之前就开始准备，据说是黎城县诸多庙会中非常罕见的一个。踏旱时，每家出一人，手中举着小黄旗，戴上柳条

---

① 王明亮：《屯留风貌》（内部交流资料），1990 年，第 170—171 页。
② 万满喜：《八义村志》（内部交流资料），2012 年，第 272 页。
③ 口述：张有先，72 岁，长子县酒村村民。采访者：笔者，2012 年 10 月 5 日。

帽，赤脚将自家的土地踩遍，并插上旗子，表明这是在雨神降雨范围之内。①

高平市长畛村主要向炎帝祈雨。如果三天之后不下雨，就要把盖在炎帝像头上的红布拿走，全村男女老少都可抬上炎帝像满村游街、晒太阳。如果还不下雨，就要把炎帝像放在村西一块名叫西大地的土地上，让炎帝亲眼看看田苗的干旱惨状，同时曝晒炎帝，直到把像的头上晒出"汗"来，炎帝显灵下雨为止。据村民回忆，烈日下，炎帝像就真被晒得油光闪烁，如同人的汗珠在放光。②

图 3.25　长畛村晒炎帝的西大地

资料来源：董富来 2013 年 1 月 6 日提供

当然，并非所有抬驾出游的内容都具有惩戒意味。黄碾的五月初一庙会就是贺龙王，哪怕天不下雨。这一天，村社以八抬大轿抬上龙王像，模拟皇帝出巡的规模，沿街缓缓而行，接受百姓朝贺。同时，三大社各出社火节目，如扛妆、跑旱船、舞狮子。此外，还有三台戏：落子、梆子、秧歌一同上演。③

三是取水。取水也是祈雨活动中非常重要的一环。每逢天旱，村社都

---

① 贾炳联、刘书友：《停河铺村志》，光明日报出版社 2008 年版，第 106—107 页。

② 口述：董富来，80 岁，长治市市民。采访者：笔者，2013 年 1 月 6 日。

③ 刘重阳：《黄碾古会纵横谈》，阎爱英《庙会》，山西经济出版社 1991 年版，第 102 页。

会组织民众去心目中的祈雨圣地取水。除了前文所言大型的祈雨圣地外，只要庙内有泉、井、池之类常年不干的水源，一些村落庙宇也能成为取水的地方，如本村和邻村民众就会来到八义村的龙王庙取水。[①]

如前所述，取水仪式十分隆重。村民需要步行到几十里、上百里外有灵性的庙中、洞中取水带回村内庙中。参与人员有时是全村，如屯留县盛行除留看门做饭的人之外，全村都要参与。有时是特定的人选，王童村、郭村、下史兴村由特定的水官负责取水。[②] 停河铺取水必须是村内德高望重的"头面人物"。只有他们才有可能以自身的道德力量感化神祇降雨。

取水人在衣着上的要求较为一致，基本上是黑衣裤、赤足，要挽起裤腿、头戴柳条帽。黑色在五行中属水。赤足、绾起裤腿表示民众不怕下雨。柳树是水边常生树木，和观音净瓶中的柳枝同属一类，也和水有关。屯留县一些村落的民众除了戴柳帽之外，还要用柳枝扎成神楼。[③] 善福村民祈雨时也戴柳枝帽。龙王庙的壁画中就有一位神祇手拿一个插有柳枝的水瓶，用柳枝蘸水行雨的画面。[④]

到达目的地后，就要安排取水。如果对取水地情况较为熟悉，就由本村人直接取水。善福村民去南沟河村龙王庙取水时就直接钻入供桌下的井，打上一瓶水来。回来后，在玉皇庙前烧香，将水泼在地上，祈祷今年风调雨顺。[⑤] 如果不熟悉情况，就要让附近村落熟悉情况的人领着前去。如前所述，在马鞍山龙洞求雨时，很多村社需要北委泉的人带着去。除了该村严姓被认为与神祇有亲密关系外，一个同样重要的因素就是洞内情况复杂，而北委泉的人熟悉情况。龙洞里异常寒冷，进洞时必须喝辣椒水和姜汤，还要换上棉衣棉裤，否则受不了。进洞前还要喊洞，大致的意思是："有仇报仇，有冤报冤。"因为里面的不明生物太多，这样一喊，一是表明求雨的人问心无愧，二是惊动里面的生物，让它们闪开。曾经有一次，张尧东的爷爷和另外一个人一起给人领路，结果那个人害怕了，到了洞口之后宁死不进龙洞，半路退了出来。

---

① 万满喜：《八义村志》（内部交流资料），2012年，第272页。
② 关于水官这一群体，我们将在下一节介绍。
③ 王明亮：《屯留风貌》（内部交流资料），1990年，第170页。
④ 口述：魏征考，80岁，襄垣县善福村村民。采访者：笔者、段建宏，2013年6月29日。
⑤ 同上。

洞里的水有时到胸口那里，深浅不一。外来人要紧跟北委泉派去领路的人。后者脚踩到哪里，他就得跟着踩到哪里。进洞三华里左右就会有一面光秃秃的墙壁，中间有一米见方的一个洞，里面黑乎乎的，什么也看不见，只听到哗啦哗啦特别大的流水声，不明地形的人很容易在里面出事。取水人用长羊毛绳或麻绳系上陶罐，放进洞中，灌满之后提上它，再跟着引路的人出来。①

同样，外来人在阳火角村后白龙床山谷取水时，也因为洞内黑暗，需要阳火角村熟悉的人领着去，叫"引洞"，也需要喊洞。不过，该村又有另外一个习俗，到达水潭后，引洞的人会突然回头，一脚将停河铺村的取水人蹬下去，名曰"洗身"，即洗净身心内外的一切污垢，以表虔诚。随后该人在潭中将瓦罐装满水，跟随领路人出洞。②

崦山白龙洞的取水仪式，因为路途遥远，取水人则要在庙中住上一夜。嘉庆年间，河南怀庆府东申召、东王召、西王召三村每逢三月十九日，就由当年执事村社发起取水行动。村社领袖要带领水官赶两天路，"荷瓶、捧驾、负笈、引羊"，在二十一日到达，"诣庙焚香，是夕宿坛于大殿。翌日杀牲祀神，礼拜圣水仍守瓶于正殿"，直到第四日才往回走。③

取水之后返回也有注意事项。昭泽王洞取水后，如果往回走的路途较远，就常是每隔十里地一个人，以保持体力，便于用最快的速度把水送回村社。接水人接上水以后，不可回头，提上水一直往前走。不要回头是一个较为普遍的规定。停河铺、王童、上遥、八义、辉河、郭村、王郭、贾村、南阳护、壶关、屯留县许多村社取水时都是如此。回头意味着停止，雨神会以为已经到达目的地，就会将雨落到回头之处。有一次，王童人去龙洞取水，回来的路上一直有乌云跟随，到了村边了大家以为已然稳妥，一回头，大雨从天而降落在了邻村。有的村社不许"神水"落地，由专门的扛水人扛在身上。水一落地就意味着钻入当地土中，再也不能灵验了。

---

① 口述：张尧东，52 岁，黎城县北委泉村村民。采访者：笔者、段建宏，2013 年 6 月 22 日。
② 贾炳联、刘书友：《停河铺村志》，光明日报出版社 2008 年版，第 107 页。
③《怀庆府河内县东王召、东申召、西王召每年三月二十二日老庙祈拜圣水碑记》，嘉庆元年（1796），阳城县崦山白龙庙。

12 位水官都肩扛粗大的柳木棍，手搌大锣，边走边打边唱："老天老天，可怜可怜，救救黎民，救救水官，清风细雨，早下几天。"民众希望用这样的方式将呼声送达上天神祇耳中。此外，沿途遇到狗或穿白衣服的人都可以不问情由抢棍就打。据说这样打死人无须偿命，因为狗和穿白衣服的人冲了村社救命的雨水。① 至于狗和穿白衣服的人为何会冲水，可能和怕狗叫惊退雨水有关；水五行属黑，与白相克，因而，穿白衣也犯忌。②

回到村社后，也会有相应的接水仪式。主要的情节就是要将取来的水倒入本村大庙之中的水池或将水瓶供起，并举行庆贺仪式："注瓶于本地泰山庙中。"迎瓶"旗帜什物不毕具，神辇仪仗无不肃然。村中父老子弟皆欢欣任事，整肃迎神，毕集于执事村之庙。斯时安瓶祀神，粢盛丰洁，牲牷肥腯，鼓吹演戏，悉尽其诚。上以报龙神膏雨之恩，下以庆吾邑盈宁之岁"。③

此外，在整个仪式中，所有人员都不可食荤腥。

至于结果，自然是有的灵有的不灵，但是民众无一例外地选择了"灵验"。清末有诗言道："我闻梦得言，水有龙则灵。兹洞著神异，一水长渊渟。白云满洞口，仿佛门常扃。岁旱祷辄应，取水汲以瓶。瓶中水一滴，飞洒盈郊坰。"④ 同治四年（1865），王童村民众在六月初九迎"宝水"入庙，方至坛内，焚香未毕，"雷声大震，甘霖充沛，一时河谷皆盈"。向取水方向望时，但见一片白气，原来是大雨跟随取水之人而来。1924 年，十三村在庙内铺坛跪香。六月七日上午九点开始，十一点、下午一点落下两场阵雨。到初八下午两点又再次降雨。初十，邻近的任家庄将昭泽龙王神驾接至本村，也是焚香未毕，"雷声大振，大雨不止"⑤。去焦龙洞求雨也是如此："如果道路远的话，比如三四百华里，人还没有回家，那边已经下雨了。"⑥ 1939 年，店上村去董峰万寿宫求雨，还没有取到神水，"天沛

---

① 口述：董富来，80 岁，长治市市民。采访者：笔者，2013 年 1 月 6 日。

② 实际上，除了取水过程，在跪香、接驾时也都有类似规定。南阳护村还不许人戴草帽、如果下雨不可带雨具遮挡，因为这样会让老天觉得人求雨之心不诚。

③《怀庆府河内县东王召、东申召、西王召每年三月二十二日老庙祈拜圣水碑记》，嘉庆元年（1796），阳城县崦山白龙庙。

④《龙洞山行宫碑记》，同治八年（1869），武乡县焦龙洞。

⑤《祷雨即应碑记》，1924 年，长治县王童村昭泽王庙。

⑥ 口述：张尧东，52 岁，黎城县北委泉村村民。采访者：笔者、段建宏，2013 年 6 月 22 日。

然下雨，坛院所设水盆洋然满溢"①。

　　本节主要探讨了民国期间全国祈雨概况和上党地区的雨神群体及祈雨仪式。首先，虽然在现代化过程中，祈雨常被认为是反科学的活动，但无论在全国还是在上党，它都普遍存在。个中原因，在于乡村感受不到科学带来的用水便利而求雨又常能灵验。

　　从上党具体的雨神群体来看，其中既有全能神兼任的，也有许多专职的雨神群体。既有男神，也有女神。大部分的雨神，从宋元开始即已经确立了功能，说明当时上党地区的旱灾已经较为严重。其中汤帝和昭泽王彰显了雨神两种不同的特点：汤帝因其圣王身份使得官方为其大规模建造行宫并大力推广这一信仰；昭泽王则是民间人士修炼成圣，和一些村落有亲属关系，所以在民众眼中，昭泽王更加亲近。于是，虽然产生的方法不同，但是这两个神祇都在上党占据了重要的地位。

　　最后，从祈雨取水的仪式来看，村社设置了诸多的流程、象征物和禁忌，表明了两个原则：一是民众希望降雨，既用一系列隆重的仪式，又用许多衣着、锣鼓、暗河等有着强烈象征意义的物品或行为来展示诚心；二是民众希望降雨只降到自己的村落。民众接驾后，抬着神祇绕境而走和不可回头等规定，都有着为降雨划定范围的内涵。这体现了民众较为自私的一种心理：既然自己是求神的出力出钱者，自然就不希望成果被别的村社得到。事实上，某村经过诸多村落去庙中求雨，雨就偏偏落到某村而不落到他村，也是同一思路的体现。

　　本章主要探讨了集体祭祀的一般流程及其反映的民众意识。行动是意识支配的结果。第一，在现代化潮流之下，上党地区的迎神赛社、祈雨取水活动在抗战爆发以前基本未受到冲击，人们依然延续着这一古老的习俗。其根本原因在于所谓的现代化并没有解决以前人们要依靠神祇解决的问题。这使得即使民国以降，作为现代化标志的村长副、闾长，包括一些其他的官员、知识分子都没有阻止这些行动，有的还为其提供方便。

　　第二，从仪式本身而言，反映了民众非常丰富的思维特点。民众以严肃的态度来对待祈祷，将儒家礼仪融入到了民间祭祀之中，设计出了繁杂而严格的流程和禁忌。

---

　　①《店上村祈雨碑记》，1939 年，高平市店上村圣姑庙。

第三，根据上党的地理特点，整个祭祀仪式中对山与山神的崇拜显得较有特色，而驱傩戏与寿星崇拜表明了民众对疾病的厌恶恐惧与对生命的渴望。

第四，通过详细的祈雨取水仪式，我们可以看到民众是如何用严格的流程来保证求雨仪式的成功。同时，虽然民众对神祇有虔诚的一面，但是，又会在神祇不满足民众要求时惩罚神祇。普遍存在的"晒雨神"仪式就是典型的例子。正是通过这样的仪式，民众发泄了心中不满，重新找到了信仰的平衡点。晒雨神并不代表民众从此不再相信神祇，而是作为重新信仰的起点。事实上，除了南阳护村之外，我们很少听到过求雨不灵的例子，虽然它们肯定存在。这表明，民众会将不利于信仰维持因素祛除，只保留下了有利于信仰传播的部分。各地的祭祀仪式多种多样，民众给出的解释也不尽相同，甚至有互相矛盾之处，但正是这种丰富性，才展示出了民众思维的精彩之处。

第五，祭祀仪式显示出了民众十分丰富的历史观。信仰不单单是信仰，它还渗透着民众对整个社会的认知理念。民众喜欢看英雄戏，将自己的理想代入其中，接受着传统伦理道德的熏陶。但同时，民众又将历史看成一场游戏，表现了超然的态度，不使自己走向极端，同样有利于现实社会秩序的稳定。

第四章   信仰活动的关键群体

本章主要探讨几个在庙宇修建、祭祀仪式中起到特殊作用的群体。第一是社首，这是社的领袖人物，社首是否称职关系着信仰活动能否正常进行，故而需要探讨其产生方式、功能活动及其演变情况；水官是祈雨活动的主要执行者，因而也需要对他的演变情况作一梳理；乐户、阴阳、厨师、马匹是迎神赛社中至关重要的几个群体，正是这几个群体的配合，才保证了整个仪式的神圣性与稳定性。本章力图说明的问题是：各类群体，在整个乡村信仰活动中都起着各自的作用。他们的分工不同，但最后却能形成一种相互配合的格局。总体看来，信仰活动中，社首统管全局，水官负责取水，乐户、厨师、阴阳和马匹则主要负责迎神赛社。这样，乡村两大重要信仰活动能够在整体上配合起来，形成了一种宏观上的合理布局。

第一节   社首

在前文的论述中，我们已经指明社组织在乡村的重要作用，而社首则是对村社活动产生至关重要影响的人物。本节即关注社首的产生、功能、分类及运作体制。

一   社首的产生方式及其基本条件

社首在各地的称呼并不相同，包括社首、维首、纠首、经理人、香首、总理、执事、维那等，为简便起见，若无特殊需要，我们下文统称为"社首"①。

---

① 关于相互印证的成果，可参见姚春敏《清代华北乡村"社首"初探——以山西泽州碑刻资料为中心》，《清史研究》2013 年第 1 期。

图4.1　长治市郊区郭村社首办公用的社房

资料来源：笔者拍摄于 2012 年 10 月 12 日

社首由公众推举产生，他们"原赖众人之同意也"①。"社内公举，不得私自与人。"② 为防止任人唯亲，有的村落规定："第年排香首务择村中正人，无论何姓，要排出本股之外，不准至亲者私相授受。"③

但是，并非所有人都有资格当选社首。因为社首主持一村事宜，所以民众对其十分重视，规定了社首的几个基本条件：

第一，德行好，有威望，热心公益事业。村落"轮举社长以董理祀事，由来久以，非有德者不可"④。"岁举其乡之有德者以为社首。"⑤ 他们要"虔诚秉公"⑥，"存心不轨者，不得维首"⑦。迎神赛社和维修庙宇等活动，需要社首主持，会经手各种钱财、物品，如果品行不好，就会造成各种贪污问题。虽然有让社首在神前发誓不会贪污⑧，事后进行账目核对的

---

① 《增补器俱碑记》，道光八年（1828），阳城县刘庄村汤帝庙。

② 《公立乡约规矩碑》，道光八年（1828），潞城市合室村。

③ 《南社村规碑》，光绪三十四年（1908），黎城县南村。

④ 《贾公宰社功德碑》，乾隆四十七年（1782），阳城县西封村玉皇庙。

⑤ 《禁赌碑记》，同治九年（1870），武乡县石泉村。

⑥ 《接替碑记》，嘉庆十二年（1807），阳城县刘庄村汤帝庙。

⑦ 《重整社规碑》，嘉庆二十一年（1816），高平市永万村玉皇庙。

⑧ 口述：董富来，80 岁，长治市市民。采访者：笔者，2013 年 1 月 6 日。

措施，但社首的自律同样不能忽视。如湾寨村齐家便因向庙宇捐地建庙而获得了社首之名。① 西封村的贾姓社首"沉静寡言，急公好义"，村民"咸举公为总社"。② 町店村社首璩佩瑗不畏豪强，用人做事不避嫌疑，"语言虽多戆直，心口事事无二"。③

　　第二，有财力。虽然社首是以德为首，但还需要有一定的经济实力。社首并非政府官员，没有薪资，全属义务劳动，有时还要贴补公用。在为官府办理支差事宜时，社首也不能受到优待："上下忙钱粮，悉以社首催征……而社首不应刑比承免。"④ 在这样的情况下，如果没有经济力量是不行的。因为"事烦费多，凡家产寡薄者，难以支持"⑤，社首需选择"殷实之户为额"⑥，自然在选拔上倾向于"上等门户"⑦。民国年间，贾村较为富裕，该村社首的条件也较高，要有土地数十亩。⑧ 后岭村维修关帝庙，资金全部由维首、社首捐出，共计71人，捐资55千文。⑨ 常乐村修玉皇庙，也先从社首中筹资。⑩ 社首牛万钟为维修关帝庙，先捐银50两放贷生息，开工后"复捐钱三十余千，工方告竣"⑪。当庙宇修建或祭祀缺乏资金时，如果"一二有财力之家能倍捐资、董其事、总其成"，就会被推举为社首。事实上，当年庙宇的维修确实是由卢腾雨"直出己资，前建舞楼三间，旁建角楼各三间，又建东西庑各三间"而完成。⑫ 当然，这也不是说富裕的人就一定能成为社首。诚然，在迎神赛社中，富裕的家户要多出一些钱物。但如果仅仅富裕而不懂奉神规则的人，也不能成为社首。村社需

---

　　①《重修汤帝庙碑记》，道光十七年（1837），沁水县湾寨村汤王庙。

　　②《贾公宰社功德碑》，乾隆四十七年（1782），阳城县西封村玉皇庙。

　　③《重修正殿香亭关帝庙高楼东社房楼碑记》，宣统元年（1909），阳城县町店崦山白龙王庙。

　　④ 张贻琯修，郭维垣纂：乾隆《凤台县志》卷一《蠲帐》，《中国地方志集成》（山西府县志辑）（37），凤凰出版社、上海书店、巴蜀书社2005年版，第447页。

　　⑤《公立乡约规矩碑》，道光八年（1828），潞城市合室村。

　　⑥《整饬社规永禁匪类碑记》，道光二十七年（1847），潞城市贾村祖师庙。

　　⑦《公立乡约规矩碑》，道光八年（1828），潞城市合室村。

　　⑧ 口述：杜同海，76岁，潞城市贾村村民。采访者：笔者，2013年7月10日。

　　⑨《重修关帝庙碑记》，道光十六年（1836），黎城县后岭村关帝庙

　　⑩《玉皇庙增修碑记》，道光二年（1822），高平市常乐村玉皇庙。

　　⑪《重修关圣帝君正殿并增修角殿厢房记》，道光二十九年（1849），长子县马烟村关帝庙.

　　⑫《增修遇真观碑记》，康熙五十年（1711），陵川县积善村遇真观。

要在二者之间寻找一个平衡。①

第三，有能力，负责任。社首"必其人老成历练有为作者"②，要"膺其职，勤其事"③，这样才能保证各项信仰活动能顺利进行。普济寺的迎神报赛活动因为有"十八家香首……莫不各抒其忱，而罔敢或坠"才会一直顺利进行。④刘庄村三任社首费时 5 年，花钱 490 余千，共修房屋 34 间，使汤帝庙焕然一新。⑤中庙村欲修庙宇，但"村小力微，量难成事"。于是，33 位社首除向村民募捐外，还给在外贸易者每人"缘簿一本，四方劝舍募化"，又将庙内古树伐卖，完成了"创修西厅房五间，戏房六间，游廊十间"⑥的浩大工程。背荫村社首姚文锦等人"克勤克俭"，终于将早见倾圮的关帝庙重修。⑦金村自同治年间开始筹划修建关帝庙，几任社首采用将社内义秋会收入放贷的方法，终于在 1919 年筹集到了足够资金维修庙宇。⑧马家峪村社首李子舒本来想重修庙宇，但因为资金不足而未能成功。后来的社首李子魁就利用观音托梦说"予衣已敝，急与更之"的契机，吸引民众出资重修了观音堂。⑨观音托梦之说难分真假，但李子魁能立即抓住这一难得的机会显然是其能力的体现。

第四，宗族大姓。这个条件和前两个条件有所重合，但因为涉及宗族力量，所以单独加以说明。如果一个宗族的力量在村落占据优势，那么，社首就很难落入他姓之手。或者，这一姓氏的社首会占据多数。大岭头村韦姓十居其九，其中韦玉君品行高洁，处事公允，行为干练，在族中社内有着极高威望，因而"社众力相推"，使之成为社首。⑩嘉庆九年（1804），庄里村重修玉皇庙的 70 名社首中，韩姓占据 57 人，另外 13 人则全是苏姓，表明了大姓在村社中的主导地位。⑪同治九年（1870），匠礼村

---

① 口述：焦东林，80 岁，长治市郊区郭村村民。采访人：笔者、段建宏，2012 年 10 月 12 日

② 《公议乡风十二劝》，嘉庆三年（1798），泽州县渠头村关帝庙。

③ 《接替碑记》，嘉庆十二年（1807），阳城县刘庄村汤帝庙。

④ 《南神山神庙修祀事宜》，道光七年（1827），武乡县南神山普济寺。

⑤ 《刘家庄汤帝大社重修碑记》，嘉庆二十一年（1816），阳城县刘家庄村汤帝庙。

⑥ 《重修大庙并合村堂阁殿宇表颂碑记》，道光十年（1830），高平市中庙村古中庙。

⑦ 《补修关帝庙神殿碑记》，光绪二年（1876），泽州县背荫村。

⑧ 《创修舞楼重修庙宇碑文》，1919 年，泽州县水西村关帝庙。

⑨ 《重修观音堂□记》，1917 年，黎城县马家峪村观音堂。

⑩ 《重建关帝神庙碑记》，泽州县大岭头村关帝庙，康熙三十五年（1696）。

⑪ 《重修玉皇庙碑记》，嘉庆九年（1804），陵川县庄里村。

补修社庙，社首 15 人全部姓杨。① 实际上，一个大姓宗族民众之间更易交流，也容易取得一致意见。阳城下交村的原姓为大姓。他们认为，由于他们诚心祈报，信奉汤王，使得本姓屡出人才，因而决定修庙致谢。这样，原氏家族就基本垄断了庙宇的维修。明成化元年（1465），原大用等人重修广禅侯祠；成化十二年（1476），原宗禄等创建佛殿；明成化十三年（1477），原大亮等 14 名原氏族人建白龙庙并重修庙宇；明成化十八年（1482），维修庙宇的 14 名社首中，原姓占据 9 人②；雍正七年（1729），重修庙宇的 26 名社首中，有 22 人姓原。这一情况一直持续到了近代。道光十四年（1834），原麟兆作为社首发起了重修庙宇活动。光绪十二年（1886），原嵩年感慨 62 年未曾修庙，就又"邀集绅耆商议"，选择了本家景义茹等作为维修头目。结果，景义茹突然患病，不能继续工作。他的儿子景永命继续父志，用了 10 年时间才将庙宇修葺完毕。③

二　社首的主要功能及其分类

社首的功能与社的功能是重合的，除庙宇修建、维护外，各类祭祀活动也是如此。在迎神赛社中，各类祭文多以"下民社首△人"的名义宣读，说明他们的主导地位。现仅举一例：

> 山西潞安府长子县各坊厢里不同人氏现在△△村居住。奉神祈福主鬯，社首引领合社人等谨以香楮清酌庶馐之奠。敢诏告于陶唐圣帝尊神位前曰：
>
> 惟神兹者，社首恭为时境，恪修享赛之诚，卜享期于大小月初一初一日正祀，恪遵圣典，设筵三朝，迎送五日。兹因四月二十七日斋神聚圣，奉请 上帝合境三十三位尊神来临宝殿，共振尘心，以答景贶。谨启尊神为其席主，戒严内外，清净殿宇，合社人等效豺獭报本之意，即野人献芹之诚，若不预先敬启，诚恐冒犯神祇，凡人未知圣意，难时为此，谨告。右谨具禀。

---

① 《绘画东西行廊暨禅室厦棚碑记》，同治十年（1871），阳城县匠礼村。
② 《重修下交神祠记》，成化十八年（1482），阳城县下交村汤帝庙。
③ 《创修外院西楼、重修东西禅室增补合庙神祠记》，光绪二十二年（1896），阳城县下交村汤帝庙。

民国七年四月二十七日奉神社首　合社人等。①

　　这有力说明社首在整个祭祀中的主导地位。在赛社及祈雨仪式过程中，社首出现的频率很高。请神、安神、奏乐、诸神出寝、入寝、接寿、送神、祈祷等重要步骤都需要以社首为首进行。讲古论时，"奠三杯散酒已完，众社首恭神使礼"②。前行讲露台时，"古庙神灵两边排，社首急早赴蓬莱"③。讲《戏竹》时，"大社首齐心一律，凭花言说会众村"④。为神祇供食物时，"奉神社首等盖因庆贺圣寿，报答合境神祇，命到膳夫等，今将奉神祭品食次头场七盏开列于后"⑤。

图4.2　潞城市贾村2006年8月12日仿古赛社时的社首
资料来源：录像资料，段建宏提供

　　社首还负责庙宇卫生、庙产规则的制定。峪南村社首议定庙宇殿内不许有人歇息躺卧，以免亵渎神灵。"庙内一应物件不许出庙"，庙内不许寄放物品，不许容留可疑之人。⑥在个别村社，没有专门的社首，社规就是

　　①《禀状文稿》，守德堂《尧王山大赛底》，1918年，写本。
　　②《古论诗句》，李兰芳《祭文全部》，1933年，写本。
　　③《路台》，李兰芳《祭文全部》，1933年，写本。
　　④《戏竹》，李兰芳《祭文全部》，1933年，写本。
　　⑤《三场食次文》，守德堂《尧王山大赛底》，1918年，写本。
　　⑥《禁赌碑》，嘉庆九年（1804），泽州县峪南村玉皇庙。

乡约所立，乡约就是实际上的社首。王董村特意分为十一班乡约管理社事，他们是村社庙宇的最高管理者。社规中明确提到社物交接时由乡约进行。乡约所购置的社内物品不许值班者随意外借。看庙人也不能将用作私人事务和将私人物品同社内公物混杂摆放，更不许容留"四方飘荡好闲及游食僧道等类"，否则，将予以相应惩处。①

社首是社规的主要制定者。在订立的社规后面，署名的多是社首。

当然，社首的活动也需要其他乡村精英的配合。如介宾、生员、乡约一类。光绪十年至十二年（1884—1886），原家庄村重修东泰山庙，参与修建的除社首外，还有为修庙撰文者庠膳生员王赐琦、篆额并书丹者庠廪生员原仁鉴、乡耆原毓金、保长原新发等。有时，社首也需要获得特定村民的支持。活凤村三官庙在村落中街北边。每逢元宵节要点放烟花，但街南人烟稠密，为防失火，只能在当天在郊外另立神牌，埋点火烟花。七名社首感到这样做于理于情都难以说通，于是一同向庙前李苏氏及其子李来成"殷情商酌"，最后说服他们同意在自家地基上移建神祠，以便有空地放烟花祭神。②

民国以后，社首还要经常与村长、乡长等地方官员合作处理事务。

北流村自宣统二年（1910）年以后，村内两社互相"构怨兴讼，莫知其尤"，"甚至社事陨坠，农业废弛，亦有所不惜"。在此情况下，22名社首"慨然太息"，决定尽弃前嫌，重新整理社规，改变这种"两社不睦，伤财害事"的局面，召开村民会议，"协同村众"，重新订立祭神规则：

一、选举香首：每年腊月两社各举两名，总共四名香首。

二、焚香奠酒：正月十五日祭祀，两名香首焚香，两名奠酒。

三、奉神献戏：春秋祭祀供献，两社各备一供，先到者供在里面，后到者供在外面。

四、八月献戏费并一切公众事宜，均按地亩公摊。

五、如有违抗社规及私瞒地亩者，两社要予以处罚。

这一规定体现了公平、公开的原则。社首们希望能就此止住两社的纠

---

① 《重整乡约碑记》，光绪元年（1875），长治县王董村。
② 《三官庙碑记》，嘉庆十年（1805），沁源县活凤村三官庙。

纷。为了彰显社规的权威性，社首们请来了附近风驼村、隆旺村、赵店镇、南堡村、程家山村的村长进行公证。[1]

1922年，为了使长期停顿的祭祀重新走入正轨，由小会村二仙庙住持隆焕禅师出面邀集，玉泉村村长都玉珍、河东村村长路维广、村副、闾长及六社社首共同议定了真泽社规，详细规定了各村社的义务，具体规定如下：

> 一、在轮流办赛方面：每年四月赛会暨通年祭祀分三班办理，以小会村、徐家岭、柳树河为头班，以沙泊池为二班，以黑土地门、神南岭为三班，周而复始，轮流办理。

> 二、在资金筹集方面：凡演戏、烟火、鼓手吹打都必须在本班范围内筹措，不得向它班勒索。

> 三、在祭祀工作方面：每年农历四月四的祭祀及修补工作由六社公办办理，不得推诿。

> 四、在故事表演方面：小会村、徐家岭、柳树河、黑土门、神南岭各一伙，沙泊池一伙。

> 五、在轮流掌管香会方面：执年社首每年要向香会贴钱八千文，用以添购社物，不得违背。

> 六、在祭祀路线方面：都要在小会村观音堂集合，按次序前进，不可紊乱。

> 七、在请送神方面：都要由执年社首带领南社香会进行。[2]

将一场祭祀纳入到了一个规范的程序之内，表明了社首们的努力。1942年，高良村社首与闾长经过协商，在村内外募化资财，为关帝庙中关帝神像重做了神袍金装。[3]

社首掌管村社祭祀事宜，由此产生的一个问题是，由他们主导制定的规约、进行的活动是否能代表大众的意愿？首先，社首是由公选产生，因而能在相当程度上能代表民意。

---

① 《北流村社规碑》，1916年，黎城县北流村。
② 《整顿乡神岭真泽社规则碑记》，1922年，陵川县小会岭村二仙庙。
③ 《重新关帝神袍记》，1942年，高平市高良村关帝庙。

其次，社首账目交接时要进行核对，也能在一定程度上防止问题出现。

除此之外，社首的数量也起到了作用。很多村落的社首都是多人，从未见过两人以下，十几数十人的情况非常普遍。如嘉庆六年至九年（1801—1804），庄里村重修玉皇庙时维首达到70人。① 东壁村道光十四年（1834）创建神阁时，共有早年首工社首8人，现年首工社首6人，催工社首34人。② 道光二十年（1840）信义村建瘟神阁时共有乡约、纠首、维首14人。③ 同治四年至十年（1865—1871），町店补修白龙庙时有四社督工维首12人。④ 宣统二年（1910）前后，沁源县西沟村重修庙宇，共有总管、纠首、社首22人参与。⑤ 这表明，规约即使不能代表所有村民意志，但也不会是少数几个人的观点。

社首人数的众多也便利了活动时进行分工。事实上，一个人很难完成集体的事务。社首大致分以下几类：

第一类是总管庙宇修建全局的社首。如修庙时的董事维首、总理维首、督工总理等。⑥

第二类是负责具体工作的社首。如督工维首、修理维首、经理社首、修工首事。有时，还有专门负责募化捐款的社首，称为募化首事。⑦ 刘庄村还专设钱粮首事四位，用来"收管钱粮，本利行息"。一年之后，社钱由原来的120余千上升到230余千，可谓经营有方。这部分资金被投入到重修汤帝庙的工程之中。⑧ 王董村重修东大庙时，就分了总理账簿社首、采买木石社首、轮流监工社首几类。⑨

第三类是当年轮值社首。如执年社首。对于社事，有"乡约社首逐年

① 《重修玉皇庙碑记》，嘉庆九年（1804），陵川县庄里村。
② 《东壁村创修神阁三间碑记》，道光十四年（1834），陵川县东壁村神阁。
③ 《信义村新建瘟神阁并祀财神记》，道光二十年（1840），武乡县信义村。
④ 《补修关帝殿并重建高楼东廊上下二十四楹西廊后墙开渠碑记》，同治十一年（1872），阳城县崦山白龙庙。
⑤ 《重修庙碑记》，宣统二年（1910），沁源县西沟村。
⑥ 《重修三教堂碑记》，咸丰八年（1858），陵川县马新庄村三教堂。
⑦ 《补修关帝圣庙暨禅室碑记》，1920年，高平市庄子村关帝庙。
⑧ 《刘家庄汤帝庙大社重修碑记》，嘉庆二十一年（1816），阳城县刘庄村汤帝庙。
⑨ 《重修东大庙碑记》，光绪三年（1877），长治县王董村祖师庙。

轮流经管，永远为例”的规定。① 社首中的头领则称总社、老社、总管社首等。

光绪二十三年（1897），鲍寨村重立社规，主持此次活动的社首有：董事维首8人，副维首4人，社首8人。从这个排列顺序来看，副维首可能是董事维首的助手，社首又在副维首之下。此处社首应该特指更低一级的社首。②

在迎神赛社中，社首应该也是有分工的。咸丰十一年（1861），潞安府潞安县平原乡某村进行会赛，里面明确提到的分工有“都社首△人，大社首△人，酒局社首△人，食局社首△人，灯局社首△人，香局社首△人，寝伍社首，财纸社首△人，神车社首△人，神楼社首△人，神马社首△人，厅则社首△人”③。

至于任职周期，似乎并无定制，大致在二至六年之间。许多村社是三年一换。泽城村社首杨金丰等“自任事三年”之后，决定卸任。④ 通义村也是每任社首“总理三年”⑤。现在发现的最完整的社首更替资料是保存在阳城县刘庄村的社首接替碑刻，其时间分别为：嘉庆九年（1804）、嘉庆十二年（1807）、嘉庆十六年（1811）、嘉庆十七年（1812）、嘉庆二十一年（1816）、道光二年（1822）、道光五年（1825）、道光八年（1828）、道光十五年（1835）、道光十八年（1838）、道光二十一年（1841）、咸丰六年（1856）、咸丰八年（1858）、同治元年（1862）、同治四年（1865）、同治七年（1868）、光绪十二年（1886）、光绪三十年（1904）、1921年、1925年。按刘庄村的社规，社首的轮值年限应为三年。这在碑文中可找到明证。嘉庆九年（1804）新社首上任时，提到前任社首“董事虽仅三载”⑥。嘉庆十二年（1807），新旧社首交替之际，村社明确指出“刘家庄社，每祭议举社长四人，三年轮流”⑦。其中有几次例外。

嘉庆十六年至十七年（1811—1812）仅相隔一年。这是因为上一年社

① 《为合村商议秉公禁赌碑》，乾隆五十五年（1790），屯留县石室村。
② 《重议禁赌一切违条犯法事件永远碑志》，光绪二十四年（1898），长子县鲍村玉皇庙。
③ 《会赛总文》，《赛书》，咸丰十一年（1861），写本。
④ 《咸丰丁巳年接替碑记》，咸丰七年（1857），阳城县泽城村汤帝庙。
⑤ 《记荒三年接替碑记》，光绪十四年（1888），阳城县通义村汤帝庙。
⑥ 《嘉庆九年接替碑记》，嘉庆九年（1804），阳城县刘庄村汤帝庙。
⑦ 《嘉庆十二年接替碑记》，嘉庆十二年（1807），阳城县刘庄村汤帝庙。

首想要重修大庙，但是因为钱粮不足，就在第二年重新设立了钱粮首事一职，用以经营社钱。这一职务属临时性加派，并非常设机构。

嘉庆二十一年至道光二年（1816—1822）之间空缺 6 年。这并非是因为特殊情况导致的 6 年一换，而可能是碑刻被毁或者未立碑刻。因为在道光二年（1822）的碑文中，明确提到每逢 3 年必会接替，说明这次也不例外。

其他接替时间的空缺可能也是类似情况。如道光八年至十五年（1828—1835）间隔了 7 年，可村社仍然声称："本庙社事，向例公举四人总理，三年一替"，并提到了此次社首是道光十三年（1833）推选而成。① 同治七年至光绪十二年（1868—1886）间隔 18 年，但村社仍说社首是 3 年一替。② 光绪三十年（1904）至 1921 年接替碑的间隔是 17 年，但村社仍称"承其事旧规，宰社三年一替"③。

由于各村情况复杂，社首年限也并不固定。辛壁村"旧规办理社务，期限以一年为期"④。西靳村规定："维首……五年以后别行更换。"⑤ 马寨村的接替顺序是"嘉庆三、四年社首人……五、六年社首人……七、八年社首人……十二年社首人……十四年社首人"⑥，基本是 2 年至 4 年一换。渠头村的社首是 6 年一轮⑦。还有众多的社首并无固定任职期限。传统乡村社会的分层是较为稳定，担当社首又有品德、经济、资历等条件的限制，尤其是负责全面工作的社首往往会出现长期不换的情况。如民国期间的郭村社首长期以来就由固定的几人担任。这几个人有财力，懂赛社，别人无法取代。再如，潞城一带的村社，也是因为经济原因使得社首长期以来由固定的富户担任。⑧ 大中汉村的"社头没有固定时间，当不好一年就换了，当好了就多年不换"⑨。

---

① 《社宰瓜代答贺神庥碑记》，道光十五年（1835），阳城县刘庄村汤帝庙。

② 《整修佛堂碑记》，光绪十二年（1886），阳城县刘庄村汤帝庙。

③ 《民国拾肆年接替碑记》，1925 年，阳城县刘庄村汤帝庙。

④ 《弹劾扣款自肥碑记》，1932 年，泽州县辛壁村汤帝庙。

⑤ 《老禁赌博碑》，道光十四年（1834），潞城市西靳村关帝庙。

⑥ 《修碑记》，嘉庆十四年（1809），沁水县马寨村。

⑦ 《重修本庙补修各庙碑记》，1912 年，泽州县渠头村三官庙。

⑧ 口述：焦东林，80 岁，长治市郊区郭村村民。采访人：笔者、段建宏，2012 年 10 月 12 日；口述：杜同海，76 岁，潞城市贾村村民。采访者：笔者，2013 年 7 月 10 日。

⑨ 口述：郑巨明，79 岁，长子县大中汉村村民。采访者：笔者，2013 年 8 月 19 日。

三　称职社首、社首的问题及形象改变

社首权力由村民给予，自然要接受相应的监督。"社账钱谷，不许居家存放，以防私弊。"① "每年所获蓊用粮食，俱登公账，不得丝毫暧昧，任意开销。次年交社之时，同众清算，除本年社中费用外，所余若干，俱交次年社首收管。"② 进行交班时"需到庙上，不许私下收受。倘有遗失，向交班者索讨"③。这样做的目的就是为了防止社首舞弊。同时，由遴选条件决定，社首总体上应该能够克尽职责。社首只有德行好，才会树立自身的权威，从而能维持信仰活动的进行。

（一）称职的社首

社首们多能以德服人，勤勤恳恳。社首宋可宗处事公正，所以在社内一呼百应，两年间将延误数十年未修的庙宇修缮一新。社内专门立碑感叹："工之废兴系乎人，非系乎时，果才堪服众，持公罔私，振百年之废于一旦，无异水之就下也。"④ 湾寨村社首齐曾由民众公推成为社首，他"用是兢兢，勉力创修龙神木像一尊，将军二尊、神轿二乘。又与长门国庆、二门宗道等商议，将庙院东房后三门地基一块捐施大社，创修堂房三间，厦棚四间，一带院墙。又重修舞楼三间，添换一应木石瓦兽。又补修东上隔扇一十六扇，新做楯椅八把，方德二张，取水牌一对"⑤。基德村的社庙创建三十多年来仍没有香亭。于是，村内四名宰社及修工头目八人"日夜经营，始终如一"，迅速完成了这一工程。⑥ 有的社首主动捐资。沁水县城西关有关帝庙，重修之时，社首卫修敏突然患病，不能继续主持此事，于是就捐出20两白银，作为工程的启动资金。随后，东神、中社、西社几名社首也主动捐资，完成了庙宇修缮。为此，村社感慨道："向非为社首者慷慨急公，不吝资财；董事者真诚仕事，不惮劳瘁，安能成此不朽

---

① 《重整社规碑》，嘉庆二十一年（1816），高平市永万村玉皇庙。
② 《上浣之吉合社序》，嘉庆二十二年（1817），阳城县尧沟村济渎庙。
③ 《重整乡约碑记》，光绪元年（1875），长治县王童村。
④ 《重修大殿东西禅房看楼增修戏楼碑记》，道光十五年（1835），阳城县宋王庄村。
⑤ 《重修汤帝庙碑记》，道光十七年（1837），沁水县湾寨村汤王庙。
⑥ 《创修东西拜殿两檐接水碑记》，光绪二十二年（1896），阳城县基德村。

之功哉。"①

道光十二年（1832），上佛村重修汤帝庙全靠社首们团结一致，历尽艰辛才得以完成。该庙较为全面地反映了社首在修庙时遇到的困难及个人努力：

于青田，栗承先、栗豫州倡导修庙，"协力募化村众"，并将捐款之人造册登记，以显其名于后，但在修建过程中资金短缺，工程半途而废。

数年后，赵书麟从外面归来，看到这种情况，决定自任社首，再起修庙事宜。他先倡导同族捐款，又请栗承先等协助，再起工程，但最后还是因为资金不足，"逾年大工又将终止"。赵书麟"乃复争先倡首，慷慨输金"。社众被他感动，纷纷认捐，终于凑足资金，完成了庙宇修缮。

在三年有余的活动中，社首们费心竭力，团结一致。赵书麟有时外出，于敬之就承担一切，"靡室靡家，任劳任怨，历三载余而不倦。此岂可与有始鲜终者同日语耶"。同时，协助总理张慎修、赵述诚也"竭力赞襄，不辞劳瘁，故自始至终克与于赵诸君子相与有成也"。负责催施布施的于培绪、于实夫、赵荣洛、栗荣庵、许凤岗等，主管理账簿的李敬慎、韩近汉、于君彰，主管出纳的赵铭功、许天开、马凤三等都尽职尽责。正因如此，最后的纪念碑文上感慨："盖成功若斯之难，而诸君之善乃益不可没也。"②

有的社首父子相继。西封村前任社首去世后，其子贾重远又接替社首，"克敬承其先志"。③ 有的父子同台。章训村旧有前往楼龙宫取水的风俗，但后来常年荒废。乾隆四十年（1775），当地大旱，民众前往楼龙宫求雨应验，为了感激神祇，决定重新恢复取水仪式。但是，"此事旷废多年，旗伞佬物荡然无存"。虽经补救，仍"多缺而未备"。第二年，卫克淮当选社首，其子卫绍基帮助他"综总庶物，不惮勤劳，然后器用什物灿然明备"。随后，父子二人又主持了一场大规模的取水活动："四月初八日演水，初九日往河村拜水，初十日崦山拜水，十一日全水接至海会寺，十二日本村拜水，十三日往楼龙拜水，全水送至横岭岗上，十四日全水接至楼

---

① 《重修关帝庙碑记》，乾隆四十二年（1777），沁水县岗头村关帝庙。
② 《上佛村重修大庙创修文庙碑记》，道光二年（1822），阳城村上伏成汤庙。
③ 《贾公宰社功德碑》，乾隆四十七年（1782），阳城县西封村玉皇庙。

龙宫。"整个仪式耗时六整天。村社为此深为感慨:"以六十年久旷之典,一旦举而行之,所谓事必待人而举者,此其验也。"①

有的社首尽力减轻民众负担。社费向来是令民众头疼的摊派项目。举凡村社活动,摊派基本上都会进行。有些社首就尽力减少社费的数目以减轻社众负担。苇水村早有社会来办理祭祀事宜。早先的"社首调理刻刻诚恳,社规森严,百姓钦佩",社事一直顺利进行,但后来"社规滥漫,法毫不规",不但违背古制,而且浪费了民众大量金钱。于是,7名社首组织"合社公议",制定了新的资金利用规则。该规则以"节俭"为主要规则:规定每户出谷二升半,除交纳国家税粮外,其余由村副、闾长支配;敬神不必供餐;秋后神前献戏,办公人员只在结束时吃一次饭;在外山上庙宇内值班的人,只供给一次白面,其他用小米即可;故事会由社内包餐,再发钱10千文,以防止表演人员私自合灶,加大花销;佛会在庙内敬神,事毕供餐一顿,社内包钱5千文相送;其余个人在庙内的敬神活动由个人自主,但是社内物品可允许其使用。社首们希望通过这样的方式,"花费而有节限",又"不悖五帝之德"。②类似的,贾家村总社首陈升堂认为以前的"社费浩繁,重为整饬"。具体做法是:保留了正月火星会献羊、三月十五玄坛神戏、十月高禖神戏的各家摊派制度;取消四月贺雨、六月祀三峻神的神猪、七月祀左例的神羊的规矩。定立新规则之后,社首向村社征求意见,"社人百口一辞,皆以为善"。③

有的社首在应对突发事件、协调处理各种社会关系上十分得力。西南呈村一直按地亩起捐收取敬神费用。乾隆六十年(1795)时簿册记载有70余顷。由于监管不善,村民私昧土地以减少摊派的现象严重,使得统计出的土地数目日见减少。嘉庆十二年(1807)时有62顷,到道光九年(1829),只剩下了50顷又20多亩。当时社首商议后认为,如果不详细勘查,会有失公允,最终造成"人心渐离,风俗日沦,地亩愈减,社费难支"的情况。于是,众社首用了两个月的时间,一共查出了社众隐瞒的土地16顷多。为使此类情况不再出现,他们特地立碑勒石,规定以后"凡新

---

① 《起水捐什物碑记》,乾隆四十七年(1782),阳城县章训村。
② 《二仙社重整社规碑记》,1928年,陵川县苇水村二仙庙。
③ 《贾寨村票禁土补煞重整社费碑记》,嘉庆元年(1796),沁水县贾寨村大庙。

旧社首交代之际，须照原簿核查，使有地者不得隐瞒，卖地者不许走社"。他们认为，如果这一规定能够执行，"地亩无遗漏之弊，社费无难支之忧"。①

中韩王村岭上有汤帝大庙，为附近各村祭祀之处，同时村外有河，每当沁水大涨之时，村民就会搭木桥一座，方便过往。同治十一年（1872）三月十九日夜，暴雨导致河水大涨，木桥被毁。紧接着是两年大旱，民众父母兄弟妻子离散，饿死逃亡者十之七八，剩下的每日只能吃树叶、榆皮，这些导致村社再也无力出钱修补木桥，进行祭祀。到光绪七年（1881）、八年（1882）间，乡约地保到社内催促搭桥，但是民众更愿意出钱先修补庙宇，由此引发纠纷，社有分崩离析的危险。社首居中调解。最后决定每年社内出钱 1500 文修补木桥。岭上村民则负责出钱修庙，且可以到村中化缘，不再负责管理木桥，最终化解了这一矛盾。社首"得管桥"，"每社每月初一日、十五日，各庙社首进香，不许失误"。②

有的社首还不惜以身犯险。大禹山上原有大禹庙，为山下西社、高岸、常家三村历代春秋奉祀之所，是村社心中的保护神。不知何故，三村与附近村社发生了矛盾。在道光二十七年（1847）六月间，附近祥井里及顶流村村民"陡起恶念"，趁黑夜刨毁了大禹庙。当时三村执年维首崔连鼋、常土凤、曾贵恒等向官府提起诉讼。官府勒令祥井里绅士李滋荣等照大禹庙原样修补，将参与刨庙者 30 余人"枷杖拟罪详报"，州府回文同意，但正值主审官离任，祥井里趁机耍赖，拒不修补庙宇。曹贵恒、崔连鼋被迫赴京告状。期间，曹贵恒反被诬告，最终"毙命京师"。崔连鼋不畏权势，"一人挺身具控都督部院案下"，终于胜诉，大禹庙得以复兴。此案历经五年，社首们中间诉讼数次，"由县而府，由府而省，由省及京"，花费银钱数百千，中间屡经艰险。③

以上种种社首，其目的虽难以避开为自己获得威望声名的嫌疑，但总体上看，他们为村社公众利益，不计个人得失，确实称得上是合格的社首。在民间记忆中，有的社首还被神化。有一位社首王舒魁，在创建观音阁时坠地而亡，魂魄附于本村人身上，自言为本庙白面将军神，由此享受

① 《南呈镇大社搜地碑记》，道光九年（1829），长子县西南呈村天神庙。
② 《中韩王村社事碑》，光绪九年（1883），沁水县中韩王村。
③ 《补修碑记》，咸丰二年（1852），平顺县西社村。

到了民众祭祀。① 晋城莒山一带流传着社首父女相继，化神修建庙的故事：

> 秦赵长平之战后，又再度交锋。蔺相如的女婿，廉颇之子廉丕自告奋勇，挂帅出征。蔺相如阻拦不住，只能任其前往。他放心不下，又一路紧追大军，希望能挽救局势。赶到之时，赵军已经全军战死。蔺相如认为自己未能阻拦廉丕，对不起国家，伤心之下，吐血而死。民众感怀他为国尽忠，将其安葬。司村河的司公叔想要给蔺相如建庙，众人同意，推举其为总管。司公叔在村内主持正义，德高望重，村民十分敬重他。第二天，他摆下酒席，请来当地乡绅富户，号召大家捐钱。资金问题解决后，往山上运送建庙物资又成了问题。当天夜里，莒山周围村庄的人都听到窗外有人喊："喂上牲口，夜里使哩。"人们不知何事中，但既然有人通知，就都将牲口喂饱。第二天早晨醒来一看，所有的牲口都浑身冒汗，气喘吁吁地卧在槽后，而所有物资都已经运到山上了。
>
> 有一个云游和尚好奇，决心弄清这个谜。晚上，他暗暗守在山上，忽然看到一个圆盘从沟底小路晃晃悠悠地上来。走近了，原来是个人顶着一个大磨盘上来了。他不由自主惊叫出声："这不得把人压死。"他一发声，那人"咚"地一声，把圆盘扔在地上，跌倒在地。和尚跑过去一看，原来是司公叔，已经气绝身亡。和尚这才明白，原来是司公叔化身为神，把物资一点点运到山上的。民众听到这个消息后，从四面八方赶来，跪下痛哭，直哭得草木落泪，天昏地暗。
>
> 司公叔死后，女儿司英秉承父亲的遗志，带领大伙继续修庙。一天，由于大梁送不上山，她打开了父亲不让她打开的后门，结果里面蜂拥而出一大群人，都跑到山上修庙去了。他们不吃不喝光干活。司英这才明白，原来父亲还会法术。这些人就是为修庙而招来的假人。②

这个故事在逻辑上有很多矛盾之处。如司公叔既然会法术为何还要自己搬磨盘上山？但是，它将民间记忆中为公为民的社首形象描绘的十分生

---

① 《王舒魁墓碑》，同治七年（1868），沁水县土沃村。

② 晋城市郊区民间文学集成编委会：《蔺相如庙的传说》，《晋城郊区民间故事集成》，无出版社，1988 年，第 122—125 页。

动，表明了民众对社首一类乡村领袖的尊重。

（二）社首出现的问题及政治话语下形象的改变

乡村社会修建庙宇与举行祭祀并不是一件容易办到的事。虽然泽潞商人在明清十分有名，但多数村落仍处于山间闭塞的状态，以传统农业为主，生活清贫。北流村"村中民贫田稀，山深水暴，粮无隔宿"①。两水村生活水平一直处于长子县中上之列，即使如此，一般人家仍过着吃野菜树皮、粗糠秕谷的生活，中等人家能达到半年糠菜半年粮的程度，最富裕的人只能在每月初一、十五吃两顿豆面和粗面粉相掺的二和面，大年初一才吃一两顿白面。光绪三年（1877）的灾荒，饿得"人吃人，犬吃犬，小老鼠啃吃半头砖"②。许多村落或因村小力微，或因社首不得力，或因经济原因，社事废弛的情况常可出现。刘庄村要重修成汤庙，但村力不足，社首们"停省春秋献戏之费，并抽取蚕户茧钱"，又以社粮生息，历时3年才最终成功。③ 庙宇修缮是社首的主要任务之一，竟会出现这样的情况，实在让人唏嘘。社首璩佩缘一人身兼经理、督办，中间时受挫折，但"社友共信其能"。这使他坚持下来，"劳费心神十数秋"才最后完成了重修庙宇的任务。④ 西李门村风华寺自顺治五年（1648）年重修后，至光绪十九年（1893）间，竟能长达200余年不曾修缮。⑤ 浮山顶有南北两庙。除康熙五十八年至雍正二年（1719—1724）间重修外，一直到道光十六年至二十二年（1836—1842）才又一次进行了重修。⑥ 陟椒村三教堂的修建也是历尽波折。该庙创建于明嘉靖十五年（1536），但当时只"有殿一所"，到康熙年间才建起院落，再到乾隆十九年（1754）年"始修下院"，自此至道光十二年（1832），78年间都未曾修缮。⑦ 许多庙宇不到"为风雨所薄蚀，鸟鼠所穿喙"⑧，"石岸、墙垣、小楼、角殿、厂棚倾颓难观"⑨，"殿堂、

---

① 《北流村戒赌碑记》，嘉庆二十二年（1817），黎城县北流村。

② 编写组：《两水村史料汇集》（内部交流资料），1993年，第175页。

③ 《刘家庄重修成汤殿碑记》，道光五年（1825），阳城县刘家庄成汤庙。

④ 《重修正殿香亭关帝庙高楼东社房楼碑记》，宣统元年（1909），阳城县崦山白龙王庙。

⑤ 《补修风华寺碑记》，光绪二十二年（1896），高平市西李门村风华寺。

⑥ 《重修浮山南北庙碑记》，光绪二十二年（1896），泽州县浮山北顶盘古庙。

⑦ 《重修三教堂碑记》，道光十二年（1832），泽州县陟椒村三教堂。

⑧ 《重修老营宫碑》，同治五年（1866），泽州县老营宫西山墙。

⑨ 《重修关帝庙碑记》，道光二十四年（1844），长治县高河村。

神像、瓦木、墙壁无不而偏斜，神像金身为尘亦荡损"①，"风雨飘剥，栋摧瓦解"②，"庙貌倾颓"③ 时，村落不会进行修补。可陶村舜帝庙已近乎崩塌，社首仍无能力维修，被迫推举别人替换自己。④ 许多村落都出现过"物故人非，社事渐至费驰"⑤ 的情况。村落只能强行摊派："户人中日后有应管社者，即派人入社管理，不得推诿。"⑥

在这样的大环境下，社首也难免出现问题。社事办理极有章法的刘合社亦在所难免。该社共分4坊，社首本来每届4人，每坊1人，但在一次换届交接过程中，因为社谷数量出现问题，难以服众，村社最后只能上诉官府，让原社首交出1石利谷才算了结。随后，西坊社首栗小囤不理社事，该坊事务无法展开。于是，剩下3坊只能将其抛开祀神。两年以后，村中耆老感觉缺少1社，总有遗憾。于是"婉言劝解，和处其事，同回社中"。但是，由于前两年祀神由4家减为3家，而费用未能相应减少，至使出现了一些欠款，"原、张、王"3名社首只能亏空了自己的钱财将其补清，然后才交接出庙。⑦

有的社首还假公济私。辛壁村社首常守富接充社首后，"舞弊叠出，诸多不善"。春天交接时查出其直接"鲸吞公款钱八佰零伍千文"，另私存社款240千文，数目巨大。被查处后，他不仅不承认错误，还捏造事端，向县府控告村社。⑧ 团东村秦泰父子趁村社对社地的管理不够完善之机，私自购买社地7亩7分。⑨ 有的社首不认真履职。合室村的乡约、社首本来是"历年公举，垂为成规"。后来规约废弛，社首任命"放利而行，毫不思忖"。这些人上台后，"不思捏名钻揽，止求肥己"。遇有邻里纠纷不但坐壁上观，而且还从中挑拨，"致使无事酿为有事，小事酿成大事"。⑩

对出现问题的社首，村社都在社内进行了处罚。对常守富，村社除再

---

① 《重修关圣帝君神庙碑序》，宣统元年（1909），平顺县恭水村关帝庙。
② 《重修碑记》，光绪三十一年（1905），沁水县交口村舜帝庙。
③ 《重修龙神庙两廊戏台记》，光绪二十二年（1896），平顺县豆口村。
④ 《可陶村重修舜帝殿碑记》，嘉庆十七年（1812），沁水县可陶村舜帝庙。
⑤ 《重整社规碑记》，光绪七年（1881），高平市西李门村玉皇庙。
⑥ 《整饬社规永禁匪类碑记》，道光二十七年（1847），潞城市贾村祖师庙。
⑦ 《出庙始末缘由碑记》，光绪三十年（1904），阳城县刘庄村汤帝庙。
⑧ 《弹劾扣款自肥碑记》，1932年，泽州县辛壁村汤帝庙。
⑨ 《补修清化寺并条规序》，嘉庆二十四年（1819），高平市团东村清化寺。
⑩ 《整饬社规永禁匪类碑记》，道光二十七年（1847），潞城市贾村祖师庙。

次查账揭穿其骗局外，勒令其将钱款全部退出，演戏 3 晚，又将此事刻于碑上，防止其日后诬赖。同时，此后禁止本人再入庙办公。对秦氏父子，经过"合社公议"，决定罚银 30 两，以杜绝后患。并且明确规定，如果以后再有购置土地、倒卖社内物品者，除照价赔偿外，还要处以 3 倍的罚款。[①] 对玩忽职守的合室村乡约，社内果断地进行了重新选举，并且规定"社首中如有不公之人，许公中裁出，免其搅扰"[②]。

不过，总体看，有问题的社首只有此寥寥数例，虽不能说明称职与问题社首的对比就是如此，却也能证明许多社首在村民心目中的良好形象。

社首形象发生根本性转折是在抗日根据地。走访资料显示，在中国共产党根据地，社与会组织迅速消失，作为社组织的领袖也受到了审查与批判。如前所述，1939 年，东崔村、平庄村都铲除社会，社首自然也难逃一劫。1942 年冀氏郎寨村社首郭兴章被清查出一共私吞社粮 124 石以上，并勾结日军，欺压民众，是村内的"恶霸"。在"清查社产委员会"的逼迫下，郭兴章交出了社粮，并被抗日政府扣押审讯。[③] 社首形象发生根本改变的原因，不排除社首个人确有问题，但更重要的因素应是革命话语对社首形象的再塑造。此后，社首这一乡村基层组织的主要负责人同社一样，退出了历史长河。

本节主要探讨了社组织的领袖社首的产生、轮换及其职能。社首的情况表明在漫长时间段内，乡村社会处于一种相当程度的自治状态。社首则是带有民选色彩的地方权威。社首们通过自身的道德、财力、能力维持着村社信仰活动的进行，使乡村社会处于一种较为稳定而有序的状态。民间记忆中的社首，多数能奉公勤事，为村社服务。这种情况一直持续到中国共产党政权渗透到乡村社会。在中国共产党的宣传与组织下，民众不再认为社首是为公众利益而存在的。虽然这有时可能是表面上的，但在强制性的政策推行下，社首被贴上了封建迷信，甚至是汉奸的政治标签，成为被斗争的对象。这种现象随着中国共产党政权力量的推广，愈加普遍，直至这一群体在乡村社会彻底消失。

---

① 《补修清化寺并条规序》，嘉庆二十四年（1819），高平市团东村清化寺。
② 《整饬社规永禁匪类碑记》，道光二十七年（1847），潞城市贾村祖师庙。
③ 《清查社产》，《太岳日报》1942 年 8 月 5 日第 4 版。

第二节　水官

在前文的祈雨仪式中，我们提到过一个特殊的群体：水官。① 这是取水环节的主要执行者。水官的源流演变、功能是本节将要探讨的问题。

一　水官之源流

水官自何时出现，现在已经很难考证清楚，但可据目前材料做一个大致推断。

金正隆元年（1156）《潞州长子县重修圣王庙》提及当时"泽潞章凡遇旱暵，遍走群望，若不获应，必躬造析城挈瓶请水，信心虔祷，始得美雨"②。

元至元二十一年（1284）《重修真泽庙记》载，每逢遭遇旱灾，民众半净瓶置于二仙真人神像前，再以纱缦蒙住，跪拜之后，则"圣水盈溢"。③

看来，以瓶取水的仪式至少在宋金时期就已经出现，取水之人很可能就是负责取水仪式的责任人——水官。西头村的祷雨经过说得更为清楚：

金明昌二年（1191）大旱，西头村民众前往紫团山真泽本宫，"取水二器而祷之，遂获甘雨"。金崇庆二年（1213），天又大旱。村民在庙中祈祷，将水瓶置于神像之前祈祷，自清晨至下午五点左右，"令人探瓶，则水贮三分矣"。于是民众将水瓶带回村内，再次祭拜，"是夕天油然而云，沛然而雨，使槁然凶岁易为丰年"。本次祈祷是一名叫申谨的村民带头进行。而在碑文后记上，明确出现了"祷雨水官"的名称，共有五名，而以申谨为首。由此可推断，负责取水、祈祷的村民，应该就是水官。这是现在所见最早明确记录水官职能的事件。④

明弘治元年（1488）《补修成汤庙记》中，记有祷水社首。⑤

①　关于相互印证的成果，可参见姚春敏《明清碑刻所见山西泽州民间"水官"规制》，《历史档案》2013 年第 2 期。

②　《潞州长子县重修圣王庙记》，金正隆元年（1156），长子县西上坊村成汤庙。

③　《重修真泽庙记》，元至元二十一年（1284），高平市南赵庄村真泽庙。

④　《二仙庙碑记》，金崇庆二年（1213），陵川县西头村二仙庙。

⑤　《补修成汤庙记》，明弘治元年（1488），高平市大周村汤帝庙。

清乾隆四十七年（1782），《贾公宰社公德碑》中，记录了乾隆四十一年至四十七年（1776—1782）水官的详细姓名。①

再加上前文所言晚清至民国时期王童、郭村、下史兴村求雨取水均需水官的例子，可以推断：宋金时期，上党地区就已经出现了专职的水官，历经明清、民国仍然存在。当然，也并非所有取水、拜水之人都是水官。屯留县就流行倾村而出。定流村在每年农历六月六日，全村所有男性都要前往三嵕岭烧香拜佛，求雨取水。人人都要脱掉上身衣着，赤身赤臂，头戴柳枝，臂挂柳丝，成群结队，抬着盛水用具成群结队前往，还有许多小男孩、小女孩也坐在"扛妆"上前去庆贺。② 有的虽不至此，但人数也很多。章训村很早就流行春夏之交约百人拜水于崦山棂龙及河村蚧蚧庙。这其中肯定不是只有水官。不过，乾隆四十年（1775）恢复拜水仪式，水官起主要作用则是可能的。③

按现有资料，早期水官的来源不详，可能是由村社中的"殷实之家"轮流担任。④ 如晋城市苇匠村"在李、徐、张三户轮流周转"⑤。水官多有固定的轮值期限。具体时间则不太一样：阳城县西封村是1年，泽州县西街村是2年，泽州县崔庄村是7年，晋城市西谢匠村是10年，晋城市苇匠村是4年或8年。人数也各不相同，高平市大周村是12人，泽州县府城村是19人，长子县下史兴村是8—12人，崔庄村要求是6人⑥，王童村是12人，苏店村是13人⑦，西封村是2人，南舍村是8人。⑧

二　水官的其他职能

除了取水，水官还有捐资修庙的义务。

---

① 《贾公宰社功德碑》，乾隆四十七年（1782），阳城县西封村玉皇庙。

② 李忠德：《说说定流村庙会》，李国庆、张贵祥《长治县庙会》（内部交流资料），2013年，第164页。

③ 《取水捐什物碑记》，乾隆四十七年（1782），阳城县章训村。

④ 《白水合社公立碑文序》，嘉庆十三年（1808），晋城市城区白水村玉皇庙。

⑤ 《创立善士李应渊施到正殿水官地碑记》，道光二十五年（1845），晋城市城区苇匠村。

⑥ 《水官积金会四班公议重行捐备以广积储碑记》，同治十二年（1873），泽州县崔庄村关帝庙。

⑦ 连步万、崔保锁：《苏店村与明沈简王》，《长治方志》2005年第4期，第72—73页。

⑧ 口述：曹绍令，62岁，潞城市南舍村阴阳世家。采访者：笔者，段建宏，2015年2月14日。

明嘉靖三十五年（1556），南庄村玉皇庙焚于大火，使得"七十二道神水往来不行"。于是，村社重修庙宇，而"主神水官"成为认购建庙物资的人之一。

明万历七年（1579），西街村有两年换水官之制，而且"朔望祭献，春祈秋报，未尝间也"。不过，盛放神水的成汤庙却年久失修，于是，水官李朝阳等捐资修庙。①

康熙四十一年（1702 年），府城村重修玉皇庙、广生祠，水官共捐银八两二钱。②

水官在修庙时的捐资行为，应该是一种建立权威的方式，也可能是身为祭祀活动的负责人应尽的义务。那么，水官是不是社首？理论上，水官在职责上同社首有着明显的区别。在多数碑刻上，水官与社首是分开书写的。民国时期的八义村有儿童担当水官的规定，而在所有碑刻中，也都没有对水官提出同社首类似的条件要求。水官应该是附属于村社的一个取水群体。长治市郊区郭村、潞城市羌城、贾村，壶关县沙窟，屯留县下史兴，黎城县南委泉、北委泉等村的水官都是要听从社首吩咐的。

但事实的情况要复杂得多。首先，偶尔有社首、乡约和水官是同一人的情况：

> 嘉庆二十二年（1817），苏店大旱。村社组织人去黎城马鞍山昭泽王所在的焦龙洞取水求雨，按惯例，需要到知府衙门领取批票。这位知府不信鬼神，将击鼓领批票的三人重打二十堂棍，逐出府衙。最后，当时的总约履行着总社首的责任，被迫出面，与知府打赌：如果取水当天回来降雨，知府辞职进京请罪；否则就要将昭泽王与总约一起在大街上焚烧。为确保成功，总约亲任水官前往取水。人们回来一直走到柴堆前，仍然晴空万里。知府命人将总约与昭泽王神像一起扔到柴堆上，点火焚烧。火势正起，突然从马鞍山方向飘来一片黑云，紧跟着雷声大起，大雨如注。民众群情激愤，要求知府辞官，履行赌约。知府无法，只好请当时的沈王王夺魁前来说和，最后以知府向昭泽王三拜九叩的方式了结了此事。王夺魁亲书"灵感康惠昭泽王"的

---

① 《重修汤帝庙东廊房记》，万历七年（1579），泽州县西街村汤帝庙。
② 《重修广生祠碑记》康熙四十一年（1702），泽州县府城村玉皇庙。

匾额，挂在苏店昭泽王庙献殿，直到长治解放。在破除迷信运动中，匾被二区区公所的炊事员摘下来砸碎，当作木柴做了饭。①

其次，有的水官实际上承担了社首的责任。

乾隆十四年（1749），河底村决定重起水官会。当时，社内水官制度已经涣散，仅存的会首按照建会之初注册的名字重新核实，找出了还在本社的几家集会商议，最后确定分为三班轮流执事，明确了取水祭祀的经费保证与来源，具体如下：

第一，核定社内土地数目，规定此后如有出卖者，社钱不能少交，即所谓"走地不许走社"。隐藏土地者加倍罚款。

第二，规定了按土地数目出钱、出人的原则。每6亩土地算作1个出钱单位，即1分。社众出人，也按1分出人1名。如果没有土地，也要出人1名。如果家内无人，则需出钱40文。

第三，规定了取水人的义务与惩罚措施。村社以响炮召集民众。不到者罚钱30文；轮值水官不到者加倍。

第四，规定了交钱的时间。每年春祈秋报，水官要提前10天贴报，社众入庙交钱，逾期者加倍。

第五，规定了社内物品的保管制度。社中物品，不许租赁、抵押、典当，如果查出，罚银2两。②

这5条规定，如果和前文所言对社首的限制对照，发现二者内容相似，而且文中提及"春祈秋报"、社内财物、账目收支都由水官掌管，和社首主要功能重合了。

当然，这种情况只有此两例，在其余的水官资料中，水官的主要功能仍然是负责取水祈雨。

三　水官面临的问题

在上文的介绍中，可知水官会的资金是以社内公摊的形式进行的，但这并不能解决所有问题。在很多时候，社内提供给水官支配的资金不会很多。

---

① 连步万、崔保锁：《苏店村与明沈简王》，《长治方志》2005年第4期，第72—73页。
② 《重起水官会碑记》，乾隆四十年（1775），泽州县河底村汤帝庙。

如前所述，上党地区乡村普遍贫穷，社事经常不能正常运行，水官亦不例外。"村中土瘠人寡，室鲜盈宁，户乏铢积"，无力负担水官所需费用。①

更何况，同社首一样，水官不但没有报酬，还经常要自己垫资："祀神之举，虽七年一输，而自受事以迄卸任，几及十载。其间节祀、寿祝、正献时请袍下驾，迎神演戏，一切事宜，所费甚巨。"② 有的村社水官要自行召集协助之人，号称"弟兄"。从请人到行水，"旷日持久，靡费浩繁"，造成了当事人的经济损失。③ 即使能按每届 10 年轮换，但也是"资费甚大，难以支持"。有时，请来的"弟兄"很难伺候，一旦不如意，或者不帮忙送神，或者不帮忙接神。面对这种情况，水官只能自行解决。最后的结果就是"名为一村之事，实为一家之事也"。有的项目甚至直接规定由水官自己出资。吕匠村"每逢坛事，应水官之家，倘请什物迎神，邀请大社执年会首、东顶会会首一次。凡打什物者，每人有小米半升，点心五个，抬杠抬鼓，水官出钱"。而且，第二年送神时，水官还要出"点心五百个"。④

这导致水官经常亏空，以致"承办不起"⑤，"往往有未竟事，而家已倾，再输充而力不能者"⑥。

这些问题导致了无人愿意承应水官，每到选举之时，"竟至乏人"。⑦即使有人交接，新上任的一班也不愿为以前的亏空负责，于是"新旧承接之间，每多周折"⑧，"大费说辞"⑨。嘉庆十三年（1808），社内安排新入

① 《西谢匠社水官会卖地碑记》，乾隆六十年（1795），晋城市钟家庄街道办事处西谢匠社区。

② 《水官积金会四班公议重行捐备以广积储碑记》，同治十二年（1873），泽州县崔庄村关帝庙。

③ 《迎神耆靡诫并序》，乾隆十三年（1748），晋城市钟家庄街道办事处郝匠社区关帝庙。

④ 《吕匠村大社议立承办水官条规》，道光九年（1829），晋城市城区吕匠村。

⑤ 同上。

⑥ 《水官积金会四班公议重行捐备以广积储碑记》，同治十二年（1873），泽州县崔庄村关帝庙。

⑦ 《吕匠村大社议立承办水官条规》，道光九年（1829），晋城市城区吕匠村。

⑧ 《水官积金会四班公议重行捐备以广积储碑记》，同治十二年（1873），泽州县崔庄村关帝庙。

⑨ 《西谢匠社水官会卖地碑记》，乾隆六十年（1795），晋城市钟家庄街道办事处西谢匠社区。

社的王松柏接应水官，但其坚辞不受，托言"路途遥远，不晓规矩"，最后宁愿出 30 两银子交付社里请他人代办，也不愿承应水官，并和社内协商，自此之后本人永不接应，也永不收回交出的银钱。为了防备日后生变，还特意立碑为证。① 王松柏的做法非常明智，虽然当时多出了钱财，却终生避免了水官事务的烦扰，也形象地说明了水官一职给社众村民带来的巨大压力。

面对这种情况，通过协商，村社采取了多种措施维护这一机制：

一靠社会、民众一齐出力出资分担水官负担。请神取水本是集体之事。鉴于水官负担太重，村社号召民众出力、出钱粮以扶助水官。西谢匠社首以身作则，将请神送神的活动承揽过来，不再让水官负担。此外，四月八日神驾上管下管、设置神坛时，每家要一人给米半升充当劳务费用；如果迎神水时水口破损严重，补修费用由社内支付。这些措施将以往由水官负担的费用进行了转嫁。此外，请神盘、敬献神盘的人家应该将汤饭、全席点心、油炸食物备齐以招待水官。② 也有的村社组织与富裕民众施钱施地。同治八年（1869），寨则村将堆金会余下的银钱 12 千文捐给本村水官会，用于"无论大小水官，祀神之费"及"祭神以来，设席请施善人"的费用。寒霖会也将本会积累的四石谷米送给水官会敬神之用。③ 钟家庄有正殿、西殿两班水官，负担沉重，"花费甚繁"。于是，李应渊自愿施给正殿水官土地 8 亩，西殿水官 6 亩 7 分，用来经营以获取敬神费用。④ 西武匠村郝文银等人也施给水官会谷 33 石，用以向外借贷生息，年年轮转。⑤

二靠水官自己捐纳充足本金，以此经营赢利。崔庄村建立起了较为完善的捐纳制度，并且能够长期坚持。咸丰元年（1851），头班水官轮值完毕后，召集几班水官商议，将本次祀神后节余的费用再加上每班捐纳的 35 千文钱作为后续资金。同治四年（1865），四班水官又捐钱 140 千文，输入会中作为公用本钱，但仍害怕钱不敷用，就又在同治十一年（1872），

① 《白水合社公立碑文序》，嘉庆十三年（1808），晋城市城区白水村玉皇庙。

② 《西谢匠社水官会卖地碑记》，乾隆六十年（1795），晋城市钟家庄街道办事处西谢匠社区。

③ 《水官会积金碑记》，同治八年（1869），泽州县寨则村。

④ 《创立善士李应渊施到正殿水官地碑记》，道光二十五年（1845），晋城市城区苇匠村。

⑤ 《水口会捐谷碑志》，光绪二十六年（1900），晋城市城区西武匠村广皇庙。

待头班水官再次轮值完毕后，号召二、三、四班再各捐钱 25 千文。这些钱由村社选择人品诚实，善于经营的人轮流运作，或者放贷生息，或者买田收租，再将所收利息或田租用作祀神费用。为防前任营私舞弊，村社又特别规定，交接之时如果有盈余资金，必须交接清楚，认为这是"经外善后之计"。①

水官们还号召村民"日后凡有力无力之家，均可充当水官"，并且乐观地期望"人乐赴公，神事自不必于废弛"。②

三靠出卖社内公产。西谢匠村水官执事卖掉了庙内外的 4 株槐树，获银 60 两。他们以此银买地 9 亩 3 分，又将土地出租，以每年秋后所得田租 4 石 2 斗按时价估算交付水官会，约定以 10 年为期，依次轮转，希望既能减轻水官负担，又能使神事延续。

四靠节约。钟家庄规定以后水官执事不必再拘于旧例邀请弟兄前来相助；派出的神盘只需够用即可，不必浪费。西谢匠村也规定"小请兄弟之日，汤饭裁去，只备全席点心八个"。当然，如果水官愿意自己做搭设神棚之事，村内也不干涉。迎神赴坛时，水官也只需准备早晨白饭和入庙所用全席点心 800 个。

五靠给水官更大自主权。吕匠村规定，四月初八赴东顶会上香时，社内提供香资钱 3 千文。对于"所有迎接神驾，或邀请弟兄或请众神盘等事，具由水官自便"。③ 钟家庄也规定，除了必须要演的三天酬神戏需要水官出资外，其余事项水官可完全自主，还特别规定"不许社中支派"。如果有人向水官索取其不应支付的款项，水官可予以拒绝。正、西两殿水官只需要在轮值到期时，付给社内 10 千文、5 千文，捐给水官的土地只需要选择可靠租户即可。④

另外，崔庄村还通过增加水官数量的方法减少个人压力。该村成规是水官 6 名，但在同治十二年（1873）重新定立规则时猛增至 4 班轮流，其中头班 12 人，二班 9 人，三班 9 人，四班 11 人，总数达到了 41 人。

---

① 《水官积金会四班公议重行捐备以广积储碑记》，同治十二年（1873），泽州县崔庄村关帝庙。

② 同上。

③ 《吕匠村大社议立承办水官条规》，道光九年（1829），晋城市城区吕匠村。

④ 《创立善士李应渊施到正殿水官地碑记》，道光二十五年（1845），晋城市城区苇匠村。

　　村社希望通过这些措施减轻水官负担："承办之家不表拮据，而祀典之行亦可永无废坠矣。"①

　　但也有个别村落因为情况特殊，水官的负担反而加重。上辇村每年有两次迎接汤帝神水的活动，一为水官主持，一为村社办理。本来，应承水官者是不必再为村社祭祀出资。但是，由于经济状况变坏，"人家有余者少，不足者多"，同时物价高昂，难以支持"敬神祝祀"的活动，村社"公议"后决定，水官应该照旧出资。②

　　总体看，减轻水官负担是主流，村社施行的措施应该也有一些效果，尤其是由水官个人负担转向集体负担成为一个总趋势。不然，水官不会持续到民国期间仍然存在。此时的水官已无须再自筹资金，不再是那种有固定轮值期限的水官，也不再独立掌管取水仪式，更多的水官在祈雨过程中是明显附属于村社的。如下史兴村求雨，社首是主管者。水官主管的业务只是取水、接水、庙内跪香拜水事宜，而送神、献戏、请乐户等更重要的事宜则由 10 村社首负责。潞城一带，水官也不再有固定的任职期限。此时对水官的要求走到了另一个方向，人们更在意水官的其他条件，比如属相：王童村要有水官属龙、马、兔各 4 人；南阳护村要求是属龙的青年男子；潞城市一带要求属龙和马的；黄碾一带要求属龙和蛇的人；襄垣县一带求雨时不能让属虎的前往；北委泉村则必须是属虎和属龙的前往。属相上要求属龙的是取"龙行雨"之意；属马的前往是因为马和龙有联系，向来有"龙马"之说；属兔的前往是由于"玉兔"中的"玉"与"雨"谐音之故；蛇被民间称为"小龙"，也有降雨功能；不让属虎的前往，是因为龙虎向来不和，二者相逢，就不会有降雨。但同样的道理，因为龙行云，虎生风，风云际会就会下雨，又形成龙虎属相合作的情况。东下郝村除了要求属相外，还要求名字好听，如"来好"一类，希望能借此给村社带来好运。③

　　八义村求雨要求 33 名水官必须是金命和水命，水命自不待言，要金命之人前往是取五行金生水之意。这些都是为了增加降雨概率。同时，村社要求这些人是 60 岁以上的老人和 15 岁以下的小孩。为何要选老人和小孩，

---

①《吕匠村大社议立承办水官条规》，道光九年（1829），晋城市城区吕匠村。
②《创立碑记》，道光十四年（1834），晋城市城区上辇社区。
③《漳河寻源与东下郝村庙会》，《长治县庙会》（内部交流资料），2013 年，第 186—190 页。

原因不详，但可能与60岁以上老人正值一甲子，办事既稳重，又不至于太过衰老导致体力上无法负担；年轻的小孩精力旺盛，又为童子之身，与容易获得神祇欢心有关。南舍村的水官则要求是8名属龙男性，取"八方"之意，指这8个人照应了四面八方，求来雨水的概率最高。①

本节主要探讨了水官的源流演变。水官的变化说明，在长期发展过程中，对水官的要求向着简单化的方向发展。潞城一带的水官"在经济实力上没有什么特别要求，只要身强力壮即可。水官取水不需要自己出钱，开销由社内支出。他们只需去马鞍山焦龙洞将水取回即可。整个过程比较简单，一天就可打个来回"②。崇仁村参加过取水仪式的王一所说："那时取水也没有什么特殊的讲究，十八九岁的年轻人去就行了。我参加的时候才十五岁左右。"③ 虽然水官始终存在到近代，但整个上党地区，自20世纪20年代以来再没有看到有"水官会"一类的组织存在。究其原因在于水官制度本身就存在问题。水官一方面归村社管理，一方面又需要独自承受亏空的风险，自然心理难以平衡。虽然村社采取一些措施力图减轻水官负担，但并不代表从此水官没有负担。比如西谢匠村虽然制定了一些优惠政策，但是诸如请社首协助办理"小请"之事，仍然要按旧例由水官准备汤饭酒席。"水口"如果出现不太严重的损坏，社内也不负责，而由水官自己出资修补。④ 酬神演戏也是不可或缺的由水官出资的项目。基于此，水官制度渐渐松散也就顺理成章了。

第三节　乐户、阴阳、厨师与马匹

如前所述，赛社仪式十分烦琐，参与人员的分工也很细致。总的原则就是各司其职，互相配合。在赛社前半个月左右，村社就会把执事名单公布，使民众早做准备。大休看来，主要的人员有以下几种：

社首：这是赛社的组织者。他们要时刻注意赛事流程，不可出错。举

---

① 口述：曹绍令，62岁，潞城市南舍村阴阳世家。采访者：笔者，段建宏，2015年2月14日。

② 口述：杜同海，76岁，潞城市贾村村民。采访者：笔者，2013年7月10日。

③ 口述：王一所，84岁，长子县崇仁村村民。采访者：笔者，2012年8月20日。

④《西谢匠村水官会买地碑记》，乾隆六十年（1795），晋城市钟家庄街道办事处西谢匠社区。

凡迎送神祇、进酒上香、念诵祭文都是按时赶到。不可酗酒，不可不到，不可在外游荡，行奸邪之事，不可欺瞒村社民众。如果管理得当，神祇就会降下百般祥福，如果有所怠慢，就会有"万罪千愆"。高平市庄里村举行祭祀炎帝时，社首要一律斋戒沐浴 3 天。贾村碧霞宫赛事，社首则要提前半月入庙准备。

香老：这是专门为神上香的村社德高望重之人。他们要专门负责在五更鸡鸣时、寅时、酉时，前来"赴神前上香"。如果不到，轻的要受到言语责备，重的就要受到具体惩处，比如罚烛 1 斤。如果未能履行责任，甚至拒不敬神，则由村社集体"共同责令"。

买办，负责采购并支出供神用品，要求他们如实报账，不可"使一说二"，不可购买昂贵物品，不可中饱私囊。

斟酒斟茶执生，负责给神祇斟酒，要小心谨慎，恭敬奉神。

陈设者，负责装点神殿，要在大殿之内，张挂顶幕，陈设桌椅。

寝局者，负责神祇住处的装点，准备好床帐枕席。

香局者，要掌管各类香火，上香供神，他们要精心挑选，虔诚焚香。以求"化云化雾，奉献尊神"。

灯局者，要小心布置灯火，"俱要常明。恭敬奉神，毋得断缺"。

果局者，负责采购新鲜水果："诸品果子，鲜色时新"。他们要"处心捧献，进长生之五果"①，要诚心诚意，"勿得怠慢之心"②。

酒局者，负责看管酒水，要"致其清洁，酿醪欣羡"③，不可以隔夜酒、旧酒、掺水酒、浑酒敬神。④

纸马者，负责装点纸马，要"丹青朽笔，彩色妆成"⑤。

山棚者，负责将祭祀用的棚帐装点出绿水青山，怪石林松，要装扮的

①《听令文》，礼伦堂《迎神赛社》，民国，写本。

②《唐乐星图听命文》，《唐乐星图》，嘉庆二十三年（1818），杨孟衡《上党古赛写卷十四种笺注》，财团法人施合郑民俗文化基金会 2000 年版，第 420 页。该文本为长子县东大关村阴阳世家牛家办赛底本，晚清民国期间仍在使用。

③《听令文》，礼伦堂《迎神赛社》，民国，写本。

④《唐乐星图听命文》，《唐乐星图》，嘉庆二十三年（1818），杨孟衡《上党古赛写卷十四种笺注》，财团法人施合郑民俗文化基金会 2000 年版，第 422 页。

⑤《听令文》，礼伦堂《迎神赛社》，民国，写本。

形似神似，不得推辞，因为有"神目鉴明"。①

执伞者，负责紧跟神祇，为神祇打伞盖，不得有误。

排军者，负责安排仪仗及队伍行次序。他们要认真引领社众，安排所需马匹，棍棒等物品，并负责维持秩序。

佺子②者，是手持馔盘，为神祇上供品的人。他们"行须缓步，语要低声"，进奉食品时要高捧馔盘。他们需要提前更衣、沐浴、斋戒。

退食者，负责将供品收回，"须要自恭，不可慢怠"。

帏子者，负责护送供品，要手持响杖，即杖上串有铜铃或铜钱的竹竿，不停挥动，使其发出声响，以驱赶飞禽昆虫，不让它们前来啄食供品。他们要"锦衣绣袄护臁腿"，响杖不可离身，预防"空飞蝇蠓"跌落在供品上以至"神灵不享"。

报食者，负责举牌报告酒食名称。他们要高举神牌，及时报数，以求能及时"敬天敬地，报答神灵"。

花棚者，负责各项杂物。他们要预备钉子、麻绳、面糊。村社警告他们，如果没有正当理由却不到场，造成相应物品不足，就会受到神祇惩罚。

管饭者，负责乐户饭食。村社会将民众分成等级，给予不同的饭食派送任务。各家户应该及时将饭食送到，不许延误，不许借机寻衅滋事。

备羊者，负责购买羊只用以奉神。他们要按照实价报账，负责将羊在神前宰杀。

其他观戏人员要按顺序入庙，男左女右，不可搅乱社会秩序。③

总体看，这些规定贯彻的大原则一是要求人们各司其职，不可出错；二是要求民众诚心奉神，不可怠慢；三是所有财务要据实上报，不可贪污公款。各类诸般执事人员都要"斋戒、沐浴、净身"④。社内要求，"凡大小祭祀，早晚须要尽诚"，因为"有其诚必有其神，尤其诚则无其神"。各执事人员要"谨守礼法，勿得非言苟且；衣冠整齐，勿得蓬头垢面。往来

---

① 《唐乐星图听命文》，《唐乐星图》，嘉庆二十三年（1818），杨孟衡《上党古赛写卷十四种笺注》，财团法人施合郑民俗文化基金会 2000 年版，第 423 页。

② 又称亭子，廷子。

③ 《唐乐星图听命文》，《唐乐星图》，嘉庆二十三年（1818），杨孟衡《上党古赛写卷十四种笺注》，财团法人施合郑民俗文化基金会 2000 年版，第 423—425 页。

④ 《省令文》，《祭文簿》，1925 年，写本。

有忠信之言，出入无暴慢之气"。① 举凡村社民众"凡在几席之间，神前神后，须要谨言而正色；亭上亭下，勿得秽语而乱谈。切戒饮酒癫狂，不可贪淫作乐。勿得放肆喧哗，不要褰裳裸袒，亦不可蓬垢头面，亦莫要赤足越轨"②。对不服从管理、弄虚作假的执事人员，村社发出警告说，此类恶行即使瞒过社众，也瞒不过"在筵圣贤"。虽是"伙伴不肯声说，神灵鉴察循环"。"若是作威把神瞒哄"，必定会"招灾星显验"。③ 即使"目前不降于阳惩，过后必加于阴责"④。通过种种限制，村社希望能完成一场井然有序，隆重热烈的祀神活动来保证得到神灵的庇佑。

在所有的参与群体中，有三类人格外重要。上党流传着这样一句话："大赛赛三行，王八厨子鬼阴阳。"⑤ 其含义是，如果一场赛社没这三类人的参加，就不能称为合格。此外，赛社中还经常出现马匹。这四类人的身份、作用即是我们本节解决的主要问题。

一 乐户⑥

（一）酬神所必需

王八即乐户，是负责祭祀中酬神乐吹奏的群体。在赛社仪式中，需要他们将乐器配置完全，演奏时不可出错，要取得"锣鼓喧天，笙簧嘹亮"的效果。要按各自不同分工吹奏奉神，不可生怠慢之心，"自获怠慢之罪"。⑦"掌乐之人"要细心安排"奉神院本、杂剧、队子、词曲"，"早

---

① 《省令文》，《赛书》，咸丰十一年（1861），写本。
② 《奉神规矩榜》，《祭文簿》，1925 年，写本。
③ 《唐乐星图听命文》，《唐乐星图》，嘉庆二十三年（1818），杨孟衡《上党古赛写卷十四种笺注》，财团法人施合郑民俗文化基金会 2000 年版，第 425 页。
④ 《省令文》，《祭文簿》，1925 年，写本。
⑤ 口述：王双云，78 岁，平顺县西社村乐户世家。采访者：笔者、段建宏，2015 年 2 月 14 日。
⑥ 如非另外标注，关于乐户、厨师、阴阳的引文均来自于张振南：《阴阳乐户厨师传记》，《山西赛社专辑》，《民俗曲艺》1997 年第 107—108 期。该传记记录了一批晚清至民国期间的阴阳、乐户、厨师生平。
⑦ 《唐乐星图听命文》，《唐乐星图》，嘉庆二十三年（1818），杨孟衡《上党古赛写卷十四种笺注》，财团法人施合郑民俗文化基金会 2000 年版，第 425 页。

晚奉神，不可差乱"。① 如果差了宫调，"上有神明监察，下有诚者易论"②。如《省令文》所言：

> 伏以尊神合行奏禀：今有乐人参礼已毕，叩于阶下，听命打躬，须当省令。掌乐之人、前行后行，须要管礼。男女整齐，各要精神，衣帽新鲜，鼓乐齐备……早晚奉神，不可差乱。各要诚心，切莫怠慢。坛上掌握之神，明明监察是非；神前书表之司，暗暗启奏善恶。为此省令，殷勤慎行。③

由此可见，乐户是整个迎神仪式中音乐部分的主要负责群体。

乐户是专门入官府乐籍，不得进行其他工作的特定群体，属于贱籍。虽然乐人早在先秦出现，但乐户作为正式名称出现当在北魏孝昌（525—527）以后。当时"天下淆乱，法以不恒，或宽或猛。及尔朱擅权，轻重肆意。在官者，多以深酷为能"。在这样的政治环境下，社会治安状况十分恶劣："至迁邺，京畿群盗颇起"，"有司奏立严制！"当时的法令规定："诸强盗杀人者，首从皆斩，妻子同籍，配为乐户；其不杀人，及脏不满五匹，魁首斩，从者死，妻子亦为乐户。"④ 由此可见，犯人是乐户的一类来源。乐户的另一来源是俘虏。《魏书》载：

> 河东郡人杨风等七百五十人，列为乐户。⑤

自此，乐户成为官府处理罪犯家属和俘虏的方式。乐人户籍，以红纸永录名籍，以示与平民不同。雍正元年（1723），清政府下令废除乐户贱籍身份。自此，乐户在法律层面上获得了和平民一样的身份。⑥ 一些生活贫困的人也可拜师学习乐户技艺谋生。按乔健、栗守田等人的调查，民国

---

① 《省令文》，《祭文簿》，1925 年，写本。
② 《唐乐星图听命文》，《唐乐星图》，嘉庆二十三年（1818），杨孟衡《上党古赛写卷十四种笺注》，财团法人施合郑民俗文化基金会 2000 年版，第 424 页。
③ 《省令文》，《赛书》，咸丰十一年（1861），写本。
④ 《魏书》卷一一一《刑罚志》，中华书局 1974 年版，第 2888 页。
⑤ 《魏书》卷八六《孝感传》，中华书局 1974 年版，第 1884 页。
⑥ 关于乐户的源流、演变，参见项阳《山西乐户研究》，文物出版社 2001 年版；乔健、刘贯文、李天生《乐户：田野调查与历史追踪》，江西人民出版社 2002 年版。

年间，上党地区的乐户，在长子、潞城、长治、屯留、壶关、平顺、陵川、高平、晋城、阳城、沁水等各市县均有分布。如原晋城县有乐户170余家。阳城有20多家，高平、陵川各地有20多家，沁水有10余家。此外，陵川县管理乐户应差的"科头"有12家，阳城县有乐户"科头"10家。① 壶关有八大班社，为沙窟牛家、麻巷刘家'固村曹家、镇鸦李家、大会高家、杜家掌郭家、东韩宋家、晋庄王家，活跃至今。②

这都说明，乐户是较为普遍的存在。

乐户是职业吹鼓手，在废除乐籍之前，很多并无土地，专门从事社火、婚丧嫁娶、迎神赛社、祈雨等祭祀活动的吹奏，渐渐形成了凡赛社活动必请乐户的规则。乐户还要扮演仪式中神祇、人物，上演队戏、院本、杂剧。赛社需要乐户担任或扮演的角色种类如下：

细乐：管弦乐。

前行、后行：常各1人。赛社中在队伍前方行走，是整个赛社队伍的领队，负责赞词。赛社过程中的"前行词"即由此人演说。该人由乐户艺人扮演，戴乌纱，穿紫色朝服，带长髯，皂靴，手持"竹竿子"，扮相类似于丞相。后行是前行的助手。

文武官员：人数不定。龙泉山大赛时，迎神时需要四文四武，正赛时需要六文六武。

案头壮士：指立于神案两旁的人员。

监斋神：监管厨房之神。

值宿：轮值的二十八星宿。

报食：如前述。

男乐：人员不定。③

此外，乐户还要自备乐器、服装。

一场正规的大型赛事往往会"用乐户艺人五、六十人"，小型赛事也会用到乐户30人左右。④ 如果有大型的队戏表演，人数还会更多。如《唐

---

① 关于乐户在上党的分布，参见寒声《上党傩文化与祭祀戏剧》，中国戏剧出版社1999年版，第9页。

② 口述：曹柱则，67岁，壶关县固村乐户世家。采访者：笔者，2015年2月10日。

③《唐乐星图听命文》，《唐乐星图》，嘉庆二十三年（1818），参见杨孟衡《上党古赛写卷十四种笺注》，财团法人施合郑民俗文化基金会2000年版，第424页。

④ 口述：王洪林：52岁，平顺县北社村乐户世家。采访者：笔者，段建宏，2015年2月14日。

僧西天取经舞》一戏，要过黑风山、宝相国、碗子山、盘丝洞、车迟国、乌鸡国、火焰山、女儿国、西天雷音寺，共需 134 人。① 除此之外，在祈雨仪式中也有乐户的身影。下史兴村的祈雨仪式就需要乐户 8 人。

乐户学艺的费用不低。王进枝的父亲每月要交纳 3 块现洋："我家每次都是把那铜钱一串串地换成现洋给人家送去。"② 这在当时是一笔不小的数字。学艺过程十分艰苦，是真正的冬练三九，夏练三伏。牛其云父亲学艺时，每天晨起就要跪在院子里吹给屋里的师傅听。师傅不允许就不能起身。有时遇上下雪天，雪冷腿热，能直接把身下的雪融化，裤子自然全部湿透。即使是有姻亲关系，也得拜师，也要交学费。学费包括钱、粮食、灯油。行内奉行"三年学徒，四年谢师"的规矩，即三年能学成，然后出师，所挣钱物前四年归师傅所有。③

高投入意味着高回报。除了集体祭祀外，上党乐户还承揽其他诸如婚丧嫁娶等等吹打事务。由于上党地区的庙宇众多，迎神活动较为频繁，乐户的生意也较红火。赛社时还经常有两班乐户，两家一起吹奏，曲目一样。为的是让两家竞争，胜出者以后会有更好的主顾。每逢此时，两班乐户就都卖力吹奏，唯恐落于人后，虽然都疲劳不堪，却有增加了收入的可能。

也正因为如此，乐户的生活在总体上要比一般农民好得多。在雍正年间废除乐籍之前，乐户除支差外，平常就在民间参与社火，红白喜事、演戏酬神活动，能领取另外一份报酬。之后，虽然官府不再支俸，其生活条件仍然优于一般百姓。"乐户的生活比一般人过得要好，因为事情多。哪家有了吹吹打打的事，都会来找我们。家里还有地，等于比别人多了一项保证。"④ 壶关县瓜掌村郭姓乐户在民国时期的住宅是当时村落

图 4.3　壶关县瓜掌村郭姓乐户
在民国时期的住宅
资料来源：牛其云提供

---

① 张保福：《晋城民俗》，三晋出版社 2010 年版，第 326 页。
② 口述：王进枝，62 岁，潞城市西流村乐户世家。采访者：笔者、原书林，2014 年 8 月 10 日。
③ 口述：牛其云，68 岁，壶关县沙窟村乐户世家。采访者：笔者，2013 年 11 月 17 日。
④ 同上。

少见的带有欧式风格的四合大院。

民国时，潞城市微子镇重修关帝庙，募捐钱财。捐钱最多的就是乐户朱扎根，捐了7块银圆，证明了其经济实力。屯留县有名的乐户王小根参加一场祭祀，报酬则高达6块银圆。"早先干这一行来钱很快。乐户家的生活条件普遍比村里其他人家好。较著名的乐户，一年能收入500元。普通乐户的收入也在一般农民的两倍到三倍左右。"① 西社村王家是当年著名的富户。"民国时我们家屋子大，土地多，牛羊俱全，而且数量不少，在周边一带都是数得着的富裕人家。这些都是靠出外吹奏的钱换回来的。"② 项阳及我们的调查中，都发现乐户常有吸食大烟的情况。王小根、朱扎根就是如此。能吸食大烟也从反面证明了乐户家境的富裕。

（二）低贱的地位

在祭祀中地位的重要、经济生活的富裕改变不了乐户低贱的社会地位。雍正废除乐籍，虽然从国家法律上废除了对这一群体的歧视，但却远远未能立即解决实际问题。终晚清民国，乐户的地位并未得到显著改善。"王八戏子，低人四指"，常被称为"龟儿"。乐户即使再有钱，也是低等人，故而又有"王八有钱龟大哥"的说法，意即乐户即使再富裕，也只能换来一声"龟大哥"的称呼。如果一个几岁的小孩和一个六七十岁的乐户见面，"小孩也能直接叫他王八"。③ 这使乐户对自身也产生了极强的羞辱感。宋福成（1886—1955）对祖先的名字和职业羞于启齿，致使其子宋怀英只知其父，并不知其祖父和以上先辈们的事情。

民间将乐户称作"王八"的来源说法不一，但都带有明显的歧视色彩。王进枝解释说：

> 这个称呼实际上是来自皇帝，是说做乐户的人忘了"孝悌忠信礼义廉耻"八个字了，叫"忘八"，后来就渐渐称为"王八"了。一般人不能叫"王八"，这是骂人时说的话。王八又和龟一致，因此'龟家'也是正儿八经的叫法。④

---

① 口述：牛其云，68岁，壶关县沙窟村乐户世家。采访者：笔者，2013年11月17日。
② 口述：王双云，78岁，平顺县西社村乐户世家。采访者：笔者、段建宏，2015年2月14日。
③ 口述：王海滨，86岁，潞城市微子镇居民。采访者：笔者，2012年9月5日。
④ 口述：王进枝，62岁，潞城市西流村乐户世家。采访者：笔者，2014年8月10日

另外一种说法源自乐户的服饰。乐户头戴野鸡翎，衣服是长度盖过膝盖的大坎肩，后背是龟形图案。这一服饰称"大圪垃"。它可以正反两面穿戴。乐户操办喜事或吹奏敬神戏时，要求红面朝外；操办丧事时则要求白面朝外。它虽然有帽子却没有帽顶；袖子也只能盖到胳膊的一半，故此又有"戴帽没顶，穿衣无袖"的俗语流传。① 人穿上这件衣服，就显得腿臂很短，又有翎子晃动，从背面看，如同乌龟浮水，故而人们将乐户称"龟家"。

图 4.4　潞城市微子镇三仁祠乐户准备演奏
资料来源：笔者拍摄于 2012 年 9 月 5 日

图 4.5　潞城市微子镇三仁祠乐户服装及其表演
资料来源：笔者拍摄于 2012 年 9 月 5 日

---

① 口述：王双云，78 岁，平顺县西社村乐户世家。采访者：笔者、段建宏，2015 年 2 月 14 日。

在为村社或家户表演时，乐户也备受歧视。有吹奏演剧事宜时，乐户要早早去侍候，吹奏时要排成两列沿街行走，不能和别的客人、主家共同用餐，要等待正客们吃罢之后才能用餐，也没有人给乐户上饭上菜，需要自己动手。饭菜如果凉了，也没人给热一下。① 故又有"动在人前，吃在人后，走在大街，一排两溜"的说法，道出了这一行当社会地位的低下。另外一个规矩是，只要有村社、家户找到乐户，乐户就不能推辞。"有五家你得去五家，有十家你得去十家。经常是在这边刚完事，就得急匆匆地去下一家。如果实在没有人，你自己雇上人也得办。绝对不能说今天忙，没有时间。"②

在婚姻方面，乐户一般只能在行内成亲，不许和良家子女通婚。同样，也极少有别的行业人家会将女儿嫁过来，除非有人家贫穷到极致。项阳、乔健、阎钟曾统计过山西地区乐户通婚的状况，表明 1912—1937 年其通婚范围仍大部分在同行与同阶层之间，没有明显的变化。究其原因，一在于民国年间的各类运动和法令，似从未针对这一群体作出规定；二是民间已经形成了对乐户低贱的看法，短时期内难以改变。乐户近亲通婚现象严重，这又使得他们的后代痴傻的现象较多。一个典型的例子就是潞城市微子镇乐户朱群才（1915—1993）。朱群才相貌英俊，体格魁梧，却仍然无法找到乐户以外女子通婚。同时，他的妻子属近亲生育，体质很差，"病痛缠身，弱智寡欢，毫无青春活力，这使群才感到十分痛苦"。

在住址与住房上，乐户不能住在村子内部，要住在村的外层。此外，他们"修房不准起门楼，屋顶不准安兽头。坟墓不准坚旺柱，子孙不准下考场"③。在下九流中，乐户被列入最后一等，尚不如乞丐。"乐户在路上不管遇到谁都要给对方让路。剃头的地位已经很低，但仍在乐户之上。两者相遇，乐户如果不让路，对方就可以殴打他。办事的时候，他们是不能坐的。即使有时坐下，别人来了，他就得马上走。"④ 乐户还不能读书科

---

① 项阳：《山西乐户研究》，文物出版社 2001 年版，第 118 页。

② 口述：王海滨，86 岁，潞城市微子镇居民。采访者：笔者，2012 年 9 月 5 日。

③ 口述：王双云，78 岁，平顺县西社村乐户世家。采访者：笔者、段建宏，2015 年 2 月 14 日。

④ 口述：王海滨，86 岁，潞城市微子镇居民。采访者：笔者，2012 年 9 月 5 日。

考，不能进祠堂，死后不能进祖坟。尤其是最后一条，对乐户的歧视延续
到了其逝后，认为他们入乐户行辱没了祖先。[①] 中国人向来特别注重"认
祖归宗"，这样的规定无疑是非常沉重的打击。

乐户地位发生较明显的是 1937 年抗日战争爆发之后，乐户与非乐户之
间通婚的比例猛增，如表 4.1 所示：

表 4.1 乐户婚姻状况

	行亲		同阶层通婚		与非乐户通婚	
	对数	所占比例	对数	所占比例	对数	所占比例
1912 年前	75	57.25%	9	6.87%	47	35.88%
1912～1937	146	52.71%	27	9.75%	104	37.54%
1937～1949	82	38.5%	11	5.16%	120	56.34%
1949～1966	75	23.73%	17	5.38%	224	70.89%
1966～1978	13	3.9%	3	0.9%	318	95.2%
1978 以后	7	1.69%	3	0.48%	406	97.83%

1. 同阶层通婚系指与茶房、粗乐（红衣行）、门上等人通婚。

2. 与非乐户通婚系指乐户与农民等不同阶层的人士通婚。

资料来源：项阳：《山西乐户研究》，文物出版社 2001 年版，第 126 页

假如这一统计大致可靠的话，我们推测这应和许多村落成为中国共产
党的抗日根据地有关。抗战时期，上党地区分属太岳、太行两个专区，诸
如武乡县、襄垣县、平顺县、长子县、长治县、壶关县、沁水县、沁源
县、高平市、潞城市等地区都是中国共产党活跃的地区。中国共产党的土
改运动、解放贫雇农的政策给乐户带来了极大的影响，尤其是 1945 年以后
这一趋势更加明显。"当时著名的乐户班主王小鸡在 1945 年日本投降时高
高兴兴地身着红坎肩，吹奏着《打黎城》曲调，到抗日民主县政府院里欢
庆。县长吴志刚接见了他们，并说：'以后人人平等，不要穿大圪垃了。'
从此他们脱掉了标志着乐户艺人社会地位低贱的服饰，开始了新的生活。

---

① 张保福：《晋城民俗》，三晋出版社 2010 年版，第 325 页。

王小鸡分得了十亩土地。"朱群才的经历类似。他在 1944 年冬天被日伪军抓到太原，在水泥厂做苦工，直到翌年"八·一五"日本投降，才回到家乡微子镇，同年被招聘到长治县落子剧团任鼓师，五年后退职回家。此时，朱家乐户已经翻身，分得了土地，过上了新生活。当然，社会地位的提高，并不表示收入的增加。七七事变后，赛事多停办，乐户们只能在婚丧嫁娶事宜上吹奏谋生，缺少了参与迎神赛社这一主要的收入来源。

（三）乐户与大戏戏班的配合

上党祭祀，除了乐户主导的乐户戏，还有一种戏，即"大戏"，今天一般称之为上党梆子。鸣凤班是现在公认的较早的梆子专业戏班，大致成立于乾隆五十四年（1789）前后，一直延续到 1945 年晋城解放。此后，又有高平一带的"三乐意"、"万亿班"，潞城一带的"三义班"、"乐意班"，壶关县的"后乐意"和"聚盛班"等。① 在长子县大中汉戏台墙壁上，明确记录了民国时期戏班演出的情况。从左向右看：

第一幅：从左往右在左门洞上方，写着"长邑尧南陈戏，今年民国拾八年，后乐意戏唱三天，午前不开台，午后《万寿宫》，唱《拜堂》，黑来唱《九仙台》……武小旦回戏唱《夺阿斗》……《杀四门》"的字样。

第二幅：写着"乐意班，民国二十年"字样。

第三幅：写着"乐意班"名号，下面有"民国十八年三月十八日，黄河阵"字样。

第四幅：写着"乐意班"名号，落款是"民国二十二年三月十八日"字样。

第五幅：向斜上方，写着"民国十六年聚盛班"、"天官赐福"的大字。

第六幅：中间偏下，写着"壶邑大安聚盛班，赶在中韩②把戏演。午前马放把城定，午后又唱落风山，灯下唱的……三回……"字样。

第七幅：墙右边，写着"长邑乐意班"及《广武山》《黄河阵》《慈惠殿》等剧目名称。

连续出现的戏班信息表明，民国期间，大戏戏班应该可以在庙中

---

① 关于上党梆子的概况，参见程伏舜《上党戏曲名家》，中国戏剧出版社 2011 年版。

② 中韩，即中汉。

演戏。

图4.6　长子县大中汉村三峻庙戏台题记
资料来源：笔者拍摄于 2013 年 8 月 19 日

图4.7　长子县大中汉村三峻庙戏台
资料来源：笔者拍摄于 2013 年 8 月 19 日

　　上党地区祭神所用的全是地方戏。这是一个文化认同的问题：唱地方戏能增强神祇的地方归属感。不过，并非所有地方戏都能够不受限制地用来酬神。一个明显的特征是，大戏在许多村社已经成为酬神的唯一剧种。据说三峻、二仙、玉皇、汤帝等神祇身处上党地区，都只喜欢大戏，不喜欢别的戏。在我们采访过的村落中，除了十几个村落可以唱别的剧种，较为随意外，其余的都强调要唱大戏。壶关县伏头村刘海方就说："给龙王爷唱戏，就只能唱梆子，不能唱落子。因为老爷①不喜欢听落子，他光听梆子，一听就会下大雨。"② 为什么神祇喜欢看大戏？"因为大戏都是朝代戏。小戏都是生活小戏。"③ 具体看来，是因为"大戏的排场大，正规，小戏规模太小，不够隆重，所以不能敬神"④。南石槽村在祭祀三峻时，戏班未按阴阳先生的指挥，不唱大戏而唱了落子，结果戏还未唱完，一个演员就莫名其妙地摔伤。⑤

大戏在专业素养、人员配合上都比队戏要强。一个科头下的乐户常只有七八个人，并不能完成大型队戏的演出。于是，他就会找其他科头手下的乐户联合演出。如长子县较著名的壁村乡壁村乐队、城关南鲍乐队、大堡头乡南李村乐队、鲍店东街乐队就常常联合起来办赛。即使如此，人员仍常显不足，"于是他们就经常和潞城微子镇、壶关苗庄的乐队相互配合"。然而，这四个小队住址很分散，"远则四十余里，近则也够十多里"，根本无法长时间聚在一起排戏，只好分开训练，各自划分行当，单独训练："鲍店负责净角、南李村担负旦角、壁村担负小生、南鲍担任生角"。⑥聚集办赛时，进行几次磨合试演后便正式登台。这种情况，导致了大戏有后来居上的趋势，一些乐户开始向大戏学艺。如马丑狗（1890—1949）"扮演张飞，一上场亮相，两眼凝滞，一动不动，翻身一变，双珠旋转，神采飞扬。仅此一招，博得满堂喝彩"。这些绝招学自大戏名艺人冯春木。"马丑狗曾经三次请冯春木到家，执弟子之礼，经师傅传授，加之勤学苦练，掌握了许多梆子戏艺术二净角色的表演特技，成为赛神队戏演二花脸的好把式。"而实际上，大戏是由乐户传承而出的。牛其云打了一个形象的比喻："大戏是儿子，乐户戏是爸爸。"⑦ "乐意班"名二净牛大保也说过："大戏是从队戏里来的。"

这样，如果大戏和乐户戏在同一场祭祀中演出，就会产生一个问题：

---

① 老爷：上党地区对神祇的称呼。
② 口述：刘海方，57 岁，壶关县伏头村村民。采访者：笔者，2013 年 6 月 18 日。
③ 口述：牛其云，68 岁，壶关县沙窟村乐户世家。采访者：笔者，2013 年 11 月 17 日。
④ 口述：张东江，65 岁，长治市故漳村村民。采访者：笔者，2012 年 8 月 19 日。
⑤ 口述：裴小清，48 岁，长治北石槽村村民。采访者：笔者，2012 年 10 月 26 日。
⑥ 张振南：漫谈《迎神赛社》，《长子文史资料》（第五辑），无出版社，1991 年，第 180 页。
⑦ 口述：牛其云，68 岁，壶关县沙窟村乐户世家。采访者：笔者，2013 年 11 月 17 日。

乐户戏是否会被冲击？长子县下霍村在 1938 年农历二月十二日祭祀护国灵贶王时就提道：

> 今择元桥良辰，谨献娱神乐戏一组，另有三义、乐意大戏两班，以及香会社火等项以酬尊神……伏乞宏恩浩荡于后世，而万民盛德于载不逝矣。①

我们目前所能了解的情况是当乐户戏、梆子一同上演时，双方有意识地将地点和时间错开。大体情况有以下几种：

第一，许多庙宇都有两重或三重院落。庙宇第一院有个舞台，第二院也有个舞台。这第一个舞台，就叫乐台。乐台就是专供乐户活动的。第二个院里的舞台供唱大戏使用。②

第二，在单个舞台的前台后方，上下场门之间另设一梯形小台，约有四五平方米，称台上台，为乐户演出队戏的乐台。如长治市郊区神下村的龙仙庙、沁水县郭壁村崔府君庙均有此类乐台。③

第三，庙内只有一个戏台。这又分为三种情况：第一种是乐户在戏台上面活动，梆子戏在外面搭台唱戏。这种戏台，有的是临时搭建，有的是固定戏台。如长子县大西关三峻庙内有"娱神楼"，是乐户艺人表演队戏及杂剧、院本的庙内戏台。庙外还有一座坐南朝北的大舞楼，通面宽七间，是唱大戏的专用舞台。

第二种是大戏在台上唱，而乐户戏在台下唱。

第三种是在同一戏台上。

图 4.8　台上台
资料来源：寒声
《上党傩文化与祭祀戏剧》，
中国戏剧出版社 1999 年版，图 34

---

① 口述：王学武，65 岁，长子县下霍村村民。采访者：笔者、段建宏、原书林，2012 年 10 月 6 日。

② 口述：牛其云，68 岁，壶关县沙窟村乐户世家。采访者：笔者，2013 年 11 月 17 日；口述：王双云，78 岁，平顺县西社村乐户世家。采访者：笔者、段建宏，2015 年 2 月 14 日。

③ 寒声、原双喜、栗守田：《大迓鼓·调方相·乐台及其他》，寒声《上党傩文化与祭祀戏剧》，中国戏剧出版社 1999 年版，第 645 页。

　　无论哪一种，双方都要把时间错开。总体看，就是先乐户戏，再大戏。比如上午供盏，唱队戏，下午供盏完毕后唱大戏；晚上开院本后再唱大戏。如果有庙内庙外两个戏台，就要待庙内队戏演出之后，庙外大戏才能开场。两水村1936年的演出就是如此。下午演一场朝代戏，时间占1小时左右。夜场就是院本加演一折朝代戏。这是一个较为普遍的规定，奉行着乐户戏优先的原则，不得随意更改，否则就会被认为是怠慢神明，故当时俗语称"庙外唱大戏是'阃外将军'，庙内演乐剧是'内阁大臣'。乐剧领梆子，前辈带后生"。

　　这避免了双方争抢观众的情况，也稳固了乐户戏的地位，使乐户的业务保持了稳定。

图4.9　长子县下霍村三嵕庙庙外戏台

资料来源：笔者拍摄于2012年10月6日

　　乐户的地位展现了中国民间信仰一个非常值得关注的问题。首先，因为神前献戏，乐户本身有了神性，成为祭祀过程中不可替代的角色，在信仰活动中的地位极高。同时，因为上党地区祭祀活动的数量众多，使得乐户的收入远高于一般农民。但是，信仰场域中的重要地位和经济条件的优越并没有促成乐户社会地位的提高。这样一种诡异的现象可能表明了民众对乐户的矛盾心理：一方面歧视乐户，但另一方面却又不得不求助于乐户帮助他们完成娱神的任务；乐户在经济生活、信仰场域中的地位可能又加重了民众对他们的嫉妒，歧视得以延续。在这样一个循环中，最后民众与乐户又获得了一种平衡。士农工商四民中，农为第二，乐户则为下九流之末。这样，农民以社会地位的优势弥补了经济上的弱势；乐户则以信仰活动、收入的优势弥补了社会地位的弱势。双方这种优劣关系的对应，最后使整个社会的结构趋于了稳定与平衡。

二　阴阳

阴阳指的是阴阳先生，即堪舆家，在民间信仰机制中非常活跃，因为同神鬼打交道，民间俗称"鬼阴阳"。我们在前面的庙宇修建中，经常可以看到他的身影。在迎神赛社中，阴阳是神祇的代言人，所有人员，包括社首，也要听从阴阳先生的安排。在赛社中，阴阳先生被称为主礼，也叫主礼生、礼生，即主持赛社礼仪的人员。在每场赛社之前，他要在神前念读相关文书，"公陈利害"，告诫各社首、执事及各参与人员：

> 执事者戒萌戏语之念，香老者勿生怠慢之心……整其衣冠不可轻逃妄动，尊其瞻视不可苟且事情，凡我诚祭之人等各须听令。①

图 4.10　潞城市贾村 2006 年 8 月 12 日仿古赛社时的主礼：阴阳先生
资料来源：录像资料，段建宏提供

从近代阴阳的来源看，除了拜师学艺的人之外，阴阳世家比例较大。从已知其来历的民国 13 家阴阳看，有 8 家是祖传，且远祖多有官衔。如牛振国（1880—1946）的家族就是堪舆世家，堂号为"崇道堂"，清末号为"东迪吉堂"。从牛家祖传的多种办赛写本来看，他们自明代以来就常在赛

---

① 《听命文》，礼伦堂《迎神赛社》，民国时期，写本。

社中担任主礼。牛家藏本的时间段大致如下：明嘉靖元年（1522），清雍正四年（1726）、道光二十五年（1845）、乾隆□年、嘉庆三年（1798）、嘉庆九年（1804）、嘉庆二十三年（1818）、同治十三年（1874）、宣统三年（1911）及1921年、1925年。这说明，至少自清雍正直至民国期间，牛家都有人担任过主礼先生。再如曹占鳌远祖在明代就被授予阴阳学官。这是官府给予阴阳家的正式官职，为衙门掌管阴阳学事务之官，官方荣誉无疑成为其发展的动力。曹家立堂号曰"选择堂"，自明代传至民国而不衰。其间，同治三年（1864）县府赐"盛世耆宾"匾额。近代的曹根玉、祖父曹海会、父亲曹炳奎、直至曹占鳌一代，都在潞城地区享有盛名。"我们曹家所学的阴阳，在当时非常有名，周边的大赛，如贾村的碧霞宫大赛，一般都是请我们来主持。"① 屯留县郭玉忠的祖父、张培金的父亲张邦坤也是阴阳学官。潞安府还曾授予张培金的祖父张子诚"乡饮耆宾"匾额。

图4.11　潞城市南舍村曹家"盛世耆宾"牌匾
资料来源：笔者拍摄于2015年2月14日

从事阴阳业的人要求通晓阴阳文书，能念祭文，能懂五行八卦，需要较高的文化知识。这一点不同于乐户。前文提到，因为乐户不能入学堂，所以乐户中识字的较少。如乐户杨计则、杨金锁、杨元锁均学习乐户吹

---

① 口述：曹绍令，62岁，潞城市南舍村阴阳世家。采访者：笔者，段建宏，2015年2月14日

奏。杨计则水准最高："他吹的一支大唢呐，熟练流畅，音调优美。"他还能用唢呐和咪子吹出大戏唱段。但是，兄弟三人无一识字识谱。阴阳的文化水平就高出很多。牛振国读过私塾，能写一手漂亮的毛笔字，晚年甚至成了教书先生，而且教的是古文。张培金、牛希贤都是小学毕业后才随父从事阴阳业。曹占鳌家族历代耕读传家，能读懂古籍，是村内文化水平较高的人物。① 冯贵钰需要学习五种赛事规范文本并达到了"背诵如流"的程度，才能出师。姚应堂在小学毕业后拜师学习阴阳。学艺期间，他每天都要抄录、记诵《地理五诀》《地理原真》《入地眼》《三元总录》《万年历》《阳宅爱众篇》《阳宅大全》《阴宅大全》等阴阳学书籍及《老君经》《北斗经》《真武经》《灶君经》等线装经卷。此外，还要熟记《大回香》《赞五方》等法事曲谱。

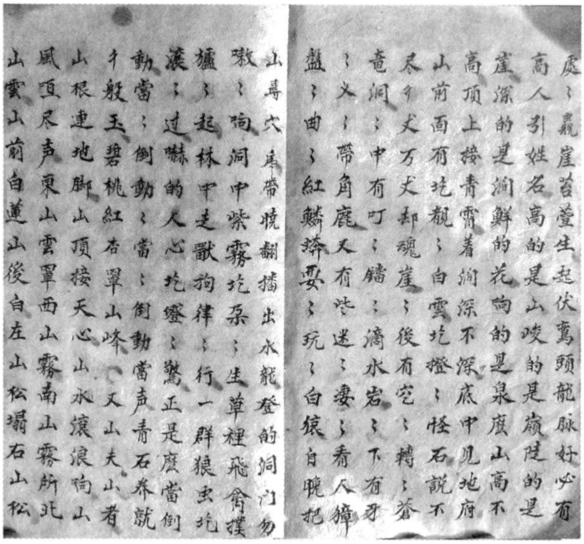

图 4.12　潞城市南舍村曹家所藏赛社写本

资料来源：笔者拍摄于 2015 年 2 月 15 日

上党一带的阴阳先生没有固定的行业组织，阴阳先生也没有固定的势力范围，这一点和乐户不同。乐户都有自己的"坡路"②。凡办赛必须和本

---

① 口述：曹绍令，62 岁，潞城市南舍村阴阳世家。采访者：笔者，段建宏，2015 年 2 月 14 日。

② 坡路：即由乐户商议划定的演出地域，不得随意越界。

地的科头联系，不能私自请外地乐户。阴阳则没有这种限制，主要依靠个人关系与主持水平。如牛振国除了在长子县大关庙、上辛馆、小关庙、紫云山、龙泉山、永安山、尧庙山等地办赛外，还常被请到长治、屯留、潞城等外地村社。这一切都源于他办赛认真，与其他人员配合密切，规划程序有条不紊。张开泰、曹绍令等阴阳世家的后人也持这一说法。当然，一般而言，本地人办赛还是倾向于请本地阴阳。潞城一带办赛就喜欢请南舍曹家、羌城张家前来。长子县城关西街的赵仁各主管长子城关传统的三大庙赛和县北王坡馆、上辛馆等地的赛社。平顺县东峪沟九天圣母庙赛社由潞城县与平顺县临界的黄池村阴阳生秦来科、秦先科兄弟担任主礼；屯留县郭玉忠的主持范围也集中在屯留县本境。

从生活状态看，因为是务农兼学阴阳，阴阳的生活比普通农民生活条件要好。具体而言，阴阳"每年除了承揽定期的赛事之外，平时乡里民户看风水、选宅地、定坟茔、合婚姻八字、谢土酬神等阴阳活动也都要找阴阳先生"。而且，阴阳的数目并不太多。如前所述，学习阴阳要求有一定的文化知识。这在农村是个不小的难题。以中国共产党在华北的抗日根据地为例，为解决文盲问题，便于对民众进行政治和文化教育，自1938年即发起了冬学运动，到1941年，抗日根据地政府仍然强调要继续开展冬学运动，把广大群众紧急动员起来。[1] 这说明当时农村的文盲率很高。就走访过的村民看，仍然有大量的不识字的人。在田野采访时，当笔者问到被访者是否识字时，他们经常会说："那时的老百姓很少有认字的，自己去庙里也就烧个香。"[2] 有的村民不但不会写字，名字也写不下来。[3] 1941年9月1日，沁源县召开全县教员大会，认为"半年来沁县小学教育发展甚少"[4]。识字的人又不可能全部学阴阳。这样，阴阳的数目就不会太多。牛其云、张开泰、曹绍令都指出，几个村能有一个阴阳是很正常的。壶关县境内当年只有八九个村落有阴阳。这一说法可能有所夸张，但在我们的采访中，确实有不少村落没有阴阳。如壶关县南阳护村三嵕庙的迎神赛社规

① 《接收去年冬学运动的经验教训》，《太岳日报》1941年12月12日第4版。
② 口述：刘喜成，65岁，北石槽村村民。采访者：笔者，2012年10月26日。
③ 口述：王米贵，女，85岁，壶关县南岸上村村民。采访者：笔者2013年6月18日。
④ 《沁县教育大会有重大收获》，《太岳日报》1941年9月9日第2版。

模很大，可"村里没有人做过阴阳"①。潞城市东靳村的玉皇庙每逢八月初一有较大规模的庙会，但是"村内没有听说出过阴阳先生"②。这就有利于促进阴阳业务的发展。比较著名的阴阳家里非常富裕。牛希贤在父亲牛振国去世时只有23岁。他以阴阳业为生，不但把比自己小十几岁的弟弟拉扯成人，家境还逐年有所改善，最后成为殷实之家。姚应堂年收入大致在100元上下，家境富裕。到1945年，除50亩自有土地外，还租种了10亩土地。邢全刚家中有两头大牲畜和几十亩地。曹绍令也说，其祖父办赛时，"一个人的收入能和一个乐队的收入持平，而且生意十分兴隆，有时一次就能收入5个大洋。到民国时期，家中的地契是一沓沓的，远远不止几十亩"③。

阴阳和乐户最大的区别在于社会地位。在祭祀活动中，乐户要听从阴阳的指挥。阴阳有点戏的权利。如果阴阳点的戏乐户不能演出，就要被削减工钱。王进枝说："阴阳的地位比我们高，我们要听人家点戏。人家点什么，就得唱什么。"④ 长子县两水村的和花狗、和胖狗是当地著名的阴阳。因而，乐户们十分怕他们，素有"花狗的阴阳胖狗的经""不怕同行出对手，就怕两水那俩狗"的说法。⑤ 由于是实际仪式的操控者，阴阳在整个仪式中自然处于首脑地位。在整个乡村社会中，阴阳也受人尊敬。在三教九流中，阴阳先生处于中九流。中九流的排名一般是：一流举人，二流医药人员，三流阴阳风水先生，四流算命、八字先生，五流从事书画业的人员，六流相士，七流僧人，八流道士，九流琴棋人员。从这个排名中，可以看出阴阳的地位仅在举人、医药人士之下，属于中九流三甲之列。如前所述，民间需要乐户，是"喊"，需要阴阳，则是"请"，一字之差道出了二者地位的差异。如邢全刚出门办事不是骑马就是坐轿，这在乐户而言是不可能发生的事情。

---

① 口述：郝齐则，60岁，壶关县南阳护村村民，采访者：笔者、段建宏、原书林，2012年10月4日。
② 口述：申国俊，78岁，长治市潞城市东靳村，采访者：笔者，2013年08月25日。
③ 口述：曹绍令，62岁，潞城市南舍村阴阳世家。采访者：笔者，段建宏，2015年2月14日。
④ 口述：王进枝，62岁，潞城市西流村乐户世家。采访者：笔者，2014年8月10日
⑤ 《灯棚社和迎神赛社》，编写组《两水村史料》（内部交流资料），1993年，第187页。

三　厨师

对迎神赛社而言，厨师也很重要。他们要"褒厨整筵，恭敬奉神"①。他们要按照季节，做出各种口味的食品。厨师做饭前"必先净手，临于锜釜，提防咳嗽，合用器皿，洗刷洁净"；做饭时"闭唇胶口""仰面低声"。② 他们要时常洁净自身和碗筷，不许蚊蝇沾染食物，要"常时洁净，碗碟新鲜"。③

赛社厨师和一般厨师不同的是，他们要会做各种供神食物。

村社认为食物是祭祀宗庙神祇的必需品："祭祀之事，古今大典。庖厨之供，宁容或缓。"于是，村社会在春夏秋冬四季选择各类荤素食品，"或剥或烹，苾苾芬芬"，"执其鸾刀，取其血膋，享于神庥"，希望神享用供品之后，可以为百姓带来幸福，"神嗜饮食，万寿无疆"。④ 神祇所需供品极为复杂而且讲究。几天的赛事中，供神食品不但种类多，而且在各个流程中既有相同部分，又并不完全相同。这就需要负责人员能清晰记得，及时供应，以免错乱。我们以1918年的长子县尧王山大赛供盏三场的食品为例说明祭品的丰富与严格要求。该赛事的供盏文写道：

> 山西潞安府长子县各坊厢里不同人氏，现在村奉神社首等盖因庆贺圣寿，报答合境神祇，命到膳夫等，今将奉神祭品食次头场七盏开列于后：
>
> 第一盏　看花天茶食，　　衬撒星相和茶；
> 第二盏　鸳鸯馒头，　　　衬银丝细粉；
> 第三盏　金火食，　　　　衬集善羹；
> 第四盏　丁香盏罗，　　　衬七宝羊头羹；
> 第五盏　双连龟儿，　　　衬杂粒羹；
> 第六盏　松花糖饼，　　　衬细肉羹；

---

① 《听令文》，礼伦堂：《迎神赛社》，民国时期，写本。
② 《省令局长文》，《祭文簿》，1925年，写本。
③ 《唐乐星图听命文》，《唐乐星图》，嘉庆二十三年（1818），杨孟衡《上党古赛写卷十四种笺注》，财团法人施合郑民俗文化基金会2000年版，第421页。
④ 《头场听命本》，《赛上杂用神前本》，宣统三年（1911）至1925年，杨孟衡《上党古赛写卷十四种笺注》，财团法人施合郑民俗文化基金会2000年版，第47页。

第七盏　稻米饭，　　　　　衬烧羊下。

正场十二盏开具于后：

第一盏　宝妆茶食，　　　　衬上品高茶；

第二盏　平坐馒头，　　　　衬银丝细粉；

第三盏　荔枝饼，　　　　　衬金丝肚羹；

第四盏　二色看花饼，　　　衬玉蟾羹；

第五盏　长寿龟儿，　　　　衬木耳竹笋羹；

第六盏　金顶两熟鱼，　　　衬青亲过海羹；

第七盏　水晶角儿，　　　　衬细油鲤鱼羹；

第八盏　满面花薄翠，　　　衬烂熟羊头羹；

第九盏　白红糖饼，　　　　衬肚肺羹；

第十盏　胭脂肉油饼，　　　衬鸡皮水花羹；

第十一盏　海棠油酥，　　　衬云梦羹；

第十二盏　稻米饭，　　　　衬片白羊煎肝。

末场八盏开具于后：

第一盏　化生茶食，　　　　衬蜜调茶；

第二盏　京样馒头，　　　　衬银丝细粉；

第三盏　茶花饼，　　　　　衬南蛮苗子羹；

第四盏　堆花糖饼，　　　　衬头蹄羹；

第五盏　月样薄翠，　　　　衬软肉羹；

第六盏　金丝龟儿，　　　　衬糖烂羹，即松花；

第七盏　金定望口消，　　　衬耳花羹，即腰肚；

第八盏　稻米饭，　　　　　衬烧羊下。①

　　虽然到现在许多食品的具体所指已经难以还原，但仅就名目看就已经非常繁杂。而且，它们还要按固定顺序供献，如果弄错，就要到神前接受处罚。这对厨师的要求自然很高。

　　厨师应该列入上九流，社会地位最高。因此，厨师身上的神性最差，也最接近普通人。办赛的厨师也是农民，长年在乡村活动，这和以城镇为

---

① 《三场食次文》，守德堂《尧王山大赛底》，1918 年，写本。

活动中心的厨师不同。和中国多数民间技艺的传承方式一样，厨师的传承也多是祖传，父子相继，传男不传女。民国期间，宋长山自十一二岁，郜和则自18岁起随父亲学习办赛厨艺。师傅一方面想将技艺传承下去，另一方面又担心"教会徒弟，饿死师傅"的现象发生。只有父子相继才能最大程度地祛除这一心理障碍，父辈才会倾囊相授，技艺才能完整流传。当然，个别厨师因为没有男性继承人，或者其他特殊原因，也会作出其他的选择。贾村办赛厨师陈向兰因为没有男丁，最后把技艺传给了外甥。这一过程显然艰难得多。陈向兰并非一开始就教给外甥全套技艺，尤其是和面这一最基本的功夫。做祭品要求面团软硬合适，否则做出的祭品不论过硬，还是过软都就容易破损，尤其是"花祭"根本就插不住。每次和面，都是由陈向兰先独自把面和好，才让外甥接着进行下面的具体制作步骤。有时陈向兰不在，外甥只能自己摸索。最后的结果就是，到陈向兰逝世，外甥也没有把和面的技术完全掌握，做出的祭品质量自然就有所不及。[①]

厨师分为贴厨和掌厨、主厨三种。贴厨就是助手，掌厨负责食品制作，主厨则主管整个赛社的食物制作。主厨需要一个，掌厨一般是两个，此外还有其他帮工。

厨师的生活水平在农村也处于中上等。他们平时务农，赛社时应邀前往，和阴阳、乐户一样，厨师的收入也不算低。宋长山参与办赛六七年，郜和则办赛二十年，生意都能维持。郜和则每年要办五六次大赛，十多次小赛。宋长山的父亲则常年办赛，从未间断，县内各地庙赛多请他主厨。陈向兰甚至被请到潞城市城隍庙办赛。城隍庙赛社由官方主持，是潞城地区规模最大的赛社。去此处做厨师，自然是一种荣耀，也能带来经济上的收入。

厨师学艺和做祭品，也是一个较为艰苦的过程，一般要经历四五年才能出师。宋长山和父亲及其他同行学习了四五年烹饪和纸扎技艺后才出师成为掌厨师傅。对厨师而言，做祭品的工作十分繁重，要求也高。长子县西堡头村举办迎神赛社一次就要和面60斤，要连续三至四次，总量在200斤上下。和好的面要软硬适中，最难的是要一次完成，否则就直接影响供品质量。寺底村朝山进香之前，先要让本村名厨李小旦到屯留县老爷山操

---

① 口述：杜同海，78 岁，潞城市贾村村民。采访者：笔者，2015 年 1 月 2 日。

办敬神供养，主要是油炸馓子、麻叶、布袋、鸡、斗等形状的油炸主食和各式菜肴。①

　　厨师的最重的任务就是"煮花祭"。这是赛社时特制的大型面食堆花工艺品。届时要在献殿的北檐下，面对正殿大门，竖立一座油炸面食屏风。屏风名为"花祭"。基本流程是厨师用荻茎做架，用蜂蜜、姜黄把上等麦粉和成软面团，用手工、模具捏成各种零件的式样，再用麻籽油将其炸制成真金一般的阁楼式祭品。具体内容有亭台楼阁、戏曲故事。因其美丽大方，祭品多角翻转犹如花瓣，故又名为"花祭。"上党一带常称"油炸"为"煮"，这一程序也被称为"煮花祭"。因为面食炸好后需要插在特定的架子上，所以又叫"插祭"。其具体过程如下：

> 　　先用荻茎做成四梁八柱的框架。而后，祭的大部件一次性地做在框架上；小部件，比如瓦、勾檐、滴水、猫头、金灯、风钟等，先用油炸好，然后再一一插挂在框架上。大部件制法以做滚龙柱为例：取一块用蜂蜜反复和成的头等麦粉软块，在刻工精细的模型上，脱成活灵活现的龙，放在油锅里炸熟，先捞起铺在面案上的大红纸上，再趁热用专用工具，连红纸一起缠在立柱上，滚龙柱便宣告完成。如此一件一件地做完后，再将油炸出的小部件按位置一一摆放：瓦插在屋坡上，勾檐、滴水、猫头插在屋檐上，二龙戏珠固定在屋坡上，太上老君的宝器安在屋脊上，金灯、风钟挂在挑角上。最后成形的祭，带有滚龙柱，雕刻式窗棂，四个挑角上挂着金灯或风钟，铺金瓦的屋坡上有翻腾的二龙戏珠，屋脊正中立有二球状物相摞，球上还镶有下圆上尖高高的太上老君的宝器宝葫芦，屋檐上做出勾檐、滴水、猫儿头，正中间还有进门的台阶，总体上看有五六尺高，四五尺宽，像一座阁楼，香味扑鼻，金光闪闪。②

　　当然，各地的祭并不完全相同。如长子一带常在祭上标出"青龙、白虎、朱雀、玄武"以及花纹图案如"万字不断头""双喜临门"。下霍的祭有青龙、白虎、朱雀、玄武、腾蛇、勾陈六神，两旁嵌着用油炸面食制

---

① 编写组：《寺底村志》（内部交流资料），1999年，第53页。
② 口述：董富来，80岁，长治市市民。采访者：笔者，2013年1月6日。

图4.13　高平市长畛村民国时
祭炎帝的花祭样式
资料来源：炎帝文化爱好者
董富来提供

作的一副对联，上联是：护国护民护社
稷，下联是：灵风灵雨灵贶王。① 西堡村
的花祭则是上面中空，要糊上一个南极
仙翁。② 寺底村的祭要扎成三米多高的三
层殿堂，正中上端开七孔神龛，框架上
全用油炸食品装点。③ 高平市长畛村历来
敬奉炎帝。民众认为炎帝是"三皇"之
一，是炎黄子孙的第一位始祖，一代圣
君，因而高平给予其帝王待遇。这主要
表现在祭上的柱子必须是红底金龙的滚
龙柱，屋坡必须有二龙戏珠、屋脊正中
必须有太上老君的宝器。

图4.14　潞城市微子镇三仁祠迎神赛社时的花祭
资料来源：笔者拍摄于2012年9月3日

祭也分大、中、小三种。大祭用面90斤、中祭用面60斤、小祭用面

---

① 口述：王学武，65岁，长子县下霍村村民。采访者：笔者、段建宏、原书林，2012年10
月6日。

② 张振南：《上党民间赛社与乐户演出》，寒声《上党傩文化与祭祀戏剧》，中国戏剧出版社
1999年版，第615页。

③ 编写组：《寺底村志》（内部交流资料），1999年，第53页。

30 斤。社首们大都让做中祭，个别能力大的做大祭，也有极个别能力特别大者做 120 斤的超级祭。做成一幢花祭屏风，需要五六天时间，是对厨师技艺的严峻考验，也是衡量一个厨师水平的关键因素。

郜和则制祭在长子一带非常出名，就在于其工艺精湛。他能用面粉雕刻出各种自然景物、戏剧人物，并且能成功炸制。比如，他能在屏风上制出八个戏台模型和八寸高的戏剧人物，将戏剧的内容较为生动地表现出来。

图 4.15 潞城市微子镇三仁祠迎神赛社时的花祭
资料来源：笔者拍摄于 2012 年 9 月 3 日

四 马匹

除了乐户、厨师、阴阳先生，马匹也经常出现，他负责维护迎神时的秩序，也做神灵附体的表演。此类现象不仅存在于上党，其他地区也可见到：

闽南村庙游神巡境时，经常有童乩即兴表演，更将巫术色彩表现的淋漓尽致。童乩光着上身，披头散发，腰围红兜肚，下系白裙，或手持刀剑自砍其背，或用长针刺穿自己的脸颊，或脚踩刀梯、刀桥，或赤足从火炭上走过，或伸手入沸腾的油锅……种种令人瞠目结舌的表演，目的在于证明"神明附体"。据说，闽南童乩平时与常人无异，只是在游神巡境时才会表现出其与众不同的一面。童乩即兴表演，一方面能令观众相信神明真能显灵，另一方面能增强仪式的神异气氛。①

除南方外，北方也有类似现象。山东陵县祈雨时，让一名少年充作神尸，称之为"马匹"：

> 迎神时使马匹僵卧烈日下，将其姓名书于表上焚之。少间即崛然起，目瞪口呆，赤膊徒跣，执大刀，形若癫狂，竟作不规则之武术。用四壮丁以木杆护之。锣鼓喧天，四乡游行，谓之行雨。作演武之状，旁有壮丁护卫之。锣鼓喧天，赶赴四乡游行。②

> 过去，有个祈雨仪式叫"马子"。求雨时，由老寡妇和鳏夫们带柳条编的圈，到尧山的泉边取水装到瓶子里。当他们回到村里，村民跪下迎接。马子到村外接取水，手持鞭子，头上戴柳帽，沿路抽打不跪的人，嘴上安着铁丝。(真的是用锥子穿)③

上党地区的马匹，与这两个地方的表演类似，微子镇民国期间三仁祠举办赛社时马匹的活动是这样的：

> 表演前，马匹要先喝两三碗酒。这时，他还穿着衣裳。喝上酒之后就给老爷烧香，磕头，脱掉上衣，赤裸上半身，下面也只穿一条短裤，即使是下大雪也不能多穿衣服。他也不冷，居然还出汗，就躺在庙内大殿地上等着庙外的社火表演。

> 社火要出发时，马匹就忽地站起来跑到社火前面。他手里有一把大砍刀，下面有九连环，刀一挥动哗啷啷地响。此外，还有四个人拿着柳木棍跟在后面。因为观看社火表演，人群拥挤，马匹此时就是神灵附体，用来给社火开路。看到哪里人太多，拥堵得厉害就跑过去挥刀砍人。这时，那四个拿柳木棍的人就迅速把砍刀架住，不让他砍到人。人群一看，就会喊"哎呀，马匹要杀人了"，哗啦一声全散开，

---

① 李亦园：《人类的视野》，上海文艺出版社1996年版，283页。

② 苗恩波修，刘荫岐纂：民国《陵县续志》卷《风俗》，《中国方志丛书》(51)，台湾成文出版社有限公司1976年版，第355页。

③ 秦建明、吕敏：《尧山圣母庙与神社》，中华书局2003年版，第3页。

社火就可以出庙门前行。当然，马匹也不会真砍，可就算真砍上，也是神灵砍的，砍死也不用偿命。这样的砍人行为要进行三次。①

寺底村在清末至 1945 年前进行朝山进香活动时，因为人数众多，程序复杂，所以需要选择一人充当"神马"，即马匹。此人必须身强力壮，手拿钢鞭，每看到观众拥挤，影响香会队伍不能前进，就要"挥动钢鞭将拥挤的人驱散"。②

由此看，马匹主要有两个职能。一是社火表演时维持秩序，二是展现通灵本领，也借此表明神祇的真实存在。马匹时常有神祇附身的表演，此时已经完全不由个人意愿决定。马匹代表神祇传语的作用使得他在这个祭祀场域中具有很高的神圣地位，故而才会有砍死人不用偿命的说法。

马匹在维护秩序时常有在神驾前进行残损自身的表演。寒声曾在昔阳看到过马匹表演。"他用带环的钢刀在自己前额上乱砍，血流满面。在社首们的搀扶下，半闭着眼睛，嘴里念念有词地走在龙王驾前，令人望之震撼。"③ 屯留县的开路马匹情况类似。当时，各地去屯留县方山、老爷山，长治市老顶山，晋城市南甲山朝山进香时，都有马匹开路。马匹需要彪形大汉，赤脚露体，手执一根铁棍，不断击打自己，"遍体鳞伤，毫不在意，飞奔开道"。他高举"祖师爷"画像，每进一个村镇都要鸣三眼火铳三次，以警告行人让路。④ 马匹能用六七寸长的匕首穿透两腮，或者把七寸长的细钢锥从两腮横穿起来。如长治县药王山庙会、潞城市翟店村护国灵贶王祭祀时，就用的是钢锥穿腮。"当时就用那个很长的锥子，一直穿透。"⑤ "看着他也不觉得疼，十分自然。"⑥ 钢锥穿腮，叫"上刑具"。潞城贾村的马匹不但要上口锥，还要上耳锥。"这是神祇上身，要求他这么做，不是自己的意愿。"⑦ 神祇为什么要这么做？除了彰显神灵的存在，加强神祇威能外，也可能有别的原因。贾村上刑具是在马匹点杠时进行。当时，每

---

① 口述：王海滨，86 岁，潞城市微子镇居民。采访者：笔者、原书林，2012 年 9 月 5 日。
② 编写组：《寺底村志》（内部交流资料），1999 年，第 54 页。
③ 寒声：《上党傩文化与祭祀戏剧》，中国戏剧出版社 1999 年版，第 5 页。
④ 王明亮：《屯留风貌》（内部交流资料），1990 年，第 168 页。
⑤ 口述：王洪齐，83 岁。潞市翟店村村民。采访者：笔者，2012 年 10 月 4 日。
⑥ 口述：刘三井，65 岁，长治市北山头村村民。采访者：笔者，2012 年 10 月 25 日。
⑦ 口述：宋玉生，50 岁，潞城贾村马匹。采访者：笔者，2012 年 10 月 3 日。

家都要给神祇献出部分礼物，用粗木杠抬着，放到庙内。如果谁家被点成
头杠，就是一件荣耀的事。为了防止家户弄虚作假，走后门，让马匹将次
等杠点成头等杠，村社就要求他在此时必须耳不能听，口不能言。这样，
想舞弊的家户就不能贿赂他了。①

图 4.16　潞城市贾村 2006 年 8 月 12 日仿古赛社时马匹神灵附体
资料来源：录像资料，段建宏提供

图 4.17　潞城市贾村 2006 年 8 月 12 日仿古赛社时马匹上口锥
资料来源：录像资料，段建宏提供②

　　壶关县民国期间盛行"马匹绳"。据说马匹在迎神赛社时会有恶神上

---

① 口述：杜同海，78 岁，潞城市贾村村民。采访者：笔者，2015 年 1 月 2 日。
② 本次上口锥没有真的穿透两腮，只象征性地做出动作。

身。他在街上横冲直撞，抢东西打人。这时就会有人过来将其五花大绑，当街抽打，直到人清醒过来。民众认为这样就能将恶神驱走，给来年带来好运。①

那么，什么样的人担当马匹？

多数的马匹是由村里的穷人担当的。

长治县郜则掌、关家村、北坡村、上西掌、下西掌，每村有一个马匹，专门伺候玉皇老爷。这五个马匹中有两个家境尚可，其他的都是穷人。② 壶关一带的马匹平时在村上也没有什么地位，"基本上一穷二白，就和'二杆子'一样，庙会时必须来"③。由此看来，"马匹都是村里的破落户来担任。有钱的没有人愿意干这个。从前如此，现在也是这样，有钱人家很少有人做这一行"④。

也有的个别马匹能呼风唤雨：

> 新中国成立前有一年我们这里大旱，得去求雨。这全由马匹组织，仪式相当隆重。五个村的人聚在一起出发，敲着鼓，打着旗，奏着乐去屯留县老爷山求雨。屯留知县说这是邪门歪道，不让走县城大门，让大家绕城而过。
>
> 大家都不愿意，但马匹说："就这么走。"取上水谢了神之后，马匹向天祈祷说："正当午时，蛋打屯留县大堂。"
>
> 午时一到，突然乌云密布，下起了大冰雹，把屯留县大堂上的瓦都打碎了。而且冰雹也下得怪：大堂不远处有两棵树，一棵打了叶子，果子一个没打；一棵打了果子，叶子一个没落。
>
> 这场冰雹把屯留县县官吓得钻到了桌子底下。
>
> 等取水队伍再来再经过屯留县城时，知县亲自出城迎接，让祈雨队伍从县城中间走过。
>
> 回来后雨还没有下，马匹就设了一个法场。把手中柳条木作的阳

---

① 口述：王双云，78 岁，平顺县西社村乐户世家。采访者：笔者、段建宏，2015 年 2 月 14日。

② 口述：梁一成，70 岁，长治县郜则掌村村民。采访者：笔者，2013 年 8 月 8 日。

③ 口述：牛其云，68 岁，壶关县沙窟村乐户世家。采访者：笔者，2013 年 11 月 17 日。

④ 口述：宋玉生，50 岁，潞城贾村马匹。采访者：笔者，2012 年 10 月 3 日。

锤一扔扔了好几里，挂到了西火的树上。然后就天降大雨。锤子扔到哪里，雨就下到哪里。围着这一圈下，圈子外面的就一点都没有。

除此之外，三月三有去西火的迎香会也是马匹组织。①

这一段描述，较为形象地指明了马匹的通灵功能。但是，这样掌握大权的马匹只此一例，更多的马匹没有如此大的权力。

由此，可对马匹做如下概括：马匹是一个通灵群体，其主要职能是负责维护祭祀时的秩序并和神灵沟通。马匹一般由村社中的贫穷人家担任，但在祭祀时却拥有较高地位。马匹通过维持秩序和残损自身获得报酬，保证自身生活。村社用这样的人做马匹，实际上也等于给了马匹一个解决个人生活问题的方法，从而不至于滋生其他事端，客观上有利于村落的和谐与秩序的稳定。

本节我们介绍了祭祀活动的参与群体。首先，迎神赛社是一个村社全体参与，各类人员互相配合的仪式。村社要求他们要各司其职，诚心奉神，否则就要受到神祇和村社的惩罚。在所有仪式中，乐户、阴阳、厨师是公认的三大行当，对迎神赛社至关重要。此外，马匹作为通灵者在赛社中有神灵附体的表现。从神人交流的角度看，虽然均属于双向流动，但却有所侧重：阴阳代表村社与神沟通，是双向活动；乐户、厨师分别代表群体向神献戏乐及各类供品，是世俗面向神圣；反过来，马匹代表神祇维护秩序，属于神圣面向世俗。在这样一种场域构建中，人与神之间形成了完整的交流。也正因如此，在民众眼中，在一个正规的祭祀仪式中，以上群体是必不可少的。通过这种方式，村民构建了一个完整的神人交流场域。

各群体的重要性并不完全同他们在世俗社会中的地位一致。乐户、马匹比一般农民在世俗社会中的地位要低得多。尤其是乐户，受到的歧视最为严重。马匹还要接受残损肢体的惩罚，看来很不公平。但是，这种不公又换来了神圣与世俗之间某种微妙的平衡。乐户以地位的低贱换来了较多的生意，从而在物质生活上超越一般农民；马匹虽然自残身体，但是却因此换来了物质回报。如果是村里的马匹，村社就要付给马匹部分生活费用。在贾村，在一年之中，如果马匹因生活困难去被点到头杠的家户讨要

---

① 口述：梁一成，70 岁，长治县部则掌村村民。采访者：笔者，2013 年 8 月 8 日。

粮食等生活物品，他们要随时供给。这实际上使马匹不被排除出正常的乡村社会之外，仍能成为村社一分子。这种带有扶贫色彩的行为保证了乡村正常秩序的维持。

当然，这种互补不能代表他们之间的矛盾消除。乐户、阴阳、厨师三行都有自己认可的一套规程，自认为通晓敬神规则，有时就会产生矛盾。宋怀英回忆，"供盏上馔的情节相当复杂，倘有差错，自家人不说，也就过去了，可是三行的人往往是自作聪明，以揭人之短来显示自家之长。有一次享赛上馔，该上素馔而上了荤馔，三行的人为此争论不休。到了夜静收场时，执香社首把三行的领头人俱都唤去，让他们相互辩白，其结果是主礼生做错了。定论之后，把主礼生高吊了一绳，并且罚了他一分香蜡纸锞，在神前烧香叩头认罪，才算了事。"

除此之外，其他参与人员之间也会产生类似情况，如打对台戏也有恶性竞争的意味。更严重的是，有时还会因此伤人性命。1935 年，壶关县真泽宫修葺竣工，邀请周边村庄故事前往助兴。小召村亦在被邀之列。该村组织者王保玉召集保卫团众应邀而去。酬神仪式上，各地故事云集，"耀武扬威相追逐。小召保卫团声誉素著，为群故事冠。神郊保卫团以己之不若，嫉忌思乱，乘观众拥挤时间，秩序紊乱之时，执械将王君殴死，击伤数人"。[1]

当然，总体看，三行均能相互配合，这样极端的例子并不多见。

本章主要分析了在祭祀仪式中起到核心组织作用的几个群体。

第一是社首。社首是乡村社会建庙立祀的核心人物。村社对他的产生有着较为严格的条件限制，因而大部分社首都有能力，急于公义，能得到民众支持，维护了乡村信仰机制的稳定。

第二是水官。水官是祈雨流程的执行者。由于水官负担较重，水官制度有渐趋涣散的趋势。虽然村落尽力采用各种方式挽救，但到民国期间，对水官的要求已经不再严苛。水官成了附属于村社，只执行取水任务而不必个人负担费用的人员，对他们的要求也偏重于属相与名字等有利于降雨取水的条件。

第三是乐户、阴阳、厨师与马匹。乐户、阴阳、厨师是迎神赛社仪式

---

① 《王君神郊殉难记》，1935 年，陵川县小召村。

流程中最重要三个群体。阴阳负责仪式全程，乐户负责吹奏、上演酬神乐户戏，厨师负责供品制作。正是这几个群体的配合才保证了整个仪式的稳定。马匹是神祇的代言人，他由贫穷村民担任，一方面赋予了他在信仰仪式中的较高地位，另外一方面也缓解了他的生活压力。

总体看，在这几个群体的分工与配合下，村落迎神赛社和祈雨取水能够稳定进行，也使得其他民众能够顺利参与其中，整合了村落的信仰活动，其意义不可低估。乡村的民间信仰活动不仅仅是这几个群体。不过，这几个群体的作用更显得突出应无疑问。

第五章　信仰活动中的性别

在前文所论述的庙宇、仪式与群体中，我们明显发现，这是一个以男性为中心的权力展现。无论是男性神庙的数量还是祭祀仪式的主持与参与，我们很少看到女性因素。这也符合我们对中国传统社会的认知。"男尊女卑，乾坤定矣"的思维被应用到了民间信仰之中，造成了信仰场域中的此类现象。然而，传统社会的两性因素，并非只讲男尊女卑，它同样强调"阴阳和合"，也注重万物"相生相克"。女性常被认为柔弱如水，但《道德经》同样认为善莫如水，民间有谚语说"滴水穿石"，水同样有无坚不催的力量。从最重要的生命生存条件看，女权主义者、妇女解放运动领导者常将女性放在一种任人宰割的境地，死于三纲五常之下的烈女是其典型代表，而女性由于体质柔弱，更在同男性的较量中处于劣势。诚然，这一思维有其合理性，也与通常所见的社会表象一致。但是，如果将目光延伸，就会发现另外的问题：自然条件下，女性的平均寿命多高于男性已是普遍的认知；战争环境下，战死的绝大多数也是男性；历代抄家案中，男丁被杀，女性却常能保得性命，虽然会为奴为妓，但终究保留了一线生的希望，生存概率较男性为高。

再如另外一个问题，常有观念认为妻妾制度是对女性的歧视。可必须要注意的是，传统社会中占多人比例的人口有这样的实力？如同寓言之中"齐人有一妻一妾"的事情恐怕只能是幻想。传统社会中，应该还是一夫一妻为常态。在这样的家庭中，认为女性处在被压迫、被奴役的地位缺乏说服力。男女之间应该是以和谐共处为主要的生活状态，不然，整个社会就无法稳定。在《夷坚志》的书写中，唐宋时期乡村社会中有大量的悍妻。虽然有男性为维护男权而进行夸大的成分，但却至少反映了部分问题。我们认为，两性之间的关系应该是一种相对平衡与和谐的结构，不应用简单的强势与弱势、压迫与被压迫来解释。或者退一步说，男性虽然占据了社会权力的中心，女性处于相对弱势，但却有一定程度的反弹。

本章写作的基点即在于此。世俗社会的性别关系延续到了民间信仰机制当中，而这种关系体现了男性权力，同时也展现了女性因素的力量。这种关系既有利于乡村信仰机制的稳定，也有利于乡村世俗社会秩序的稳定。

在上党诸多的男性神庙之外，还有为数不少的女性神。就目前为止，计有真泽二仙、碧霞元君及其分身、马仙姑、精卫、娲皇、后土、高禖、蚕姑、机神、三圣奶奶、土地奶奶等。其中，真泽二仙、马仙姑与精卫信仰较有特色。

首先，我们需要讨论一下神祇的在地化问题。因为这是一个普遍现象，故而仅以碧霞元君庙及五凤楼为例说明：

> 很久以前，贾村有一个人外出做生意，去泰山碧霞宫烧香求财。几年后，此人果然发家致富。他和当时的社首认为既然神祇如此灵验，应该为其修建行宫，保佑村落五谷丰登，风调雨顺，家家致富。庙宇建成后，贾村果然成为当地有名的富裕村。有感于此，民众就不停地维修，扩建，一直到上个世纪五六十年代。①

平顺九天圣母庙的传说更加具体。按当地传说，九天圣母是潞城南垂村人：

> 当年，南垂村有五位老人在同一天夜里做了同一个梦，梦见一个白发苍苍的老婆婆领来了九个如花似玉的女儿，托他们给这九个姑娘各塑一尊像。第二天，大家聚在一起谈起此事才知道是神灵托梦。他们不敢怠慢，按照梦境所见，给这九位女儿各塑了一尊惟妙惟肖的像。结果事隔一天之后，除了老大、老二之外，其余七尊塑像都不翼而飞了。一天晚上，九妹给他们托梦，告知她已在平顺县东峪安家立庙，并将南垂认作娘家，祝福五位老人会有好报。后来，五位老人的

---

① 口述：张开泰，56 岁，潞城羌城阴阳世家。采访者：笔者，2012 年 10 月 10 日。

晚年都十分美满。①

九天圣母肯定不是平顺人，但如果将其认定为区域外的人，则难以产生地域的认同。于是，相距不远的地方就成了一个选择。至于为何选择南垂？可能同南垂有一座玉皇庙有关，因为玉皇为道教最高神。这样，将南垂认作九天圣母的娘家就顺理成章了。这种转变完成后，还需要当地人的回应，于是就有了五位老人昼夜加工塑像的情节。五位老人的出现有着特殊的含义。他们应该是社首或其他的乡村领袖。他们的认真对待表明了村社的集体意志。在当地人为建庙出力后，神祇就要回报当地社会。神与人之间形成一种互动，神祇融入了当地社会。九天圣母庙创建年代不详，只有元中统二年（1261）碑刻言："其庙自隋唐以来，迄今五百余霜矣。"②历代多有修葺。如前所述，近代最晚的一次修葺是 1936 年。当时有督工45 人，捐施商号 60 余家，共花费 5000 多银洋，维修规模浩大。谈及其原因，人们认为是"神灵赫濯，有感斯通"③，以九天圣母庙为核心的迎神赛社一直持续到 1938 年。

五凤楼的出现是玉皇大帝五位女儿下凡的结果：

> 相传玉皇大帝有五个女儿，生了五个姑娘：金凤、银凤、玉凤、彩凤、翠凤。姐妹五人过腻了天庭那种淡而无味的神仙生活，就相约下凡。当她们走到南宋村时发现此处风景秀丽，是一处人间仙境，就决定在此定居。此事被玉皇大帝知晓。他勃然大怒，命令她们返回天庭。五女宁死不从。玉皇大帝恼羞成怒，用惊雷闪电将五姐妹击死在此地。五女死后当即化作一架山脉。因为他们是天帝的女儿，所以此山被称为凤凰山。后人为纪念五凤姐妹故在此处建筑五凤楼，把大殿叫作玉皇观表示吉祥。④

另外一种说法则是玉皇同意女儿下凡。每年腊月二十五日，玉皇便会

①《九天圣母庙的传说》，平顺县三套集成编委会《平顺民间故事集成》，无出版社，1987年，第 211—213 页。

②《重修九天圣母庙记》，元中统二年（1261），平顺东河村九天圣母庙。

③《重修圣母庙碑记》，1936 年，平顺县东河村九天圣母庙。

④ 口述：王玉成，75 岁，长治县南宋村村民。采访者：笔者，2013 年 8 月 18 日。

下凡查询人间善恶，也会到凤凰村探视他的女儿们，一叙儿女情长，正如匾额所言："玉帝有情下九霄，王母无情女何来？"这使得玉皇与王母这两位天宫最高神也带上了浓浓的人情味。为迎接玉帝大驾，民众在五凤楼外又建了玉皇观。

五凤楼位于长治县南宋村，5层建筑，约23米。该楼始建于元，明朝万历，清朝乾隆、嘉庆、同治年间曾4次修葺。五凤楼最有特色的地方在于五女居住的楼上与地面有一道"桑木梯"相连。这一道梯子又称接天树，是神圣与凡俗的连接点。它的象征意义极其强烈。每个人只要从这个梯子上去，便可看到天上的仙女，而五位仙女只要走下楼梯，便与世俗世界融合到了一体。

自然，是庙宇在前还是传说在前并不容易判断清晰。许多传说本身也表明了相关人士强化庙宇神性与存在合理性的意图。不过，这同样说明庙宇、神祇与当地社会难以脱离干系。

民众也会将功能相近的女性神祇安排在同一庙宇之内，强调群体力量的强大。在贾村迎神赛社中，二仙真人和观音必定到场，碧霞宫中还专门准备了二仙的寝殿。东河村九天圣母庙梳妆楼，上层供碧霞元君使用，下层则属于二仙。赵迦村二仙庙以二仙居中，以天仙圣母相配，并有明时诗一首："二仙圣母生主殿，东座老君治世安。西间圣母□□□，永护一村保安然。"① 这一格局保持到了近代。陵川县九莲圣母庙中，二仙与九莲圣母一庙相处。道光三十年（1850）年村落创修时特意指出她与二仙的座次排列：

> 夫庙当邱之坤方，九莲圣母居正，左有二仙。况九莲圣母林县真人，有不灵者乎？又以二仙者，商微子之后，亦陵邑之真人，有不应者于所在皆古迹，此境之钟灵者久矣。所以士人立庙祀之。②

除却以上要简单交代的问题，本章主要探讨三个问题：一是上党女神的特征；二是师婆在乡村信仰中的作用；三是两性的性别互动，以此来解析信仰活动中的性别内涵。

---

① 《重修碑记》，天启二年（1622），陵川县赵迦村。
② 《九莲圣母庙碑记》，道光三十年（1850），陵川县九莲圣母景区。

第一节　女神庙及女神特征

上党女神在其发展过程中呈现了几个特点：一是女性特征明显，这是女神庙赖以存在的基础；二是女神有向全能神转化的趋势，这成为其庙宇影响扩张的有力推动因素；三是出现了精卫这样功能随地理气候环境改变而改变的女神。

一　女神庙的女性特征

（一）二仙庙传说中的女性特征

二仙是陵川县紫团山一带人，一说是壶关人。有关二仙最早的记载是唐昭宗乾宁元年（894）二仙降神于巫，发动当地官民迁葬父母。六十年后的周显德三年（956）陵川县龙川、普安、鸡鸣三乡重新为二仙立碑。这两块碑刻都未曾指明二仙因何成仙。宋时开始有二女修道成仙的说法。[①]至迟金代，二仙因孝成仙的故事开始出现。在相关碑刻中，二仙被认定为生母早亡的两名少女。继母李氏酷虐，冬天只给两人穿单衣并逼着她们去野外采摘新鲜蔬菜。两人没有办法，伤心哭泣，结果血泪滴进土中，"化生苦苣共得一筐"。继母仍不满足，"犹发怒"，命令她们去拾麦穗。可是冬天地里根本没有，二人一无所获，害怕继母责备，在山崖边"捶楚踌地，凌兢仰天"，此时天地忽生异象。先是一片黄云，"二娘腾举，次降黄龙，大娘乘去，俱换仙服，绛衣金缕，绘以鸾凤宝冠绣屦，又闻仙乐响空，天香馥路，超凌三界，直朝帝所"。

远近民众听到这个消息，既骇异又羡慕，二仙很快就"声播三京，名传九府"，"遂于南山共建庙宇，迄今洞口留其手痕"。[②]

二女成仙的重要因素在于其逆来顺受的性格。尽管继母十分恶毒，一旦二人不能满足其要求，就"辄加箠楚"，两姐妹却没有丝毫怨言："每仰天号泣"之后，仍要"反躬自责，坚白一心，孝敬愈笃"。正因如此，二

---

① 宋燕鹏：《晋东南二仙信仰在唐宋时期的兴起——以碑刻资料为中心》，《社会科学战线》2014年第11期。

② 《重修真泽二仙庙碑》，金大定五年（1165），陵川县岭常村西溪二仙庙。

人才会"生而孝感通于神明"。① 此后二仙故事的流传版本虽然不停变化，但这一标准始终未变。

近代以来，这一思想仍在延续。

民众认为"二仙遵继母之命，不敢少违，隆冬采菇，怨慕号天，至孝也……惟其孝，故德感幽明，有以致云龙之迎"②。"二仙真人祠……泽悦乎万物而民生遂，孝格乎天心而赐类永。庙建于唐，封于宋，千百年来代增不已，殿宇巍峨"的根源正在于二仙之孝有关世道人心，具有"端教化而正风俗"的作用，修庙"实所以崇有功而彰真人之大孝也"。③ "二仙真人以孝格天，乃大义也，惟大义所在即大孝流芳，由唐迄今神前之香烟缭绕，常常不绝，可谓人之所信仰者深，天之所造就者诚不易也，因果无差，乃自然之道"，而且"神者聪明正直而一者也，鉴其德又观其恶，是则神依人而显，人以神而善，故圣人假神道以设教，良有以也"。二仙信仰"补于社会人心者，岂有既乎？"④ "二仙真人之潜德幽光，永维系世道人心于无穷焉。庶乎可以不朽矣。"民国时重修二仙庙，正可以彰显二仙真人的大孝，"可以端正风俗"。⑤

长子、陵川、壶关、潞城、长治各县市的版本基本类似，只不过有时在细节上会有不同。比如，襄垣流传的版本是这样的：

> 有一年冬天，天气酷寒。两个孩子没有棉衣，手脚冻得开口裂绽，就向继母马氏讨要棉衣。马氏非但不给，还让两个孩子去摘酸枣，警告她们摘不来酸枣不能吃饭。两个孩子遍寻山野不见酸枣，姐妹抱头痛哭，眼泪都结成了冰柱。最后，她们来到了母亲坟前，大哭起来。忽然，坟前长出了酸枣树，结成了酸枣，姐妹两人兴高采烈，摘下酸枣往回赶，但是由于天气太冷，还没走下山顶就被冻僵。乡亲们平常都很喜欢这两个乖巧伶俐的孩子，见她们迟迟不归，便自发前去寻找，可是最后只找到了两具站立在山顶上的尸体，手里还捧着酸

---

① 《陵川县二仙感应碑》，洪武二年（1369），陵川县岭常村西溪二仙庙。
② 《重修兼彩画凤山真泽行宫碑》，光绪八年（1882），高平市丹水村二仙庙。
③ 《补修真泽宫碑记》，1916年，壶关县神郊村真泽宫。
④ 《补修真泽宫碑记》，1935年，壶关县神郊村真泽宫。
⑤ 《补修真泽宫碑记》，1916年，壶关县神郊村真泽宫。

枣。大家十分愤怒，下山去找马氏算账，马氏吓得在家中磕头叩首而死。

出于同情和喜爱，人们在山顶为他们立庙塑像。姐妹二人也不忘父老乡亲，管起了送子送女的事情，一直到现在。①

二仙逆来顺受的性格，非常符合传统社会中的孝女形象，这是其信仰传播的重要因素。

（二）神祇功能上的女性特征

在神祇功能上，女神也带有明显的女性特征。

在二仙的所有传说中，都认定二仙未曾婚配，不过是小女孩而已，"大娘仙时年方笄副，二娘同升，少三岁许"②。

然而这并不影响二仙的送子功能。宋金时期，二仙已经具有这样的功能："求男者生智能之男，求女者得端庄之女。"③ "邑中旧称真泽行宫，迨今尤著灵异，祷祀日繁。士女罗拜于宫下者，月无虚日，间无嗣者求之。"明代三晋御史武钧也来求子并且灵验："幸生有二子，且夕感荷不忘。"为报神恩，他出资重修了真泽宫。④ 近代社会二仙仍然"随求即应"⑤。民国期间庙内还有《百子图》，烧香许愿的男女络绎不绝。⑥ 红石沟村村民王春泰为增强本族的繁衍能力，特意聚众成立社会，捐资动工，修成二仙庙。⑦

二仙之外，高平、阳城一带的高禖信仰较为流行。高禖是自先秦时就获得官方承认的生育神。"史称简狄祷高禖，吞鸟卵生契，故其《诗》曰：'天命玄鸟，降而生商。'"⑧ 上党地区的高禖信仰不知起自何时，但明清以来，修建高禖祠的行为就一直延续。明万历年间，阳城"处处建子孙神

---

① 《二神岭的传说》，长治市民间文学集成编委会《长治民间故事集成》（三），无出版社，1988 年，第 747—748 页。

② 《重修真泽二仙庙碑》，金大定五年（1165），陵川县岭常村西溪二仙庙。

③ 同上。

④ 《真泽行宫感应碑记》，万历七年（1579），陵川县岭常村西溪二仙庙。

⑤ 《重修二仙庙碑记》，光绪十八年（1892），陵川县马武寨村。

⑥ 口述：程麦山，70 岁，壶关县神郊村村民。采访者：笔者，2013 年 6 月 19 日。

⑦ 《创修二仙庙记》，1917 年，陵川县红石沟村。

⑧ 《金妆高禖祠记》，康熙十四年（1675），阳城县中庄汤帝庙。

图5.1　长治县唐王岭十转赛时的二仙神像

资料来源：段建宏、原书林拍摄于 2013 年 5 月 12 日

图5.2　壶关县神郊村真泽宫庙内的《百子图》

资料来源：笔者拍摄于 2013 年 6 月 18 日

祠以奉祠，即古祀高禖遗意"①。康熙八年至九年（1669—1670），窑头村重修高禖祠，再次强调："夫盈天地之间，莫贵于人，而人之生遞衍，绵

---

① 《修建子孙神祠暨西栅棚记》，万历四十五年（1617），阳城县窑头村白龙庙。

亘万古，则所司之神洵为綦重。"①

维修庙宇表明了民众对神祇的重视。近代社会高禖祠的修建并未停止。同治十二年（1873）尹庄村重修高禖词，"丹铅重绘，鸟革羽飞，美观异昔"②。光绪二年（1876），鉴于村内高禖祠年久失修，"内外丹彩湮没如无矣"。孙庄村社首张日昌、张瑞栗、王全贵、张镛决定暂停三月、七月两次庙会，又按各家人丁牲畜"摊收工需"，将高禖神像重新妆塑。③1922年，德义村也修补了观音阁、高禖祠，为扩展其规模，村民杨连兴还特意布施地基一角。④

维修的目的自然是为了祭祀。南瑶村订立社规，明确在三月二十日致祭高禖神母圣诞，届时以一口猪作为祭品，以求村社人丁兴旺。⑤

有时，祭祀出现经费困难，村民还会摇会集资。康营村有高禖祠，年久失修。1912年，郭湖海及其族侄郭安国"慨然有奉祀立会之志。谋村诸善，得七人焉。于是各出己资，置办灯棚，而神明之祭祀以承"。该会持续至1919年。⑥

高禖信仰最后还走出庙宇。民国期间，阳城县新婚夫妇结婚时，常需要乐户引导着高禖神向二人赠送泥娃娃，据说有多子多福之功效。

此外，观音、碧霞元君的送子功能也很明显。在田野调查中，观音阁（有的村社将其称为白衣阁）、三大士阁（堂）、奶奶庙在农村非常普遍，至少，目前还没有发现缺少此类庙宇的村落。其主要功能自然是送子："慈悲之航，渡迷津而超登彼岸，抱麒麟之子。"⑦上党乃至全国范围，多盛行这样一种风俗：女性不孕，就会到观音、碧霞元君或其他有送子功能的神祇庙内像前，"偷"一双孩子的小鞋，或者拿一个泥娃娃带回家。民国期间高平市后山村女性不孕就会拿一双小鞋，如果顺利怀孕，不但将原

① 《小崦山增修高禖神祠记》，康熙九年（1670），阳城县窑头村白龙庙。
② 《重画高禖殿门面碑记》，同治十二年（1873），阳城县尹庄村关帝庙内。
③ 《创修城雨量并金妆各殿神像油画内外碑记》，光绪二年（1876），阳城县孙庄村法轮寺。
④ 《补修观音殿、关帝殿、高禖祠暨伸出修东南禅室碑记》，1922，高平德义村。
⑤ 《南沟社祭诸神条规碑》，道光十二年（1832），沁水县南瑶村大庙。
⑥ 《高禖会成立碑记》，1919年，高平市康营村成汤庙内。
⑦ 《南大村修缮观音大士阁碑记》，光绪三十三年（1907），沁水县南大村。

物送还，还要多送一双，以增强神力，为后人造福。①

图 5.3　长治县南宋村五凤楼送子观音殿的婴儿小鞋

资料来源：笔者拍摄于 2013 年 8 月 18 日

　　有些村落主管生育的神祇、庙宇不止一处，但绝大多数是女性神。如长子县两水村主管不孕的庙宇就有奶奶庙、广生祠、观音阁，分别供子孙奶奶、送生奶奶和观音。长治县韩店村龙王庙内则有二仙真人、送生奶奶的殿宇。民国年间，两水村在每年农历正月十四、十五、十六晚上，举办灯棚社。每年正月十四上午，村内搭起村西、李家街广生祠、南窑街、后街、东圪塔、南两水六个神棚。村民从奶奶庙中将小泥孩分别请到各自的神棚社中，开始挂灯、供献、求子。② 潞城市贾村每年正月十五，会在碧霞元君庙前搭起"百子桥"，供村民祈祷求子。

　　女性神还具有给儿童看病这一职能。二仙真人喜欢孩子，"比喜欢金子还喜欢，小孩有什么病，求她就灵"③。韩店村每年农历三月二十日，女性村民要到村内奶奶殿前烧香，除了偷泥娃，求子之外，还要"祈求神灵

---

　　① 口述：刘民花，女，60 岁；李麦花，女，61 岁，高平市后山沟村奶奶庙看庙人。采访者：笔者、段建宏，2012 年 10 月 28 日。

　　②《灯棚社和迎神赛社》，编写组《两水村史料汇集》，无出版社，1993 年，第 180—181 页。

　　③ 口述：程麦山，70 岁，壶关县神郊村村民。采访者：笔者，2013 年 6 月 19 日。

保佑自家孩童消灾免祸"①。此外，主治儿童眼病的眼光奶奶，主治儿童皮肤病的康疹奶奶、痘疹奶奶、疙瘩奶奶等神祇也经常出现。

女神自然还担负有其他功能。诸如蚕姑主管桑蚕业、机神主管纺织等。不过，这些功能均没有脱离传统社会的女性分工，即使对国家作出了重大贡献的二仙也不免于此。二仙信仰的广泛流传同官府推广有着很大的关系。据金大定五年（1165）碑刻载，宋崇宁年间，宋军征讨西夏，因为道路险阻，军粮运输遇到困难。此时，二仙化成村妇，带着饭甕前来相助。"饭甕虽小不竭"，居然满足了大军所需。此后，军队统帅将其事上奏，朝廷下旨封为冲惠、冲淑真人，庙号真泽，并纳入了官方祭祀体系。②

从这个表述上看，二仙并未直接上阵冲杀，而是以送饭的形式为国分忧，是女性家庭主妇形象的延伸。

（三）占庙传说中的女性象征物

平顺县东河村九天圣母有这样一个传说：

> 九天圣母驾着彩云路经东峪沟时，发现这里瑞云缭绕、九龙戏水；左有聚宝盆，右有摇钱树；前有金牛把门，后有玉鸽送信，是一块宝地，就想在此地建庙。可她仔细一看，舅舅药王爷已经将宝剑插在山上，占据了宝地。她心生一计：将宝剑拔出，把一只绣鞋埋下，又把宝剑插在绣鞋上，扬长而去。
>
> 药王爷九月九日修建庙宇，九天圣母也在那天前来动工，二人互不相让，官司打到玉皇大帝那里，都说是自己先占下的。玉帝无法判定，只好命二郎神下界探察，二郎下界见宝剑插在绣鞋里，认为先埋绣鞋后插宝剑，就回到天宫奏明玉帝。玉帝责罚了药王，命九天圣母修筑庙堂。③

在这场争执中，两个极具特色的象征物：绣鞋与宝剑彰显了性别特

---

① 胡庆生：《北行龙宫大庙简况》，韩店村史话编委会《韩店村史话》（内部交流资料），2010 年，第 145 页。

② 《重修真泽二仙庙碑》，金大定五年（1165），陵川县岭常村西溪二仙庙。

③ 《九天圣母庙的传说》，平顺县"三套集成编委会"《平顺民间故事集成》，无出版社，1987 年，第 212 页。

征。武乡县也传说二郎真君和山圣母同时看上了一块风水宝地，山圣母用同样的办法将其从二郎真君手中夺走。①

屯留白云山的传说中，二仙真人用绣鞋打败了恶霸：

> 离此山不远有一座麟山，山上住着一个叫崇龙的人。此人生性贪奢，奸诈强暴，一心想将白云山和二位姑娘霸为己有。他在一个晚上偷偷将自己的宝剑插入白云山头，以此物为霸占此山之据，让别人无话可说。
>
> 第二天，乡亲们见到了宝剑，无计可施，急忙去找冲淑、冲惠商量。二仙将一只绣鞋插在宝剑下面，在崇龙前来逼迫时拔出宝剑，证明她们早于崇龙占领了白云山，使得崇龙败兴而去。②

王母也用绣鞋、金簪智斗战胜了如来。平顺境内有一座风岭山，传说当初王母和如来同时发现这座宝山，都想据为己有，结果谁也说服不了谁，就决定三天后同时从瑶池和西天动身，谁先到这座山就归谁：

> 颇有诡计的王母娘娘，自知不是如来佛的对手，待如来走后，就摘下头上的金簪朝着山顶上一划，"哗啦"一声巨响，劈开了东南山崖化作一尊自己模样的石像，又脱下绣鞋磕出鞋里的尘砂。这些尘砂顿时化作无数个小石堆分布在山顶。三日后，如来只恐迟了，提前动身向风岭山赶来。到了风岭山上空，拨开云头神目一望，只见王母停立在薄云中。如来自愧不如，怕受王母讥笑，就转身返回西天去了。③

二仙也用绣花针从祖师爷手中抢夺了庙宇。二仙庙宇早先在神郊河北岸，但是南岸有一块风水宝地，她们就决定把它抢占过来：

> 当时有几个神仙看中了真泽宫庙址。最先占下的是祖师爷。他在

---

① 《二神争地》，长治市民间文学集成编委会《长治市民间故事集成》，无出版社，1988年，第839页，

② 《宝剑与绣鞋》，屯留三套集成编委会《屯留民间故事集成》，无出版社，1988年，第38页。

③ 《王母、如来争宝山》，平顺县三套集成编委会《平顺民间故事集成》，无出版社，1987年，第2页。

地里扣了一只碗作为标记。二仙真人在碗下面扎了一根绣花针。等到祖师爷前来建庙时，她们取出绣花针。祖师爷无奈，只好另选庙址。为了不让祖师爷有反悔的机会，二仙当晚就向神郊村民托梦，让大家把牲口喂饱，晚上借用。第二天一大早，家家发现自家牲口卧在圈内，大汗淋漓，喘息不已，好像刚拉过什么重货回来的样子。村民都十分惊讶！此时有人才发现河南岸的二圣庙移到了河北岸。①

二仙庙在明万历年间确因河水威胁由南岸迁至北岸：

> 夫二仙真人殿宇创自前代，源流莫考，金时郤公朗祷雨感应，奉请敕建，在大河之南，历年河水决蚀，寝宫漂没，延及正殿，人力莫能救止。大明万历元年……本庙道士张清香、乡老董夯、赵先等合谋，央余迁移北岸，负山面河，风水佳胜，庙貌岿然，神灵栖妥，福国庇民，普济洁淋，万年永镇，可保无虞。②

这次移建是因为河水暴涨经常淹没真泽宫，道士、村民、社首合力将庙宇迁至北岸，民间传说则给此事涂上了神异的色彩。

总体看，无论是绣鞋、金钗、绣花针这样的女性象征物，还是斗智不斗力，甚至运用不太光明正大的手段的方法，都与社会观念中女性的形象相符。反之，宝剑、大水则具有明显的男性特征，而男神所用的方式也简单、粗暴、缺乏心机，在同女神的较量中处于下风。

二　女神的全能神特征

观音是中国民众普遍信奉的女神。通过在上党地区的走访发现，观音阁、白衣堂等供奉观音的场所面积却普遍较小，大部分只有三楹一间正殿，又多处于村落偏僻角落之处。黄须村的观音阁规模较大，其独特之处有三：

> 其势据中立，衢通四面，异于他之偏安一也；其高耸而出云霄，

---

① 《二仙真人的传说》，壶关民间文学三套集成编委会《壶关民间故事集成》，无出版社，1987年，第35—36页。

② 《神郊村移建真泽庙记》，明万历二年（1574），壶关县神郊村真泽宫。

巩固而无临地，异于他之卑陋者二也；至其北承凤山，南吞漳滔，平分两麓，登临万状，又异于他者湫隘者三也。①

　　碑文极力炫耀观音阁的优越位置和良好格局，但这恰好说明，村落中的观音阁是以偏居一方、规模狭小为主流的。清道光二十五年（1845），嘉峰村扩建观音阁，也不过是"南建三楹"，只有一间正殿，可见其早先规模之狭小。② 辉河村观音阁被村民称为东小庙，其原因就是规模小，只有"三间孤庙堂，也无院墙和山门"③。

　　这和观音应有的地位并不一致。国人向来有"不孝有三，无后为大"的观念，而观音的主要职能就是送子。从这个逻辑上看，观音的地位应该会比较高，但事实并非如此。除却其他原因外，功能的单一恐怕是一个重要因素。高禖的情况与此类似，她多在庙宇的偏殿之内出现。

图 5.4　潞城市北庄村观音阁
资料来源：段建宏拍摄于 2010 年 8 月 5 日

　　反观二仙、碧霞元君、马仙姑，她们都已经具有了全能神的特征。

　　以二仙为例。自金代开始二仙已经具有了后世的三大主要功能：降雨、治病、送子，成为了一个全能神：

　　　自后赫灵显圣，兴云致雨，凡有感应，求雨不拒。亢旱者祈之，

---

①《重修观音阁志》，光绪十四年（1888），黎城县东黄须村观音阁。
②《重修观音阁碑记》，道光二十五年（1845），沁水县嘉峰村观音阁。
③ 编写组：《辉河村志》，香港天马出版有限公司 2011 年版，第 32 页。

图 5.5 平顺县北社村观音堂

资料来源：笔者拍摄于 2012 年 8 月 29 日

见山顶云起，甘霖必霈；疾病者祷之，立睹纸上药零，沉痊必愈。求男者生智慧之男，求女者得端正之女。苟至诚以恳，年必随心而异。①

元明清三代二仙功能变化不大。除了送子外，降雨与治病成为二仙另外两大功能。"故使此邑之民，旱而致虔，则甘澍立应；涝之设礼，而云气开霁。与夫病者得痊，求者偕应。"② 洪武二年（1369）、十四年（1381），陵川大旱，官方均前往二仙庙求雨，结果"雨即应时而降"③，"秋乃底大成"④。正因为洪武十四年（1381）的灵验，官方对真泽宫进行了一次大规模的维修。近代以后，祈雨仍然是二仙的重要功能，人们甚至认为"民以谷为食，谷赖雨以成。雨泽不匀则呼天抢地，几欲祷祀而无门。此西溪二仙庙所由创建之遗意也"。光绪时期，陵川县官民在庙中求雨应验，人们认为这是"二仙护佑维持之力也"。十是，由县正堂曹宪亲自督工，亲手作疏，亲自募化，动员了西、南、北、东四社48名社首，河头、前郭家川、后郭家川、庄里、东观它、西观它、龙王、井坡、庙头九

---

① 《重修真泽二仙庙碑》，金大定五年（1165），陵川县岭常村西溪二仙庙。

② 《重修真泽二仙庙记》，洪武十八年（1385），陵川县岭常村西溪二仙庙。

③ 《二仙感应碑》，洪武二年（1369），陵川县岭常村西溪二仙庙。

④ 《重修真泽二仙庙记》，洪武十八年（1385），陵川县岭常村西溪二仙庙。

社共捐银 2000 两，历经 10 年整修。不但修补了旧庙，而且"于西南增修厢房三楹，以扩舞楼内场"，一共花费 5000 余缗，村社希望从此以后"甘霖普护，时无酷暑愆阳；嘉谷告成，人颂在年乐岁"。①

二仙的治病功能也一直被延续下来。"二仙奶奶十岁左右就会看病了。如果住院还不好，就要来庙里拜药。不管什么病，吃了就好。因为看病是她们的祖传技艺。她们去村里巡游，也是去给村民治病。"②

在壶关县的传说中，二仙真人还设法驱除了当地的蝎子害：

> 相传，很早以前，神郊、树掌一带蝎子很多，乡人们常常被毒蝎蜇伤，严重的甚至致命。有一天晚上，冲惠在院子里的沙石上坐着乘凉，不慎被蝎子蜇了一下，疼痛难忍。她一怒之下动用仙法，把所有蝎子贬出了四十五里地之外。
>
> 二仙真人为了不让毒蝎卷土重来，就在四十五里范围内撒下了瑞秀狼毒草防治蝎子。几年内这种草长满山野，当地再也见不到蝎子。③

再以马仙姑为例。马仙姑本是外来修道之人，在高平上峰村"结茅以居，默化一方，以符水治病，其效应也，捷于影响，人不夭折，岁无凶歉"。自庙宇建立后就有了降雨功能："李村民每遇大旱，请灵液而归，甘泽随沛。自此祈祷者甚众，岁以为常"。④ 后来，马仙姑发展成"凡有祈求，无不响应"⑤ 的全能神。她是全能的医科圣手："医疡回生起死……内科真正病疾、外科杂症、瘫疡，与夫妖魔鬼魅缠绕，疯邪病恙。"她能捕盗破案："仙姑像捕拿盗贼，跟寻罪犯，析疑辩难。"她还能解决"求子延寿、风水地理"等各项难题。凡求神"指化者"，"莫不理解分明，莫不辞说周旋"。⑥

此外，碧霞元君的全能神性质也很明显。贾村村民早在明代就声称：

---

① 《重修真泽宫碑记》，光绪三十三年（1907），陵川县岭常村西溪二仙庙。

② 口述：程麦山，70 岁，壶关县神郊村村民。采访者：笔者，2013 年 6 月 19 日。

③ 《二仙真人的传说》，壶关民间文学三套集成编委会《壶关民间故事集成》，无出版社，1987 年，第 37 页。

④ 《重修万寿宫记》，至治二年（1322），高平市上峰村万寿宫。

⑤ 《重修万寿宫碑序》，嘉庆五年（1800），高平市上峰村万寿宫。

⑥ 《马圣仙姑灵显记》，咸丰二年（1852），高平市上董峰村万寿宫。

"我辈居是□□□早病疫，辄祷于神，神不我违，昭应若答，老稚咸宁。岁时丰稔，大有余年。沾恩佩泽，非一听一夕也。"① 近代，碧霞元君成为总理天界，泽被民间的全能神，她"总理九天，德布八荒。泽溥群黎，惠民无疆"②。民众"祈四季风调雨顺，祝本境物阜民康"③。

女性神祇的女性特征加上全能化，使她们的信仰历久不衰。民国期间，陵川、壶关、屯留、晋城、高平、长子、潞城、泽州、长治、武乡等县市仍有二仙庙分布。壶关县神郊村真泽宫成为本庙。

就是因为它"扶危扶难，济人利物"④ 的全方面功能，晚清时期，真泽宫也屡屡得以维修，如西溪二仙庙在乾隆五十五年至嘉庆五年（1790—1800）、道光年间、咸丰二年（1852）、光绪十二年至三十二年（1886—1906）数次重修。在这一信念的指引下，即使民国更替，二仙庙仍能及时维修。1913 年至 1915 年，西溪二仙庙再次重修。1913 至 1917 年，西伞村募捐 230 余两重修二庙。⑤ 为维持二仙信仰，1922 年小会岭，1928 年苇水村都重新定立二仙社社规，申明祭祀条例，"昭示后世，以为久远"⑥，希望"自兹以往，各得谨遵，永垂不朽"⑦。1935 年，壶关县政府与民间力量共同重修了真泽宫。⑧

由于功能全面而强大，女神就有可能在获得崇高的地位。西溪二仙庙、常张村二仙庙、贾村碧霞宫、南宋村五凤楼、上董峰村万寿宫都是村落大庙。我们以壶关县神郊村真泽宫为例，说明女神庙的规模也能很大。

真泽宫占地约 6900 平方米，有主宫殿 3 座，房屋 240 多间。

大门对面有牌楼，宽 12 米，高 6 米，呈大鹏展翅的形象。

牌楼对面便是山门，上有匾额，写着"真泽宫"三字。正门旁边，有两个侧门。三个门上各有一座戏楼，呈中间大两边小的态势。山门两边又各有一座看楼，称望河楼。

① 《口修口天圣母庙记》，正德元年（1506），潞城市贾村碧霞宫。
② 《接神文》，守德堂《尧王山大赛底》，1918 年，写本。
③ 《九天圣母接神文》，李兰芳《祭文全部》，1933 年，写本。
④ 《重修二仙庙碑记序》，光绪十八年（1892），陵川县马武寨村二仙庙。
⑤ 《重修二仙庙碑记》，陵川县西伞村二仙庙，1917 年。
⑥ 《整顿乡神岭真泽社规则碑记》，陵川县小会岭二仙庙，1922 年。
⑦ 《二仙社重整社规碑记》，陵川县苇水村二仙庙，1928 年。
⑧ 《补修真泽宫碑记》，1935 年，壶关县神郊村真泽宫。

第一重院落东西各有二层楼式配房九间，东称"阳宫"，西称"阴宫"。民国时期，阳宫有九仙女塑像，阴宫供十殿阎君。

院落主殿内塑二仙真人像。该殿传为唐昭宗乾宁二年（895）建，元代重建，整个大殿面阔五间，进深三间。

东西各有"月亮门"，通往后殿。钟楼、鼓楼在两边相对而立。

第二重院落为寝宫，俗称"子孙殿"，两侧各有一座"插花楼"，是二仙真人梳洗用房。两侧有"婴儿宫""奶水宫"，各占九间房屋。

第三重院落为圣公、母院，供二仙真人父母，两侧各有"梳妆楼"，民国时两侧还各有七间楼房，现已不存。

图 5.6　壶关县神郊村真泽宫门前牌坊

资料来源：笔者拍摄于 2013 年 6 月 18 日

图 5.7　真泽宫山门

资料来源：笔者拍摄于 2013 年 6 月 18 日

万寿宫的情况类似，它在元大德十一年（1307）受封，此后规模又有所扩大。在元至治二年（1322），明万历四十五年（1617），清康熙八年至十三年（1669—1674）、乾隆二十五年至二十七年（1760—1762）、嘉庆四年至五年（1799—1800）、宣统元年（1909）前后屡次重修。1942年店上村的求雨目的地就是万寿宫。其中，道光二十七年至咸丰二年（1847—1852）的整修规模巨大。这次整修，源于有信众崔凤阁被仙姑附体，看病施药，驱动众人捐输，最后在住持女道士赵元枝师徒及村社的合力推动下成功：

> 孰意仙姑有灵，知我社囊羞涩，知人营谋艰难。忽道光丁未，浑迷善男，像其灵真，像其言说……每逢朔旦，每于望日，大施仙药，大广仙术，看病医疗，针疯驱邪。四方闻风，虔诚拜祷者，源源而来，不啻若江汉之朝宗；士庶被泽，肃敬享祀者，济济□盛，不啻若肆市之争先。众善自来捐输，社首住持募化，累以锱铢，需以岁月，门无虚日，买材取料，鸠工庀力。①

这次整修涉及正殿、中央殿、周匝墙堵、内山屏及二十八星宿殿、关圣殿、高禖祠、药王店、冀殿、云厨、闲居、厂棚、马房、禅院、台阶地面、三门中圈，由道光时期一直修至咸丰时期，使得：

> 碧瓦行行，脊兽列列。穿廊巨户，彩画油漆。明窗亮槅，丹朱涂饰。檐阿轩翔，山节藻棁。堂高巍巍，题步迭迭。仙姑宝相，金装锦幄。各殿神光，金碧显灼。西北翼殿，庙东岗上，买地一段。②

或许意识到了本次维修的艰难，仙姑神力被进一步扩大，甚至能教化外国：

> 及既登仙……精英显耀朝野，灵真感动帝庭，来降香挂幡。圣德于是乎是昭明，宏恩于是乎酬答。下民钦奉愈多懹懹，仙姑灵新益阐洋洋。有神麻，能与普火，能与生民作嘉祥。当其时，声名洋溢于中

---

① 《整修万寿宫记》，高平市上董峰村万寿宫，咸丰二年（1852）。
② 同上。

国，施及蛮夷。①

三　精卫填海故事的反常性

上党女神中，精卫是较为另类的一个。精卫故事有较为明显的两歧性，她同时具有治理水患和抗旱的双重功能，显示了地理环境的变化对民间信仰的影响。

精卫填海故事最早出于《山海经》：

> 发鸠之山，其上多柘木。有鸟焉，其状如乌，文首，白喙，赤足，名曰精卫，其鸣自詨。是炎帝之少女，名曰女娃。女娃游于东海，溺而不返，故为精卫，常衔西山之木石，以堙于东海。漳水出焉，东流注于河。②

"发鸠之山"即发鸠山，在长子县县城西 50 里处。

原文讲述的只是一个单纯的复仇故事，没有更深刻的思想内涵。经过文人的不断加工，精卫渐渐成了坚忍不拔精神的象征。在发鸠山一带，精卫最后成神，其故事沿着两个理路发展，一是抗旱，二是治理水患。

精卫填海故事应同当时的地理环境有关。

精卫填海时代，太行山的气候相当湿润。从《山海经》"漳水出焉，东流注于河"的描述来看，发鸠山周边的水量应该相当大。郦道元曾言，潞州一带"所有巨浪长湍唯漳水耳"③。唐代盖匡朝因漳河水量大而想将其添加至四渎之后，"以漳水配北岳"④。元至正六年（1346）曾发生漳河水溢出堤岸的事件，也可见当时漳河水量较大。现存漳河流域仍留有北方面积最大的湿地。这些都表明，精卫填海故事应与治理水患密切相关，所填之海当是漳河或发鸠山旁的湖泊水泽一类。灵湫庙始建年代不详，但至迟在金代，人们认为精卫即是漳源泉神："嗟乎帝娃，游泳弗悔。终以溺死，结成冤对。化为精卫，飞鸣谇谇……血食兹久，遗庙所在……为民祈福，

---

① 《马圣仙姑灵显记》，咸丰二年（1852），高平市上董峰村万寿宫。
② 袁珂：《山海经校注》，上海古籍出版社 1980 年版，第 92 页。
③ 郦道元：《水经注》卷十《浊漳水》，巴蜀出版社 1985 年版，第 211 页。
④ 赵贞信：《封氏见闻记校注》卷四《漳渎》，中华书局 2005 年版，第 37 页。

惟神是赖。肤寸云兴，甘泽滂沛。"①

　　明代祭祀精卫的灵湫庙中"塑如神女者三人，旁有女侍，手擎白鸠，俗称三圣公主，乃羊头山神之女，为漳水之神。漳水欲涨，则白鸠先见，使民觉而防止，不致暴溺"②。

　　至近现代，当地仍流传着精卫帮助炎帝驱除水患，勇斗黑龙，保证农业丰收的故事：

> 　　炎帝在上党地区培育五谷，开垦土地，不幸的是东海黑龙为患，驱动洪水滔天，淹没了大片良田和人畜。此时，炎帝的小女儿女娃挺身而出将黑龙赶回了东海，自己也因疲劳过度葬身水中。为了继续为百姓服务，女娃化身精卫，每天总要衔着发鸠山的柘木枝、赤石子去填东海，想把黑龙压死。③

图 5.8　长子县房头村灵湫庙

资料来源：笔者拍摄于 2014 年 7 月 7 日

　　基于填海这一事件，精卫在沿海成为海神。在一枚宋代铸造的"精卫

---

　　①《熨斗台神殿碑》，豫谦修，杨笃纂：光绪《长子县志》卷七《金石志》，《中国地方志集成》（山西府县志辑）（8），凤凰出版社、上海书店、巴蜀书社 2005 年版，第 306 页。

　　②朱载堉：《羊头山新记》，史耀清《上党寻笔》，北京燕山出版社 2005 年版，第 229 页。

　　③《精卫理水》，长治市三套集成编委会《长治市民间故事集成》，无出版社，1988 年，第 3—6 页。

填海"铜境上，石子已将小龙压了一大截。① 海南省海口市龙桥镇三角园村建有一座精卫娘娘庙，民国期间，村民将农历四月二十二日定为精卫的诞辰，每年进行祭祀以求出海平安，渔业丰收。

图 5.9　灵湫庙外的泉水一

资料来源：笔者拍摄于 2013 年 6 月 18 日

除治理水患之外，精卫还转化成了地方雨神。

同其他雨神的情况一致，宋元时期，旱灾成为发鸠山一带灾害的主流。这使得精卫的功能也随之变化。宋政和元年（1111），长子发生大旱，当时的县令王大定"躬率吏民祷于祠，未三日雨，合境需足"。官府"以其事上之大府，府以其实闻于漕台，考穷不诬，以其状奏焉天子。天子敕名灵湫庙，褒神利国惠民之功也"。②

"惟神灵验如响"，"于时春旱辄祷辄应"，"邑人以神之威灵，大加敬信，朝夕从事"。③ "历代致祭，民以为常"④。清代官方"以三月、七月十八日，有司致祭"⑤。顺治六年（1649）前后、康熙四十年（1701）前后、

① 宋版《精卫填海》铜镜：http://bbs.sssc.cn/viewthread.php? extra = page% 3D98&tid = 1810335，2012 年 8 月 10 日。
② 《勅宜赐灵湫庙为额牒至准敕封故牒》，豫谦修，杨笃纂：光绪《长子县志》卷七《金石志》，《中国地方志集成》（山西府县志辑）（8），凤凰出版社、上海书店、巴蜀书社 2005 年版，第 296 页。
③ 《熨斗台神殿碑》，豫谦修，杨笃纂：光绪《长子县志》卷七《金石志》，《中国地方志集成》（山西府县志辑）（8），凤凰出版社、上海书店、巴蜀书社 2005 年版，第 306 页。
④ 《重修灵湫庙记》，豫谦修，杨笃纂：光绪《长子县志》卷七《金石志》，《中国地方志集成》（山西府县志辑）（8），凤凰出版社、上海书店、巴蜀书社 2005 年版，第 315 页。
⑤ 王轩纂：光绪《山西通志》卷七三《秩祀略》，中华书局 1990 年版，第 5064 页。

道光十八年（1838）、1912 年，长子县都重修了发鸠山下的灵湫庙。宋、元、明、清，祭灵湫均列入国家祀典。同时，民间也多有进香祈祷者。抗战期间，官方祭祀消失，民间仍然坚持举办庙会，直至 1947 年。灵湫庙成为求雨圣地，也同地下有暗河有关："夜静更深，尝闻水声潺潺，伏流殿下。"① 人走出殿外，即可见一池泉水，至今犹存。

图 5.10　灵湫庙外的泉水二

资料来源：笔者拍摄于 2013 年 6 月 18 日

图 5.11　发鸠山上疑似精卫坟遗址

资料来源：笔者拍摄于 2013 年 6 月 18 日

① 《重修龙亭、四星池、香亭改作东房、石包台垣碑记》，道光十八年（1838），长子县房头村灵湫庙。

图 5.12　发鸠山下的山泉

资料来源：笔者拍摄于 2013 年 6 月 18 日

　　宋以后，精卫的功能实际呈现填海防止水患，及降雨防止干旱两条线索共同发展的态势，而降雨成为主要的功能。这说明，随着地理气候环境的变化，精卫的功能已经发生的改变。民国时，灵湫庙正殿前有对联："女娃理水，南经北纬，汇集神泉出灵湫；漳源泻碧，西流东注，灌溉上党万顷田。"[①] 其主题是理水，而非单纯防洪、填海一类的内容，包含了防旱的目的。

　　本节探讨了三个问题：一是女神信仰要得以维持，就需要具有女性特征。诸如柔弱与孝道的性格，送子的功能，绣鞋、金簪、绣花针一类的象征物，斗智不斗力的手段，都使得女性神的特征明显区别于男性神。

　　二是女神信仰要在村社祭祀中占据主要地位，成为地方大神，就要具有全能神的性质。这一问题具有一定普适性。如碧霞元君在山东就主管风雨、疾病、生育、农事，成为全能神。妈祖也是如此。在天妃归位后，太上老君重新给天妃确定名号为"辅斗昭孝纯正灵应孚济护国庇民妙灵昭应弘仁普济天妃"，其职能包括了救海难、管工商、去邪祟、平灾难、捕盗贼、惩恶霸、保家国、解怨仇、护生育、庇平民、调风雨、佑出门、增学识、执官运等，是一个典型的全能神形象。[②]

────────────

① 侯福兴、郭生竑：《文明之光：上党炎帝文化探微》，山西人民出版社 2002 年版，第 46 页。

② 于国庆：《天后圣母神迹录：妈祖传奇故事》，宗教文化出版社 2011 年版。

三是精卫的功能发展带有明显的时代与地域特征。一方面，在沿海，其填海功能得到延续。另一方面，在传说起源地，随着地理环境的变化，降雨、抗旱、理水成为其主要功能。因为水利问题已经不再借助神力，当代精卫功能又转向送子、治病。精卫先期形象被严重削弱。我们问及灵湫庙旁的民众，很少有人知道庙中神像的由来，而在解放前，灵湫庙还进行着接送水的仪式。这表明当信仰的基础消失后，神祇本身的功能消失也非常迅速。

女神庙宇及全能女神的存在，在整个神祇系统的性别构建中具有重要意义。它表明，虽然男性神庙及神祇在规模和数量上都占有绝对优势，但这不能代表女神无所作为。女性神祇通过其女性化和全能化的途径，仍能

图 5.13 现在灵湫庙中的牌匾
资料来源：笔者拍摄
于 2013 年 6 月 18 日

成为地方大神及村社主神，在性别建构上争取自身的地位。此外，从日常生活来看，观音等送子神的信仰虽然在乡村从来不占主要地位，但永远是不可或缺的。一个村落日常香火最盛的庙宇有时不是主神庙宇而是送子神祇的庙堂。壶关县南岸上村的光棍老爷庙，日常香火最盛的是偏殿中的送子奶奶。①

第二节 乡村社会中的女巫——师婆形象

巫之流行，时代久远。在传统社会中，它是一种合法的存在。汉代的

---

① 口述：王米贵，女，85 岁，壶关县南岸上村村民。采访者：笔者、赵天鹭，2013 年 6 月 18 日。

巫蛊之祸表明对巫的迷信即使帝王也不能例外，三教九流中有巫觋的一席之地。

凌蒙初曾作了一个概括：

> 话说男女巫觋，自古有之。汉时谓之下神，唐世呼为见鬼人，尽能役使鬼神，晓得人家祸福休咎，令人趋避，颇有灵验，所以公卿大夫都有信着他的，甚至朝廷宫闱之中，有时召用。此皆有个真传授，可以行得去做得来的，不是荒唐。却是世间的事，有了真的，便有假的。那无知男女，妄称神鬼，假说阴阳，一些影响没有的，也一般会哄动乡民，做张做势的，从古来就有了。直到如今，真有术的巫觋，已失其传。无过是些乡里村夫，游嘴老妪，男称太保，女称师娘，假说降神召鬼，哄骗愚人。①

凌蒙初认为，灵验的巫觋是存在的，只不过后世假冒的居多，用以欺骗民众。另外一些无神论者则认定巫不存在。清代熊伯龙（1617—1669）在《巫辩》一文中以西门豹治邺等例子指明，巫本不可信，不然巫必能自免于祸。② 周召则取王凝之、殷仲堪、曲棱等人信巫术而身陨的例子指明巫祝不可信。③

近代社会，巫觋中的一类——女巫仍广泛活跃于乡村，构成了民间信仰的重要方面。本节主要解决的问题是：反迷信语境下的女巫形象与上党乡村民间记忆中的女巫形象究竟是否相同，其原因何在？

一　反迷信语境下的"巫""女巫形象"

在近代反迷信运动中，巫觋成为被打击的对象之一。谭嗣同指出："爻辰卦气纳甲纳音与风角壬遁堪舆星命卜相之属，同为虚妄而已矣。必

---

① 凌蒙初：《拍案惊奇》，安平秋、魏同贤主编《凌蒙初全集》（2），凤凰出版社2010年版，第622页。
② 熊伯龙：《巫辩》，王友三《中国无神论史资料选编》（清代编），中华书局2002年版，第139页。
③ 周召：《痴人信邪受愚弄》，王友三《中国无神论史资料选编》（清代编），中华书局2002年版，第204页。

如西人将此等虚妄一扫而空之，方能臻之平实。"① 报刊媒体也发文揭露巫觋骗局：

> 江南又有一种女巫，能自腹中发声，与人对答，声若婴儿，谓之肚里仙人。吾妹适颍川，素豁达……一日于邻家师此巫，大疑之。余适至，乃举以告余，共研究其理。一傭妇在旁曰："是不必研究，妾亦能之。试使发声，傭乃屏气禁喘息，果有声嘤嘤然自肋下出。问何以解此，曰自亦不知其故也，生即能之，不假外学习，是殆脏腑之间别具异状，其黠者乃举以惑人耳。②

媒体宣传"巫人为医学之大敌，亦即病人的大敌。有望各村之村长与贤能，以及吾邑的长官，快把巫人废止执业，完全禁绝不可，则吾人民幸甚"③。

除了思想界，官府也有打击巫觋活动的举措。道光年间，山东章牟县城东南权丫山内每逢九月十五日，淄川县城西白云山内每逢三月初三、六月初六、九月初九便有巫觋聚集，以讲经、绕坛为主要活动方式，夜晚男女同宿于大殿之中。道光帝认为这种行为有伤风化，下令予以查禁。④

民国成立后，官方和社会舆论一边倒地揭露巫觋，将其活动视为骗术。1913 年，上海发布命令，认为：

> 巫觋之事，本是伪托，借此敛财。乃乡间妇孺动为所惑，甚至疾病不求医药，唯若辈之言是听，不徒损失资才，抑且贻误性命，其流毒实非浅鲜，合亟剀切禁止，不准再有以上情事，倘敢玩违，一经查悉，定当严重处分。⑤

宝山县议事会也通过条文，决定在境内严禁巫觋：

---

① 谭嗣同：《上欧阳瓣姜师书二》，南京大学哲学系中国哲学教研究室《中国无神论资料选注与浅析》，无出版社，1977 年，第 109 页。
② 《又一则》，《新小说》1905 年第 2 卷第 3 期，第 163 页。
③ 异林：《快将我邑女巫禁止》，《石南青年》1938 年第 2 期，第 36 页。
④ 范洁：《屡禁不止：清代妇女入庙探析》，硕士论文，暨南大学，2007 年。
⑤ 《布告禁止迎神赛会、太保、女巫等迷信》，《上海公报》1913 年第 1 期，第 17 页。

> 巫觋之事，盛行各处，此风由来已久，现在民国……此种恶习，承应铲除干净。①

这两则官方文件将巫觋视为伪托神灵，以此敛财的群体，并指出巫觋活动为中国社会的恶习，应当予以沿革。此后，官方对巫觋的态度未曾有根本性变化。山西政府也将破除迷信作为要务，将迷信作为中华民族落后的根源之一加以斥责：

> 我国为东亚文化之代表者，自古盛名震撼于世界。迄今于科学不发达之关系，与迷信固蔽民心之影响，落于次殖民地之位，甚可叹也。
>
> 居此时期，吾人首当研究中国所以退化不进之原因。苟得其症结所在，各个予以破除，则以内部之障碍一除，百事之改革自必易若反掌也。②

训令特别指出在农村进行的公民教育要继续"破除迷信，举行科学讲演及实验，藉资破除迷信"③，将不再迷信作为合格公民的标准。

除了民国政府，中国共产党也反对包括女巫在内的巫觋。在晋察冀抗日根据地，政府开展反迷信运动。一些神巫承认自己迷信害人害己，并保证改头换面，重新做人，参加生产。④

在对巫觋的批评中，有神论的基督宗教也加入进来：

> 江苏阜宁海河镇之有福音，为期不到二载，已得男女慕道友二十余名……有羊俞氏者，身任女巫二十余年，因孙病故，觉受所崇奉之狐仙欺骗，心殊不乐，无可如何。适有热心慕道友黄安正，劝其归主，能得永生，何必作魔鬼之仆。因此羊俞氏不时到堂，聚会听讲，未几决意，脱离巫业，请众道友到伊家，将纸书偶像除去，于是记者同黄安正、单耀东、杨锦山、朱文雪、王以江等十余人，至伊家，分

---

① 《严禁女巫案》，《宝山共和杂志》1913 年第 5 期，第 42 页
② 杨问之：《中国一般迷信之研究》，《山西民众教育》1937 年第 4 卷第 1 期，第 1 页。
③ 《本处二十六年份工作实施纲要》，《山西民众教育》1937 年第 4 卷第 1 期，第 10 页。
④ 李晓晨：《新中国建立前后华北农村破除迷信探析》，《中国共产党党史研究》2005 年第 4 期。

班祷告，大声歌诗，与巫者对说对讲，直至夜半之后，鬼始决意，离开羊家。离开之时，并要求二事：（一）伊到别处，请勿追逐，允许决不至信徒家中。（二）羊姓服役，念有余年，恐走后仍有其他丑类侵入羊家，请将二约《圣经》留下一部，置于案上，则不致再受其他恶魔侵犯云云。由此观之，足证《圣经》之宝贵，主道光明，实非旁门左道所可比拟，事属罕有，不可不记之，以荣耀主名，而坚固其他同道兄弟姊妹之信心也。①

在这个故事中，有几个信息得以表达：（一）基督教承认中国民间信仰中的鬼神存在。（二）中国民间神是旁门左道。（三）中国民间神在与基督宗教的较量中处于下风。（四）中国民间神最后受基督教感化，不但离开而且还请求以《圣经》防止同类。

不过，巫觋仍然在民国社会广泛存在。四川一带"妇女有疾病及无嗣者……必缘巫师乞怜于神"②。重庆虽严厉禁革，但偏僻商巷仍然有"不少彼辈营业之所"。"其间所谓大巫小巫，实数不见鲜"。③

在巫觋之中，女巫是一个庞大群体。事实上，在民国年间报刊媒体中，女巫出现的频率大有超过男巫之势。有的女巫号称"仙姑附体"，能于腹中发音。④ "天津女巫自称顶神，能看香头治人疾病。人称曰姑娘子或曰仙姑。"⑤ 石南县有一位女巫零姐，因为"送礼物的人极多"，"生意特别兴盛，医院反而萧条起来了。每当有人染病，必去这个村问零姐"。⑥ 在反迷信话语下，女巫被描绘了骗子愚民敛钱，甚至延误医治、害人性命的形象。重庆女巫作法报酬，"皆有规定，非至贫者不能减少。遇富有之家，且必令许香油若干，或为菩萨穿金挂红，为之宣传，故无论拴胎以及走阴诸法，至少须钱数吊，或洋数角。若必许油挂红，则非数元或数十元不能办，此外尚有劳油磨光等，则系失物者往求，亦不外设法骗财，不值

① 《二十年女巫归主》，《通问报》1936 年总第 1681 期，第 14 页。
② 毋我：《女巫》，《娱闲录》1914 年第 1 期，第 18 页。
③ 《重庆之女巫》，《四川月报》1933 年第 2 卷第 5 期，第 151 页。
④ 《取缔女巫医及沿途兜售成药》，《杭州市政季刊》1933 年第 1 卷第 4 期，第 5 页。
⑤ 《雨丝风片》，《小说月报》1911 年第 12 期，第 1 页。
⑥ 异林：《快将我邑女巫禁止》，《石南青年》1938 年第 2 期，第 36 页。

识者一噱"①。上党一带"巫婆也称师婆……以离奇手段索骗钱财……患者往往延治了医治时间而丢财丧命"②。《绍兴医学报》刊登了一篇文章，专门记录医生周镇与女巫同时治病取得胜利的案例：

> 病例一：医生诊断为湿热引起脉伏神糊，应用解秽开达之法，看了第二日，时混时醒；第三日去看师娘，不吃药，结果当夜送过佛后即断气。
> 病例二：病人热极像寒，巫医用佛事一天，结果昏厥；医生急救，三日后醒转。
> 病例三：女子难产昏迷，女巫禳神费三十多元，人昏过去三次，家人已备棺木；医生以寒邪之症治疗，最终醒转。③

在这三个案例后面，紧跟发的是一篇"时疫夺命散"的广告，宣扬"科学昌明，术尚竞争，优胜劣败，天演定例"，似昭示着反女巫的最终目的。

女巫不但祸害别人，甚至引火烧身。抗日战争期间，涉县一个"老师婆"言称"老爷能赶走鬼子"。于是，在日军进村后，村里的40余名妇女就避居其家以图幸免。"不料大家烧香礼拜才罢，敌寇兽蹄已汹涌赶至，破门而入，把那四十余个良家妇女悉数抓住，强行轮奸无一幸免。其中尤以一十四岁的幼女及该'老师婆'十九岁之亲生女儿，被奸次数最多，受伤最严重，现仍卧床不起。"这名老师婆也彻底失去了人们的信任，村民愤恨之余，改称其为"老死婆"。④

对女巫形象的所有建构，实质上都缺少了其自我言说，也缺乏了和她们接触最为密切的一般民众的看法。巫婆活动的地区，以农村最为集中，以庙宇为活动的重要基地。近代社会，尤其是民国期间的女巫，到底在乡村社会有着什么样的影响，在民众眼中的形象又是怎样的？我们即以上党地区的女巫为例阐释这一问题。

---

① 《重庆之女巫》，《四川月报》1933年第2卷第5期，第154页。
② 编写组：《中城村志》（内部交流资料），2009年，第170页。
③ 周镇：《锡地女巫极盛信巫停药则危险哩》，《绍兴医药学报星期增刊》1920年第23期，第8页。
④ 《四十妇女遭敌强奸，女巫迷信殃及大众》，《新华日报》（华北版）1942年3月23日，第4版。

二 上党地区的女巫——师婆

师婆，在上党地区也称神婆，与神汉合称马童，即为神祇牵马服侍之人。民国时期，上党许多庙宇在庙会期间，都会有众多的师婆神汉聚集。他们有的来自自身主管的庙宇，有的就是庙宇所在的村落中人。她们平时在庙中、家中给人看病求药，逢其他庙宇有庙会时便赶到那里，吃住均在庙中。其目的有两个：一是同行之间交流经验；二是代表神祇进行交流。庙宇庙会不但构造了人神之间交流的空间，也构建了诸神赴宴、友好交流的场面。如潞城市微子镇三仁祠解放前会有一二百马童聚集在各个神殿中，诵经歌唱之声彻夜不绝。整个庙宇笼罩在神秘的气氛之中。①

5.14 潞城市微子镇三仁祠中的师婆和神汉

资料来源：笔者拍摄于 2012 年 9 月 4 日

图 5.15 潞城市微子镇师婆在代替神祇与人沟通

资料来源：笔者拍摄于 2012 年 9 月 4 日

① 口述：王兰桂，女，56 岁，潞城市微子镇三仁祠马童。采访者：笔者，2012 年 9 月 3 日

图 5.16 长治县城隍庙师婆在帮助求神者与神祇沟通

资料来源：笔者拍摄于 2014 年 7 月 23 日

马童中师婆的数量要高于神汉。2012 年，在微子镇庙会期间，我们见到了三十多名马童，其中仅有六七名男性。民国期间情况类似。杜同海、牛其云、曹柱则等人也持此观点。"马童是女的多，阴阳是男的多。""在解放前，村西北的大庙里，每到四月庙会的时候，就有好多女的在那里集会，烧香集会拜老爷。男的没有几个。"① "每到庙会的时候就有好多师婆，晚上就住在庙里，烧一整夜的香。"②

图 5.17 黎城县南委泉城隍庙民国时期师婆的住处

资料来源：2013 年 6 月 22 日

① 口述：申国俊，78 岁，潞城市东靳村，采访者：笔者，2013 年 8 月 25 日。
② 口述：秦安林，58 岁，黎城县南委泉村村民。采访者：笔者，2013 年 6 月 22 日。

这种性别结构产生的原因可从乡村产业结构和男女文化程度的不同来分析。一般而言，乡间主要的劳动力是男性，整日在田间劳动，不可能有时间来进行程序烦琐的此类活动。女子由于要处理家务，相对而言在家时间较长，有利于从事这一活动。女巫并不脱离生产劳动，很多处于有事请神，无事操持家务的局面，职业性并不很强。"她们这一行，什么也不影响，有人来请，就去庙里，或者在家里给人作法，要是没什么事，就该做什么做什么。"①

另外一个原因在于女巫所承担的事项很少需要文化知识，能提笔写神鬼牌位的女巫在乡村很少见到，女巫的传承是不必书写的，"只是替神仙说话"，只要能说出神祇语言即可。② 这和阴阳有了很大区别。实际上，其他地区也能见到类似情况。如少数民族"有跳神礼……以当家妇为主"。"萨满亦称叉玛，奉者多为妇人，盖女巫之一种也"。"清代皇室王公暨诸宗室觉罗之家，必用妇人为司祝，满语仍称萨满，此即金代之女巫"。③ 因此，邹容说道："凡风俗之弊害，莫不偏于下流社会妇人女子之一部分。"④

无论如何，师婆的存在表明女性也可成为神职人员，男性求神者也需要听从女性安排，女巫在信仰场域中为女性争得了地位。

那么，什么样的人能够成为师婆？按民间说法，师婆是由神选定的，"当不当就不由她"⑤。具体而言，一个普通人成为师婆，"不论贫富，有的是穷人家，有的家里条件很好，也不知怎么回事就成了师婆"⑥。

总体看会有如下流程：先是"磨"。师婆都是磨出来的。⑦ 这一过程非常痛苦：有的是头疼，有的是睡不着，有的是在家里连唱带跳，有的说胡话，有时一连持续几周。这些病都是莫名而起，医治无效。在将人折磨得筋疲力尽之时，就会有一位神祇通过某种神秘方式告知当事人去某某庙服

① 口述：王争上，女，82岁，长治县郎家村师婆。采访者：笔者，2014年7月23日。
② 口述：王保珠，女，74岁，潞城市贾村村民。采访者：笔者，2014年5月2日。
③ 宋兆麟：《巫觋：人与鬼神之间》，学苑出版社2001年版，第30页。
④ 邹容：《革天》，南京大学哲学系中国哲学史教研室《中国无神论资料选注与浅析》，无出版社，1977年，第120页。
⑤ 口述：王秋豪，女，82岁，长治县北仙泉村村民。采访者：笔者、段建宏，2014年5月13日。
⑥ 口述：王桂枝，女，76岁，潞城贾村村民。采访者：笔者，2013年8月25日。
⑦ 口述：申国俊，78岁，潞城市东靳村村民，采访者：笔者，2012年8月15日。

侍，俗称被老爷"踩住"。如果坚持不去，则病情继续加剧，直至她答应为神祇服务，成为代言人。有时，也有别的师婆前来指出根源所在，当事人表示愿意为神祇服务时，病症便会自动消失。①

　　然后通灵。病愈后，她就有了和"老爷"沟通的能力，从而能为求神者祈福。"看病是老爷告诉我们，莫名其妙地就看出来了。这都是代代流传下来的，至少解放前是这样。"② 这一过程在很多少数民族中也有存在。广西壮族的巫婆也是由神来指定的，皆为久病成巫，认为她在病中与鬼神结下姻缘。她自己此时也唱歌不止，自语"天上要我当巫婆"。事后则拜老巫婆为师，学习巫教事务，禁止吃牛肉和狗肉。女巫在通神时必须喝酒，使自己昏昏然，然后代表鬼神说话。藏族、彝族、苗族、佤族、诺族、满族的成巫情况亦大致如此。③ 如"雅牙是布依族的占卜退神者，一般为成年女子突然病重一场，病愈后即有巫魂附体，言语怪诞，自称是已故的某巫的代言人"④。

　　具有了通神能力后，师婆也会常有一些出人意料，远远超出其个人能力的行为。民国年间的微子镇的马童集会时，除了同行交流之外，为彰显附体老爷的能力，还会进行比赛。他们会以爬树、爬山等活动来决出哪一个老爷更快更强。让人奇怪的是，不少上了年纪，看起来瘦瘦弱弱的人，那几天生龙活虎，不知疲倦。⑤ 牛其云就听说过这样一件事：

　　　　一个80多岁的老太太，裹着脚，平时走路还需要人扶，有一天突然被神附体，又蹦又跳，上房爬树，和平时比完全就是两个人，连说话的声音也变了。等过了一阵子，人就又突然清醒过来，问她刚才发生的事，都一概不知。⑥

　　类似的事情实际上在各地都不罕见。民国时报纸报道了一件让人瞠目

　　① 口述：宋先庆，60 岁，潞城市东天贡村村民，马童。采访者：笔者，2012 年 10 月 31 日；口述：牛其云，68 岁，壶关县沙窟村乐户世家。采访者：笔者，2013 年 11 月 17 日。
　　② 口述：李红萍，女，50 岁，长治县都城隍庙师婆。采访者：笔者，2012 年 9 月 3 日。
　　③ 宋兆麟：《巫觋：人与鬼神之间》，学苑出版社 2001 年版，第 126—127 页。
　　④ 姚周辉：《神秘的幻术》，广西人民出版社 2004 年版，第 105 页。
　　⑤ 口述：赵小红，65 岁，微子镇居民。采访者：笔者，2012 年 7 月 20 日。
　　⑥ 口述：牛其云，68 岁，壶关县沙窟村乐户世家。采访者：笔者，2013 年 11 月 17 日。

结舌的事情。第 63 代张天师在 1946 年 8 月由龙虎山来到上海,要在惠山玉皇殿为抗战殉难将士做法事三天。最后一天,来了一位 30 多岁的"师娘",身穿蓝布旗袍,足登黑布鞋,戴一副近视眼镜,声称奉某神祇派遣,来见天师,有事相商。天师避而不见,等到十一点多,这位师娘忽然神灵附身,"立刻以跨马姿势,不断加鞭,满山奔跑,履山岩石级犹如平地,虽烈日当头,犹不稍衰,一时观者如堵"。大家骇异之余,都说"铁公鸡里的张家祥也不过如此"。神马跑完之后,师娘犹面不改色,气不稍喘,向附近居民索取饮马水。一般民众以面盆盛水供奉那匹"神马",竟一口气喝了八九盆,看的人都为之咋舌。这样的场面,明显震慑了天师。他坚决避而不见,最后一天则登上黄包车落荒向城里而去。①

在师婆的医治范围内,"浮病""虚病"占了一大部分,指的是一些本身并没有造成人器官实质性的变化,但却让人有区别于正常人感受的疾病。精神心理类、鬼神下凡附体、儿童失魂的疾病大致属于这一范畴:

> 凡是具体的病,像肚子里长了个瘤子,我们治不了,但是浮病、虚病就能治。如果是虚病,就要想办法问病因:有的是人的行为得罪了神祇,需要赎罪;有的是因为流年不利,应该生病;有的是由一些不干净的东西,如牛鬼蛇神一类的上了身,需要神祇来将其驱逐。②

牛其云也认为师婆只能看一些精神上的病,治不了真正的病:

> 师婆也管送鬼。要是有鬼上身,就让她们给送送就好了……说是看病,其实也没有药,主要是跳大神、给老爷上香,让人高兴一下子,觉得已经和神仙沟通了,病也就好了。③

从牛其云的说法看,师婆类似于心理治疗师,能给人以积极的心理暗示,所以会治病会有效。不过,也有人认为这个原因是说不清的:

---

① 《鬼迷张天师:女巫显灵·天师受窘:无锡惠山一幕怪剧》,《十日画报》1946 年第 1 卷第 3 期,第 2 页。

② 口述:马晶,女,28 岁,长治市师婆;口述:王双花,女,50 岁,潞城市微子镇三仁祠师婆。采访者:笔者,2012 年 7 月 20 日。

③ 口述:牛其云,68 岁,壶关县沙窟村乐户世家。采访者:笔者,2013 年 11 月 17 日。

这个东西很不可思议，很难理解。有的病在医院，医生各种方法都瞧不好，但是让她去，不花多少钱，比医院少得多，还能把病治好。她有这个能力。解放前是这样，现在也是如此。①

除了神灵附体、跳大神之外，师婆另外一种看病的方式就是助人拜药。

华北乡村的民间信仰活动中，拜药较为常见。它指的是村民患病时去庙内神像前祈求神祇赐药的活动。如屯留县就盛行拜药。② "乡民家若有人患恶疾或久病不见医效者，其亲眷便到庙宇求神拜药。其实所拜之神药不过是风刮之香灰或其他尘土之物。此俗直到新中国建立后仍有起伏。"③

长子县大中汉村三峻庙就是当时一处求药盛地，"至民国十年，神妙莫测，普施灵丹，遐迩求药者络绎不绝，共收布施钱三百之谱"④。羌城普云寺在民国期间也不断有求药活动⑤。万寿宫、真泽宫的情况也是如此。

师婆就负责拜药之事。其大致的流程就是病人先烧香磕头，说清自己的病情。然后师婆负责与神灵沟通。随后神前就有东西落下，包起来回家服下，有的病就好个差不多。⑥ 拜药程序大致如下：

第一，烧香。求药者要烧全香，即香、蜡、纸、供品要备全，再交上布施钱。

第二，叠纸包。师婆把黄纸或者红纸叠起来。放到神像前，一般放三包。

第三，述病情。求药者在神前叩头，之后长跪。师婆代替或求药者自述病情。师婆代替神祇传语。

第四，取药。这一程序完毕后，等一会儿或者第二天拆开纸包就会有药。有土色的，有黄色的，有大点的，有小点的。有的让当场

---

① 口述：王小菊，女，73 岁，长子县崇瓦张村村民。采访者：笔者，2013 年 8 月 1 日。
② 王明亮：《屯留风貌》（内部交流资料），1990 年，第 172 页。
③ 贾炳联、刘书友：《停河铺村志》，光明日报出版社 2008 年版，第 242 页。
④ 《重修三峻庙碑》，长子县大中汉三峻庙，1926 年。
⑤ 口述：张仁义，78 岁，潞城市羌城村村民。采访者：笔者，2012 年 10 月 10 日。
⑥ 口述：申国俊，78 岁，潞城市东靳村村民。采访者：笔者，2012 年 8 月 15 日。

喝，有的让分三天喝，神祇会吩咐师婆转达。①

图 5.18　潞城市羌城村三大士庙拜药所用纸包

资料来源：笔者拍摄于 2012 年 10 月 10 日

　　有的庙宇求药要求相对较为严格，如需"病者亲戚必斋沐衣冠，梦香启行，以瓯至井，盛新汲净水，纸覆之，至庙焚香默祝。僧持瓯熏香，烟上三周，置神案前，击鼓以纪其拜之敬。拜一朝毕，对日启视，即有药粒注瓯中"②。石末神山祈药要求一天拜二十四次，积善村药王庙则要求一天拜十二次。③

　　当然，药的形状、颜色也不尽相同。"药具诸色，而朱丹为吉。"④"有的药就是粉末。有红黑粉黄各种颜色。如果是黑的，表示这个病是恶疾，不好治疗。如果是粉的、黄的是浮病，就能治。要是红的、黄的就是好病，会因病得福。"⑤ 有的药就是圆圆的药粒，有绿的，有红的，有的就

　　① 口述：王津昌，84 岁，潞城市羌城村村民；口述：李晓女，女，86 岁，潞城市羌城村村民。采访者：笔者，2012 年 10 月 10 日。口述：靳迷勤，男，60 岁，壶关县三郊口村村民。采访者：笔者，2013 年 6 月 18 日。

　　②《重修药王庙碑记》，道光元年（1821），陵川县积善村药王庙。

　　③ 同上。

　　④ 同上。

　　⑤ 口述：常晓女，女，80 岁，长治县北仙泉村村民。采访者：笔者、段建宏，2014 年 5 月 1 日。

是粉末。①

　　乡村女巫的另外一个功能是保护儿童不生疾病，长命百岁。上党乡村盛行拜巫觋为义父义母的习俗。至民国期间，农村的医疗卫生条件极差，婴儿的死亡率很高。巫觋便承担了村落幼儿保护神的角色。许多幼儿病弱的人家会请神婆神汉跳神消灾，并让孩子拜他们为干娘或干爹，有时由于孩子年龄太小，也认干爷爷和干奶奶。等孩子到了开锁②年龄，再请神婆神汉来举行一场仪式，向鬼神请命。这种习俗在建国以后仍有遗存。③ 在荫城，每年农历三月三桃花女诞辰和九月九周公诞辰，干儿干女就要带供品前来，师婆会为他们举行仪式免灾。④

　　招魂也是师婆常做的事情。有时，孩童意外受到惊吓就会啼哭不止，夜不能寐，或者昏迷不醒。民间认为这是孩子丢了魂，需要招魂。有时祖母或母亲会在正午时于院内摆一小桌，上面设香炉，焚香，摆上馒头之类的祭品，桌上放一小红布条。祖母跪在小桌前，诚心诚意三叩拜后，手拿红布条，口中念患儿的名字，叫着"回来吧，回来吧"，呼唤后，将红布条放在患儿的肚兜里。有时由父母带上孩子的衣服，去孩子受到惊吓的地方，叫着孩子的名字回家。⑤ 自然，师婆的能力要比普通人强大。民国时，屯留县中城村曾有位老太太很有经验，"摆弄几下就好了"。老人生性善良，村民凡有所请必定到场，为许多孩童除病去病，受到人们的尊敬，直到现在还传为美谈。⑥

　　那么，师婆会不会无休止的骗人钱财，延误人医治呢？如上所言，许多师婆并不认为自己包治百病，所以在遇到自己没有把握的病症时，会告知家人前往医院："要是一看，人家就是真病，就得赶紧让人去医院。"⑦北京郊区盛行的乩坛也有这样的情况：

---

① 口述：姜子善，68 岁，潞城市市民。采访者：笔者，2012 年 9 月 7 日。
② 开锁，类似于传统的成年礼，上党开锁年龄普遍为 14—15 岁。
③ 口述：刘元海，84 岁，长子县琚村村民。采访者：笔者、段建宏，2012 年 8 月 24 日。
④ 寒声、原双喜、栗守田：《大迓鼓·调方相·乐台及其他》，寒声《上党傩文化与祭祀戏剧》，中国戏剧出版社 1999 年版，第 646 页。
⑤ 贾炳联、刘书友：《停河铺村志》，光明日报出版社 2008 年版，第 243 页。
⑥ 编写组：《中城村志》（内部交流资料），2009 年，第 168 页。
⑦ 口述：王双花，女，50 岁，潞城市微子镇三仁祠师婆。采访者：笔者，2012 年 7 月 20 日。

有一个人为母亲向仙人求命，仙人的回答是："目下无关。然应速医，或可挽危。"①

民众也不是一定要先巫后医，也有很大一部分人是"在医院里怎么也看不好了，实在没有办法了，就去找师婆看病"②。

在师婆眼中，为神传言是一件神圣的事情，不可贪财，贪财是违背其职业道德的。"至于报酬，都是随主家意愿的，多少不论，但必须是主家主动给，自己不能讨要。现在也有要钱的，这都不是真的师婆，假的太多了。"③ 在20世纪三四十年代，"师婆要的钱和物也不多，比医院少多了，大家都是看着给，给多了人家不嫌多，给少了人家不嫌少"，基本上是主家自愿给上一些鸡蛋、小米之类作为报酬。④ 这些形象，都和反迷信语境下的女巫形象差异很大。

师婆之所以有市场，还在于"有的师婆会拔火罐、扎针、放血、按摩，一般的小病都能治愈"⑤。近代上党乡村，民众财力有限，付不起医药费，而一些师婆能粗通医理，自然会成为民众首选。中医以阴阳五行、经络学说为基础，本身就带有强烈的神秘主义色彩。巫本身也有医的成分。上党地区的巫医现象，有一定的普适性。在李慰祖的《四大门》中，提到了香头治病除了神秘性之外，也佐以相关的民间医学手段，如服药（炉药与草药）、敷药、扎火针、按摩、收油等，并认为此类手段虽不专业，但却起到了辅助的治疗作用。⑥

中国共产党对此有较为清醒的认识。针对当时太岳地区流行巫神看病的情况，特意要求各地"要刻不容缓地进行医药卫生建设。两千个工作人员是异常必要而且应该办到的。没有这许多医务工作人员散布在乡村里，有什么办法使巫神绝迹呢？"⑦

---

① 李慰祖：《四大门》，北京大学出版社2011年版，第125页。

② 口述：牛其云，68岁，壶关县沙窟村乐户世家。采访者：笔者，2013年11月17日。

③ 口述：刘家珍，女，67岁，平顺县东峪沟九天圣母庙师婆。采访者：笔者，2012年8月15日。

④ 口述：程二秀，女，65岁，泽州县西角村村民。采访者：笔者，2012年8月20。

⑤ 口述：杜同海，78岁，潞城市贾村村民。采访者：笔者，2015年1月2日。

⑥ 关于此类现象，参见李慰祖《四大门》，北京大学出版社2011年版，第11—12、94页。

⑦ 《巫神的坦白》，新华书店1945年版，第19页。

三　秃奶奶：一个地方师婆的神化

潞城市贾村西北角有一座小庙，称秃奶奶庙。庙内有一块匾额，写着本村师婆秃奶奶的传记如下：

> 贾村靳门张氏老奶奶，大名石花，神号秃奶奶，成名称宝石花。生于一八七二年岁次壬申二月十七，卒于一九四四年岁次正月二十四千秋，甲申年寿终享年七十二岁。
>
> 靳门张氏，娘家崇道村。父亲去世后，母亲改嫁富村。老奶奶一生在碧霞宫奉神，为民消灾治病，从不贪财，无私无畏，终身修炼，功载千秋。一九四四年端月辛亥日在碧霞宫蝗皇殿南侧立坐升天。原先安放在村西北吕祖庵北侧洞内。同年仲秋由本村李忠库主持，在村东南做坟建庙，故葬地更名庙岸地，是一风水宝地。①

图 5.19　潞城市贾村秃奶奶庙中秃奶奶画像及生平介绍
资料来源：笔者拍摄于 2012 年 10 月 3 日

秃奶奶的称号源于其头上缺少头发，近于秃顶。她在丈夫逝前就有去碧霞宫烧香的习惯。丈夫去世后干脆搬到碧霞宫中居住，常年奉神。秃奶奶在何时具有了通灵的能力，村内人已经无从知晓，但对其师婆的身份没

---

① 《张氏老奶奶生平》，潞城市贾村秃奶奶庙。

图 5.20　秃奶奶庙全景

资料来源：笔者拍摄于 2012 年 10 月 3 日

有疑问。从现在的传说来看，多数记载的是 20 世纪 30 年代后的事情，说明现在人们所能回忆的，只能是其晚年的一些故事。

秃奶奶的传说主要有三类：

一是为村人治病却不贪财。她主要给儿童治病，方法很简单，"摸摸孩子，然后嘴里念叨念叨，就好了。有患者送她治疗费，据说还有银圆，她用布包起来，在村中一边走一边往后洒，引得许多孩子在后面跟着拾钱"①。

二是关于后世的预言。这是她让后人最为惊异的能力：

村中原先有一个叫王培珉的地主，历来瞧不起穷人，见了面就喊她"疯老婆子"。秃奶奶对他说："你不要骂我疯老婆子，将来在十字路口跟你算账。"结果，土改开始后，他果然被人围攻，用砖块石头砸死在村外的十字路口。②

她还能预知逝世的日期并于蝗皇殿前坐化。

人们印象最深的就是当年她带着小孩子们念顺口溜："灯头朝下，吸

---

① 口述：靳富来，54 岁，潞城市贾村村民。采访者：笔者，2012 年 10 月 3 日。
② 口述：杜同海，75 岁，潞城市贾村村民。采访者：笔者，2012 年 10 月 3 日。

烟没杆，穿鞋没脸，井口朝下。"灯头朝下指的是电灯代替油灯，抽烟没杆指的是纸烟代替烟袋，穿鞋没脸指的是新式鞋型代替圆口鞋，井口朝下指的是自来水的使用。当时人们始终不能理解其言语，后来才一一醒悟。

三是保护了村子免受日本军队侵害。抗日战争期间，日本人有一次进了村，全村人跑到碧霞宫中。秃奶奶跪在庙中，在庙门上贴了两张黄纸。日本人进庙看了看，就走了，全村免遭兵灾。

秃奶奶还能坐在水池中间，水不能渗透衣服；下雪天地上下了一尺左右的雪，她躺在地上七天七夜，不吃不喝也安然无恙，起身后雪仍不化。①

考察秃奶奶成神的几个要素中，有两点特别需要注意：一是虔诚奉神；二是为人消灾而不贪财。这也符合我们前文对师婆道德准则的判断。虽然这是后人经过建构而汇集出的形象，但至少能反映部分问题。

本节主要探讨了两个问题：一是近代反迷信语境下女巫的形象建构；二是脱离了这一语境后民间社会对女巫的认识。两者在对女巫的认知上，有着极大的差别。师婆在乡村社会是普遍的存在，反迷信运动虽使其受挫，但却不能完全根除，其原因在于民众的需求始终存在。在女巫的自我言说和乡村民众的记忆中，上党女巫，即师婆并非是欺骗民众、榨取财物、延误医治时机的罪魁。师婆本身是有其道德约束的，其中不能贪财是一项基本原则。她们也不认为自己能包治百病，遇有无法医的病症，会让病人及时就医。

师婆本身的治疗是有效果的，与民众的关系是融洽的。在乡村，师婆承担了拜药、医生的角色。她们还用拜干亲的方式使儿童免除灾祸，并能医治儿童的失魂。个别师婆因为医疗效果明显，道德品质优良，还会被村民奉为神祇，拥有自己的庙宇并能享受后世祭祀。就更广阔的范围而言，师婆所要解决的，正是乡村社会需要解决却不能解决的问题，正如人类学功能学派的认知一样：

> 无论有多少知识和科学能帮助人满足他的需要，它们总是有限度的。人事中有一片广大的领域，非科学所能用武之地。它不能消除疾病和朽腐，它不能抵抗死亡，它不能有效地增加人和环境间的和谐，

---

① 口述：王桂珍，女，73 岁，潞城市贾村村民。采访者：笔者，2012 年 10 月 3 日。

它更不能确立人和人之间的良好关系……不论已经昌明的或尚属原始的科学，它并不能完全支配机遇，消灭意外，及预测自然事变中偶然的遭遇。它亦不能使人类的工作都适合于实际需要及得到可靠的成效。[1]

从这个意义上讲，师婆的存在同僧人、道士、牧师、神父的存在在本质上是一致的。

在乡村社会，女巫的行为，如果纳入整个乡村信仰系统，那么将会大致形成一个二元互补的体系。若将其移入整个的信仰场域，便可发现：首先，在马童这一群体中，师婆数量要超过神汉，女性占据了优势。如果放在整个信仰场域中，师婆和阴阳先生一起，构成了一种功能互补的态势。阴阳和师婆分工不同，不能相互替代：师婆以个体为服务对象，主管治病消灾。阴阳以家庭、村落等集体为服务对象，主管建房堪舆、赛社仪式。二者互相分工，才有了乡村社会信仰场域的平衡，也解决了民众在个体、集体方面的需求，有助于社会秩序的稳定。

第三节 性别权力的限制与反限制

在前面两节中，我们探讨了女神信仰和女巫在乡村信仰机制中的作用及性别意义，本节我们将具体探讨在庙宇、仪式中，男性对女性权力的限制及女性因素彰显的反限制力量。

一 男性权力的彰显

在上党信仰活动中，性别意蕴无疑是一个需要注意的问题。总体而言，上党女神庙虽然数量个少，但相对于众多的男神庙而言，无疑在总体上处于弱势。

首先，在二仙庙、碧霞宫、万寿宫等女神庙宇中，庙宇的日常管理、维修和迎神赛社的主导权也掌握在男性手中。

壶关县真泽宫 1922 年的住持是僧隆焕，长子县灵湫庙、泽州县柳树口

---

① ［英］马林诺夫斯基著：《文化论》，费孝通译，华夏出版社 2002 年版，第 53 页。

二仙庙的管理者在 1949 年前也是僧人。作为庙宇修建和祭祀的主要群体，社首、会首更是少有女性。此外，女性修庙捐助人也相对较少。乾隆五十三年（1788），汝家庄重修圣母庙。这座以送子为主要功能的女神庙的捐助者中，竟没有一名女性。① 同治三年至十二年（1864—1873），中坪村重修二仙庙，55 名维首中也没有一名女性。② 光绪八年（1882），东井村重修观音阁，是由郝文魁、王得砺、常中立 3 人倡议，17 名社首全是男性。民国期间，康营村成立高禖会集资重修高禖殿，从发起人到 10 名会首也没有一名女性。③

其次，在迎神赛会、祈雨仪式中很少有女性参与。女性在敬神仪式中被严重边缘化了。迎神赛会的三大行当：阴阳、厨师、乐户中，女性基本被排斥在外。其他职事人员也未见有女性参与。祈雨取水仪式对女性也常有限制。首先，水官基本是男性。事实上，除了王童村外，我们没有发现水官是女性的例子。如长治县原家庄民国时期去黎城马鞍山求雨时的人员规定是：15 个人必须都是男人。"各地都很少用女性求雨。"④ 不但如此，女性有时连观看的权力也没有。伏头村抬龙王爷出游踩旱时，"只许男人抬，女性不让抬，而且也不让看"⑤。北石槽求雨时，"全都是男人们，没有女人们求雨，也不叫女人出来看"⑥。南阳护抬着神像出游时，也不允许女性观看："妇女和鸡狗都不能出现，一见到这些天就不会下雨了。"⑦

虽然个中原因不详，但这一仪式展现的性别限制是显而易见的。

再次，在入庙烧香上，对女性有着较多的限制。事实上，禁止女性入庙是传统社会一项较为普遍的禁忌。政府禁止女性入庙的原因主要在于这一行为有违传统伦理道德，并由此引发社会问题。同治八年（1869）清廷颁谕"禁止妇女入庙观戏"称：

---

① 《重修圣母庙碑记》，乾隆五十三年（1788），沁源县汝家庄村圣母庙。
② 《重修二仙庙碑记》，同治十二年（1873），高平市中坪村二仙庙。
③ 《高禖会成立碑记》，1919 年，高平市康营村成汤庙。
④ 口述：董富来，80 岁，长治市市民。采访者：笔者，2013 年 1 月 6 日。
⑤ 口述：刘海芳，女，58 岁，高平市伏头村，2013 年 6 月 18 日。
⑥ 口述：裴小清，48 岁，长治北石槽村村民。采访者：笔者，2012 年 10 月 26 日。
⑦ 口述：李承则，85 岁，南阳护村村民；口述：郝齐则，60 岁，南阳护村村民。采访者：笔者、段建宏，2012 年 10 月 4 日。

寺院庵观，例禁妇女入内烧香，近期奉行不力，以致京城地面，竟有寺庙开场演戏借端敛钱。职官眷属，亦多前往。城内隆福寺、护国寺开庙之期，妇女亦结队游玩，实属有伤风化。令步军统领街门顺天府五城出示晓谕，严加稽查，遇有前项弊端，即将该庙僧尼等从重惩办，以挽颓风。①

清光绪《清会典事例》言：

若有官及军民之家，纵令妻女于寺观神庙烧香者，笞四十，罪坐夫男，无夫男者，罪坐本妇。其寺观神庙住持及守门之人，不为禁止者，与同罪。②

民国政府是反迷信运动的积极倡导者，特于 1930 年颁布法令，禁止民间入庙烧香：

我最优秀之神农华胄，若犹日日乞灵于泥塑木雕之前，以锢蔽其聪明，贻笑于世界。而欲与列强争最后之胜利，谋民族永久之生存，抑亦难矣。现查旧日祭祀天地山川之仪式，一律不能适用。即崇拜先哲，亦重在钦仰其人格，宣扬其人格功烈，凡从前烧香拜跪冥镪牲醴等旧节，均应废除。至各地方男女进香朝山，各寺庙之抽签理忏……陋俗，尤应特别禁止，以蕲改良风俗。③

此规定虽未特别限制女性，但女性无疑也在被限制之中。

乡村社会虽然没有严格执行此类规定，但在庙会之外的时间内，常有着年龄、结婚时间上的限制，如潞城市贾村规定，未成年、怀孕、结婚不满二年、生孩子不满二年不能入庙。这使得有些女性达不到要求而终生未能入庙。壶关县南阳护村有三座规模较大的男神庙，三崚庙、关爷庙、祖

---

① 中国革命博物馆：《近代中国报道 1839—1919》，首都师范大学出版社 2000 年版，第 222 页。

② 《清会典事例》卷七六六《刑部》，中华书局 1991 年版，第 432—433 页。

③ 《国民党中央秘书处奉发〈神祠存废标准〉致各级党部函》（1930 年 4 月 30 日），中国第二历史档案馆编《中华民国史档案资料汇编》第五辑，第一编，文化（一），江苏古籍出版社 1994 年版，第 495 页。

师庙。能进这三座庙宇烧香的女性一般都是娶过门三年以后。结婚三年以内的女性不让进；小女孩不让进。酒村"只有成了家的女性才让进庙，成家之后三年，才能进庙看戏"①。

这些规定，从表面上看，确实体现了男性对社会资源的占有。迎神赛会、祈雨仪式不仅仅是一种义务，更是一种权力合法性的展示。男性只有掌控了神圣的仪式，才会稳固自身的话语权：

> 从前认为大事应该男人去做，女人也就是在后面帮帮忙。我们村有一个老太太，生孩子生得多，这个孩子接着那个孩子，就没有间隔过三年，于是，她都 100 岁了还没进过庙。②

北石槽村的规定也极为严苛，不但三峻庙，就连送子的奶奶庙也不准女性而由男性进庙求子。其理由是"小女人不足以承担大事，尤其怕女人有了月经，会玷污神祇"③。

总体看来，民国时期去庙内烧香的人以中老年为主，主要目的是为家人求平安。另外一类人是长年不孕的女性。其他的女性很少。

二　女性权力的逆转现象

但是，据此并不能得出女性权力缺失的结论。维克多·特纳在考察恩登布部落时，指出在部落结构的男性场域中还存在着反结构的现象，女性地位有时会"逆转"：

> 其他的地位逆转的仪式，还会涉及男性的权威和角色被女性取代的情况。这些仪式会在年度变更的某些节点上举行……在这一典礼举行的时候，女人会被赋予主导性的角色，而男人会被赋予从属性的角色……比如虫灾、饥荒或旱灾——发生的时候，这类仪式的举行会更为频繁。④

---

① 口述：不愿透露姓名者，72 岁，长子县酒村村民。采访者：笔者，2012 年 10 月 5 日。
② 口述：王秀枝，女，73 岁，潞城市贾村村民。采访者：笔者，2012 年 10 月 3 日。
③ 口述：裴小清，48 岁，长治北石槽村村民。采访者：笔者，2012 年 10 月 26 日。
④ ［英］维克多·特纳著：《仪式过程：结构与反结构》，黄剑波、柳博赟译，中国人民大学出版社 2006 年版，第 183—184 页。

性别角色的转换在不同的地区、时代、人物身上都能出现，在上党，女性在信仰空间与仪式中的缺席并非绝对，存在着一定的"补救"行为。

一是女性在庙宇修建中并非毫无作用。在一些女神庙中，也有女性捐款的碑刻出现。康熙十六年（1677），陵川县西溪重修二仙庙，除了乡绅捐助外，女性信众也专门捐资重修了东楼，为此，碑文特别赞扬道："乐善好施之举难矣！须眉辈每锱铢是吝，况妇人女子乎？若夫不辞耄耋，不畏险阻，不避险阻，俾诸士女乃一心，不更难与？则遡厥东楼维新之由，实段门秦氏之力为最云。"① 她是本次维修的领导者。嘉庆二十三年（1818），小寨村修建关帝庙与菩萨庙，6 名女性村民也踊跃捐资，在碑记上名字刻于男性村民之前。嘉庆二十四年（1819），黎城县张家山村创建龙王庙时，程门李氏、焦门王氏也捐钱 100 文，数量还在一些男性村民之上。道光咸丰年间，上董峰村重修万寿宫，住持女冠赵元枝师徒就参与其中。同治三年（1864）前后，韩家庄重修老君殿，本次活动的纠首是以夫妻二人搭配的形式出现的，如"段续贤，妻张氏"。②

社会组织中也有女性的身影。明崇祯十年（1637）潞城市南舍村玉皇庙重修碑上就提到"申氏、朱氏"两位女性会首。③ 乾隆十年至十一年（1745—1746）年临泽村重修海潮庵时，也有"孟门焦氏、刘门张氏、刘门王氏"三位女性社首。④ 女性还成立了自己的会。明万历四十七年（1619），阳城县上庄村白衣菩萨会开列了万历三十一年（1603）以来 17 年间的会费收支情况。17 年间，会银仍余 17 两 5 分 6 厘。会内用这笔钱共修塑了庵内小像，修东楼买树，油漆正殿，化妆供桌，墁院，修路。该会全由女性组成，看来是一个定期维护菩萨庵的会，其经费由成员集资。

道光十九年（1839），秋树垣村修建观音阁时有本村的斋会成员捐款。这个斋会是以观音信仰为准，以女性为主的组织。整个斋会共有 22 人捐款，占据整个捐款人数的 40% 左右，而且村内还有人将散钱 1150 文捐于

① 《重修东楼小引》，康熙十六年（1677），陵川县岭常村西溪二仙庙。
② 《重修老君殿碑记序》，同治三年（1864），沁源县韩家庄老君庙。
③ 《重修玉皇庙碑记》，崇祯十年（1637），潞城南舍玉皇庙。
④ 《海潮庵修碑记》，乾隆十一年（1746），晋城市城区临泽村。

会中代为施舍。① 道光二十六年（1846）重修时，该会已改名为"念佛会"，继续捐资，其人名多有重合者，且女性捐助者列于男性之前。② 光绪九年（1883），清泉村重修菩萨岩时，上下两村的斋会也各捐钱 5 千文和 7 千文。③

二是女性烧香并非一律严禁，会有变通之法。

民国政府和清政府对女性入庙的限制属于两个逻辑，一是源于风化和治安，二是源于反迷信的思维。不过，不管官方通过何种方式来限制女性入庙，女性入庙烧香的活动也始终不绝。事实上，清政府对女性入庙的态度处于时松时紧，模棱两可的状态中。虽有汤斌之类为政府政策摇旗呐喊的官员，也有主张对此宽松处理的观点。尤其是乾隆、嘉庆之后，随着社会的日渐混乱，政府管控力减弱，实际上的女性入庙烧香的被禁止力度非常有限，只能采取入乡随俗的做法。④

华北地区，如妙峰山的女性入庙烧香，从来就没有停止过。《妙峰山进香图》显示，清后期进香的人群中，妇女不在少数。当时流传的《妙峰山》俗曲就描写了一位贵夫人从阜城门外到妙峰山进香的具体行程。南京国民政府虽一度禁止进香朝山，但却难以付诸实践。汕头市政府就认为这一规定执行起来相当困难。⑤ 即以北京为例，妙峰山等香会、庙会依然进行。1934 年，北京桃宫庙会召开，政府除了抽取捐税外，并未进行干涉。⑥ 这成了一种普遍现象。

更重要的是，乡村社会在具体操作时有相当的灵活性：

第一，不许入庙烧香难以被贯彻。"这个规定也不是死的。你说不让妇女入庙，可是庙会上都来了。"⑦ "庙里烧香男女都能去。"⑧ 伏头村 "四

---

① 《金妆左右像碑志》，道光十九年（1839），黎城县秋树垣村观音阁。

② 《重修碑记》，道光二十六年（1846），黎城县秋树垣村观音阁。

③ 《重修菩萨岩小引》，光绪九年（1883），黎城县清泉村菩萨岩。

④ 关于女性入庙情况，参见范洁《屡禁不止：清代妇女入庙探析》，硕士论文，暨南大学，2007 年。

⑤ 《指令公安局呈报查禁烧香等旧习执行困难等情仰遵照先令饬办理由》，《汕头市政公报》1930 年 2 月 1 日第 53 期，第 127 页。

⑥ 《桃宫庙会征收浮摊日捐饬区协助是否备案瞩查见复查此案业经准予备案复请查照由》，《北平市市政公报》1934 年 4 月 16 日第 244 期，第 57 页。

⑦ 口述：李承则，85 岁，壶关县南阳护村村民。采访者：笔者，2012 年 10 月 4 日。

⑧ 口述：王争上，82 岁，长治县郎家村村民，2014 年 7 月 23 日。

月初一到十五庙会时，女性就能去烧香。其他时候庙门关着，谁也不去烧"①。这实际上透露出一个信息，不许入庙不只是针对女性，男性平常也不许入庙烧香。南岸上的奶奶庙即使不去烧香，女性也能进去。"我有时去烧香，有时不烧，都能进庙。"② 二仙真人留在唐王岭庙内时，"多数是女的去烧香，基本没男人什么事"③。阳城县则明确规定庙会女性入庙不受限制："盖吾阳旧俗，凡遇献戏赛神，皆许妇女入庙焚香。恐殿庭拥挤，故俾其升楼停止，以肃礼仪，亦庙制所恒有也。"④ 下峪村为了女性看戏方便，在修舜帝庙的两侧厢房时，特地不设门窗，女性看戏就在厢房中。⑤ 基德村还专门对庙宇进行了修改，采取了一种折中的方法。该村大庙之内有东西两座看楼，专门提供给女性观众，但是东楼楼梯在庙内，不符合"妇不入庙之雅意"，于是，村社在庙外东边"砌以石梯，使妇女之观者由外入内"。"妇不入庙而男女异路，制斯善矣"。⑥ 郭峪村也是男性在院子里，女性在二层看楼上观戏。⑦

从这个角度来看，似乎维护女性安全的因素更多一些。长治郭村东岳庙庙会时，会把男女用一条分界线分开，并且专门有人看护。⑧ "男人在舞台下面的院子里，女人和小孩在高处台阶上。男人不许上来，女人不许下来。村公所有专门人看守，如果男性到台阶上，就会被认为是伤风败俗、不正经，就要被抓起来。卖瓜子、花生一类零食的小贩，也不能上高处。"⑨ 崇仁村三崚庙"每年唱戏的时候，男女并不严格分开，就是男的在前，女的在后"⑩。这是从社会秩序的稳定来考虑的，涉及的并非只有女性，男性也是被限制者，并非是一种歧视。

---

① 口述：赵双菊，女，89 岁，壶关县伏头村村民。采访者：笔者，2013 年 6 月 18 日。

② 口述：王米贵，女，85 岁，壶关县南岸上村村民。采访者：笔者，2013 年 6 月 18 日。

③ 口述：常晓女，女，80 岁，长治县北仙泉村村民。采访者：笔者、段建宏，2014 年 5 月 1 日。

④《成汤庙修整殿宇及添修庙中房屋间数碑记》，道光二十二年（1842），阳城县刘庄村汤帝庙。

⑤ 编委会：《下峪村志》（内部交流资料），2010 年，第 231 页。

⑥《补修碑记》，道光十五年（1835），阳城县基德村。

⑦ 口述：王美英，女，53 岁，阳城县郭裕村汤帝庙看庙人。采访者：笔者，2012 年 10 月 4 日。

⑧ 口述：李三海，81 岁，长治市郊区郭村村民。采访者：笔者，2012 年 8 月 5 日。

⑨ 口述：李承则，85 岁，壶关县南阳护村村民。采访者：笔者，2012 年 10 月 4 日。

⑩ 口述：王印山，72 岁，长子县崇仁村村民。采访者：笔者，2012 年 8 月 24 日。

第二，一些限制女性入庙的理由也不能简单地理解为歧视。神殿之中香烟缭绕，灯光昏暗，不但不光彩夺目，相反还会有些阴森。"庙里的神像表情非常凶恶，人瞧着就很害怕，一不小心就中了邪，对孕妇不好，是要生病的"，严重的会造成孕妇的流产。① 另外一种说法则是其腹内胎儿可能为上界神灵下凡。"如果它的神格要较所拜神祇高，母凭子贵，庙内神祇就不能承受这一拜。如果硬要拜，就会生出许多不可预测的祸端。"② 由此推断，结婚不满三年不许入庙的原因可能也在于此，因为这是传统社会第一个孩子出生的阶段。

第三，一些村落的女性是可以参加祈雨仪式的。

如前所述，屯留县许多村落本就有全村出动去接水、取水的习惯。此时，自然没有性别限制。再如屯留县神渠村，每逢天旱不雨，村民就会去老爷山三嵕庙求雨。同诸多的村社集体祈雨不同，该村没有一个大规模地统一活动。在觉得应该去求雨的时候，就会少则三五人，多则十来人进行商议，然后结伴前往，也有的是一家人都去求雨。这样的仪式，并不禁止女性参与。

王童村民国时期是由寡妇求雨。久旱不雨时，就由寡妇打扫庙院，然后等3天。还不下雨，就要跪香，跪上3天。还不降雨，就再跪上3天。再无效的话她们就要敲钟召集村长副、闾长、社首来庙中商议去马鞍山太行龙洞取水。村社要挑选12名成年女性作水官，分属龙、马、蛇。其中6个人去取水，6个人在庙内跪香，接水。③

大中汉村则是男女合作求雨。天旱时，村长、社首就杀猪备酒，号召全村人去庙中跪香求雨，性别不限。此外，在庙外女性也可求雨。这个求雨仪式更加分散，有的是一个人求，有的是几个人求，不需要经过村长、社首的同意。有一年大旱，全村年纪最大的老太太往碾子上洒水求雨，居然灵验。如果是几个女性一起求雨，则必须是寡妇，不能有男性参加。④牛居村也是双方合作：一方面需要三五个40岁以上的寡妇在庙院里烧香扫

---

① 口述：李承则，85 岁，壶关县南阳护村村民。采访者：笔者，2012 年 10 月 4 日。
② 口述：秦怀有，60 岁，潞城市微子镇三仁祠阴阳。采访者：笔者，2012 年 9 月 5 日。
③ 口述：李永胜，81 岁，长治县王童村村民。采访者：笔者，2013 年 8 月 18 日。
④ 口述：郑巨明，79 岁，长子县大中汉村村民。采访者：笔者，2013 年 8 月 19 日。

地，需要三五天。另一方面男性要抬神像出游，需要一上午。① 崇仁村要求这一活动必须挑选 12 个寡妇参加②。

为什么要让寡妇求雨？按村民说法是"旧社会老婆子们烧香的多。她们男人死得早，心里空虚，信神的多，心里也就有神，让她们去求神比较灵验。但是，后来村里的寡妇没有这么多了，找不到分属龙、马、蛇的寡妇，就让男的去了"③。牛居村也认为，寡妇负责求雨的原因是因为"人家心诚，没有其他杂念。如果有小孩就不行"④。

这说明，在沟通神祇的能力上，村民认为某些特定的女性要比男性强大。

三　长畛村的祈雨仪式⑤

长畛村向炎帝求雨的仪式更是宽松，是一场男女老幼都能参加的盛会。

该村要去庄里村五谷庙请炎帝祈雨小像。据传说，炎帝是该村南庙观音老母的女婿，也就是全村人的姐夫。于是，就出现了一些"不讲究"的情况。

首先是人员。该村去接像的人员十分随意，6 人、7 人都行，人员不限，最多去过 12 人。而且，就连乡村认为有克夫命，是不祥之人的寡妇也能去。属相也没有任何限制。

其次是乐器。有一次请炎帝，只有 6 名女性拿了一面大锣，鸣锣开道，去五谷庙请炎帝。还有一次，求雨应验后，村落女性就高兴地把大锣、小锣、大鼓、大铙、小钹、小镲等乐器全部拿上，锣鼓喧天去送炎帝。而且，这些人不懂乐器，实际上是乱打乱敲，只求"使炎帝和众人高兴就好了"。

最后是形式。求雨时，该村随便去几个女性村民，给炎帝烧三排香，就能把炎帝的祈雨小像圪搂来，不用坐轿。"圪搂炎帝"，只有长畛村这么讲，表示随意抬上炎帝，不用更多的礼仪。

---

① 口述：赵小虎，81 岁，长子县牛居村村民。采访者：笔者，2013 年 8 月 19 日。
② 口述：王印山，72 岁，长子县崇仁村村民。采访者：笔者，2012 年 8 月 24 日。
③ 口述：李永胜，81 岁，长治县王童村村民。采访者：笔者，2013 年 8 月 18 日。
④ 口述：冀树枝，65 岁，长子县牛居村村民。采访者：笔者，2013 年 6 月 22 日。
⑤ 除个别标注外，本节内容根据董富来采访手稿整理。董富来，82 岁，长治市市民，炎帝文化爱好者，该手稿为其长期采访各地炎帝传说而记。

请来炎帝后，先要到南庙去拜岳母——观音老母。民众抬着祈雨小像对着观音叩首三次。

然后是烧香与戏耍 3 天、数落与说好话 3 天、游街与晒太阳、暴晒与许愿四个阶段。一般前两阶段，即前 6 天是动口，不动手。同其他地方求雨不同的是，在将炎帝供到南庙神台上后，全村男女老少，自然也包括寡妇，都可来烧香，"逗耍"炎帝。方式很多，最常见的是只烧香、烧黄表纸，就是迟迟不上供品，用以戏逗炎帝。为的是让炎帝等得着急了，就要下雨贿赂"娘家人"了。还有的人边上供品边说："馋鬼！不要不好意思，快来喂吧！"把炎帝当作鸡、猪来喂，不用吃字，以此来戏耍炎帝。3 天后如果下雨，民众就把炎帝送回去。如果没下雨，接下来的 3 天，人们开始数落炎帝。"当姐夫呢，天天吃上喝上不下雨，把娘家人饿死了，看谁给你送吃送喝！"又"你倒美，坐在神台上吃上喝上不下雨。不下雨，你没功劳，俺们挨骂。众人轻者骂俺们没本事，不会求你；重者骂俺们对你不忠，惹得你不给下雨！"如果还不下雨，就要说好话了。比如说"姐夫姐夫，可怜可怜，救救众生，救救咱全家，清风细雨，早下几天"等。

3 天后还不下雨，民众就要"动手"。她们会揭去神像头上红布，然后抬上炎帝像满村游街、晒太阳，最后把炎帝放到地里暴晒并许愿酬神，直到下雨为止。

这几个程序，和由男性抬神出游暴晒的程序基本一致，却又有自己的特点。它表明，祭祀仪式也是有可能向女性开放的。有时，女性求雨还超过了男性，原因就是女性"看到男人们事多，就自动组成上下村两个祈雨队，天一旱，就争先去求雨，为大家做好事"。

本节主要讨论了信仰活动中男性权力对女性的限制与女性因素反限制的表现。首先，在整个信仰活动中，相对于女性而言，男性权力确实在总体上处于优势。但这种压制不是绝对的，女性在一定程度上可以出现"逆转"。在修庙活动中，会有女性捐资人，禁止女性入庙烧香也会有变通之法。在祈雨仪式中，女性完全可以介入男性主导的空间，并在其中起到主导地位。祈雨仪式在许多时候展现的仍是一个两性互相配合，互有分工的社会秩序。

至于迎神赛会、祈雨仪式不许女性参加也并非全是因为歧视女性。除已述原因外，女性力气小，又有许多人缠着小脚，根本不能承担长时间祭神仪式带来的体力消耗与不适。而且，女性虽然没有直接参加迎神赛会，但是赛会期间，她们还要招待各地来的亲戚，看护儿童，也并非无所作为。实际上，这样一种安排，保证了庙会期间各种活动的顺利进行。简言之，没有女性在"后方"的努力，男性主导的各类祭祀活动就难以顺利进行。"男女平等"不应被理解为两性在所有工作上都要一致。平等不等于相同，这就同男性不能生育，女性不擅体力劳动一样，双方各有分工。试想，男性在家操持家务，女性外出从事体力劳动，是否就能理解为男女平等？从社会秩序稳定的角度来看，迎神赛社中如果女性积极参与，体力又有所不支，能否保证仪式的顺利进行是一个很大疑问。同样，男性在家招待宾客，看护子女，不但浪费体力，而且有些事情，诸如哺乳一类，实非男性所能，让女性参与一切社会活动不见得就是真正的男女平等。

本章主要讨论了女神庙宇与女神信仰、女巫形象建构、信仰仪式对女性的限制与反限制三个问题。这三个问题均可统一于性别意义之下。首先，虽然女神庙宇与女神信仰在整个信仰系统中不占主导地位，但并非意味着女神庙宇没有机会成为村落大庙和区域祭祀中心，同样，诸如观音之类的女神庙规模虽然小，但却是村社必需。

其次，传统社会中的女巫和阴阳一同构成了乡村社会信仰主持的主要力量。二者一主个人、一主集体，一主内、一主外，互有分工，使得民众求助神祇时能各取所需，体现了在信仰层面的男女和谐，并在世俗社会提高了女性地位。

最后，仪式中对女性的限制并不是不可改变的，有较强的灵活性。而且，一些限制并非是歧视，而是出于保护女性的目的。

本章要表达的中心思想是，乡村社会的信仰体系体现了传统文化中"阴阳和合"的观念，女性处于表面的弱势又不完全如此的情况是有其内在逻辑的，也是维持乡村社会秩序稳定的重要原因。一个明显的反例是，中国共产党苏区解放妇女的运动，导致了离婚案的大量产生，最后又影响到了苏区的稳定。①

---

① 黄文治：《"娜拉走后怎样"：妇女解放、婚姻自由及阶级革命——以鄂豫皖苏区为中心的历史考察（1922—1932）》，《开放时代》2013 年第 4 期。

结 论

　　本书的核心观点是：以乡村庙宇和祭祀为核心的民间信仰机制内容丰富又有内在逻辑，它是在各个群体的共同努力下得以建立并维护的，历经时代变迁而存在。具体如下：

　　一、民众建庙立祀具有很强的道德伦理指向。民众建庙立祀，目的大致可分为两种：一是实用主义，即希望能得到神灵护佑。这一点已经得到了学术界的公认。不过，在功能主义一类的思潮影响下，较少有人探讨民间建庙立祀的第二个目的，即道德教化。凡有功德于民者才会得到民众纪念、崇拜，以彰显其赏善罚恶的作用。这一指向即使不是全部，也应该是主流。

　　二、既然庙宇与祭祀如此重要，就需要有组织和群体来承担这些任务。乡村社会中，庙宇的修建和祭祀活动，是以社会为核心力量，村民、士绅、商人、地方官、职业宗教徒合作进行的。其中，社的作用尤其强大，它通过经营公产、摊派、募捐、首领示范及彼此间的互助等方式，维持着乡村信仰机制的稳定。它在民国期间仍发挥着村长副、闾长不能代替的作用，体现了一定的自治特点。抗日战争爆发以后，由于战争环境与中国共产党的反封建反迷信活动，社与会受到毁灭性打击，退出了历史舞台。

　　以僧侣为主的职业宗教徒在多数情况下不能掌控庙宇和祭祀。乡村庙宇中专职僧侣比较少，道士更为罕见。除少数专业性极强的庙宇——一般是佛教寺庙外，僧人多数只有庙宇的日常管理权，所有权归于村社。僧人也是庙宇修建的参与者。这种情况在其他地区也有出现。王健考察了明清以来苏松地区民间祠庙的所有权与管理权问题，也发现了此类现象。不过，他考察的庙宇归属权在庙董会、宗族与商会，城市的色彩更浓，与本研究不同。① 大部分僧侣与村社相处融洽，个别僧侣则与村社发生了矛盾。僧侣的从属性地位还表现在如果举社集体祭祀，他们多是村社属下的执事人员之一。

三、在近代社会的变迁下，庙宇及祭祀活动在 1937 年以前并没有因为反迷信运动受到重大影响。历经百日维新、民国成立、五四新文化运动、南京国民政府时期，虽然有庙产兴学、庙改学堂、禁毁祠庙的活动，但庙宇修建仍然持续。乡村社会认为建庙立祀中所含有的道德教化功能与历史潮流并不违背，符合中国国情，有助于乡村教育，有助于社会的安定与进步。于是，乡村社会普遍存在着将学校、村公所置于庙宇之中的做法，几方和谐相处。在这一前提下，围绕庙宇进行的祭祀活动，如迎神赛社、祈雨活动、入庙烧香就有了存在的可能。同时，中国的现代化历程，包括民国政府的成立、科学主义思潮等都未能解决乡村社会面临的实际问题，比如水利、医疗、娱乐，自然也就无法阻止基于这些问题之上、带有功利色彩的祭祀活动。这一结论明显不同于杜赞奇、杨庆堃、费孝通等人关于民间信仰活动衰落的认知。而且，上党村落民众虽然并非都能及时修建庙宇，长时间的延误并不罕见，但这不代表信仰走向没落，一旦经济条件允许，村民仍会重修庙宇。庙会、祭祀的主导功能也并没有由宗教向商贸与文娱功能转化。这说明只有在一个较长的时间历程内才能发现民间信仰的稳定性特征。

1937 年以后，由于战争环境和中国共产党在根据地的反迷信活动，庙宇、庙会及其他祭祀活动受到了沉重打击，乡村信仰机制基本崩溃。然而，庙会的取消造成了根据地经济的重大损失，于是，中国共产党恢复庙会，虽然主观意图上要把庙会改造成根据地政府宣传时事政策、发展根据地经济、对民众进行政治改造的场所，但一些隐藏的入庙烧香活动也随之重现。这表明，强制性政策并不能在民众认识根源上消除对神祇的崇拜。对这一问题，根据地政府也有理性的认知，并力图通过发展生产等途径解决。

四、村落庙宇的分布是有其内在逻辑的。整个乡村的庙宇分布态势及祭祀类型较为复杂，却又层次分明，同存共处，融为一个有机整体，履行

---

① 王健：《明清以来苏松地区民间祠庙的收入、产权与僧俗关系》，《史林》2009 年第 5 期。

着它们护佑村落的职责。这主要表现在：

第一，村落庙宇体现了等级划分及功能配合的原则，也体现了历时性发展特征。虽然村落庙宇众多，但并非无序，它们有较强的等级划分原则：村落主神所在的庙宇被视为大庙，是村落最重要的庙宇，其他庙宇也按其重要性依次排列。当然，村落大庙供奉的不一定是地位最高的神祇，地方大神是其中常客。

附带提及的是，如果将这种等级划分和具体仪式中主神派土地、五道去通知邀请诸神，各类神祇在享祀前要参见玉皇的流程相联系，就会发现，它和韩明士定义的中国神祇的"官僚模式"有相通之处。不过，该模式只是一个理想化的模式，有一些观点并不能适用。比如，"除最高级的神祇外，所有神祇的权威均来自外部由一位比它高级的神祇授权"。这可能仅仅存在于主神命令土地、五道这一流程中。具体的神祇职能同是否由上一级神祇授权也并无关系。这也不完全符合"个人模式"，因为神祇之间确实是存在着等级的。① 这说明，中国神祇的信仰模式是一个带有较强混沌色彩的模式，如果太执着于一些模式，反而会出现更难解释的问题。笔者的观点是，村落庙宇应该是一种有等级划分但更强调功能配合的态势。神祇被认为是村落的守护神，确实类似于世俗的官吏，但各种官吏之间的等级并不代表他们之间的权力统属关系。

村落庙宇之间的功能相互配合，最后形成了一个功能齐全，能满足民众的各项要求的体系。当然，其形成并非一蹴而就，而是有着一个发展过程。村落会优先建造村落最迫切需要的庙宇，如土地庙，随后，庙宇会随着民众需求的增加而增加。1938—1945 年是近代上党乡村庙宇最后的稳定期与过渡期。

第二，庙宇选址有要遵循的基本原则。它要建在风水宝地，并与风水宝地相互依存。它要建在可防煞、补脉之处。它在具体选址时需要考虑五行八卦方位。这种布局有相当的灵活性，民众可以根据实际情况进行调整。

第三，由于庙宇众多，因而乡村祭祀频繁。村落庙宇并非只在本村发

---

① 关于两种模式的概念，参见［美］韩明士著《道与庶道：宋代以来的道教、民间信仰和神灵模式》，皮庆生译，江苏人民出版社 2007 年版。

挥作用。以庙宇为中心，形成了一村独赛、联村共赛、多村转赛几类迎神赛社。在这个同心圆之外，不同庙宇之间也会建立起密切的联系，最后有可能形成神祇与人、神祇之间的亲属关系。这一模式并非是简单的围绕同一庙宇展开的同心圆模式，而是一种相互交叉的网络形式。

在理论意义上，这种信仰体系区别于以经济市场为中心的施坚雅模式。① 首先，一个区域祭祀中心所包含的村社数量和十八乡村一市场的模式大相径庭。其次，村落分布也并非以某一庙宇为中心形成六边形的样式。如崦山四社全部在崦山南面。考察其他庙宇祭祀村落的分布，也是形态各异，很难形成一个完整的六边形。同庙宇维修的捐资人一样，山川河流走向起到了重要影响。再次，庙宇之间的联系直接打破了这一模式。它是一个流动的信仰中心。考察这种不同产生的原因，除了施坚雅模式并非在中国任何地区都具有普适性外，另外一个就是迎神赛社和庙宇维修都是以庙宇为中心的，这本身就不同于市场。因此，在以市场为中心的农民活动空间之外，乡村社会应该还存在以庙宇为中心形成的同心圆及互动型祭祀模式，在信仰层面维护着社会秩序。这是并立于经济中心模式的信仰模式。为避免理解上的偏差，必须指出，迎神赛社一类的集体祭祀以信仰为中心，却不并妨碍其经济、娱乐方面的作用。在更广泛的意义上，以经济、娱乐为主要功能的庙会也是以信仰为基础的。而且，庙会实际上也就具有了集市的经济功能，只不过不同于那种没有信仰色彩的集市。最后，庙会与集市在日期上会有重合也并非没有可能。

此外，这种庙宇之间的联系也不完全等同于已经被普遍应用的祭祀圈概念。② 实质上，祭祀圈概念是以一个固定的庙宇为中心，以同心圆的形式展开的。而庙宇之间的联系则有两个节点，甚至多个节点组成，并不相同。再如，长子县龙泉山大赛，参与村社分属慈林镇、碾张乡、岚水乡、常张乡、丹朱镇等儿个乡镇，它超出了乡镇范围。这两点，至少可以作为对该概念的补充。

那么，这样的庙宇祭祀作用范围有多大？我们以崦山白龙庙为例。崦

---

① 关于施坚雅模式，参见［美］施坚雅著《中国农村的市场和社会结构》，史建云、徐秀丽译，中国社会科学出版社1998年版。

② 关于祭祀圈概念，参见林美容《由祭祀圈到信仰圈——台湾民间社会的地域构成与发展》，http：//twstudy. iis. sinica. edu. tw/han/Paper/mazu/JiSiToXinYang. htm，2012年11月5日。

山距西南的大宁约 4.2 公里，町店约 5.7 公里，南方增村约 2.7 公里，羲城约 3.3 公里。这一格局直到 1946 年当地解放后才被打破。以潞城八大社为例，东西两端的翟店和富村相距 8 公里左右，南北的翟店和小沟也在 7.5 公里左右，其半径大致在 4 公里左右。再以长治县唐王岭的十转赛为例，东故县到唐王岭的距离在 8 公里左右，东西在 3 公里左右，其半径最大在 4 公里左右。我们又考察了若干联村共赛的波及范围，多数情况也是如此。虽然这些都是直线距离，但仍有一定准确性。由此看来，3 至 5 公里左右有一定的可信度。这和中国流传的"十里不同俗"的谚语有相合之处。杜同海等人也认为这是一个较为准确的数字。

自然，另外一些情况并非如此。如长子县龙泉山大赛中，由较北方的温家坪至南方杜家庄、直线距离约 27 公里，杜家庄、温家坪属岚水乡；南窑村则属于石哲镇，至东方邵村平行直线距离约为 14 公里。可见，现在作出精确的结论为时尚早。虽然从目前来看，第一种情况明显是多数。

第四，乡村庙宇与祭祀活动体现了诸教混融，而且道教强于佛教的特征。在神祇自身属性、庙宇内部布局、村落庙宇总体态势、祭祀流程中都能看到诸教混融的特征，其中又以三教堂最为典型。此外，在道教与佛教信仰的对比上，无论是最高神还是神祇、庙会的次数与数量，道教占据了明显的优势。无独有偶的是，刘仲宇也认为道教在民间信仰中的地位要超过佛教。他重全局，笔者重区域，正可与本书相互印证。[①] 笔者希望，这一结论可为中国社会宗教信仰的研究提供一个新的视角或切入点。

五、集体祭祀仪式的繁复与严格表明了民众的虔诚，也同时展现了民众信仰与思维的多样性。庙宇存在的一个重要价值，就是为祭祀提供场所。由于庙宇的存在，祭祀才能进行。一场赛社，正赛三天，但是加上前期筹备，后期扫尾，大致在五至七天。符合条件的村落民众都被要求参与其中并履行义务。他们既是组织者，也是参与者；既是演员，也是导演。在赛社活动中，村民家户都各有任务，各负其责。民众将对神祇的虔诚与自身的愿望，通过一系列繁复而严格的流程、丰富的祭品表现出来，形成了宏大的场面。

---

① 刘仲宇：《民间信仰与道教之关系》，李远国、刘仲宇、许尚枢《道教与民间信仰》，上海人民出版社 2011 年版，第 165—258 页。

祭祀对象则受具体的条件影响。首先，由于上党地区多山，对山与山神的崇拜就较为突出；由于医疗条件的恶劣与疾病的困扰，驱傩戏与寿星崇拜成了迎神赛社中的又一特点；由于干旱的威胁，上党地区形成了庞大的雨神群体，村落盛行着祈雨与取水仪式。

六、祭祀的顺利进行需要几个至关重要的群体。虽然迎神赛社、祈雨仪式是集体活动，参与的村落成员很多，各有分工，但有几个群体的作用相对突出。

第一是社首。这是社组织的核心人物，他们的产生有着较为严格的条件限制。正是因为大部分社首德行好，有威望，有能力，负责任，并有相对富裕的经济条件，才能有效地保证祭祀仪式的进行，维护信仰机制的稳定。民间这一类权威人士的存在，是一个普遍现象，只不过各地的具体运作形式会有所不同。像近代江南就盛行以社为基础，合社成会的方式，而社头和会首成为庙会的组织领导者。① 当然，这一群体也会出现玩忽职守、贪污社款等问题，不过，在总体上仍能够尽职尽责。社首在上党乡村十分活跃，但随着抗日战争的爆发与中国共产党建立抗日革命根据地，社首也最终消失。

第二是水官。水官是祈雨仪式的核心人物。由于水官要自行负担较重的迎水、迎神费用，所以需要家境富裕者担任。同样由于沉重的负担，使得没有人愿意担当水官。虽然村落尽力采用各种方式挽救，但水官制度仍渐难维持。到民国期间，已经普遍不再要求水官自己负担费用而由村社出资，水官只负责执行具体取水任务，对水官的要求也偏向了属相、名字等有利于降雨的因素。

第三是乐户、阴阳、厨师。他们是迎神赛社仪式中最重要的三个群体。阴阳负责仪式的流程安排，乐户负责吹奏、上演迎神戏，厨师负责各类供品的制作。他们的配合保证了整个迎神赛社的顺利进行。

第四是马匹。这是神祇的代言人，他们由贫穷村民担任。这一方面赋予了他们在信仰仪式中的较高地位，另外一方面也缓解了他们的生活压力，使其不至于流落在村落之外。

七、在乡村信仰活动中，两性和谐成为又一特点，体现了传统文化中

---

① 小田：《近世江南庙会与社区民间权威》，《民族艺术》2001 年第 2 期。

"阴阳和合"的观念。

第一，虽然男神信仰占据主导，但女神庙仍有机会成为村落大庙和区域祭祀中心。它要具备两个基本条件，一是女性特征突出，二是具有全能神的特点。另外，送子神的庙宇规模虽小，却是村社必需，有时还不止一个，地位的低下在数量上得到了一定程度的弥补。同时，女神中出现了精卫这样一个同时主管治水和降雨的功能相悖的神祇，反映了随地理环境的变化，神祇功能也随之改变的现象。

第二，作为乡村主要的通灵者，即女巫和阴阳是乡村信仰活动的主要主持者。女巫主要负责与个人疾病与命运相关的问题，阴阳主要负责庙宇选址和迎神赛社这样有关集体的问题，使得双方在信仰活动中实现了性别和谐。

本书力图进一步探讨的问题是，这种信仰秩序的稳定对世俗社会秩序有何影响。

第一，信仰本身就有利于维护社会秩序的稳定。正常情况下的信仰活动，从根本上来说是要维护社会常态秩序的，即维护社会的稳定。春祈秋报是为了实现正常的农业生产；崇德报功则是要在道德层面上纪念先人，勉励或警告后人。同时，神祇本身所具有正面形象，也会感化民众，对宵小之徒形成威慑。杜赞奇曾提道："人们认为，村庙是赏善罚惩恶的最高权威。"他列举了土地庙前"你也来了"的字样和人们在庙中惩办小偷的活动。[1] 显然，这同上党的情况异曲同工。它们都表明庙宇成为村落道德的标志物，是村落风气的指向标，起着维护乡村社会道德秩序的作用。这是一个具有普适性的命题，实际情况比杜赞奇所观察到的更为丰富。我们可以发现，村落中的碑刻多数都立在庙内，而碑刻又是村落各类规约的载体。乡村盛行这种行为是有原因的。碑刻只有立在庙内才能表明其内容得到了神祇的认可，具有了神圣性。庙宇是解决村社公事的主要场所，隐含着让神灵裁决的意味。比如，如果有人犯下伤风败俗之事，村社就会在庙内公议处罚。村民认为在神祇威慑之下，谁也不敢胡言乱语，从而有利于

---

① ［美］杜赞奇著：《文化、权力与国家：1900—1942 年的华北农村》，王福明译，江苏人民出版社 1996 年版，第 126 页。

事件的顺利解决。故而，上党很早就流行"敬神巫，有不平之事，必质之神"①。村民之间若有矛盾不能解决，便会相约入庙，"各禀天良，以理和处"②。对违犯村规之人也要"入庙公议"③，比如对赌徒就要"拿获到庙，同社公罚"④。乡村社会对不同类型的神祇的道德要求也不相同：对帝王将相，要求他们为民立功请命；对失败的英雄，侧重其忠义不屈等气节；对神仙，要求他们佑民除害；对平民和动物，要求他们具有主流社会认可的道德品质。这就最终形成一个完整的道德网络，对各类群体起到约束作用。

因为庙宇的功能与道德的双重指向及其庞大的数量，使民众一方面获得了道德教育，另一方面又感到自身获得了神祇的帮助，获得了心理上的安全感。事实上，民众将庙宇视为"一村之主"就是这一思想的集中反映。民众通过规模庞大、程序烦琐、供品丰盛、要求严格的祭祀活动，向神祇表达着诚心，也表达着自己的诉求，这实际上也是一种精神上的安慰。如果成功，民众自然欢欣鼓舞，有了生活的信心。事实上，并非每一次民众的愿望都能实现，但这不妨碍民众的祭祀热情。虽然民众会对神祇进行惩罚，普遍存在的"晒雨神"⑤ 即是如此，但正是通过这样的仪式，民众发泄了心中不满，重新找到了信仰的平衡点，也就是说，在没有更好的解决办法之前，民众仍会选择继续祭祀神祇。

一村独赛、联村共赛、转赛的形式及庙宇之间的联系，最后都加强了村落内部庙宇、村落之间的关系，对相对封闭的乡村社会而言是一个突破。而神祇与特定村落的关系，则又提升了该村在区域祭祀中的地位。这种关系，有时会延伸到现实世界，打破了村落在信仰和世俗层面的封闭状态。这说明，庙宇是区别于集市之外的又一个乡村社会中的中心。我们刚刚提到，庙宇祭祀是乡村社会的另外一种中心，即信仰中心。它同时具有的世俗功能无疑更强化了庙宇的作用。于是，庙宇祭祀有集信仰与世俗两

---

① 朱樟修，田嘉毂纂：雍正《泽州府志》卷一一《风俗》，《中国地方志集成》（山西府县志辑）（32），第 77 页。

② 《公立乡约规矩碑》，道光八年（1828），潞城市合室村。

③ 《合社公议永禁夏秋桑羊碑记》，嘉庆十六年（1811），高平市故关村炎帝行宫。

④ 《重议禁赌一切违条犯法事件永远碑志》，光绪二十二年（1896），长子县鲍寨村玉皇庙。

⑤ 关于晒雨神一类的习俗，参见荣真《中国古代民间信仰研究——以三皇和城隍为中心》，中国商务出版社 2006 年版，第 322—333 页。

种功能于一身的特点。庙会一般都具有商品贸易功能，也同样有利于经济秩序的稳定。① 如前所述，中国共产党抗日根据地和解放区政府重开庙会的一个重要原因即在于在没有庙会的时间里，社会经济遭受到沉重打击。

祭祀活动中的戏剧及其他娱乐表演也有减压的作用。赵世瑜认为庙会既可娱神，又可娱人，具有心理、群体的维系作用。② "庙会期间，汇聚了丰富多彩的文艺活动……令人如痴如醉。"③ 这些因素如果对个人有了积极的作用，最终就会对整个村落的良好秩序起到作用。祭祀仪式所表现的并非全是信仰层面的思想，它也展现了民众丰富的历史观。一方面，民众热衷于英雄戏，将个人理想代入其中，同时，又将历史看成一种"扯淡"式的游戏，把圣王明君庸俗化，实现了心理的平衡：既然王霸雄图的结局有时倒不如平凡小民，圣贤君王与凡人一样具有各种缺点，占有再多的金银珠宝也要吃饭穿衣，那么，又何必再费心去寻求功利呢？从这个意义上讲，它同样有利于现实社会秩序的稳定。

第二，就信仰的主要组织者、参与者而言，信仰活动有利于他们在世俗社会中的地位。祭祀活动中各群体的合作，就已经加强了村社的凝聚力："组织的仪式活动往往需要调动地方社会的多种力量共同参与，如此一来，信仰本身强大的包容性就将各阶层人士聚合在一起。"④ 除此之外，社会组织与社首、水官、乐户、阴阳、厨师、马匹等起到主要作用的群体在这样的活动中确立起了各自在相关事项上的权威。社、会是祭祀组织，还主管着村社的其他事项。尤其是社和社首还主管着诸如风俗、环境维护等方面事务。他们在祭祀活动中的表现，表明了他们的能力，也会提高他们的威望，从而有利于工作的进一步开展。水官通过自身的努力获得降雨，实际上也起着保持村社正常秩序的作用。乐户、阴阳、厨师三行在信仰活动中相互配合，使得迎神赛社顺利进行，自然有利于社会秩序的稳定。在三行之中，乐户最为低贱。不过，信仰赋予的重要地位与丰厚的收

---

① 关于迎神赛会的功能，参见范荧《上海民间信仰研究》，上海人民出版社 2006 年版，第 317—329 页。

② 赵世瑜：《明清时期华北庙会研究》，《历史研究》1992 年第 5 期；赵世瑜：《中国传统庙会中的狂欢精神》，《中国社会科学》1996 年第 1 期。

③ 高有鹏：《中原庙会文化简论》，《民俗研究》1996 年第 2 期。

④ 侯杰、李净昉：《天后信仰与地方社会秩序的建构——以天津皇会为中心的考察》，《历史教学》2005 年第 3 期。

入在很大程度上已经弥补了他们在世俗社会中的失落，这一群体找到了心理平衡点，也使得整个社会阶层的布局保持了平衡。马匹的情况也是如此，他们虽然有残损肢体的行为，但是却能因此获得村落的一些物质补偿，使其不至于因为贫穷走上邪路而最终被排除于村社之外。刘平认为："一个陷于困境的人或家庭，如果能在一个团体找到温暖，得到救助，那么，他们一般是不会去理会这个团体是不是宗教异端或'邪教'的。"①这是针对中国历史上的民间秘密宗教而言。不过，我们认为，这一理念也可用于马匹。马匹在祭祀仪式拥有的权力提高了他的社会地位，而获得的物质补偿又在一定程度上解决了生活困境，自然减少了其铤而走险，作奸犯科的概率。马克斯·韦伯指出，在中国，"在阴历腊月初八……有产者为了表示自己的好客，主动以粥款待贫民。施舍……变成了一种传统的贡物，谁不愿这样做，是会招来危险的"②。事实上，从村社的祭祀活动来看，对穷人的救济不仅仅来自富裕人家，而是整个村社的一种集体活动。这无疑有利于社会秩序的稳定。

第三，在信仰中的两性和谐关系也有利于世俗世界的秩序稳定。女神庙、女神殿的存在，解决了女性信众的信仰需求，缓解了其心理压力。女巫和阴阳各司其职，为部分女性找到了另外一条谋生之路，也体现了世俗社会中女主内、男主外的社会分工。此外，当男性求助于女巫的时候，主动权就掌握到了女性手里，是一种性别关系的反转。而且，一些对女性的限制有较强的灵活性。比如入庙烧香、看戏、祈雨仪式，多有女性参与，更有女性掌握主动权的情况。平鲁庙会也要提前"安排村里的光棍和寡妇打扫寺庙，清洗诸神"③。这使得"女性的心理需求和生理需求都得到了一定程度的满足"④。在迎神赛社中，女性起到了后勤保障的作用，实现了两性的配合。一些限制也并非全是歧视而有保护女性的目的。这些，都使得世俗中的两性关系呈现和谐的场景而不是绝对的对立。

从全局上考虑，乡村民众的信仰活动如此顽强，并不表明民众真的愚

---

① 刘平：《中国秘密宗教史研究》，北京大学出版社 2010 年版，《内容提要》第 2 页。

② ［德］马克斯·韦伯著：《儒教与道教》，洪天富译，江苏人出版社 2008 年版，第 216 页。

③ 谢永栋：《近代华北庙会与乡村社会精神生活——以山西平鲁为个案》，《史林》2008 年第 6 期。

④ 李永菊：《明清女性参加庙会的文化需求分析》，《湖北大学学报》（哲学社会科学版）2004 年第 5 期。

昧而不可救药。乡村民众之所以求助于女巫神汉治病，很大程度上是无钱就医或者居所偏僻而产生的后遗症。"过去医生请也请不到，不用说舍药哩。"中国共产党抗日根据地政府派出医生到庙会上治病，很快得到了民众的欢迎。继城会上，10 名医生治疗了病人 369 名，柏林会上的 10 名医生则治疗病人 283 人。①

这说明，民众接收新事物的能力并不差。比如江西省自古巫风甚重，民间信仰活动十分兴盛②，但这并不影响乡村社会对现代科学的认可。民国期间，江西省农业院以科学方法推行耕牛养殖，得到了广大农民的热烈欢迎。农民对以前极为陌生的接种疫苗、清洁畜栏、培育牲畜等先进方法接受很快。③ 这都昭示着科学与信仰在中国农民眼中并不矛盾。而事实上，民众信神，绝非是一种盲目的迷信。他们并不真的相信有求必应，神祇可以解决他们的一切问题。他们不会因为求神就不去劳作，在很大程度上，对神祇是一种"尽人事，听天命"的态度。

总体看，中国民间信仰机制就是在这样一种丰富，甚至有时看似互相矛盾的各类因素合力作用下得以维持的。

以上即是本书的主要结论，亦是其主要创新之处，尤其庙宇是乡村社会中除集市之外另一个活动中心的观点及对庙宇之间的联系的分析，区别于祭祀圈理论与施坚雅模式，也不同于杜赞奇对乡村宗教组织的划分。建庙立祀的功能与道德标准、布局特点、仪式流程、参与群体、两性关系共同构成了中国乡村有别于家中祭祀的另外一个信仰机制。

然而，理想与现实终究存着差距，虽然笔者力图探讨乡村民间信仰活动的内在机制，但仍存在着诸多问题，其原因及主要表现是：

第一，资料尚不够丰富。虽然本书运用了 20 世纪 80 年代民间文学三

---

① 《继城、柏林庙会上的宣传工作报告》，1946 年 5 月 9 日，武乡县档案馆：全宗号 3，目录号 23，案卷排列号 112。

② 关于江西巫风与民间信仰的问题，参见王华《权力格局中民间信仰的当代再造——以江西鄱阳县三个庙宇为例》，博士论文，武汉大学，2013 年；袁静《元代江西民间信仰研究》，硕士论文，江西师范大学，2014 年；林宏《明清时期江西地区民间信仰的地域差异》，硕士论文，复旦大学，2011 年；《华夏地理》杂志社：《江西：找回中国人的信仰世界》，生活·读书·新知三联书店 2014 年版。

③ 张宏卿、张强清：《绩效与不足：以民国江西农业院为中心的考察》，《江西财经大学学报》2012 年第 3 期；朱文广：《江西耕牛问题及官方应对（1928—1945）》，《农业考古》2015 年第 1 期。

套集成的内容，这些故事也大体能反映出民国期间的信仰情况，但终归是二手资料。由于各种条件限制，档案、报刊内容也运用较少，这成了本书资料方面的一个短板。此外，虽然本研究运用了大量碑刻，但碑刻的一个缺陷就是事件细节描述较少，而且同质性较强。如果将来能阅览相关档案、报刊，则各部分内容肯定能大大充实。在口述资料的运用上，因为年龄原因，许多参加过、见过当年信仰情况的人已经无力进行表述。即使我们尽量寻求年龄大一些的采访者，但是在资料的准确性上仍然打了折扣。最后，在祭祀流程分析上，因为发现的文本材料只限于潞城市、高平市、长治市、长子县、屯留县的部分地区，其普适性仍有不足。虽然本书力图采取不同时代、不同版本、将写本和校注本结合比对，但问题仍然存在。同时，由于经费原因，田野调查不可能全面而详细地覆盖每一个县镇村落，于是结论的严谨性仍有欠缺。

第二，一些应该深入论述的问题并没有达到预期，论述仍显粗疏。在庙宇的历时性发展过程中，难以详细阐述每座庙宇建立的背景而只能见其大概。在庙宇之间的亲属关系对乡村社会究竟在历史上造成了什么样的影响这一问题上也未能更加深入地分析。在僧道与村社的关系上，论证仍嫌不足。对祭祀流程的描述，仍然是述多于论，未能挖掘其背后更深层次的内涵。在群体分析上，除乐户和阴阳的分析较为丰富外，厨师、水官、马匹部分都尚显薄弱，尤其是厨师和马匹，由于已经很难找到其现实存在的个体，对他们分析只能是略有涉及。对于水官的分析，其实也缺少一个渐进式的转变，给人以突兀之感。当然，书中的观点也多有不完善之处，不能尽如人意。比如对女巫的分析，有"矫枉过正"之嫌，观念有可能片面。

总之，在未来一段时间内，我们应该再进行长时期的调查，搜集更丰富的资料，力图能将这些缺陷进行一定程度的弥补。

参考文献

报刊

［1］《北碚月刊》

［2］《北平市市政公报》

［3］《大公报》

［4］《电报》

［5］《东方杂志》

［6］《风雨谈》

［7］《浮山月报》

［8］《贵州财政月刊》

［9］《海潮音》

［10］《河北月刊》

［11］《华商月报》

［12］《老实话》

［13］《论语》

［14］《论语半月刊》

［15］《民导》

［16］《民间》（北平）

［17］《民众周刊》

［18］《秦中官报》

［19］《四川月报》

［20］《山西公报》

［21］《山西民众教育》

［22］《山西日报》（民国）

［23］《上海公报》

［24］《社会》

［25］《社会研究》

［26］《石南青年》

［27］《十日画报》

［28］《时事月报》

［29］《市政消息》

［30］《绍兴医药学报星期增刊》

［31］《数理杂志》

［32］《太岳日报》

［33］《通问报》

［34］《吴江》

［35］《现代农民》

［36］《现代评论》

［37］《小说月报》

［38］《新华日报》（华北版）

［39］《新华日报》（太行版）

［40］《新民报》

［41］《新小说》

［42］《兴华》

［43］《艺风》

［44］《娱闲录》

方志与地方资料

［1］陈泽霖鉴定，杨笃纂修：光绪《长治县志》，《中国方志丛书》（400），
　　台北成文出版有限公司 1976 年版。

［2］豫谦修，杨笃纂：光绪《长子县志》，《中国方志丛书》（401），台北
　　成文出版有限公司 1976 年版。

［3］孔兆熊、郭蓝田修，阴国垣纂：民国《沁源县志》，《中国方志丛书》
　　（404），台北成文出版有限公司 1976 年版。

［4］赖昌期总修，潭沄、卢廷莱纂修：同治《阳城县志》，《中国方志丛书》（405），台北成文出版有限公司 1976 年版。

［5］严用琛、鲁宗藩总修，王维纂修：民国《襄垣县志》，《中国方志丛书》（418），台北成文出版有限公司 1976 年版。

［6］豫谦修，杨笃纂：光绪《长子县志》，《中国地方志集成》（山西府县志辑）（8），凤凰出版社、上海书店、巴蜀书社 2005 年版，

［7］李桢、马鉴修，杨笃纂：光绪《长治县志》，《中国地方志集成》（山西府县志辑）（29），凤凰出版社、上海书店、巴蜀书社 2005 版。

［8］张淑渠、姚学瑛修，姚学甲纂：乾隆《潞安府志》（山西府县志辑）（31），凤凰出版社、上海书店、巴蜀书社 2005 年版。

［9］朱樟修，田嘉穀纂：雍正《泽州府志》，《中国地方志集成》（山西府县志辑）（32），凤凰出版社、上海书店、巴蜀书社 2005 年版。

［10］张贻琯修，郭维垣纂：乾隆《凤台县志》，《中国地方志集成》（山西府县志辑）（37），凤凰出版社、上海书店、巴蜀书社 2005 年版。

［11］杨善庆修，田懋纂：乾隆《阳城县志》，《中国地方志集成》（山西府县志辑）（38），凤凰出版社、上海书店、巴蜀书社 2005 年版。

［12］屠直：康熙《屯留县志》，《稀见中国地方志汇刊》（5），中国书店 2007 年版。

［13］刘钟麟、何金声修，杨笃、任来朴纂：光绪《屯留县志》，《稀见中国地方志汇刊》（5），中国书店 2007 年版。

［14］编写组：《武乡县志》，山西人民出版社 1986 年版。

［15］马生旺：《武乡县志》，中华书局 2006 年版。

［16］觉罗石麟等监修，储大文等编纂：雍正《山西通志》，影印文渊阁四库全书（543），台湾商务印书馆 1986 年版。

［17］王轩：光绪《山西通志》，中华书局 1990 年版。

［18］编委会：《襄垣县志》，海潮出版社 1998 年版。

［19］编写组：《两水村史料》（内部交流资料），1993 年。

［20］编写组：《寺底村志》（内部交流资料），1999 年。

［21］编写组：《东沟村志》（内部交流资料），2003 年。

［22］贾炳联、刘书友：《停河铺村志》，光明日报出版社 2008 年版。

［23］编写组：《东和村志》（内部交流资料），2009 年。

［24］编写组：《中城村志》（内部交流资料），2009 年。

［25］编委会：《下峪村志》（内部交流资料），2010 年。

［26］编写组：《树掌村志》（内部交流资料），2010 年。

［27］编写组：《辉河村志》，香港天马出版有限公司 2011 年版。

［28］万满喜：《八义村志》（内部交流资料），2012 年。

［29］编委会：《韩店村史话》（内部交流资料），2010 年。

［30］沁县民间故事集成编委会：《沁县民间事集成》，无出版社，1987 年。

［31］平顺县三套集成编委会：《平顺民间故事集成》，无出版社，1987 年。

［32］壶关民间文学三套集成编委会：《壶关民间故事集成》，无出版社，1987 年。

［33］屯留三套集成编委会：《屯留民间故事集成》，无出版社，1988 年。

［34］长子县民间文学三套集成编委会：《长子民间故事集成》，无出版社，1988 年。

［35］城市郊区民间文学集成编委会：《晋城郊区民间故事集成》，无出版社，1988 年。

［36］长治市民间文学集成编委会：《长治市民间故事集成》，无出版社，1988 年。

［37］张振南：《漫谈迎神赛社》，《长子文史资料》（第五辑），无出版社，1991 年。

［38］赵江明：《黎襄风情》，《黎城文史资料》（特辑），无出版社，2000 年。

［39］王云亭：《长治文史资料选编》（军事战争卷）（内部交流资料），2013 年。

［40］中国人民政治协商会议屯留县委员会：《屯留风貌》（内部交流资料），1990 年。

［41］阎爱英：《庙会》，山西经济出版社 1991 年版。

［42］梁肇唐、李政行主编：《山西庙会》，山西经济出版社 1995 年版。

［43］李国庆、张贵祥：《长治县庙会》（内部交流资料），2013 年。

［44］张保福：《晋城民俗》，三晋出版社 2010 年版。

［45］桑爱平：《人文襄垣·民俗风情》，北京燕山出版社 2011 年版。

[46] 王爱虎：《故南观音庙》，《长治郊区古文化》（内部交流资料），2013 年。

[47] 侯福兴、郭生玆：《文明之光：上党炎帝文化探微》，山西人民出版社 2002 年版。

[48] 王太盛：《五龙山寻踪》（内部交流资料），2004 年。

[49] 史耀清：《上党寻笔》，北京燕山出版社 2005 年版。

[50] 玉皇七佛庙筹委会：《玉皇庙七佛庙藏金细语》（内部交流资料），年代不详。

[51] 寒声、栗守田主编：《上党傩文化与祭祀戏剧》，中国戏剧出版社 1999 年版。

[52] 杨孟衡：《上党古赛写卷十四种笺注》，财团法人施合郑民俗文化基金会 2000 年版。

[53] 胡聘之：《山右石刻丛编》，光绪二十七年（1901）刻本。

[54] 晋城市地方志丛书编委会：《晋城金石志》，海潮出版社 1995 年版。

[55] 张树平：《潞水汲古》，山西人民出版社 2011 年版。

[56] 中国先秦史学会、析城山文化丛书编委会：《阳城汤庙碑拓文选》，文物出版社 2012 年版。

[57] 杜天云：《三晋石刻大全·长治市沁源县卷》，三晋出版社 2011 年版。

[58] 贾圪堆：《三晋石刻大全·长治市长治县卷》，三晋出版社 2012 年版。

[59] 王苏陵：《三晋石刻大全·长治市黎城县卷》，三晋出版社 2012 年版。

[60] 冯贵兴、徐松林：《三晋石刻大全·长治市屯留县卷》，三晋出版社 2012 年版。

[61] 申树森：《三晋石刻大全·长治市平顺县卷》，三晋出版社 2013 年版。

[62] 李树生：《三晋石刻大全·长治市武乡县卷》，三晋出版社 2013 年版。

[63] 申修福：《三晋石刻大全·长治市长子县版》，三晋出版社 2013 年版。

［64］张平和：《三晋石刻大全·长治市壶关县卷》，三晋出版社 2014 年版。

［65］杨晓波、李永红：《三晋石刻大全·晋城市城区卷》，三晋出版社 2012 年版。

［66］车国梁：《三晋石刻大全·晋城市沁水县卷》，三晋出版社 2012 年版。

［67］卫伟林：《三晋石刻大全·晋城市阳城县卷》，三晋出版社 2012 年版。

［68］王丽：《三晋石刻大全·晋城市泽州县卷》，三晋出版社 2012 年版。

［69］王立新：《三晋石刻大全·晋城市陵川县卷》，三晋出版社 2013 年版。

［70］张振南：《阴阳乐户厨师传记》，《山西赛社专辑》，《民俗曲艺》 1997 年第 107—108 期。

［71］程伏舜：《上党戏曲名家》，中国戏剧出版社 2011 年版。

［72］苗恩波修，刘荫岐纂：民国《陵县续志》，《中国方志丛书》（51）台北成文出版社有限公司 1976 年版。

古籍

［1］杨伯峻：《春秋左传注》，中华书局 1990 年版。

［2］司马迁：《史记》，中华书局 1959 年版。

［3］魏收：《魏书》，中华书局 1974 年版。

［4］袁珂：《山海经校注》，上海古籍出版社 1980 年版。

［5］郦道元：《水经注》，巴蜀出版社 1985 年版。

［6］吴兢：《贞观政要》，上海古籍出版社 1994 年版。

［7］赵贞信：《封氏见闻记校注》，中华书局 2005 年版。

［8］欧阳修、宋祁：《新唐书》，中华书局 1959 年版。

［9］元好问：《遗山集》，影印文渊阁四库全书（543），台湾商务印书馆 1986 年版。

［10］张廷玉：《明史》，中华书局 1974 年版。

［11］李贤：《明一统志》，影印文渊阁四库全书（472），台湾商务印书馆 1986 年版。

［12］凌蒙初：《初刻拍案惊奇》，华夏出版社 2013 年版。

［13］《清会典事例》（刑部），中华书局 1991 年版。

［14］盛康辑：《皇朝经世文编续集》，台北文海出版社 1970 年版。

著作与论文集

［1］中国无神论协会：《中国无神论文集》，湖北人民出版社 1982 年版。

［2］郭子升：《北京庙会旧俗》，北京华侨出版公司 1989 年版。

［3］［法］列维—施特劳斯著：《结构人类学：巫术·宗教·神话》，陆晓禾译，文化艺术出版社 1989 年版。

［4］［英］崔瑞德编：《剑桥中国隋唐史》，中国社会科学院历史研究所西方汉学研究课题组译，中国社会科学出版社 1990 年版。

［5］高占祥主编：《论庙会文化》，文化艺术出版社 1992 年版。

［6］张双林编著：《中国庙会大观》，工商出版社 1995 年版。

［7］［美］杜赞奇著：《文化、权力与国家：1900—1942 年的华北农村》，王福明译，江苏人民出版社 1996 年版。

［8］李亦园：《人类的视野》，上海文艺出版社 1996 年版。

［9］李丰楙、朱荣贵主编：《仪式、庙会与社区》，中研院中国文史哲研究所 1997 年版。

［10］［美］施坚雅著：《中国农村的市场和社会结构》，史建云、徐秀丽译，中国社会科学出版社 1998 年版。

［11］高有鹏：《中国庙会文化》，上海文艺出版社 1999 年版。

［12］郭于华：《仪式与社会变迁》，社会科学文献出版社 2000 年版。

［13］［美］韩书瑞：《北京：寺庙与城市生活，1400—1900》，加州大学出版社 2000 年版。

［14］费孝通：《江村经济》，商务印书馆 2001 年版。

［15］侯杰：《世俗与神圣：中国民众宗教意识》（修订版），天津人民出版社 2001 年版。

［16］任继愈：《中国道教史》，中国社会科学出版社 2001 年版。

［17］宋兆麟：《巫觋：人与鬼神之间》，学苑出版社 2001 年版。

［18］项阳：《山西乐户研究》，文物出版社 2001 年版。

［19］冯俊杰：《山西戏曲碑刻辑考》，中华书局 2002 年版。

[20] 贾二强：《唐宋民间信仰》，福建人民出版社 2002 年版。

[21] 乔健、刘贯文、李天生：《乐户：田野调查与历史追踪》，江西人民出版社 2002 年版。

[22] ［英］马林诺夫斯基著：《文化论》，费孝通译，华夏出版社 2002 年版。

[23] 林美容主编：《信仰、仪式与社会：第三届国际汉学会议论文集》，中研院民族学研究所 2003 年版。

[24] 秦建明、吕敏：《尧山圣母庙与神社》，中华书局 2003 年版。

[25] 郑振满、陈春声：《民间信仰与社会空间》，福建人民出版社 2003 年版。

[26] 中国傩戏学会：《中国梵净山傩文化研讨会论文集》，中国戏剧出版社 2003 年版。

[27] 马西沙、韩秉方：《中国民间宗教史》，中国社会科学出版社 2004 年版。

[28] 姚周辉：《神秘的幻术》，广西人民出版社 2004 年版。

[29] ［英］维克多·特纳著：《仪式过程：结构与反结构》，黄剑波、柳博赟译，中国人民大学出版社 2006 年版。

[30] 范荧：《上海民间信仰研究》，上海人民出版社 2006 年版。

[31] 荣真：《中国古代民间信仰研究——以三皇和城隍为中心》，中国商务出版社 2006 年版。

[32] 赵世瑜：《小历史与大历史：区域社会史的理念、方法与实践》，生活·读书·新知三联书店 2006 年版。

[33] 杨太康、曹占梅：《三晋戏曲文物考》，财团法人施合郑民俗文化基金会 2006 年版。

[34] ［美］韩明士著：《道与庶道：宋代以来的道教、民间信仰和神》，皮庆生译，江苏人民出版社 2007 年版。

[35] 黄宗智主编：《中国乡村研究》第五辑，福建教育出版社 2007 年版。

[36] 李长莉：《近代中国社会与民间文化——首届中国近代社会史国际学术研讨会论文集》，社会科学文献出版社 2007 年版。

[37] 乌丙安、江帆：《中国民间神谱》，辽宁人民出版社 2007 年版。

[38] ［美］杨庆堃著：《中国社会中的宗教：宗教的现代社会功能及其历

史因素之研究》，范丽珠译，上海人民出版社 2007 年版。

［39］［日］滨岛敦俊著：《明清江南农村社会与民间信仰》，朱海滨译，厦门大学出版社 2008 年版。

［40］高有鹏：《庙会与中国文化》，人民出版社 2008 年版。

［41］［德］马克斯·韦伯著：《儒教与道教》，洪天富译，江苏人民版社 2008 年版。

［42］刘守华：《道教与中国民间文学》，中国友谊出版公司 2008 年版。

［43］卿希泰：《卿希泰论道教》，上海科学技术文献出版社 2008 年版。

［44］［英］王斯福著：《帝国的隐喻：中国民间宗教》，赵旭东译，江苏人民出版社 2008 年版。

［45］李玎：《庙会》，吉林文史出版社 2009 年版。

［46］王守恩：《诸神与众生：清代、民国山西太谷的民间信仰与乡村社会》，中国社会科学出版社 2009 年版。

［47］叶涛：《泰山香社研究》，上海古籍出版社 2009 年版。

［48］刘平：《中国秘密宗教史研究》，北京大学出版社 2010 年版。

［49］王见川、皮庆生：《中国近世民间信仰》（宋元明清），上海人民出版社 2010 年版。

［50］曹飞：《敬畏与喧闹——神庙剧场及其演剧研究》，中国戏剧出版社 2011 年版。

［51］陈宝良：《中国的社与会》，中国人民大学出版社 2011 年版。

［52］［法］古斯塔夫·勒庞著：《乌合之众：大众心理研究》，戴光年译，新世界出版社 2011 年版。

［53］［日］酒井忠夫、胡小伟：《民间信仰与社会生活》，上海人民出版社 2011 年版。

［54］李远国、刘仲宇、许尚枢：《道教与民间信仰》，上海人民出版社 2011 年版。

［55］李慰祖：《四大门》，北京大学出版社 2011 年版。

［56］刘道超：《筑梦民生：中国民间信仰新思维》，人民出版社 2011 年版。

［57］于国庆：《天后圣母神迹录：妈祖传奇故事》，宗教文化出版社 2011 年版。

［58］［英］弗雷泽著：《金枝》，汪培基、徐育新、张泽石译，商务印书馆 2012 年版。

［59］路遥：《中国民间信仰研究述评》，上海人民出版社 2012 年版。

［60］［英］罗伯特·芮德菲尔德著：《农民社会与文化：人类学对文明的一种诠释》，王莹译，中国社会科学出版社 2013 年版。

［61］［英］维克多·特纳：《象征之林》，商务印书馆 2012 年版。

［62］尹荣方：《社与中国上古神话》，上海古籍出版社 2012 年版。

［63］宋燕鹏：《南部太行山区祠神信仰研究：618—1368》，中国社会科学出版社 2015 年版。

期刊论文

［1］林美容：《台湾民间信仰的分类》，《汉学研究通讯》1991 年第 10 卷第 1 期。

［2］赵世瑜：《明清时期华北庙会研究》，《历史研究》1992 年第 5 期。

［3］赵世瑜：《中国传统庙会中的狂欢精神》，《中国社会科学》1996 年第 1 期。

［4］高有鹏：《中原庙会文化简论》，《民俗研究》1996 年第 2 期。

［5］习五一：《近代北京庙会文化演变的轨迹》，《近代史研究》1998 年第 1 期。

［6］王铭铭：《象征的秩序》，《读书》1998 年第 2 期。

［7］黄竹三：《谈队戏》，《民俗曲艺》1998 年第 115 期。

［8］陈春声：《信仰空间与社区历史的演变——以樟林的神庙系统为例》，《清史研究》1999 年第 2 期。

［9］康保成：《竹竿子补说》，《民俗曲艺》2001 年第 133 期。

［10］康保成：《竹竿子再探》，《文艺研究》2001 年第 1 期。

［11］葛兆光：《历史、思想史、一般思想史》，《唐研究》2002 年第 9 卷。

［12］赵英霞：《乡土信仰与异域文化之纠葛——从迎神赛社看近代山西民教冲突》，《清史研究》2002 年第 2 期。

［13］小田：《庙会仪式与社群记忆——以江南一个村落联合体庙会为中心》，《民族艺术》2003 年第 3 期。

［14］侯杰、李净昉：《天后信仰与地方社会秩序的建构——以天津皇会为

中心的考察》，《历史教学》2005 年第 3 期。

[15] 李晓晨：《新中国建立前后华北农村破除迷信探析》，《中国共产党党史研究》2005 年第 4 期。

[16] 吴效群：《建构象征的"紫禁城"——近代北京民间香会妙峰山行香走会主题之一》，《民俗研究》2005 年第 1 期。

[17] 王健：《明清江南毁淫祠研究——以苏松地区为中心》，《社会科学》2007 年第 1 期。

[18] 沈洁：《反迷信与社区信仰空间的现代历程——以 1934 年苏州的求雨仪式为例》，《史林》2007 年第 2 期。

[19] 车文明：《中国古代民间祭祀组织"社"与"会"初探》，《世界宗教研究》2008 年第 4 期。

[20] 谢永栋：《近代华北庙会与乡村社会精神生活——以山西平鲁为个案》，《史林》2008 年第 6 期。

[21] 赵旭东：《龙牌与中华民族认同的乡村建构——以华北一村落庙会为例》，《广西民族大学学报》2009 年第 2 期。

[22] 王健：《明清以来苏松地区民间祠庙的收入、产权与僧俗关系》，《史林》2009 年第 5 期。

[23] 陈泳超：《民间传说演变的动力学机制——以洪洞县"接姑姑迎娘娘"文化圈内传说为中心》，《文史哲》2010 年第 2 期。

[24] 艾萍：《民国禁止迎神赛会论析——以上海为个案》，《江苏社会科学》2010 年第 5 期。

[25] 侯杰、段文艳、李从娜：《民间信仰与村落和谐空间的建构：对大义店村冰雹会的考察》，《宗教学研究》2011 年第 2 期。

[26] 王守恩：《山西乡村社会的村际神亲与交往》，《世界宗教研究》2012 年第 3 期。

[27] 张宏卿、张强清：《绩效与不足：以民国江西农业院为中心的考察》，《江西财经大学学报》2012 年第 3 期

[28] 侯亚伟、侯杰：《鸦片战争前后天津庙宇的空间分布——以〈津门保甲图说〉为中心》，《世界宗教研究》2012 年第 5 期。

[29] 姚春敏：《清代华北乡村"社首"初探——以山西泽州碑刻资料为中心》，《清史研究》2013 年第 1 期。

［30］姚春敏：《明清碑刻所见山西泽州民间"水官"规制》，《历史档案》
　　　2013 年第 2 期。

［31］黄文治：《"娜拉走后怎样"：妇女解放、婚姻自由及阶级革命——以
　　　鄂豫皖苏区为中心的历史考察（1922—1932）》，《开放时代》2013 年
　　　第 4 期。

［32］王守恩：《清代、民国晋中地区的村社》，《晋阳学刊》2014 年第
　　　5 期。

［33］宋燕鹏：《晋东南二仙信仰在唐宋时期的兴起——以碑刻资料为中
　　　心》，《社会科学战线》2014 年第 11 期。

［34］宋燕鹏：《宋元时期成汤信仰在晋东南的传播》，载魏崇武主编《元
　　　代文献与文化研究》（第二辑），中华书局 2013 年版。

［35］宋燕鹏：《金元时期崔府君信仰在华北的传播》，载魏崇武主编《元
　　　代文献与文化研究》（第三辑），中华书局 2015 年版。

［36］宋燕鹏：《宋元时期晋东南三峻山神信仰的兴起与传播》，《山西档
　　　案》2015 年第 1 期。

［37］朱文广：《江西耕牛问题及官方应对（1928—1945）》，《农业考古》
　　　2015 年第 1 期。

学位论文

［1］范洁：《屡禁不止：清代妇女入庙探析》，硕士论文，暨南大学，2007 年。

［2］郜俊斌：《宋以降崔府君信仰的塑造、传播与本土化：以山西为中
　　　心》，硕士论文，广西师范大学，2009 年。

［3］林宏：《明清时期江西地区民间信仰的地域差异》，硕士论文，复旦大
　　　学，2011 年。

［4］袁静：《元代江西民间信仰研究》，硕士论文，江西师范大学，2014 年。

［5］吴效群：《北京的香会组织与妙峰山碧霞元君信仰》，博士论文，北京
　　　师范大学，1998 年。

［6］沈洁：《现代中国的反迷信运动》，博士论文，中国人民大学，2006 年。

［7］韩同春：《京西庄户—千军台幡会——村落联合体的文化认同》，博士
　　　论文，北京师范大学，2006 年。

［8］阙岳：《临潭庙会研究》，博士论文，中山大学，2007 年。

［9］　王健：《明清苏松地区民间信仰研究》，博士论文，华中师范大学，2007 年。

［10］　段建宏：《戏台与社会：明清山西戏台研究》，博士论文，华中师范大学，2008 年。

［11］　刘扬：《近代辽宁地域社会视野下的寺庙文化研究》，博士论文，吉林大学，2011 年。

［12］　段文艳：《建构的神圣：近代华北乡村的公共空间与民间信仰》（1895—1945），博士论文，南开大学，2011 年。

［13］　王华：《权力格局中民间信仰的当代再造——以江西鄱阳县三个庙宇为例》，博士论文，武汉大学，2013 年。

网络文献

［1］　宋版《精卫填海》铜镜，http：//bbs. sssc. cn/viewthread. php？ extra = page%3D98&tid = 1810335，2012 年 8 月 10 日。

［2］　林美容：《由祭祀圈到信仰圈—湾民间社会的地域构成与发展》，http：//twstudy. iis. sinica. edu. tw/han/Paper/mazu/JiSiToXinYang. htm，2012 年 11 月 5 日

［3］　二十四神朝玉皇，http：//www. sx. xinhuanet. com/dfzx/2010—03/11/content_ 19221672. htm，2013 年 1 月 5 日。

其他资料

［1］　顾颉刚：《妙峰山》，国立中山大学语言历史学研究所、中山大学民俗学会 1928 年版。

［2］　南京大学哲学系中国哲学教研究室：《中国无神论资料选注与浅析》，无出版社，1977 年

［3］　赵树理：《李家庄的变迁》，人民文学出版社 1978 年版。

［4］　中国第二历史档案馆编：《中华民国史档案资料汇编》第五辑第一编，文化（一），江苏古籍出版社 1994 年版。

［5］　鲁迅：《鲁迅全集》（第 11 卷），人民文学出版社 1998 年版。

［6］　［美］明恩溥著：《中国乡村生活》，午晴、唐军译，时事出版社 1998 年版。

［7］齐钟久：《近代中国报道 1839—1919》，首都师范大学出版社 2000 年版。

［8］王友三：《中国无神论史资料选编》（清代编），中华书局 2002 年版。

［9］褚人获：《隋唐演义》，中华书局 2002 年版。

［10］李文海、夏明方、黄兴涛主编：《民国时期社会调查丛编》（宗教民俗卷），福建教育出版社 2004 年版。

［11］李景汉：《定县社会概况调查》，上海人民出版社 2005 年版。

［12］［美］J. K. 施赖奥克著：《近代中国人的宗教信仰：安庆的寺庙及其崇拜》，程曦译，安徽大学出版社 2007 年版。

［13］栾保群：《中国神怪大辞典》，人民出版社 2009 年版。

后　　记

我对民间信仰产生兴趣，最早可能要源于小学时所读的《西游记》《封神演义》《济公全传》一类的鬼神小说。在深深羡慕神魔通天彻地神通的同时，我也有了较为初始的历史观与正邪观。后来年纪渐长，又读了《聊斋志异》《搜神记》《夷坚志》等等相关的书籍，问题便渐渐产生：中国人的观念中，为何会有如此多的鬼神存在？机缘巧合，我的硕士导师贾二强先生在民间信仰方面用力颇深。在他的指导下，我的硕士论文即以唐宋民间信仰中的因果报应为主题。来到山西长治工作后，我更惊讶地发现了当地林林总总的庙宇与祭祀，而且许多传承来自唐宋甚至更早，同时，由于科研任务的要求，我对上党的民间信仰又有了新的了解。2011 年，我有幸成为南开大学侯杰教授的博士研究生，继续民间信仰的研究。本书即是这些年研究成果的汇总。

本书得以完成，靠的绝对不是个人之力。我的博士导师侯杰教授给予了最直接的帮助。他细读了书稿，从选题、框架、行文，都一一过目，提出了许多中肯的意见，更亲赴山西调研，帮我寻找写作思路。此外，南开大学的王先明教授、张思教授、江沛教授等都给予了我有益的指导。

我的同事为本书的完成贡献了很多。卫崇文、段建宏两位主任和学报王建华副主编负责司机、后勤等业务，带着我四处走访，又将前期发现的迎神赛社文本资料全部提供给我。齐小艳帮我校对了全部文稿，赵艳霞帮我查找报刊资料，张碧星帮我绘制了电子地图。

感谢我的同门。赵天鹭陪我在山西进行了数日调查。侯亚伟、汪炜伟、王小蕾、师卓、常春波、刘文慧、王晓燕等同我交流学术心得，向我提供资料，使我获益良多。

感谢我的朋友和学生。南开大学的李谷悦博士、李小东博士经常和我就书中的问题展开热烈讨论，还帮我校对了文稿。中国海洋大学的王舒鸿老师也常给我鼓励。长治市博物馆的秦秋红科长几次带我下乡采访，为我节省了宝贵的时间和精力。此外，我的学生方瑗、史佳思和长治学院历史文化与旅游管理系历史1401班的全体同学也参与了文稿校对与部分资料的整理工作。

感谢我的采访对象。杜同海先生是我经常造访的对象，年近八旬的他不但无偿将搜集的赛社资料提供给我，还介绍了一批对此有了解的相关人员。年过八旬的董富来老先生将长期的采访手记提供给我。此外，乐户后人王进枝、王洪林、王双云，阴阳世家牛其云、曹绍令、张开泰等，许多热心民众如程麦山、郝齐则、焦东林、江桂英、姜子善、李承则、李永胜、申国俊、王海滨、王米贵、王秋豪、王秀珍、严松梅、张太升、赵小虎等也提供了珍贵的资料。

感谢南开大学图书馆、历史学院资料室的各位老师。他们给我查阅资料提供了方便。此外，山西省各地档案馆的主管领导和馆员，也给了我热情与周到的帮助。

感谢我的家人，他们是我坚强的后盾。在求学与写作期间，奶奶、父母、爱人都无一例外地选择了毫无保留的支持。我的爱人担负起了所有家务与教育孩子的重任，个中劳苦，不言而喻。

感谢所有给我提供帮助的人！若有遗漏，在此补齐！